中国文化論

李徳順
上村元顧・訳

かもがわ出版

日本語版序

「文化」とは、内包と外延の両側面においてその境界を決めるのが非常に困難な概念であるにもかかわらず、その応用範囲は非常に広汎で柔軟なようである。異なる学問分野の間においては、文化に関して往々にして一定の規範化された共通認識は存在しない。人々は西洋あるいは東洋に由来する異なった知識背景に基づいて、文化について議論する際に何をどのように話すかは、しばしば論者自身の願望や想像によって決まり、彼らが何を話したいかで決まる。

まさにこのような状況に焦点を合わせて、本書は、哲学の角度から論じようとするものであり、文化の本質およびその一般形態について中国伝統の思考様式に比較的適合した表現で記述するよう努め、そしてまた歴史と現実に向き合い、それを中国の伝統文化の再認識と批判および中国文化の近代化の開拓と模索に応用することを試みる。

本書の著者から見ると、文化の本質は「人間化」にあり、人間それ自体に対する人間化すなわち「文明化」することを含んでいる。そのため、我々は文化の分析について論述し、人間の生活様式や思考様式についての把握にやや重きを置いて、そして最終的に文化を人間自身の生存と発展の権利や責任に一括して結びつける。また、我々は中国文化の再認識と展望に関しても、（文化の上で）「我々には何があるのか」「我々には何が欠けているのか」「我々は何が必要なのか」そして「我々はどのようにするのか」といった思考の筋道に沿って展開する。この思考の筋道は極めて純粋な概念による論争について明らかに一定の役割を果たすことができるが、それがかかわる理論的概念や研究方法も、そのためにいよいよいっそう広汎で深遠で複雑になり、その中の討論や論争に値する問題も、そのほかの文化を論じた作品よりさらに多く、さらに尖鋭となる。

この「中国式」の文化理論が、国際的な学術的対話の中で関心を得て、そのために新たな批判対象と対話の土台になり、異なる文脈下の人文学的思考に相互理解や相互促進を増加させうるかどうかを知るには、さらに多くの文化交流の橋を架ける必要があるのは明らかだ。これもまさしく本書を日本語の読者に推薦し紹介する初志である。

本書は二〇〇〇年に初版を発行し、十年後に修訂を加え、二〇一〇年に第二版を出した。今回、外国語訳出版の要求にあわせるため、再び筆者によりさらなる削除と修訂を行った。

述べておかねばならないのは、本書の初稿から修訂に至る全過程において、私の教え子でありかつ親密な協力者二名の参与があったことである。

孫偉平（哲学博士、現任中国社会科学院研究員、哲学研究所副所長、博士課程指導教官）

孫美堂（哲学博士、現任中国政法大学教授、マルクス主義学院副院長、博士課程指導教官）

彼ら二名は長期間私と共同研究を行い、深く議論し、分担して執筆を行い、共同で著作した。本書のすべてについては私が原稿をまとめ、ならびにその責任を負うが、多くの具体的な叙述の中で、それがだれかれの仕事であるとはっきり分けることは事実上すでに困難である。したがって私は孫偉平・孫美堂両博士に真摯な謝意を表し、ならびに彼ら二名が本書について私と同様の権利を享有することを表明しておかねばならない。

李徳順　北京にて

もくじ●中国文化論

第二部　中国文化論　141

序章——文化と人間のふるさと

二十世紀後半以来、人類の生存状態はまたもや新しい深刻な変化をまさに経験しつつある。これらの変化は一連の矛盾を引き起こしている。近代化の発展にしたがって、各民族の伝統がしだいに衰微している。グローバル化が日々深化していると同時に、価値の多元化や「文明の衝突」といった問題がますます複雑になっているようである。市場経済と消費文化の発達にともなって、人々は精神生活の欠乏や困惑をいっそう感じるようになっている。科学技術は無数の驚くべき奇跡を創造しているが、かつてはなかった人間性や資源および環境との衝突を引き起こしている。人類の生存状況の変化はこのように激烈で、このように深刻であるため、多くの人々が「我々はいったい誰なのだろうか」「我々はいったいどのように生存すべきだろうか」「我々のたましいはどのようにして落ち着くのだろうか」といった問題について、極めて大きい困惑を感じており、改めて問い詰め、改めて観察し、改めて吟味し、改めて創造しなければならない。

これらのあらゆる問題は、すべて一つの重要な話題——文化に帰結する。文化に対する思索は、ある意味で、我々の精神的なふるさと（家園）に対する安定にほかならない。

一、人間の現在の境遇と文化の再考

人類の文化的価値体系を改めて観察することは、まず現代の物質生活と精神生活における矛盾が提起するテーマだからである。

近代工業文明の偉大なる奇跡とはまさしく、科学技術や工業という手段によって、地球上の資源とエネルギー源をできるだけ多く、できるだけ速く物質的な消費物資に転化したことである。同時に利益の誘惑や市場メカニズムを運用して、人々がこの転化を推進する欲望や動機を強化し、生産・流通・消費という循環を加速させたことである。そして、物質的生産と物質的消費は相互に刺激し、ある種のリサイクル循環メカニズムを形成した。このメカニズムは確かに驚くほど豊富な物質的な消費物資を社会にもたらしたが、それは多方面で深刻な結果をも招いてしまった。

——近代工業文明は自然環境の深刻な危機を招いた。エネルギー源と資源は枯渇し、生物種は減少・衰退ないしは消滅し、環境は汚染され、生態系のバランスは破壊される、など。二十世紀中ごろから、多くの有識者が環境保護のための呼びかけに奔走したにもかかわらず、「たった一つの地球」や「持続可能な開発」などの観念がすでに広く流行しているにもかかわらず、環境破壊はまったく止まっていない。すべては「人類中心」のために起こることだと考える観念が流行しているが、我々の価値観は人間中心になりうるだろうか。言うまでもなく、問題の難しい点は、人間を中心とするか、それとも自然を中心とするか、ということにあるのではなく、工業文明特有の価値観にある。功利的な視点で自然界のすべてを取り扱い、自然界の人間に対する審美的価値・宗教的価値・倫理的価値などの次元は商業的利益によって完全に覆い隠されてしまうと、自然を前にして、「文化人」

の次元が消失してしまい、ただ「自然人」の次元だけが残ることになる。言うまでもなく、人間と自然との関係は人間と人間との関係を通して実現するものであるが、人間と人間との関係は限りなく複雑なものである。利益の衝突や価値の相互排斥などの原因によって、人類は人間と自然の矛盾を順序立てて結合し合理的に解決することができない。だから、生態系の危機についての再認識は、必然的に人間についての、文化についての再認識と結合するのである。

――科学技術およびその生産物、また物質生活の条件は、ある種の外在的な強制力となり、現代人は「物質化」される立場に置かれている。マルクスは資本主義的な物質生活の本質をもっとも早く深刻に指摘した。社会は消費のために生産するのではなく、交換のために生産するのである。利潤を追求する飽くなき欲望は、資産家を「活性化の資本」とし、労働者を「剰余価値を提供する道具」とし、人間は自己の労働の成果に使役されるのである。この後、ジンメル、サルトル、ホルクハイマー、アドルノ、マルクーゼ、ボードリヤールなど無数の西洋の思想家たちがみな、ある問題を再考している。商品や技術が一切を主宰する時代にあって、人間の価値や尊厳・主体性はどこにあるのだろうか、と。

このような状況はこんにちもけっして改善されておらず、そうとう深刻になっている。発展あるいはGDPの増加が最高の、ひいては唯一の追求となっている。国際的に、国家間の競争は主にGDPに依拠して後ろ盾としているが、国内においては、地方政府が「発展」のために多くの愚行をしでかしてしまった。ある意味、我々は不幸にもマルクーゼによって「技術の発展は同時に人間を統治する力量の発展を意味している」と言い当てられてしまったのである。インターネットと情報スーパーハイウェーは我々をつねに権力の管理と統制のもとにおく。知識と経済は権力と融合して無形であるがどこにでもある支配を形成する。「専門家」や「技術」は無数の一般人が理解しがたい「権力言語」を作ったが、このような言葉は「ブラックボックス」であって、我々は受動的に受け入れることしかできない。

——一種の「記号の消費」である「ポストモダン」的生存様式がまさに我々に向かってやってきている。人の目をくらますような商品や広告が絶え間なく我々の消費欲を引き起こし、それによって我々の生存様式も商品や市場論理の支配を受ける。時代の流行、体面、新しい潮流のために消費し、広告や大衆心理の支配下で消費をするという、「ポストモダニズム文化」は人々の物質的消費をアンバランスに発展させ、二十一世紀初めの十年に世界的経済危機を引き起こす起点にもなった。

人々の物質生活が膨張するのと同時に、精神生活はかえって憂慮されることとなった。伝統文化の精神世界は徐々に我々から遠ざかり、信仰と価値観はかつての純潔さと敬虔さを失い、深遠なる思想学術や高尚なる芸術に興味を持つ人はとても少なくなったのに対し、逸品ぞろいの現代文化は主に消費文化やバブル文化であって、たとえ精神生活であっても、日増しに崇高感や神聖さのない「ファストフード文化」となった。人々がこうした文化を受け入れる目的は自己の精神生活のレベルを向上させるためではなく、消費のためであり、「遊ぶ」ためである。

現代人は一体どのように「道徳人」と「経済人」、「文化人」と「物質人」の関係を是正するべきだろうか。我々にはいったいどのような精神生活が必要であろうか。高尚な文化と大衆文化の本質をどのように取り扱うべきだろうか。物質生活と精神生活の関係とは一体どのようなものであろうか。これらの問題に対する再考は、いずれも文化の追求と切り離すことができない。

人類の文化的価値体系を改めて観察することは、科学技術と人文学との衝突が提起するテーマでもある。

二十世紀には、相対性理論・量子力学・情報理論・DNA二重螺旋構造理論など、多くの偉大な科学が誕生し、これらの科学は例えば情報技術・人工知能・ナノテクノロジー・宇宙飛行技術・バイオテクノロジーなど、ハイテクノロジーの基礎を固めた。ハイテクノロジーの成果はさらなる開発を経て、工業・農業・通信・医薬学および軍事などの領域において幅広く応用され、人類の生存様式にきわめて大きな影響を与えるのみならず、ひいてはそれを変化させてしまい、また未曾有の人文学的な価値の問題をも引き起こすことになった。

人々は科学技術についてふつうある種の「矛盾するコンプレックス」を持つ。憧れるばかりでなく恐れもするし、興奮するだけでなく心配で気が気でない。これまで科学技術が道徳や社会に対して与えた影響ももちろん大きいのだが、こんにちのハイテクノロジーにくらべれば、その影響はやはり外在的で形式上のものであって、ハイテクノロジーの人間性に対する挑戦はずっと深いものであり、それは「人間とはいったい何なのか」「人間と人間でないものを区別する境界はどこにあるのか」「人間は一つの種類として存在し続けることができるのだろうか」といった根本的な問題と直接かかわる。これまでの科学技術が影響を与えて変えたのは主に人間の生産と生活の様式であったが、ハイテクノロジーは人間それ自体を直接変える。もしも技術がＤＮＡを思いのままにつなぎあわせたり組み替えたりできるとしても、人々は自分のＤＮＡの「版本」を随時更新してもよいのであろうか。人々は自分の意志を根拠に何らかの種、例えばアインシュタインの知能指数と、ライオンやトラのどう猛さと、ヒトラーの邪悪さを一身に集めた生命体のようなものを、思いのままに創造してもよいのだろうか。人工知能技術の進歩にしたがって、知能指数が人よりもはるかに高いロボットを設計し製造することは可能であるはずだが、そのようなロボットが逆に人間を支配する可能性はあるだろうか。ある日、ナノマテリアルが不注意にも漏洩してしまい、地球上の各種物質の性能を徹底的に変えたり、地球上の大部分の生命を壊滅させることのできる新型細菌を成長繁殖させたりする可能性はあるだろうか。世界中に現存する核兵器は地球を何度も壊滅させることができるが、……このようになっていくと、人類は最終的にみずから破滅へと向かわぬようにすることができるだろうか。あるとき、専門家や学者から一般大衆に至るまで、みな「クローン」人間や大脳移植、電子人間、ハッカー帝国、遺伝子兵器、スターウォーズについて議論している……半分は空想科学であるが半分は真実であり、憧憬なのか畏敬なのかははっきりと言えない。

科学技術の人文学的価値をどのように取り扱えばよいだろうか。ふつうは技術楽観主義、技術悲観主義、折衷主義の三つの態度がある。そして我々は科学技術と人文学の対立という視点を超越して、この二者をさらに高度でさらに新しいレベルにおいて統一できる視点を確立する必要がある。我々の時代における問題は、科学技術があまりに発展しすぎたために人文学的精神の流失を招いたと簡単に帰結させることはできない。さらに、科学と人文学の価値を調和させようとする完璧で深遠な世界観や価値観に欠け、人々の価値的立場や利害関係を調和させることによって、科学技術を理性的に利用し発展させる知恵が欠如しているようだ、というべきである。現代人には、さらに巧みに科学と技術をコントロールし、科学技術を人類の幸福と尊厳のために奉仕させるよう、さらに高度な知恵が必要であり、さらに偉大な文化的価値体系を創造することが必要である。我々は全く新しい枠組みを探求し創造して、科学的精神と人文学的精神を統合し、科学技術と倫理道徳との関係を調和させなければならない。さらに適切に言えば、それは全く新しい人文学的価値システムを用いて科学技術を統合するということである。

二、未来に直面する世界と中国

「大航海時代」以来、世界の各民族はしだいに閉鎖や隔絶を脱し、経済的かつ文化的にグローバル化したつきあいの中で日増しに「地球村」の「世界市民」となっている。一九七〇年代以降、こうした全世界的一体化の趨勢はまた新たな段階へと発展した。世界の金融システムは一つの統合体としていっそう緊密につながり、多国籍企業と地域的組織は世界のすみずみまで浸透し、標準化された管理によって異なる民族の生産や生活の様式がだんだんと似たもの、あるいは同じものとなり、インターネットや情報スーパーハイウェーを主とするハイテクノロジーが各国の人民を一つにきつく結びつける。そればかりでなく、人類が直面している各種の問題も「グローバル化」している。エネルギー源と資源の枯渇、環境汚染、生態系バランスの破壊、ハイテク戦争の脅威、テロリズム、国際犯罪など、それらが脅かすのは世界全体であり、世界各国が力を合わせて協力してこそはじめてこれらの難題を攻略することができるのである。

以上の現実は、世界で異なる国家や民族が団結し協力して、共同で危機に対応し、発展とその成果をともに享受し、相互に協力して双方ともに利益を得る局面を形成し、平和的なつきあいをして調和のとれた世界をつくる、といったことを客観的に要求している。しかし、事実はそうではなく、一方では欧米とアジアの富豪が驚くべき財産を独占しており、他方でアフリカ・アジアには貧困や飢饉・病気で生命を奪われる貧しい人々が無数にいる。先進諸国の多国籍企業は発展途上国に進入しているが、それらは決して「貧困状態を救済」しに来るわけではなく、資源を略奪し、市場を争奪し、不等価交換を行いに来るのである。したがってグローバル化がもたらすものはマタイ効果であって、貧者はますます貧しくなり、富者はますます富み、「南北問題」はさらに深刻になる。このことが説明しているのは、人類は驚くべき数量の財産を持っているが、これらの財産を合理的に分かち合う知恵や文明様式を持っていない、ということである。

多くの人々が経済のグローバル化を賛美し、例えばWTOのようなものと結びついたとき、全世界の経済はかえって世間の人々にとんでもない冗談をとばすことになった。二十世紀末にアジア金融危機が発生し、今世紀初めにこんどは世界的な金融危機が発生した。それらはいったいどのような情報を明らかにしてくれただろうか。資本主義の滅亡であろうか、それともグローバル経済の不治の病であろうか。「アジア的価値」説の幻滅であろうか、それとも西洋文化の危機であろうか。我々は経済のグローバル化の背後にある文化理念や価値観、社会関係やゲームルールをどのように検討すればよいのだろうか。

技術、経済と文化の一体化は、各民族を一つにきつくまとめているが、異なる国家や民族の利害関係と価値の傾向は千差万別であり、文化や価値観はそれぞれ異なり互いに衝突することさえある。これらの格差ひいては対立が現れてくることによって、アメリカ人学者ハンティントン教授のいわゆる「文明の衝突」が引き起こされたのである。もちろん、私たちはハンティントン氏に完全に賛同するわけではないが、ある側面から見ると、彼の観点は時代の急所に的中していないとはいえない。東西文化の矛盾、宗教や種族の衝突、民族分裂と戦争は、我々の時代の問題を反映しており、その根源は文化にあり、こんにちの世界文明の構造にある。

いまの世界では、国際事務を処理し、国際紛争を解決するのに、西洋とりわけアメリカ主導のゲームルールを採用している。西洋文化とりわけアメリカ文化には二つの基本的規則がある。西洋文化体系の内部において、彼らが用いるのは民主主義と人権の価値観およびそれに相応するゲームルールである。しかし、西洋と非西洋の文化間や、アメリカとその他の西洋諸国との間で用いられるのは、生存競争の「ジャングル法則」である。国際事務と世界の構造はこのようなゲームルールの主導のもとにあり、必然的に覇権主義と国際関係の不平等を引き起こし、軍備競争と総合的国力競争を引き起こし、弱肉強食の近代的戦争を引き起こした。

グローバル化の趨勢が日増しに奥深く発展することによって、全世界的な問題が日増しに緊迫しており、世界中で多くの学者や思想家がある問題を再考し始めた。二十世紀末以来、中国国内においても世界的規模においても、我々が直面している最大の問題の一つは、異なる階級、異なる国家、異なる文化、異なる利益集団の間には、何かしら共通の価値があるのだろうか、ということである。いかなる意味、いかなるレベルで、このような価値があるのだろうか。いかにしてこのような価値を確立するのだろうか。このような価値を実現することはできるのだろうか。ハンス・キュング（Hans. Küng）氏を代表とする一群の神学者や宗教家、倫理学者たちはキリスト教・イスラム教・儒家など宗教的文化のある種相通ずる内容を総合し、普遍的な価値を確立、全世界的倫理を創設しようと試みている。中国においても、「和諧」「仁愛」「王道」「己の欲せざる所、人に施すことなかれ」「天下主義」などを世に普遍的な価値にまで高めようと努力する人がいる。これらの願望はすばらしいものであるが、実際の効果はかんばしくなく、いずれも満足のいくものではない。このようなやり方が現実的でない上に、公正でもない。人類文化の多元化という現実的条件のもとでは、少数の知識人が「天地の為に心を立て、生民の為に命を立て」るのに頼るという時代ではもはやないであろう。では、グローバル化時代の多元的文化間の相互関係をいったいどのように取り扱ったらよいか、「世間的価値」の地位や意義などの問題をどのように取り扱ったらよいか、その問題自体も全世界的な再考の焦点になる。

中国民族と中国文化に関して言えば、近代化とグローバル化はまた特殊な新しい問題を投げかけ、特殊なチャンスを与えてくれたうえに、特殊な挑戦をも提起した。

五千年もの文化の蓄積を有する中国民族は、かつてみずからの輝かしい古代文明によって世界の先頭に立っていた。たとえばある人は、中国民族の伝統文化は人類の未来文明の精華を包含しており、このために中国の勃興ないし人類の救済は、すべてこの優良な文化に頼るところがある、と考える。またある人は、中国の伝統文化の主要な成分はすでに時代遅れで歴史にのり超えられているので、未来の希望は伝統文化に対する改造や刷新にある、と考える。そしてまさに近代化へ向かっている中国社会は、実質上深刻で困難な社会転換――伝統的自然経済・計画経済体制から近代的市場経済への転換を経験している。この過程において、いたるところで文化的変化の芽吹きと必要性を感じることができる。全く新しい経済体制と経済生産は、新たな文化的内包を形成してこそはじめて成熟するものであり、さもなければ一切の経済改革と社会変革は真に実行に移すことができず、一切の経済的・政治的な発展の成果が強固なものとなることはあり得ない。まさにこのようであるために、新旧文化間の衝突は、多くの経済問題、政治問題、社会問題、道徳と信仰の危機などを通じて現れ、転換の時期に特有の矛盾を構成したのである。

一九八〇年代以来、中国の経済体制には巨大な変化が発生したが、政治体制の改革はそれほど順調ではなかった。その原因を追究すれば、とうぜん政治文化の転換における複雑性と関係がある。どうすれば「政治が一切を統帥する」文化から、政治が経済と社会の発展のために奉仕する文化に転換できるのか、まだ多くの問題がきちんと解決されぬままであり、やはり「頭を切り換える」必要がある。たとえば、「政治と経済は一元的なものか、それとも二元的なものか」といった問題には困惑させられる。多くの人が自身の価値観や心理パターンによって、一方ではつねに自己の経済的要求と政治的要求の間で実際的な転化と直接的な連係を行っており、他方では、政治の純粋さのために政治と経済の間に一定の距離を保持させるべき、ひいては逆に強化すべきだと主張する……などといった具合だ。

中国で何千年ものあいだ広く行われてきた政治文化や法律文化は根本的な変革を必要としている。伝統的中国社会は世界で最も発達した世俗的王権社会であるかもしれないが、こうした社会における政治や法制文化は、「尊を尊び親を親しむ」という階級制の基礎の上に築かれた礼節を尊ぶ専制主義である。現代の政治と法治文明は権力を公共の資源と見なし、なおかつあらゆる人の権力が平等なものであると承認している。中国がもし見事に社会主義的市場経済システムを建設するならば、それと互いに適応する現代政治文明を建設せねばならず、自由・民主・人権・憲政といった西洋に始まり普遍的な価値を持った文化理念や価値観をどのように取り扱うか、といったさまざまな政治的文化的問題もきちんと解決せねばならない。そして、どのようにして公共権力の本質を扱いながら合理的な公共権力システムの関係を確立するかを解決すべきであり、人治と法治、道徳と法律などの間の関係を解決せねばならない。

人類の思想文化現象の中で、おそらく信仰ほど人間の内心を説明できるものはないし、さらに強大な精神力を生み出しうるものもないであろう。もし文化の核が価値だというのなら、そのような価値観の最高形式は信仰である。ある文化が繁栄し魅力にあふれるということは、主にその価値の核心が人々の敬虔なる信仰を広めるという形であらわれる。信仰は「堅信」を基礎とする。つまり人々がある価値と事実をかたく信じ、さらにそれを立身と処世の最高かつ最後の根拠とみなすことである。ここでの「信」はすなわち信仰である。信仰はどのみち彼岸・超越・崇拝などと一括して結びつき、人々が安身立命を得る基本とみなされる。伝統的中国社会には独自の信仰体系、例えば天道崇拝や祖先崇拝、王権崇拝、および「天理・良心」の信念などがある。近現代以来、科学的理性とマルクス主義的世界観も人々の信仰に影響を与え始めている。しかし総じていえば、中国人（漢民族が最も典型的である）は信仰において、元来宗教的な厳密さや敬虔さをあまり持ち合わせておらず、功利的な色彩がとても濃く、さらに「人を以て本と為す（人間本意）」という考えに偏重しており、一種の自発的で自然な状態を保っている。まさしくこうであるからこそ、社会的物質と文化的生活が転換している時期に、こうした信仰の方式はさらに衝撃を感じやすく、より深い挑戦に直面している。信仰の喪失や困惑は、いかなる思考のミスがもたらす苦痛や騒乱よりもさらに大きくさらに深く、理性的自覚の制御もよりいっそう切迫して必要となる。そして、健康的で積極的な公衆信仰を確立し強固にすることは、簡単に単独でたやすくできるような仕事では決してない。

三、新しい時代の「大文化」観

文化の問題は人類の生活の中に必ず存在し、すべてを包括しており、我々は毎日それに直面しており、それを思考している。しかし、世界には文化について数百種類もの定義があり、どれが公認の、完璧で正確な権威的定義なのかはとても判断しがたい。これは人々が文化現象を観察し把握する角度と方法があまり明晰でなく成熟していないことを明らかにしているかもしれない。

例えば、人々がある概念についてそれの言い表しているものが「何であるか」を述べようとするとき、往々にしてまずその外延を思い浮かべる、すなわちそれが指し示すものはどれかこれかの対象となる実体を包含している。現代の中国語の環境では、人々が「文化」を語り出そうとすると、そこに含まれる意味には往々にして小から大までいくつかの異なる含意や指示対象がある。

最も「小さい」文化概念は、しばしば「知識」の同義語として一般庶民の話し言葉の中に現れる。ある人には「文化が有る」といえば、それはつまり、彼が学校へ通ったことがあり、正規の教育を受けたことがあり、読み書きができ、ある程度の科学的知識などを理解していることを指し、これが最も狭義の文化概念である。ややー「小さい」文化概念は、行政による取り扱いの概念――「文化業務」であり、具体的に言うと、国家文化部が所管する領域と部門のことである。ここには経済や政治、軍事を含まず、科学や理論、教育などをも含まない。このような意味での「文化」は、大半が文学・文芸・文物などを指す。明らかに、こうした人為的に策定した行政の取り扱い範囲は、純粋に業務の便宜から出たものであって、文化に対して厳格に科学的な境界を定めたことを表すものでは決してない。

「中」クラスの文化は特殊な概念で、つまり「精神的文化」を指し、科学・理論・教育・文芸・政治・道徳・宗教などを包括する。要するに人間の精神生活領域全般のことであり、いわゆる「文化人」というのも大半はこうした領域で活躍している人を指す。文化については精神現象として理解すべきであると主張する人もある。彼らは毛沢東が「観念的形態としての文化」と述べたことがあることを根拠にしている。しかし、こうした主張はいくぶんかこじつけのようである。毛沢東は「物質的形態としての文化」と「制度的形態としての文化」などが存在する可能性があることを決して排除していないからだ。そして、「文化」を社会意識の形態と混同すると、偏狭な政治化を引き起こすはずである。そのため、学術界では多くの人が「大きい」文化概念をさらに主張する。

「大きな文化」は物質的文化と精神的文化、制度的文化などを包括する。それが人類社会の物質・精神・制度をすべて文化考察の視野に収めるのならば、人類社会およびその歴史をすべて文化の伝達手段や形態とするのと同じで、「およそ人間のもの、また人間と関係するものは、すべて文化に属し、すべて文化の範囲内にある」ということを宣言するのと同じである。

このようなすべてを包括しているように見える「大きい文化」の概念は、一方では人間に便宜を提供し、いかなる領域でも「文化」を発見し、文化の類型を区分し命名することができるが、他方では外延における区分の意義を低下させもする――「何もかも文化であれば、何も文化ではない」。我々は、「大きい」文化の概念が出現したあとに、社会でかつてある種の「文化熱」が出現したことを見ている。人々は互いに競い合って文化を語り、「文化というカード」を切る。その中では粗野だったり幼稚だったりする表現を避けることができない。ひいては、「文化はかごであり、何でもしまうことができる」という印象を抱いている人もある。明らかに、このたぐいの「文化熱」における文化の解釈は、せいぜい人々が新しい意味で文化に注意し、努力して文化を探しているという感覚を表明するだけである。こうした文化意識の覚醒はとても貴重であるものの、必ずしも本当に文化をとらえるということでは決してない。

では、「文化」の内在的含意と普遍的特徴とはいったい何なのか。ここではまず文化を理解する思考様式そのもののある種の変化に触れる。例えば、「何もかも文化であれば、何も文化ではない」ということについて、積極的な面から理解すべきである。いかなる物体にも色があるけれども、いかなる物体もそのものは色ではないように、文化はある単独のあるいはある種類の物体では決してなく、ある場所ある時刻に単独で存在する「もの」ではなく、また一部の人々の専業あるいは職業としてのある固定的な活動領域やある特定の活動様式だけでもない。文化とは人間のすべての思想・感情・活動およびその結果の中に含まれて現れてくる特徴や属性・意義のことであり、あるいはさらに正確に言えば、その中に含まれて現れてくる「人間」（人間の生存と発展の状態・能力・様式・レベルなど）そのものである。

「文化とは対象化の中に現れてくる人間である」といった見解は、いくぶんか漠然としていて疑わしいかもしれない。この考えを明晰に述べるには、さらにいくらかくどくどと述べなければならない。

中国の古人には「其の天文を観て、以て時変を察し、その人文を観て、以て天下を化成す」（『周易』）といった見解があり、これは中国語の中に最も早く現れた「文化」の語（のちに我々はそれを用いて西洋の〝Culture〟を翻訳した）である。中国古語の中で、「文」という字は、もともと「色彩の交錯」やきれいな「模様」、文字や文章などを指し、派生して、「……を変化させて秩序があり、合理的で、きれいなものにする」という意味がある。言い換えれば、「文」は事物を人工化し、人間の基準や尺度を用いて対象を改変する行為と効果のことを表す。そして「化」の意味は、従来「変、改変」という意味であり、「……を（完全に）……に変化させる」という意味を包含している。このように解すれば、「その人文を観て、以て天下を化成す」も「人間が（文）化したものを用いて、それから人間の世界を養成する」と解釈できる。

英語など外国語において、「文化」(Culture）という語はラテン語に由来しており、その最初の含意は耕作・技芸・風俗習慣・文明制度など人工的創造物を指し、現在も人工的、技芸的な活動およびその成果を指して用いる。その語は人類が自然状態の中から「人間化」してきた痕跡をとどめていた。

中国と西洋の語源はある種共通の内包を表した。文化とは、その実「人間化」と「文明化」である。「人間化」とは人間の方式によって世界を改変・改造し、いかなる事物にも人文学的な性質を付帯させることを指す。「文明化」とは逆に、これら世界を改造した人文学的な成果を用いて人間を向上させ、人間を整え、人間を養成し、人間の発展をさらに全面的でさらに自由なものにさせることを指す。異なる地区や民族の具体的状況には違いがあるけれども、人類は全体的に言えばこのように、たえず世界を改造すると同時に、たえず自己を改造して、生存し発展してきたのである。人間がこのように生存し発展した根本的な様式・過程・状態と成果そのものこそ、ある全般的な抽象的概念で描き出し、それに一つの動詞的な名前をつけると、すなわち「文化」なのである。

「人間化」と「文明化」には多くの側面があり、なおかつそれぞれの側面がすべて生き生きと変化しているが、総体的に言えば無限に循環し上昇するプロセスである。このプロセスも文化が進歩する契機を構成した。循環し上昇する、あるいは進歩し発展するプロセスの中で、それぞれの段階とその異なる側面において、「人間化」の状況と「文明化」の状況にはすべて異なる点があり、そのために人々の目に見える「文化」にもすべて違う点がある。しかし、たえず「人間化」し「文明化」するという、この傾向全体は変えることができない。

これが我々の「大きい」文化の概念における哲学的含意である。

文化の本質に対する異なる理解に依拠すれば、文化史に対する異なる解釈や概括を作り出すことができ、異なる文化発展の任務と戦略の目標を提起することができ、必然的に異なる運営方式や応対戦術を形成することもできるのである。

本書の中で、我々は主に「大きい文化」の概念によって理解する様式に依拠し、何が文化であるかを可能な限り明晰に説明し、その特徴と発展の筋道を描写しつつ、それをどのように把握して確立するかというプランを構想してみたい。当然これは簡単で容易なことでは決してありえない。しかし、我々が「大きい文化」の観念そのものを確立することは相当に重要で、意義も巨大であると堅く信じている。

この観念によって我々が文化の問題を考える際にまず把握すべきことと求められているのはその根幹であり、本質であり、全体であり、霊魂や鍵であって、枝葉末節でもなければ、形式や皮毛でもない。

例えば、「文化とは人間化することと文明化することである」以上、それは人間の現実生活と一体であって、我々の文化は我々の生活の中で存在して発展し、その外には存在しない。近年中国国内で文化の発展に関して二つの主張がある。簡単に言うと、一つは「西洋化論」、つまり西洋を向いて学習することを主とし、我々には「何が欠けているか」を見ることに重点を置き、「欠けているものを何でも補う」ことを通して近代化へ向かおうという主張である。もう一つが「伝統論」、つまり我々には過去に「何があるか」（特に何かよいものはあるか）を掘り起こし強調することに重点を置き、「優良な伝統を発揚する」ことを通して中国文化を再興しようという主張である。この二つのうち一つは「外を向いて見る」という筋道であり、一つは「後ろを向いて見る」という筋道である。しかし、もし前述のような文化の本質に関する理解に依拠するならば、我々に必要なのは別の考え――「内を向いて見、前を向いて見る」という筋道であるはずだ。中国の文化建設は中国人自身の事情であり、古人や西洋人の事情ではない。これは、現代の中国人を主体として、実践を手順として、一筋の文化建設の新路を歩まねばならないことを意味している。

別の例を示すと、文化や伝統を正確に認識し対応することが非常に重要である。しかしそれはどこにあるのか。自己の文化や伝統を理解したいのならば、書物の中へ探しに行って、経典や文献を伝統文化と同一視するだけでは決してできない。それはまず現実の中に探さねばならない。一国の文化や伝統はその民族が歴史の中で形成した自身の品格とイメージの代表であり、それは主体が過去において、また今日まさに、さらには未来において、どのような人間で、どのような民族と社会であるかを大いに説明しうる。中国のこんにちの文化は、何千年もの民族的伝統に由来しているばかりでなく、その間（特にここ百年来）に多くの西洋近現代文明の要素をも吸収した。そして、半世紀あまりの革命と建設の過程で、一定の革命文化の伝統を作り上げ、これまでの計画経済体制のもとで養われた特徴や習慣を包括している。そのため、中国社会の現実的文化は、実際上多くの文明や文化の要素を総合したものであって、未来について言うならば、それもまた真正な「伝統」なのである。

以上から分かるように、それぞれの民族がいかに自己の文化や伝統に対応するかというのは、言い換えれば、民族自身の昨日・今日・明日をいかに取り扱い、自己といかに対応するかということである。この高みから文化の建設を見れば、まず主体自身が現実の中で生存し発展する権利や責任をただちに明確にせねばならない。それはまさに主体自身が文化の発展や刷新に対して充分な力と責任を負うということなのである。

第一部

文化概論

第一章——人間化としての文化

多くの複雑な問題は、その秘密が往々にして簡単な基本的事実の中に隠されているものであるが、文化もそういったものである。我々の見たところ、文化の問題とは実際は人間の問題であって、文化の本質は「人間が人間である」という事実の中に探し求めるべきである。簡単に言えば、文化とはすなわち「人間化」であり、世界の「人間化」と人間そのものの「人間化」すなわち「文明化」を含む。

一、文化と非文化（自然）

「文化」という語の含む意味は比較的複雑である。イギリスの人類学者タイラーは一八七一年に出版した『原始文化』において、次のように述べている。

文化あるいは文明とは、その広汎な民族学的意味について言えば、すなわち知識・信仰・芸術・道徳・法律・

習俗、およびいかなる人間でも一人の社会成員として獲得する能力と習慣をそのうちに包括する複雑な総体である。[1]

のちにアメリカの学者クラックホーンとクローバーは次のように指摘する。

文化とは歴史の上で創造される生活様式のシステムであり、良質の様式を包含すると同時に低俗な様式も包含し、それはグループ全体に共有される傾向にあり、あるいは特定の時期にグループの特定部分に共有されるものである。[2]

アメリカの学者バグビーは調査・検討と比較を繰り返したのち、文化を「社会成員の内在的かつ外在的な行為規則」と定義することを主張したが、その中に遺伝的な規則を含んではいない。[3] 見解は多種多様であるが、それらの見解の中にはいくぶんか基本的で共通のものを見て取ることができ、それは「人間」の基準と理想にもとづいて人間および人間の環境を改変し、人間化した存在を創造するということである。

大まかに言えば、「文化」という語は「自然の状態」に対立するもので、もっぱら「人為的な状態」「社会化した状態」を指す。「文化」と対立する語は、おもに「自然」「天然」「本能」「原始」などである。西洋言語中の文化（Culture）はラテン語に由来し、もともとは「耕作・培養・教化・発展・修養」という意味がある。つまり、それははじめ土地の開墾および植物の栽培を指し、後に人間の身体的および精神的発育に対する育成を指し、それからさらに、人類が自然を征服したり自我を発展させたりする中で創造するすべての財産と経験を指すように

1　Edward B. Tylor, *Primitive Culture: Researches Into the Development of Mythology, Philosophy, Religion, Art, and Custom* (London, 1871) vol.1, p.1

2　A. L. Kroeber & Clyde Kluckhohn: *Culture. A Critical Review of Concepts and Definitions* (Cambridge, 1952)

3　菲利普・巴格比『文化：歴史的投影』（上海人民出版社、一九八七）一〇〇・一〇四頁。Philip Bagby, *Culture and History: Prolegomena to the Comparative Study of Civilizations* (Berkeley, 1958)

なったのである。まさにリッケルトが「文化」と「自然」を区別したときに「自然の産物はおのずと土地の中から成長して出てくるものである。文化の産物は人々が種をまいたあとに土地の中から成長して出てくるものである」と述べたとおりである。[4] 文化は天然で自然な事物や状態では決してなく、人間が世界（人間そのものを含む）の自然なすがたを改変して作り上げた状態と成果である。自然界はもともと存在しており、もし人間や人類が世界を改造する活動がなければ、それはおのずと存在し続け、そこにいわゆる「文化」はない。人間の活動と影響がなければ、天地がおのずから運行することも、江河がおのずから奔流することも、草木がおのずから栄枯することも、すべては純粋な自然である。それらは意志を持たず、目的も持たず、感情も持たず、凝った追求や作為もない。自然界のものは、たとえ人間から見て法則に合致し、目的に合致し、調和していて美しくとも、それは自然がもつ何らかの特徴が都合よく人間の審美的体験あるいは目的に合致した感受性を引き起こすことができるだけで、それらが意図的に人の歓心を買うわけでは決してない。多くの種がもつ環境適応本能は人をうならすほどに巧妙で、まるでそれらを支配している何らかのすばらしく聡明な知恵があるようだが、それは自然そのものが相互に調節し、相互に選択した結果なのである。我々にはそれらが厳密な意味での目的や自覚的な意識をもつとは言えない。

要するに、「非文化」あるいは「無文化」と対応する「文化」とは、実質上「人間化」のことである。いわゆる「文化とは人間化である」というその意味とは次のようなことである。文化とは、人々が「人間に適合する」「人間が有するべきである」といった尺度にもとづいて環境を改変したり自己を発展させたりすることを指し、このような活動およびその成果が文化である。言い換えれば、文化とは人間のこのような存在様式や存在状態であり、人間は一定の価値や成果を追求して所有し、同時にこうした価値の実現を通じて自己を更新し発展させ、周囲の世界を包み込むのである。

人間の出現は、純粋な自然の一人天下を断ち切り、自然界を分化して天然世界とは異なる人為的な世界を出現させた。この世界は人間が自覚的に自己の需要や目的、理想や能力にもとづいて、「生産」してきたものである。それは自然の物質的基礎から離れることができないものの、その性質と意味はすでに完全に異なるものになってしまった――それは本質的には人間が設計し、創造し、想像した産物である。我々が「文化」を語るとき、まさにこうした性質や意味について語るのである。言い換えれば、文化とは純粋な自然を出発点として純粋な自然を超越するような人為的な状態を指すのである。

純粋な生理現象をさておいて語るならば（文化はもちろん純粋な生理的問題を指すものではない）、人間は唯一自然状態とは異なる存在物であり、唯一独特の感情・知恵・人格などの本質を備え持つ存在物である。このように人間であるからこそ持つ独特な個性が、すなわち文化なのである。人間はみずからの自由な意識によって、またみずから存在様式を実践することによって、混沌とした自然状態の中から独立し、まぬけな無知蒙昧状態から目覚め、自己の創造的活動を開始した。人間は自然の規律性にもとづくと同時に、自身の発展の必要性と審美的な理想にもとづいて設計・労働・創造を行い、自然を目的にあわせて改変する。人間が江河を開発し、種を改良し、宇宙を探索すると、純粋な自然のものがとたんによみがえり、人間の特性に属する目的や意味などを有したようだ。この意味から言えば、原始の森林は自然的であって、人間が育て、植え、保護して観賞する林は文化的である。天然の石は自然的であって、人間が打製したり磨製したり（観賞のために）移動させた石は文化的である。野生動物は自然的であり、人間が育てる家畜や家禽は文化的である。その審美的価値を発見していない高山や大海は自然的であり、その審美的価値を発見した風景は文化的である。人間が解釈できない宇宙の謎は自然的であり、人間が提出した解釈（その真実性いかんは別にして）は文化的である。こういった違いがある。

4　H・李凱爾特『文化科学和自然科学』中文版（商務印書館、一九九六）二〇頁。Heinrich John Rickert, *Kulturwissenschaft und Naturwissenschaft* (Freiburg, 1899)

「人間化」とは「人間へ向けて変化をする」、つまり人間が自らの基準・目的・理想と需要にもとづいて自然の世界を改変し、世界に人間の痕跡を残し、それによってさらに人間に適合させる。「文化」という言葉は、「天然」あるいは「自然」と相対し、人間が純粋な自然状態を超越し、純粋な自然状態を改変する活動およびその成果であるもの、自覚的で目的のある活動およびその成果であるもの、人工的で技芸的な創造活動およびその成果であるもの、人間が自己の本能を克服し、理想と信念に依拠して価値を創造する活動およびその成果であるもの、人間が天然を放棄しようという不慣れで敵対する暗い感情のために自然に対して解釈と「包装」を行う過程とその成果であるもの、人間が天然の規定と限定に満足せず、自己の需要と能力にもとづいて天然の制約を突破する活動およびその成果であるものを意味している。要するに、「人間化」とは人間が自覚的に生存発展し、「自然の世界」を「人間の世界」にする仕方および産物なのである。

人間が自然を「人間化」する態度は、観念と実際という二つの大きな側面を含んでいる。

（一）観念において、つまり思想や精神活動の中で、人間は世界全体や世界じゅうの万物を、すべて自己認識と改造の対象に変えてしまった。これは第一段階であり、最も広汎で、最も普遍的で、最も徹底した「人間化」の方式でもある。「対象」という言葉そのものには、誰かれの「行為目標」（「客体」）という意味がある。事物は人間の行為目標となるや、人間と「主体‐客体」の関係を構成する。人間の生存活動は能動的で、彼は世界の万物をすべて自己の対象と見なし、だからこそ自己の主体的地位を確定したのである。こういった主体‐客体関係の表現形式の一つは、人間が自己の立場に立って、自己の視点と方式によって、世界を観察し、描写し、思考し、想像し、かたちづくることである。このような世界は「人間に属する」という意味を持つ。人間に「人間」の視点で「看」られ、人間に「人間」の方式で「解釈」され、人間に「人間」の意味を付与されるため、この対象世界も「人間化」するのである。

人類はもともと大自然から来ている。しかし、人類の人類たる一大特徴は、彼が大自然の中から独立して出てきて、天地の間に自立し、しかも自己をそのほかのすべての自然物と区別し、また自己の立場や方式を用いて周囲のすべてに対応することができることにある。そのため、もともと純粋な客観的存在の現象には、「よい」か「悪い」かの区別がなされた。たとえば、自然の存在物には資源と非資源の区別がなされ、種には「益虫」と「害虫」といった類の区別がなされ、「いい天気と悪い天気」「優良な環境と劣悪な環境」「肥沃な土地とやせた土地」などの区別がなされた。自然界にもともと固有で、人間がいない状況で一様に存在するものは、人間が自己の視点を用いてこのように「看」るや、人間と関係のあるもの、人間に用いられる可能性があるものあるいは可能性がないもの、ひいては自然界にもともと存在しない、あるいは有無を問題にしないものとなってしまった。例えば想像、連想、神話、虚構、推理、予測、設計プランの中の多くのものは、人間が自己の視点で見、脳で考え、認識や観念の中で創造される可能性がある。例えば自然界にはもともと言語や文字がなく、思想もなく、宗教や科学、哲学や芸術もないが、人間の生活および思想の中で、これらすべてが出現し、なおかつそれらはすべて一定の側面からこの世界を反映しているのである。

人間が世界を把握する手段はふつう一連の記号システムや言語システム、解釈システムとして現れる。これらのシステムを用い、人間はまず認識や観念の上から、頭の中で純粋に自然的で混沌とした世界を整理統合することができる。文化を一つの記号システムとして理解する人もいるが、その理由も他でもないここから来ているのである。

総じて言えば、人間はいったん何かを対象と見なせば、もうそれを自己の範囲に納め入れ、自己の視点で反映や描写、判断や選択を加えるのである。そのため、人類の眼中にある世界は、観念上で「人間化」された世界なのである。

（二）実際上、人間は労働やその他の実践活動を通して、外界の天然状態を「人間の気持ちにかなう」「人間化した」世界に改変する。人間は「人間」の方式で世界を理解するばかりでなく、自分で見たり、考えたり、希望したりしたことを実行に移し、前述した観念上の「人間化」を行動に変え、自己の方式によって自然を変えながら、もともとなかった「人工的な自然」を作り出そうとする。人間は自身の需要や理想などの価値目標にもとづいて自然を変え、創造的な労働の生産物化を通じて成果を出し、物的なものや制度的なもの、精神的なものを含むこれらの成果は客観的なものとなり、人間の生存発展のために奉仕する。たとえば、自然が人間に提供するのは原始の森林や湖、草地や山洞だけで、人間はすでに自然条件があるという基礎の上で、自分のために必要な物質生活の必需品――衣服や食糧、家屋、道路や都市を作り出す。

人間の実践とはとどのつまり自然（外部世界の自然と人間そのものの自然を含む）を自覚的に変え、自然を人間に適合させることである。そのため、実践が発達すればするほど、人類の文明が発展すればするほど、こうした「人造の世界」がますます広汎で普遍的になり、人類はいよいよ自然状態から遠ざかり人工的な環境に進入していく。例えば、近代的な都市で生活している人間はみな、いま自分の両脚に天然の土地を踏みしめさせたいが、すでにかなり容易ではなくなってしまった、と感じている。我々の足下がたとえアスファルトやセメント、大理石などの人工的な地面でなくとも、とっくに耕され、整理され、仕上げられた土地である。我々人類はますます「自己対象化」――自己の創造物を対象と見なす――の世界で生活をしている。我々は自然の空気の中で生活しているわけではなく、空調の下で生活している。我々はめったに自然の水を飲用せず、各種の飲料をその代わりとしている。我々の社会的なコミュニケーション方式もますます自然から遠ざかり、面と向かって実際にコミュニケーションを行うのではなく、広告やメディアにますます依存し、電話や電子メール、ブログにますます依存している。我々は自動車や飛行機、その他の人工製品にますます依存している。……要するに、我々は母なる大地からますます遠ざかり、ますます人工化した世界の中で生存しているのである。

「自然からますます遠ざかる」ことは決して事情の全部ではない（なぜなら事情には別の一面もあり、つまりこういった「遠ざかる」ことは自然にさらに深く進入して依存することも意味しているからである。たとえば電力に対する依存は、実際上石炭・水力・石油・太陽エネルギー・核エネルギーなどの天然資源への依存でもある）し、唯一の傾向ではないが、それは結局基本的でますます強力な事実なのである。この事実の前で、現在の人々はすでに問題に気づき始めており、小さからぬ疑問と懸念を生んでしまった。このように自然からますます遠ざかることがはたしてよいことなのだろうか。たとえ答えがどういったものであろうと、同様に必ず認めねばならないことが一つある。それは、たとえ人類が自然に対してますます「遠ざか」っていようとも、またますます「依存し」ていようとも、どちらも人間の尺度で自然を変えようとすることを意味している。それはまるで、環境を破壊しようが、また環境を保護しようが、どちらも行動を通じて、自然が人間にいっそう適合し、人間に有益になるようにさせるのと同じである。

観念中であれ実際上であれ、自然を「人間化」するということは、人間が客観的規律を認識し掌握した基礎の上で、人間に従属する資質を自然に付与し、自己の要求や理想、意向を、創造を通じて現実化するということを意味しており、これがつまりは「文化」、「人間化」あるいは「客体の主体化」である。さらに言えば、「人間化」とは、人間の作用と関与のもとで、世界がある種の意味を持ったり、価値の座標を持ったりすることを意味している。「人間化」の過程は人間の需要や目的などの価値内容を凝集している。人間は中に立って、真・善・美、利益や幸福、調和や自由、崇高や神聖などの価値を実現し体験せねばならない。これは人間が自然を変える動機や動力である。そのため内容の面から見れば、我々には「価値」を「人間化」の精神的実質であり、文化の核心であると見なす理由がある。

総じて言えば、人類は一定の価値システムを追求したり創造したり享有したりするために文化を誇示するのであり、文化はその中に浸透する価値を持つために人間の特色とすがたを持ったのである。

二、「人間化」から「文明化」へ

「文化」は自然の「人間化」を指すが、人間そのものの「人間化」も指す。人間は外部の自然界を「人間に向けて変化」させ「文明に向けて変化」させると同時に、自己の自然属性をも「文明に向けて変化」させる。つまり獣性や原始的野蛮といった状態をぬけだし、それによって「人間となる」または「人間のようになる」のである。この段階を「文明化による人間化」と呼び、「文明化」と略称する。

人間は動物およびその他の自然物とは異なり、一種の非自然・非本能の生存状態であるため、人間の本質的な特徴は天然に規制されるのではなく、人間自身が選択し創造するものである。人間は自己を選択し創造するとき、「人間とはいったい何であって、何であるべきか」「人間はいかに生存すべきか」「人間の生活はどんな精神を体現すべきか」「人間の生命と生活の意味はどこにあるのか」「人間の発展傾向はいかなる方向を指し示しているのか」といった一連の問題をたえず再考し解答してもいるのである。これらの問題は、往々にして文化の核心問題である。

人々がこれらの問題について行う再考と解答は、以下の各方面を通じて体現してくる。つまり、人間の自然属性の「人間化」、人間の充分な社会化、人間の精神的なふるさと（家園）の構築、などである。

1、人間の自然属性の「人間化」

「文明化」あるいは人間が「文明に向けて変化する」のに、その前提は人間の自然属性が「人間化」され、人間の生理状態や本能的需要を含めて改造を受け、「文化」に向かい始めることである。人類が初めて誕生したとき、人間は動物と決して大きく差があるわけではなかった。我々はかの元謀原人[1]・ジャワ原人・ネアンデルタール人を想像すると、イメージや風格がおおかたサルと大差ない。素っ裸で、毛がついたままの獣肉を食べて獣の血をすすり、風の中で食事をして草をしとねに寝るといった様子は、きっととても「文化」とはいえまい。しかし、人間がいかなる自然物とも異なる一点は、人間が労働をするという方式で生存しているというところにある。人間が労働（たとえそれが最も愚鈍で最も下等な労働であっても）を行っているとき、彼らの活動とその成果は逆に人間を改造することができる。人間が火を使って暖を取り、肉を焼き、猛獣から防御するとき、火と火の使用方法は人間を変えることができる――調理して食べることは人間の飲食構造を変え、人間の生理機能を変え、火の使用は人間に自然が利用可能であることを理解させ、火の威力は人間に様々の思いを浮かばせ、これがつまりは人間の思考の発展を促進した。四肢の分業、大脳の発達、人間のその他の生理的特徴の形成などこそが、人間の指標であって、文化の指標である。人間は自己にこのような動物とは異なる特徴的イメージを栄誉とする。だから、人間もさまざまな方式（例えば入れ墨）で自己を装飾し、自己をさらに美しく、さらに「文」にする。

文化は人間の「獣性」がじょじょに人間性に取って代わられることを意味している。「文化」は獣性や動物性、本能状態などと相対し、それは人間が自身の原始的本能を否定し、自身の粗野な物欲を放棄した活動様式とその成果である。自然界の存在物について言えば、人間は動物に最も近く、人間の身体には動物の痕跡をしっかりと保存してある。純粋に生理的な角度から言えば、人間もまた動物であるから、人間は動物ともっとも混同しやすい。そのため孟子は「人の禽獣を去るや幾《ほと》んど稀なり」と感嘆したのである。「文化」という語は間違いなく動物性から出発して動物性を超越したという表現である。人間に「文化がある」といえば、教育や修養、鍛錬などを通して、人身上にもともとある動物的な本能や、純粋に生理的な本性に改造を加え、これらの本性を一定の社会的歴史的条件のもと人々が期待する文明の標準、「人間」の標準に合致させ、本当の意味での人間になった、ということを指す。そのため、ある事物やある行為がもし文化的であると称することができるのであれば、それは必ず人間が自己の動物性や獣性を超越するのに有益でなければならず、動物性より優れている要素を有していなければならず、それによって人間は昇華し高尚にならなければならない。もしある生活、ある行為が人間の原始的本能を喚起したり、人間の動物的な必要を満足させたりするだけであれば、最も粗野な物欲を満足させるほかに別の価値はなく、このような生活や行為は文化を持たない、あるいは反文化的であることになる。

もちろん、人間の自然属性の変化はとてつもなく長い歴史の過程であって、そのため「文化」も相対的、具体的な歴史の概念である。「ヒトとサルが分かれる」という長い道のりの中で、あるヒトの群れはその他のヒトの群れと比較して「いっそう人間」であり、人間の本質的な特徴がさらに整っている可能性があり、あるいはその逆もある。人間が獣性を除去し人間性を増したその程度が異なっているからこそ、文明と野蛮、開化と未開の区別があるのである。

「文明」(Civilization)という語は、異なる言語体系の中で異なる理解がなされ使用がなされる。福澤諭吉はかつてこう説明している。

文明とは英語にて『シウヰリゼイシヨン』と云う。即ち羅甸《ラテン》語の『シウヰタス』より来たりしものにて、国と云う義なり。故に文明とは人間交際の次第に改りて良き方に赴く有様を形容したる語にて、野蛮無法の独立に反し一国の体裁を成すと云う義なり。

福澤はさらに以下のような見解を述べる。

文明の物たるや至大至重、人間万事皆この文明を目的とせざるものなし。……文明は恰《あたか》も一大劇場の如く、制度文学商売以下のものは役者の如し。……文明は恰も海の如く、制度文学以下のものは河の如し。……文明は恰も倉庫の如し。人間の衣食、渡世の資本、生々の気力、皆この庫中にあらざるはなし。……然《しか》ば則ち何事を指して文明と名《なの》るや。云く、文明とは人の身を安楽にして心を高尚にするを云うなり、衣食を饒にして人品を貴くするを云うなり。……文明とは結局、人の智徳の進歩と云て可なり。[5]

ここから見て取れるのは、「文明」と「文化」がその概念の外延の範囲で、完全に一致あるいは重なり合っており、この二つの概念の相違は、それらの内包にあるということである。「文明」という語はさらに方向性あるいは「進歩」する指向性を備え持っている。言い換えれば、「文明」は主に「未開・野蛮・後進」などにあい対して言うものであり、比較的完成した文化状態およびその成果を指す。「文化」が中性的で描写的な概念であるのと比べて、「文明」は明らかにいっそう誘導的で評価的な褒め言葉である。この区別は中国現代言語体系の中で明確になった。現代の中国言語において、人類の太古の祖先がまだ真に無知蒙昧から脱却しておらず、まだ「サルでもありヒトでもある」状態にあったとき、それは文化であるということはまだできず、我々はただ「藍田人」[2]とか「元謀人」とかいうだけで、「藍田文化」とか「元謀文化」とはいわない。彼らが基本的に現代人の資質や特徴を備え持ち、基本的な「人間性」が現れたあとになってようやく、我々はこれが「文化」であり、例えば「竜山文化」[3]「河姆渡文化」[4]などというのである。そして、「人間」の特徴が成熟したとき、我々はこれが文明であり、例えば「中国文明」「古代エジプト文明」「古代インド文明」などというのである。

2、人間の充分な社会化

人間の「人間化」は生物の進化過程ではなく、単純な生理的変化過程でもなく、主として一つの社会化の過程である。あるいは、人間の自然属性が「人間化」されるということは、人間の充分な社会化を通して実現する、といえる。

文化の本質の一つは「文明化」、つまり「人間」の基準によって人間自身を変え、人間を「人間」にさせ、人間の本質と潜在能力を顕示し、人間の地位を享有する、といったことである。ここから見ると、文化の本質と人間の本質は一致する。しかし何を人間というのだろうか。「人間」の基準とあるべき状態とはいったい何なのだ

5　福澤諭吉『文明論概略』（北京：商務印書館、一九九五）三〇—三三頁。〔訳者注：福澤諭吉『文明論之概略』（慶應義塾大学出版会、二〇〇九）五八—六二頁。〕

ろうか。これは複雑な問題である。マルクスが人間の本質に論及した際の名言が、問題の実質を言い表している。「人間の本質は一個人に固有の抽象物ではけっしてなく、その現実性において、それは社会的諸関係の総和である」[6]。それはつまり、人間を考察するには孤立的な個体のレベルに留まってはならない。というのもそのようにして見て取れることの大半は生理的で動物的な特徴であって、人間の本質とは抽象的で固定不変のものといえるからである。人間の本質は彼らの社会属性を通じて具体化してくるものであり、人間の社会関係や交際の中にあって、また社会全体の中にあって、いずれも現実の人間の存在があってこそ、はじめて人間の本質を見て取れるのである。文化とは人間が特定の社会関係と社会状況によって「変化」させられることを意味しており、社会はここにおいて文化の伝達手段と具体的表現を表しているのである。

社会はいかにして「文明化」し、人間を「文化人」にさせるのだろうか。

群体の角度から見ると、人間の「文明に向けた変化」は社会的様式で行われるのである。深い社会関係のない孤独な個体は（仮にこういうことがあるとすれば）、あらゆる人の経験や思想、知恵はみなゼロから始まり、あらゆる人間の能力や活動範囲、生活レベルはすべて非常に有限であり、このような状態では文化を創造することはできない。深い社会関係のない孤独な個体は、彼の発見、彼の思想、彼の技能、彼の労働経験など、ただ火花と同じように、パッときらめいた途端に消え、保存することも、発展したり伝播したりすることもできず、積み重なって文化となることもできない。社会の中にあってはじめて、あらゆる人間の知恵や能力、労働経験などがはじめから始まる必要がなくなり、他人や社会がすでに有する成就から直接始まるのである。あらゆる人間の労働と活動成果はすべて自己の死亡に伴って徹底的に消滅することなく、社会全体に浸透していったのである。社会の中にあってはじめて、人々は労働経験と成果を交換することができ、共通の言語、生活様式、行為のモデルや心理習慣を生み出し、共同で所有しみなで分かち合う思想・知恵・知識・技能・価値観などを形成することができる。こうした個体を超越した上での言語・生活様式・知識・技能・価値観などがあってようやく、社会文化があるのである。

人々の間では一連の複雑な社会関係が形成された。例えば、経済的関係、家庭的関係、倫理的関係、政治的関係、法律的関係などである。これらの社会関係は、現実社会の条件によって決定されただけでなく、それぞれの国家・民族と人民の具体的な創造であって、それは「人間」に対する、また「文明」に対する、人間の存在と基本的価値に対する理解が、人間の現実と理想の結晶であり、人間の具体的な存在様式であることを体現しており、ゆえに文化である。いかなる社会関係もすべて一定の人文精神に浸透しており、社会の結合様式は真・善・美や利と義、権力と責任などの価値に対する人々の理解と追求を体現しており、社会の経済的、政治的、法律的関係などもこうした社会的意識形態の物質化表現と見なすことができる。これらの関係は文化を含んでいる。

個人の角度からいうと、「文明化」することあるいは人間を「文明に向けて変化させる」ことは、人間が社会に介入したり、社会で生存したりして、社会の知識や価値観、行為モデル、習慣や伝統、社会的役割などを受け入れ、自己の社会的主体性や文化的性格を発展させ、それによって現実的で、完全無欠な意味での人間に「変化」させられ、特定の社会システムの一要素、一細胞となることを表現している。社会は複雑な社会関係やゲームルール、文化価値システムなどを通じて、「文明化されていない民」を「文明化された民」にし、社会的に認可される「人間」にするのである。

人間はある事前に確定した社会関係の網の中でこの世に生まれ出る。この関係の中の一部分であり、特定の人格や身分、地位、社会的役割などを持つ。こうした複雑な社会関係は客観的な社会的存在として、人々を規範化し制約している。人間はあたかもある特定の型の中に放置されたかのように、この型にしたがって自己の文化的性格をかたちづくる。我々は社会的なつきあいの中で自己の文化的性格と価値的アイデンティティを獲得する。

6　『馬克思《マルクス》恩格斯《エンゲルス》選集』第一巻（人民出版社、一九九五）五六頁。

我々は周囲の人間との、家族の成員との、親族との、コミュニティとのつきあいの中におり、社会的関係のシステムに組み込まれることを通じて人間の人間たる性格を獲得する。人間の生活や「ゲーム」の歴史的過程は、言い換えれば社会に同化され教化される過程である。社会的関係と社会的なつきあいの中で、人間の一挙一動は、すべて社会化された文化を学習し運用している。中国の古人が「着衣と食事はすなわち人倫や物の道理である」とか「柴を刈り水をくむのも道でないものはない」とかいったのも、こういった意味である。我々は社会生活の中にあり、言い換えれば文化の薫陶を受け入れた天然の教室の中におり、こういった教育と受け入れの方式が、生活そのものであって、文化的規則や文化的儀式、文化的用語を使用するということである。人生における各種の社会活動は、哲学者ウィトゲンシュタインがそれらを「ゲーム」になぞらえた。「ゲームルール」に依拠して社会を活用するという生活方式は、個人が社会に溶け込む基本的手段であり最も良い方式である。こういったものばかりでなく、人々はシステマチックで専業化した教育訓練を通して、また学校・教師・書物・教室・実験室・図書館などのルートや手段を通じて、知識や価値観、方法や技芸を獲得し、社会が取得した既存の文明による成果を受け入れるが、これは文化を受け入れて、社会文化に「変化」させられるということである。まさにこのようであるからこそ、人々は書物を読み文字を覚え、知識を学習したことを「文化がある」と呼ぶのである。

3、人間が自己のために精神生活の「ふるさと（家園）」を造営する

これは人類が自己を「文化」とする最高の形式である。つまりは、人間の生活とは本質的に「再考」だ、ということである。人間は生きなければならないだけでなく、自己に対して位置づけを行い、自己の生活の中にあるさまざまな重大で根本的な問題を追求して、解釈を作り出し、「答案」（特定の時代の人々が、これが答えだと認めることができれば、合理的かどうかは別問題である）を探しだし、準則や標準、規範や根拠を確定する、などのことを行わなければならない。人々が提出したこれらの解釈や「答案」、規則などは、一方では、神話・伝説・

宗教・哲学・科学・文学芸術など、各種の文化形式によってさらなる重みを与えられ、他方では人々の心の深層へ溶け込み、人々の信念や信仰、その他の精神生活の基礎となる。個人か集団かを問わず、彼らは人間の意味、目的・準則・理想などをつくるのにすべてこの一つの基礎に依存し、そこで、これらの文化内容が一個人の、一グループの、ないしは一民族国家の「精神的なふるさと（家園）」となるのである。「精神的なふるさと（家園）」とは人々の知識や信念、信仰や理想などが構成する精神システムである。人間の一生のうちに、これは感情と理性を支え、意志と知恵を生む心の中の源泉である。この家は心の中にあるだけで、これは人々が前二つの有形で実体的な家（物理的、社会組織的な家）の外およびその上にあり、無形だけれどもいつも感じることができる家である。ヘラーはかつて「家」をわれわれが文化上および心理上においてここより始め、いつもここに向かって回帰するような「堅実な位置」と見なし、こう断言した。

「家」は単に家屋とか住居とか家庭ということでは決してない。そのような人々がいたら、彼らに家屋や家庭があったとしても、「家」はない。この原因のため、熟知しているということが「家」に関するいかなる定義にも欠くことができない成分であるにもかかわらず、熟知しているという感じそのものは「家にいる感覚」と決して同じではない。これよりさらに重要になるのは、「家」が我々を保護しているという安心感が我々には必要だ、ということである。我々には人間関係の強度と密度、つまり「家」の暖かさも必要である。「家に帰る」ということは我々が理解し、我々が慣れ、我々がそこで安全を感じ、我々の感情的な関係がそこで最も強烈になる堅実な位置へ回帰する、ということを意味していなければならない。[7]

以上から見るに、精神的なふるさと（家園）は人生永遠の土台であることが分かる。このふるさと（家園）の

7　阿格尼絲・赫勒『日常生活』衣俊卿訳（重慶出版社、一九九〇）二五八頁。Ágnes Heller, *A mindennapi élet* (Budapst: Akadémai Kiadó, 1970)

存在は、人間の精神生活の本性に沿う。人間は一種の意識をもった社会的存在物である。人間の意識と精神活動は人間に特有の生命形式の一つである。人間の生命の本性には物質的欲求があるのみならず、精神的欲求もある。人間は「実在の家」を持ちたがるだけでなく、「精神の家」も持ちたがり、「小文字の家」"house"を必要とするだけでなく、さらに「大文字の家」"HOUSE"を必要とする。例えば長い歴史の中で、我々中国五十六民族の文化は集合してとけあい、一種の包容性と凝集力を豊富に有した共通の信念や信仰のシステムを形成したが、これが「中国民族共有の精神的なふるさと（家園）」である。

例えば、ある民族についていうと、自己の文化があってこそ、彼は彼自身であって、彼の精神が寄託し帰依するところに、帰るべき「家」がある。文化がなくなってしまえば、精神的なふるさと（家園）もなくなってしまい、この民族も消滅してしまう。したがって、多くの民族とりわけ瀬戸際状態にありひいては国家や種族が滅亡するかもしれない民族は、みな頑強に民族の文化を保守するであろう。世界で最も典型的なものに数え上げられるのがユダヤ人であろう。この民族はアジュ・バビロン・ローマ人（国）などに滅ぼされ、「ふるさと（家園）」を失い、数千年の民族的流浪を経験したのである。どこへ流浪しても、どんなに苦難を経験しても、彼らはみな頑強に自らの民族文化を保守している。この文化があるということを頼りに、ユダヤ人は一つの民族として頑強に継続してこられたのである。

まさにこのようであるからこそ、いかなる経済史、政治史、科学技術史や戦争史と比較をしても、人類の精神的なふるさと（家園）の発展史は、同様に探索の辛苦と発見の栄誉に充満し、疑惑の混乱と衝突の苦難を経験し尽くしており、その中には世界を驚かし気が動転するほどの材料や記録がいささかも欠けてはいない。

いま、我々はまた自己の精神的なふるさと（家園）を再建する時代に至ったのである。

三、双方向に生じる人生の旅

人間と世界の「文化」は、自然が「人間化」することと人間自身が「文明化」することを包括する。いずれも人間によって実現されなければならない。要するに、人間は「外部世界を改造すると同時に自身を改造」し、「客観世界を改造すると同時に主観世界を改造」するのである。これは文化が「人間化」と「文明化」の統一と相互作用の過程であることを意味している。

ここまでいうと、我々は一つの興味深い「難題」を頭に浮かべることができるであろう。文化とはどのように始まるのか。先に人間がいるのか、それとも先に文化があるのか。あるいは、「人間化」が先なのか、それとも「文明化」が先なのか。これは「ニワトリが先か、タマゴが先か」というよく知られた問題に非常に似ている。これまでこの問題はいつも解決するすべがないと誇張気味に解釈されてきた。しかし、抽象的で膠着的な概念の中で解決するすべのない問題は、歴史上いまだかつて真正の難題になったことはない。生物の進化史上、ニワトリとタマゴが独特の形態、独特の関係によって進化してきたのとまさに同様に、文化と人間、「人間化」と「文明化」の関係もこのようなものなのである。

「人間化」と「文明化」は双方向に生じた歴史的過程である。人間は実践を通じて自然界と自身を改造し、自然と人間自身を「人間化」の過程に向かわせ、そこで人間の自然界における発生が開始し、人間の発生は、また人間特有の生存発展の形態を育成し形成すること――文化を現れの指標とする。現実の中でこの両方面が離れることは決してないが、我々の想像や叙述の中では、それらを同一のこととして同時に語り出そうとすると、かえってとても困難である。そのため分離しないわけにはいかず、まず「一方で」といい、それから「他方で」というが、それらが二つの過程であるということと同じではない。この一点に気づくことが、文化的思考においてとても重要なことである。

つまり人間は自己特有の存在方式――実践によって事を成し遂げるのである。実践こそ人類が自己を「化」し、世界を「化」する本質的な活動である。労働実践はサルを人間に変成させたばかりでなく、人間が人間として継続的に生存し発展することを永遠に保証した。労働実践は人類が「持続的に発展できる」ための最終的で根本的な条件である。人類の様々な生産活動は、物質的財貨の生産や、精神的文化の生産、社会関係の生産を包括し、本質的に「拡大再生産」である。これは連続するばかりでなく、漸進的で、増大していくものである。実践の質と量がたえず向上するだけでなく、実践の形式と内容もどうしたわけか豊富で、多様化の傾向を示している。実践は「人間化」および「文明化」の活動であるから、実践のこういった持続的発展が可能な方式は、文化において具体的に現れ、そうして「人間化」と「文明化」が双方向的に深化する――世界がますます深い意味で「人間」の世界であり、人間はますます高い程度で文明人である。

人間と文化環境との間、「人間化」と「文明化」との間の弁証法運動は、次のようなものである。

一方では、人間が自己の聡明な才知、自己の本質的力量、自己の文化的理想を物質化し、あるいは「野性」の自然を人間の対象に改造し、あるいは完全に人工的で技芸的な世界を創造する。実践は労働の生産物を創造し、客観的な社会関係と生活様式を創造する。これこそ人間が自己の知恵・本質・目的や理想（マルクスはこれを「人間の本質的素質」と呼ぶ）を「物質化」し、世界の天然性や非人間性を変え、人間特有の人文世界や文化世界を創造するということである。我々の文化・文明の成果はすべて人間の知恵の結晶であり、ある面から言えば、すべて我々の頭脳の中の知恵や情報の実現である。人間の頭脳と知恵の偉大なる機能は、新世界を想像し、新世界を設計し、新世界を創造することである。そこで、各種の目新しく奇怪で、並外れて麗しく、叡智に満ちあふれているプランや構想は人間の知恵の中から流れ出てくるものであり、さらに進んで客観的現実的存在に凝結する。これらを我々の言葉でいえば、世界の「人間化」である。

他方で、「人間化」の行為、事実および成果は、また逆に人間を教育し、人間を薫陶し、人間の文化的資質の深化を促し、人間の知識や思惟・能力・価値観や行動様式などをもそれに見合うだけの変化を起こす、これが「文明化」ということである。人間の文化的資質・才能や素質は先天的でいつもそういうものなのか。もちろんそうではなく、それ自体にも一つの「化」される過程があるのである。自然（自身の自然を含む）を「教化」する主体的な能力自体も「教化」される必要があり、「教化」の結果でもある。人間は実践活動によって世界に働きかけると同時に、実践活動によって自己にも働きかける。人間は彼自身が生じ育ててきた「人間化」された世界によって教化され、人間が生み出した生産品（生産過程そのものとあわせて）はまた「文化人」の「生産者」でもある。人間は文化的世界（これは彼自身が教化してきたものである）の「無言の師」の教導のもとで、自己を「文明化」過程を完成させるのである。

「人間化」の活動およびその成果はどのようにして逆に「文明化」することになるのか。人間が自然を「変化」させれば、人間が言語・神話・宗教・科学などの手段によって自然界を「包装」したのか、それとも技芸・人工栽培・飼育を通じて自然物を改良したのかにかかわらず、その中にはすべて人間の観念・感情・知恵・理想や能力がすでに擬集しており、個体上の相対的な独立を超えた客観的な事実となり、我々を取り巻く一種の雰囲気を構成する。「人間化」の効果は「文明化」のために奉仕し、人間の絶え間ない生成・発展と完成の一部分である。このような自然の中で生活するということは、その中に擬集された意識や感情を知らず知らずのうちに受け入れているだけであり、自然の中の人間に属する特性の薫陶を受け入れるだけなのである。そのため「人間化」は自然状態を人間に適合する状態に転変させるだけでなく、人間自身を「文明化」することを促進する必要条件でもあるのである。

人間が創造してきた物質文明が逆に「文明化」できるだけでなく、「人間化」してきた社会関係、生活様式、精神的な成果などもすべて逆に人間に作用することができる。「人間化」の成果は個人的なものではなく、社会的なものであるので、それらは人々のつきあいの中で、個人を超越した全体の中にあってこそはじめて存在しうる。個体が誕生する前に、それは存在しており、個体が死亡しても、それは依然として存在する。個体の生命や能力は有限であるが、全体としての「人間化」世界は無限である。そこで、あらゆる人間は必然的に彼ら個人をはるかに超越する社会システムに直面し、完全にその雰囲気に包み込まれ、ある意味から言えばそうした雰囲気の産物である。人々が実際にどのように生活をしても、このような生活の中に浸透した各種の文化の内包を明らかに示しだし、周囲の人間に影響を及ぼすのである。我々はこの社会から逃げ隠れすることはできず、その薫陶を受け入れないわけにもいかない。「社会」というこの「人間化した世界」は我々の生活・生存全体と同一のものである。我々が生存しさえすれば、我々は我々の文化に「化」されるのである。

文化と人間、「人間化」と「文明化」の双方向的相互作用と双方向的生成関係は、静止しているものでも、一回限りで完成するものでもなく、持続的に反復して進むものである。静態平衡的な作用関係ではなく、批評や訂正を請いそれをフィードバックする方式の拡大――「人間化」の成果が人間に反作用を及ぼすのである。人間を「教化」しうるならばさらに有効に世界を「変化」させることができ、このような作用の結果、人間の文明レベルがますます高く、人間の文明の成果がますます豊富になる。

四、文化解読の「テキスト」

我々が文化を対象として、それがいったい「何なのか」「どのようなものか」をはっきりさせようとするとき、あたかも一冊の「書」を閲読し理解しようとする。ではこの「書」はいったいどこにあるのだろうか。我々はいったいどこまで読み、何を読めばちょうどよいのだろうか。何が我々の解読すべき真の「テキスト」なのであろうか。我々の観点によれば、答えは「生活実践」であるべきである。生活実践とはすべての文化解読の真の「テキスト」である。

現実の中で「文化」を把握する場合は、人々の行為モデルや生活「様式」そのものを考察することに重きを置く。文化の体現は、人々が「何を行うか」によって決まるばかりではなく、さらには人々が「どのように行うか」「どのように成し遂げるか」によって決まる。まさしくマルクスが「個人が自分の生活をあらわす仕方が、すなわち彼らの存在の仕方なのである」と言ったように、ある時代の人間と社会がどうであるかは、彼らの生産と一致し、「彼らが何を生産するのかと一致し、さらにまた彼らがどのように生産するのかと一致する」[8]。つまり、人間と社会の現実形態は、人々がどのように思うかとか、どのように話すかとかではなく、人々が「何を行うか」「どのように行うか」ということを指標とする。人々がそれぞれの時期に何を行いどのように行うかは、人間と社会そのものの実際状態と発展条件（その中でも最も根本的なものが生産力である）がどんなものであるか、および人々が自覚的に把握する程度がどんなものであるかによって決まり、完全に受動的なわけではないうえに、完全に随意的なわけでもない。要するに、人間がどのようであるかは、彼が自分自身をいかに公言しあるいは想像するかによって決まるのではなく、彼がいかに生活するかによって決まる。社会がどのようなものであるかは、それが自身について何と言ったかによって決まってはならず、何を行いどのように行うかによって決まらなければならない。つまり、精神的文化も含めて文化にも、「虚」と「実」の問題があるのである。人々が精神生活の面で話したり宣伝したりすることとは何かということと、彼らが実際に考えたり行ったりすることは何かということとの間には、一定の区別がある。ある民族の文化とその文章・文献・書物との関係は、あたかもこの民族の生活様式や実際の「やることとなすこと」と、彼らがある種の定見によって「言ったり話したりすること」との関係と同じようなものである。人間の生活と実践そのものは文化の伝達手段に過ぎず、それに関連するすべての言説は、それに対する「解読」に過ぎない。ある民族、ある個人がどのような文化を持っているかは、主に彼の言葉や感

8『馬克思恩格斯選集』第一巻（人民出版社、一九九五）六七―六八頁。

情の宣言がどんなものかとか、どのようなアイデンティティを表現したかとかではなく、彼らがなにゆえにどのように（どんな方式で）アイデンティティを感じ表現したかによって決まる、ということを認識しなければならないということである、ということを事実が証明している。人々が自分の生活の現実的な態度と選択方式の特徴に向き合えば、彼らが手にしている文化的経典よりもっとその文化と伝統を説明することができる。人々が本当に思い行うことを深く理解することは書物を調べるよりもはるかに面倒であるが、そうであるからこそ、ある文化の完全なる真実を判断する資格があるのである。

しかし何年もの文化「解読」の中には、しばしば人間に注意を向けさせない誤解が存在する。

まずはじめに、それは文化を「字話」――人々が口頭で話したかあるいは書物に書いた話――と見なすだけで、人々の歴史的生活の現実とはみなさない。これは「只だ其の言を観て其の実を察せず」と呼び、古人や先人の「解読」を最終的な「テキスト」と見なして、自己の研究を「解読に関する解読」に限る。もし文化を講じるのにただ書物に注目するばかりで人間と人間の現実生活を軽視し、古代文化を講じるのに古人の語った言葉や記した言葉に注目するばかりで、彼らが実際に行ったことを軽視したならば、問題の要点を避けて空虚な議論を行うのと何の変わりもない。このように一時的な願望を恒久の規則と見なし、少数の人間の感想を普遍的な事実と見なし、かつてあった宣伝の気勢をすでにあった実際の成果と見なしてしまいやすい。このように歴史を見ると、魯迅が言うように、人を見るときにはただ「おしろいを塗ったほお」だけを見て、「彼の脊梁を見る」ことはない。このように文化を語ることは、「私が六経に注をする」と「六経が私に注をする」といったはっきりしない循環の中で堂々巡りするだけで、文化研究を純粋な文字のわざや概念のあそびに変えてしまい、過去・現在・未来の生活の実際ともまったく関係を作らない――あるいはさらにひどいことに、主観的な意向によって客観的な現実に代替させようとする。これが誤りの一つである。

誤りの二つめは、自分の文化を議論するとき、「自己」を忘れてしまう――古人や先人のものを自分の民族の文化と見なし、自分の現実的なものを民族文化の外へ置いてしまい、現代人自身の権力と責任を忘れてしまうことである。文化に対する関心は主に現実の人や現実の生活への注目ではなく、古人への注目である。広範な民衆を文化の主体と見なすのではなく、非常に少数の文人を文化の主体と見なす。現代の十数億人の真実の生存様態の中から中国文化の特質を帰納するのではなく、古聖古賢の言論の中からこの種の特質を抽象的に演繹する。民族文化を講じるときに、少数のエリートに着眼するばかりで広範な民衆を軽視してしまう。このような結果、「文化」を大いに語れば語るほど、真の文化主体は見えないし、現代人自身の文化構築における権力や責任をはっきり認識できず、現実に直面する勇気や想像力も欠乏している。人々に前を見るよう導くのではなく、人々に後ろを見るよう導く。現代生活に主流の価値で古い価値を取捨し支配するのではなく、古いものに翻弄されるのである。このような意識で未来を想像しようとして、ある昔日の輝かしさに耽溺し、昨日を用いて今日のために模範を立て、「逆時向的思考」という消極的な意識を出ることができない。

文化の命と価値は生き生きとした歴史の運動と歴史の創造の中に存在している。「伝統」は「過去」と同じではないし、「伝統文化」は「昔の文化」と同じではない。文化は次から次へと生じてやまない源流であって、こうした流れはある時代の「現代性」として現れるだけで、無数の流動している「現在」や「まっただ中」として現れるだけである。文化は一定不変なものではなく、歴史的過程の中で徐々に展開し変遷していくものである。たとえ歴史上のものであっても、ある特定の時期においては当代のものである。例えばある青銅器の皿は、古代の使用者の手中にあったときの価値がこんにち収蔵家の手中にある場合の価値と同じではない。古代文化の現代的意義は、現代人がそれについて改めて解釈した結果であり、伝統文化はこんにちまで伝わり、依然として「活きている」文化を指すに過ぎない。そのため、我々が解読する文化「テキスト」は、現実的で現代的な人間と現実の生活・思想・感情であり、結局は現代人自身の権力と責任であるだろう。我々が文化を再考するということは、結局は我々自身が自己の生存と発展に対してもつ権力と責任を明確にするということである。文化の命は現代的で現実的である。現代人を離れてしまえば、文化は生命の息吹もない死んだものとなる。

したがって、もし中国文化を研究するならば、第一に重要なのは我々の国民そのものを研究し、国民の経済行為や政治行為、道徳行為などを研究し、これらの行為が体現する価値を研究することである、ということがわかる。これは文化「テキスト」の現代における現実性である。しかし文化テキストの「誤読」は、古代の聖賢の経典を中国文化の主要な、ひいては唯一の「テキスト」とみなし、そうして後の者が先人を解釈し、古人を模倣する一方で、自分は何ができるのか、何をすべきなのか、何をせねばならないのかを忘れ、自分が我々の時代の文化の創造者にして建設者であり、文化改造の対象でもあることを忘れてしまうのである。例えば中国文化を語るときに、ただ国民の現実的な価値観、生活様式、文化的素質などに対して深い調査研究を行い、ならびにこの基礎の上に中国文化の特質を理解し、それを西洋文化やその他の文化と対比してゆくような者は非常に少ない。文献経典を模倣し、古人に付き従って行き、成功したら幸運であり、失敗したら古人のせいにしてもよい。しかし、もしちょうど現代人に自己の独創がなく、自己の貢献がなく、我々の手で文化伝統を推進してゆくことがなければ、我々はもはや古人に対して合わせる顔がない。

文化を解読するテキストは現代の現実に着眼するべきであり、この一点が要求される。文化の様態・法則・規範は、実際の生活の中から引き出さねばならず、先験的に規定するのではなく、少数精鋭の人物が自らの設定した理想と「あるべき」状態に依拠して生活を要求し社会を規範化するわけでもない。逆に、人々の社会生活がどんなものかは、これと適応するような文化法則や道徳規範を必然的に生み出す。例えば、改革開放以前、中国の社会主義建設はしばしば「あるべき」ところから出発し、人々は社会主義の「真正の」基準や理想的なモデルがどんなものかを認定し、そのあとに現実をこの「あるべき」青写真に応じて運営させ、「実然」を「応然」に接近させた。こうした思考様式は実際のところ現実を離脱するものであり、想像や願望の中のものを「手本」とみなし、現実がこの手本と一致しないときには、現実に問題が起こったと思って、自分を再考しようとはしない。

こういった思考様式がかつて我々に損をさせたのである。
以上の認識から言えることは、中国文化の建設が、我々の文化「テキスト」をしっかり把握することを前提としている、ということである。現実の文化テキストを解読するために、我々は生活をまっすぐに見つめ、生活の中のさまざまな現象を見つめる。我々は現代の現実の生活の中から我々の文化を発見し、描写し、表現し、生活の様々な面から文化を考察し、中国の経済・科学・教育・道徳・宗教・審美など現実生活の中から我々にとって生き生きとした中国文化を把握するのである。

【訳注】
（1）元謀原人……雲南省元謀県でその上顎左右中切歯が発見された原人。前期旧石器時代のものとされ、中国最古の人類と考えられていた。
（2）藍田人……陝西省藍田県でその下顎骨および頭骨の破片が発見された原人。北京原人よりも古いものとされる。
（3）竜山文化……華北の黄河中流域から下流域に広がる、新石器時代後期（紀元前二五〇〇～紀元前二〇〇〇年ころ）に存在した文化。
（4）河姆渡文化……長江下流域、浙江省を中心に広がる、紀元前五〇〇〇～紀元前三三〇〇年ころにかけて存在した新石器時代の文化。

第二章　文化の基本形態

前章で文化の本質とは「何か」を議論したが、以下三章では文化の現実形態（「どんなものか」）という問題を議論したい。広義の文化は人類の現実生活のすべての領域を覆っている。そして人類の現実生活は、物質・精神・制度の三大領域、三つのレベルに現れる。よって文化を物質的文化・精神的文化・制度的文化の三つの基本形態に相応に区分することができる。

一、物質的文化――道具と経済

物質的文化とは人類文化の物質化した形態を指し、人間の物質的活動およびその成果を含む。実践の中で、人々は自己の知識・願望・信仰・技能・審美・情緒などを物質化し、自然物の形態を変えることを通じて、それらを用具・服飾・食物・食器・建築物などの物品に作り変える。このように、物も「人間化」の性質を持っており、文化現象となっている。いいかえれば、いわゆる物質的文化は、その中に人間の生活様式や生存状態、思想感情を凝集し、体現し、具現化している物質的過程と物質的製品を指す。

物質的文化はもっとも容易に見ることができ、直観的な文化形態である。それの具体的な表現は多方面におよび、多種多様であるが、大きく主に道具文化と経済文化の二つに分けることができる。

中国古代の道具には、とても鮮明な文化的風格がずっと存在している。青銅器・陶磁器・紙類・絹織物・漆器・茶葉・豆腐……中国文化の調和、風趣、精巧さ、情緒など特有の様相が生き生きとしている。そのため世界じゅうで、絹織物などの物品が中国や中国文化の象徴・代名詞になっている。きくところによれば、英語の China（中国）という語は、「絹糸」（別の説では「陶磁器」）から進展変化してできたそうである。

ある民族の経済が発達すればするほど、新たな特色を形成しやすくなり、文化の発展に影響する。逆に、ある民族の文化に特色があればあるほど、その経済活動とその製品も自己の民族的風格を持つようになる。例えばいま、アメリカのコカコーラ、マクドナルド、マイクロソフトやアップルコンピュータは、すでに一種のブランド、一種の風格となっており、アメリカンスピリットを顕示している。同様に、日本のパナソニックや東芝、ソニーなどの会社の製品も、日本の精神を体現している。世界の多くの新製品が、すべてある程度の新型の物質的文化の象徴なのである。

物質的文化は道具の上に非常に具体的で直観的なかたちで現れるため、人々に注意や理解を示しやすく、物質的文化をただただ「道具文化」に帰結させる人もいる。その実これはまったく全面的ではない。物質を道具としか理解しないその欠点は、人間を眼前の直観的な結果に注目させて原因を忘れさせやすく、細部に注意させて大局を忘れさせやすいという点である。道具文化はもとより物質的文化に属するが、物質的文化は道具文化と決して同じではない。

物質的文化にはさらに広範でさらに重要な側面がある。人間の物質的生産と生活過程――つまり経済生活である。経済は人々の社会的財貨（生産手段と生活手段を含む）の生産・交換・分配と流通の過程について、さらに人々の生活消費の中まで入り込む。経済活動も文化の一定の形態であって、それは物質的文化の主要な形態であるのみならず、人類文化の深層構造でもあると言わねばならない。

経済生活は人類の生存と発展の主要な形態である。人間は生産労働を手段として、大自然の性質やすがた、機能を変え、これを人間にとって役に立つ「人間化した」自然に変えるが、これが経済である。人間は生産労働を基礎とし、社会関係を組成し、物質的財貨を生産し、精神的文化を創造するが、これも経済である。経済とは人間が世界を変え自己を変える基本形式である。経済生活がなければ人間の生存もなく、人間と人間の間の最も基本的な社会関係もなく、社会もなく、人間の一切がない、といえる。「文化はすなわち人間化である」という一点から出発すれば、労働すなわち物質的生産を基礎とした人類の生活様式は、「物的紐帯」によって結びつけられた人間の生活様式と相互関係である、ということを必然的にまず認めることになる。それらは「物的人間化」様式であるとともに、「人間的人間化」様式であり、「物を変える」ことであるとともに「文明化」することである。経済そのものは第一の物質的文化形態なのである。

経済活動は一種の具体的な文化様態——経済文化を構成している。経済の中には大量の特有な道具（必需品、用具、エネルギー、生産品など）を含むばかりでなく、人間自身の身体や体力の収支、思想や観念の運動、人間と人間との間の協同・分業やつきあいなどをも含んでいる。経済文化は政治文化や道徳文化、軍事文化などと区別され、一種の物の形態と物の機能を特徴とする文化である。経済文化が包含するのは、人間が物質的な生活手段に対する生産・交換・分配・流通・使用・消費の過程、およびそれとマッチングする観念化と制度化の形式である。経済文化において、人々の財産権関係、交換様式、分配形態、流通過程、消費特性など、互いの相互関係や相互影響は、比較的独立した完全な体系を構成しており、内在的な様式や論理を持つ。たとえば、原始経済の中の粗末な用具、集団労働、平均分配、農業経済の中の手仕事、土地の賃借、運命頼りの生活、工業および商品経済の中での利益・効果・効率の追求、等価交換の実行、一定の協力と競争の秩序の保持など、すべて人間の生存と発展の基本様式となり、したがって深層文化の性質を持っている。

企業文化は経済文化のある種の個性化した状態である。ここでの「企業」とは商工業とその他の営利を目的とする経済実体を指す。企業の性質・内部構造・運営のメカニズム・経営理念・思想的態度・対外的イメージ・最終的生産品とサービスの社会的効果などは、経済を中心とする全体的な様相を形成し、企業あるいは業界に特有の生存発展の様式と風格を露わにすることができるが、これらがいわゆる企業文化である。単刀直入に言うと、企業文化とは企業が行う広報活動・宣伝・娯楽・余暇活動などの外面的な形態を指すのみならず、企業に内在する生命力の総合的な表現である。企業文化はすでに企業の核心およびかなめとなっており、今の市場経済という条件のもとでの競争とは、すでに単項の経済技術的指標における競争ではなく、企業文化全体の競争なのだ、と考える人もいる。

経済文化の内包は非常に豊富で、その文化的地位も非常に重要である。経済活動全体において、人間と自然、個人とグループおよび社会、人間の身体と精神など各側面の関係を体現し、人間の発展レベルとその状態を最もはっきりと反映する。経済運営はその中に人間が関係する以上、それ自体の特殊な様式やロジックもあり、人間が随意に操ることができず、これが「人間化」と「文明化」のある客観的必然性を示している。経済の中には必然的に人間の生存モデルや発展条件、追求すべき目標が含まれており、人間の生存発展の意識、理性的知恵、道徳的感情、審美的情趣、民族精神を体現している。前述した道具文化の各種の内包は、すべてこの活動過程中に獲得するばかりである。経済文化は道具文化の「源」であり、経済文化が「因」で、道具文化が「果」なのである。経済文化もその他の社会文化（制度的文化、精神的文化などを含む）の基礎である。文化的な角度から問題を見ると、マルクス主義の「経済は基礎である」という基本的観点を根拠にすれば、社会の「上層建築」とされる政治制度や意識形態などは、その深い根源と基礎が経済にある、ということを我々が思いいたるのは難しくない。

「人々の社会的存在が彼らの社会意識を規定している」（マルクス）以上、「政治が経済の集約と体現である」（レーニン）以上、「あらゆる時代の人々がみな彼らの経済関係の中から自己の道徳的観念を描いた」（エンゲルス）以上、経済文化も必然的にその他の文化類型に対して前提的な性質を持ち、先決条件の意味を持つのである。

二、精神的文化——知・情・意

一般的に言うと、精神的文化には主に三つの基本的な表現形式があり、人間の精神世界の三大要素を構成している。それが、知（認識と知識）・情（情緒と感情）・意（意向と意志）である。

認知とは人間が世界万物（自然と社会、物と人間を含むすべての対象）の感知・認識・了解・知識・理論・経験など、総体的にいうと頭脳の中での客観的事物あるいは客観的世界に対する反映である。認知には低級なものから高級なものまで、感性から理性まで、個別的なものから普遍的なものまで多くのレベルがある。例えば私がある花の形状と特徴を知っており、ある友人の住所や家庭状況を知っているが、これらは間違いなく世界に対する一定の認知に属しており、日常生活の、感性直観的な認知に属する。また私は天体運行のリズムと変化を知っており、生物の遺伝と変異を知っており、経済運営の規律とメカニズムを知っているなど、これらは高レベルの認知——科学的知識に属する。認知は人類社会の最も系統だった最も成熟した精神的文化の形態であり、その中でも科学的知識が最も重要で最も典型的なものとなっている。科学的知識は高等で理性化された認知形式であり、人類が世界について最も深く掘り下げ系統だてた認知であり、普遍性と必然性を基準にする認知であり、歴史の成長と累積が最も成功した認知である。知識があるからこそ、人類は自然や社会、自身の精神現象について明晰な理解と把握ができ、こうした理解や把握に基づいて自然の条件や自身の状況を発展させて完全なものにすることができ、文化を創造するのである。なおかつある角度から言えば、認知活動中に含まれている様式・方法・前提・基礎など、そのものが文化である。中国の一般庶民は、通常「文化がある」ということを「科学知識を学んだことがある」と理解し、科学知識体系によって人類の精神的文化の中の「知」の側面を代表し、科学知識の発展のレベルや特徴を指標として、人類の精神的文化の発展のレベルや特徴を判断することができる。人類の科学事業が発達すればするほど、知識の体系が豊富に完備すればするほど、人類の精神的文化が「知」の側面においてレベルが高く成熟することになる。

「情」と「意」は合わせて「態度」という一つの概念になることができる。情緒と感情は人間が周囲の現実に対して、また自己に対してとる一種の特有な心理反応であり、自覚的または無自覚的な喜・怒・哀・楽・愛・悪・欲などいわゆる「七情六欲」を含む。意志とは人間が自覚的に目的を確定し、あわせて自己の行動を支配して目的を実現する心理状態と思考過程を指し、しばしばとても強くかつ一貫性を保持するような感情や筋道・傾向として現れる。我々が通常「確固として堅強である」かどうかでもって人間の意志を描写するのは、こうした特色を根拠とする。「情・意」あるいは「態度」は個人にあるのみならず、グループ・民族・階級や国家にもある。集団化した感情や意志は、往々にして一定の社会的な文化の様相をいっそう体現することができる。

「知」と対比して言うと、「情・意」あるいは「態度」の主な特色は、次のようなところにある。それらの内容は一つの対象に対する理解（それがどのようなものであるかを知っていること）そのものに限らず、一定の「知」の基礎の上に現れ、人間が自身の要素（欲求・願望・能力など）に基づいて生じる一定の情緒・意向・傾向（どう反応し、どのようにしたいのか）など、これらを略称して「態度」と呼ぶ。「態度」には哲学において正式な名称があり、それを「価値意識」という。言い換えれば、それは人間に一種特有の意識状態であり、価値と関わる問題においてのみ存在する心理活動である。問題が対象そのものを確定すること（存在するかしないか、何であって何でないか、など）にあるのみで、価値を判断するものでないとき、人間の精神活動が必要とし到達するのは、主に知識の獲得であり、その中でも主観的な感情や意志ができるだけ少ないのが最もよい。問題が対象や事情の人間に対する意義（よいかよくないか、必要か不必要かなど）にあるときに、人間の精神的心理活動が生じるのは、一種の主観化された反応――態度である。人間はいかなる事情に対しても自分の態度を持つことができかつ持たねばならないが、態度は決して認識から直接生まれるのではなく、主体的な欲求・能力およびその意識と一定の知識の結合から生まれる。それは人間自身の欲求・能力・習慣などを尺度として、事情を評価し判断する心理過程とその結果である。これが価値意識である。

価値意識は知識体系と比べるとカバーする範囲がさらに広い。すべての知識の範囲内において、人間はみな態度をとることができ、たとえば、人々が原子エネルギーの威力を知ってしまったあとには、「それを発展させ利用する」あるいはそれを回避し恐れるなど異なった態度をとることができる。それと同時に、すべての知識の外において、人々はなおも自分の態度をとらねばならない。たとえば、いったい「異星人」が存在しているのかどうかを科学は今に至るまで判定してはいないものの、人々は様々な様式でそれについての極めて大きな興味を表現し、なおかつ巨大な投資を惜しまず、思案を巡らしてそれをはっきりさせようとするのである。

価値意識の形式は知識体系よりもさらに多様である。一般的に言うと、知識はどうしても理性化に向かわなければならず、概念的、論理的な方法で表現しなければならない。概念的、論理的な方法で現れる知識は、必然的に全人類に共通な規範的統一性や一致性を帯びる。価値意識はそうではなく、非常に理性的であるのみならず、しばしば半理性的に、ひいては非理性的にも現れる。ただその感情や意志などの様式で現れることこそが、価値意識の特色をいっそう示している。人々は価値の選択において時として「感情の衝動に駆られ」たり、「ふと思いが兆し」たり、「頭が興奮し」たりするとすぐに決定でき、なおかつ後悔しないものであるが、科学的研究においては永遠にこうではあり得ず、これはまさに態度が科学や知識とは異なるところを体現したものである。

価値意識は知識体系より人間の行為とのつながりがさらに直接的でさらに主観的な色彩を帯びている。例えば、引力の法則によれば、必然的に「水は低いところへ流れる」ということが分かるが、これは常識的な知識である。

この一点を知っていることは、流れに沿って川を下るか、それともダムを築いて水を遮断し、流れを導いて灌漑するか、といった人間が何をするかということを直接的には意味していない。こうした問題に答えるのは知識ではなく、態度である。——人々は自己の欲求と能力を根拠に、すぐさま「水は低いところへ流れる」ということについて価値判断や選択を行い、ひとくさり考え、何をすべきか、どのようにすべきかを決定する。これは価値意識の表現と作用である。人々の行動は、しばしば人間の価値意識の直接的な反応とその始動に由来する。

つまるところ、価値意識が認知体系と異なり、「態度」が「知識」と異なるところは、次のようなところにある。価値意識と態度は必然的に「人間によって変わり」、多元的であるが、認知や知識は人類の共通認識であり、一元的である。純粋な個人の非理性的な意識はさておいて、価値意識の比較的理性的な形式——価値観についてのみ言っても、それぞれ人間は異なる価値観を持っており、多元化は否認することのできない事実である。価値意識が多元的であるのは、まさにそれが主体自身の要因によって決まるからである。主体的要因の複雑多様性は、一方で客観的な原因があり、「人々の社会的存在が人々の社会意識を決定」し、「社会的存在」は単一ではなくこの上なく複雑な事実だからである。他方で、主観的な原因があり、精神や意志は自由なものなので、同じ事実を根拠として、人々は非常に異なる態度を取ることもできるからである。これらの原因が価値意識の多元化を決定づけるのである。

その中で、あらゆる民族は自己に特有の精神状態——民族精神を有する。民族精神はある民族に特有の「知・情・意」体系を指し、民族が自己を最適化し自己を向上させるために従うべき理想・目標・原則などであって、それは民族が生存発展してゆく中で形成される深層観念・気質・価値意識の凝集である。こうした精神は民族文化の各方面に体現する。ドイツの哲学者シュペングラーはかつて異なる民族の精神的文化について以下のような帰納と描写を加えた。ギリシア文化の精神は「アポロン精神」——明晰で、具体的で、有限な精神で、それは有限な形態の中に調和した美感を探し出す。西洋の文化精神は「ファウスト精神」——内心の深いところで不安な霊魂が激しく動き、限りない追求の中で自己の生命を完成させねばならない。中国文化の精神は「道」である。中国の学者・張岱年は、中国民族の伝統文化の精神は「天のめぐりが健やかであるように、君子は倦まずたゆまず自らを向上させねばならない」や「徳を厚くして物事にあたらねばならない」といったものであると考えた。もちろんこれらの帰納と描写が完璧だとはいえない。しかし、一つだけ確信できることがある。多くの場合は、一つの民族精神がひとそろいの精神的文化を鮮明に体現するのである。

精神的文化はしばしば文化の魂と見なされる。意識や観念形態のものとして、精神的文化は当然「二次的」なものであり、それは必然的に物質的文化と制度的文化の制約を受ける。しかしある精神的文化はいったん形成されると、それはある国家、ある民族・階級・階層あるいは集団・個人の心理的パターンと精神的風格の総和となり、無形の強大な力を持ち、かえって物質的文化と制度的文化に巨大な影響を与えるのである。

三、制度的文化——権利の構造と規則

制度的文化とは、社会生活の制度・体制・規則・手続きといった方面の現実的な特徴を指す。もっとも典型的な制度に、社会経済制度、政治（国家）制度、司法制度、および見えたり隠れたりする宗教と倫理の規範体系などがある。いかなる社会、国家や民族、地域あるいは業種部門、組織を持つ集団あるいは社会団体も、その日常的活動には必ず自己の基本制度や基本規則と具体的な体制・機能・操作手順など、コンピュータの「ソフトウェア」に類似したシステムがある。

制度そのものは人々の現実的な生活様式およびその歴史過程に由来している。人類は自然界と自らを目的に合わせて発展させ、そのために「文化」される過程において、必然的に一定の関係が形成され、一定の様式で結合したり付き合ったりする。人間は人間と社会を編成し、個人が社会に溶け込む活動には、必ず一定の関係構造と

秩序があり、そして各種の社会制度が生まれる。
内容から見ると、それぞれの異なる制度（体制・規則・手順などを含む）には一つの共通な実質あるいは確信があるが、結局のところそれは人々に関する権力や利益の分配と規定である。言い換えれば、制度が解決する問題は、その活用できる範囲内にあり、人々の行為がどのような原則・基準・手順に従うべきか、どのような人間のどのような権利や責任を保証するか、などを明確に規定する。そのため、制度の本質は人間と人間の間のある種の現実的な関係の構造を反映しており、同時にこの構造が必要とする行為規則や手順を着実につなぎ止める。球技の試合の制度や秩序・規則が、結局はすべてのプレイヤー（チーム）・審判・試合の組織者とスポンサー・観衆などの間の関係構造を体現し、なおかつこの構造に奉仕するのと同じである。

国家制度は制度的文化の典型的な形態で最高の表現である。ある社会あるいは民族が統治的地位を占める文化の内包は、ほとんどすべて制度の中に浸透している。たとえば、中国の伝統的な礼節を尊ぶ文化の特質は旧中国の国家制度の中に体現しており、国家は礼節を尊ぶ家族の様式や価値観にしたがって、管理を行った。こうした国家組織は直接家族組織から進展変化してできたものであり、家族的な礼節を尊ぶ関係・社会構造・組織モデルや運営メカニズムが国家制度の根源となる。皇帝は国民の「大共父」であり、皇后は「母儀天下」（その姿、立ち居振る舞いが天下の母親の見本となるべき）の「国母」である。政府官吏は「父母官」で、一般庶民は「子民」である。国家は公民の公共権力と見なされず、皇帝一族の私的「家産」――「江山」「家天下」と見なされる。史書中に、漢朝建国の皇帝劉邦が天下を「奪い取った」あと、彼の父に向かって「あなたは以前私がまともな仕事をせず財産を残さないと叱りましたが、私の現在の財産を見ていかがですか」と言ったと記載されている。その得意満面な様子は、言わずとも自明であろう。

法制は国家組織と関係があるだけでなく区別もある制度的文化である。中国の伝統的法制は世俗的王権が「天下を統一した」特色を体現しており、その中心は一人の最高統治者が上から下まで統治を行うための保障を提供することである。最高統治者はたった一人であるため、それは対等な地位を持つ異なる主体間の権益を調節することを考慮する必要がなく、最高統治者に対して制限を加える必要もない。ある意味で、中国の伝統的法制は「牧民」（人民を治めること）の規則――すなわち民衆に対して制御・管理・使役する規則や権謀であるといえる。当時の法律の条文は例えば民事の権利や国民の法律上の主体的地位などの問題に言及することがとても少なく、実際に取り扱う中では、「権力は法より大なり」の原則が潜在的なところから顕在的なところまで存在し、「どこでも使えどこでも食える」ような地位を持っている。こうした法制文化は中国社会の何千年という様相に対して、重要な「型づくり」という作用を果たした。西洋の法制文化は始まるやすぐに違いをもった。紀元前六世紀から紀元七世紀までのおよそ一千年間に形成され、後世に極めて大きな影響を及ぼした「ローマ法」は、マルクス・エンゲルスに「商品生産者社会の初めての世界的法律」と評された。ローマ法は人々の相互間の権利や義務を規定するところに重きを置き、かつ非常に精緻で具体的に規定し、人間と人間との社会的関係をまるで市場交易のように処理し、父子・兄弟間に至ってもまた同様であった。こうした法制文化は社会主体の多元化という条件のもとで体現したもので、多元の間で相互に制約される生活様式や文化の特色に立脚しており、のちの資本主義的社会制度に重要な作用を果たした。

ある意味では、社会の制度がどうであるかは、人間と文化がどうであるかと同じ問題である。たとえば、中世のキリスト教文化は宗教的文化であり、上帝や「主」たる存在を信仰することが、人々の最高の価値目標であった。こうした文化は間違いなく制度上に体現されている。ヨーロッパにはローマ教会を中心とした強大な教会組織があり、教会の軍隊があり、宗教裁判所があり、教会には豊富な経済基礎がある。中国の伝統文化は礼節を尊ぶ文化・家族文化であり、制度的に体現される際に主に二つの側面で現れる。一つは「家」が「国」と同じ構成となる社会構造であり、もう一つは強大な礼節を尊ぶ家族組織である。旧中国社会のその他の組織、例えば手工業組合や犯罪組織、ひいてはたくさんの民間の宗教組織まで、すべて宗族組織を模倣し、宗族に類似した制度を実行している。

形式から見ると、制度的文化は物質的文化や精神的文化と異なる上に、その二者の特徴を兼ね備える。物質的文化が直接的に物質化の外在的過程とその結果として体現するのと異なり、制度的文化はおもに人々の行為の間のつながりを通して体現し、それは人間と人間との関係の構造および規則体系として存在している。言い換えれば、制度的文化の主な伝達手段は「物」ではなく「人間」である。しかし、制度的文化は主に個人に依存するのではなく、人々の間の相互の付き合いの公共行為と共通領域の中に存在し、人々に一定範囲内で互いに秩序だって連係させ、結合させ、一致させてきたような構造と規則体系であり、そのためその主な伝達手段は単独の個人ではなく、一定程度まで社会化した人々の共同体である。精神的文化が主に精神性の現象であり、なおかつその中に必ず多くの個人の感情成分を含んでいるのと異なり、制度的文化は人間の結合を通じて出現する「物質化」形式であるべきのみならず、その精神活動もさらに理性的な特徴を帯びている。例えば、制度的文化は一定の組織形態を通じて体現せねばならず、特定の機構・体制・執行システム・職業化し専門化した集団などをもたねばならず、これは制度に不可欠な「物質化」形態である。制度の中に含む精神的要素は、人々の間に共通で公共的な規則や手順などの思想内容を反映するため、必然的に一定の自覚的研究や思考・討論を経て初めて確立すべきで、感情に従うだけではいけない。このことは必然的にさらに多くの理性的要素を持たせ、ひいては一定の理論化過程に伴う。現実の社会では、国家と社会のさまざまな制度が自覚的になればなるほど、明確で揺るぎないものになればなるほど、その高度に理性化した特徴を顕示できるようになる。

比べて言うと、物質的文化と精神的文化の現象は多様で活発で変わりやすさがいっそう目立ち、制度的文化は比較的集中し統一し安定しているのが目立つ。制度の変化は、社会にある根本的な性質を帯びた重大な変化が発生したことを意味する。

総じて言うと、制度的文化は物質的文化と精神的文化の間に介在し、ならびに二者が相互に結合したり相互に転化したりするのを実現させる特殊な文化レベルであり、物質的文化と精神的文化を昇華させ、精錬し、凝集してきた自覚的で高級な社会化形態である。社会文化の大きな体系の中で、制度的文化は上から下への伝達を徹底し、過去をうけて未来を開く中枢の地位にある。そして、社会と文化の進化発展の中において、制度的文化は往々にして重大なキーポイントの作用をしている。物質的文化の進歩と成果が確定し強固なものになれるかどうか、精神的文化の進歩と成果が体現し実行可能になるかどうか、人類のすべての進歩発展の努力が人類自身の収獲と財産になるかどうかは、最終的によい結果をもたらす運営の制度を形成できるかどうか、それらが制度化された建設の中で肯定されるかどうかによらねばならない。そうでなければ、さらによい発明や創造、さらに先進的な思想や理論も、個別的で一時的な成果となるだけで社会の持続的発展にとって貴重な基礎になることはできない。

第三章　文化の様式における「多元」と「一元」

文化は本質的に人類に必然的で普遍的で恒久的な生命形態である。しかし、現実世界の中で、人類のこうした生命形態は、多重で多様で可変的でもあり、単純で純粋で単一的ではない。

一、主体――文化の多様化の根拠

文化の具体的様式を観察するとき、考察の角度が異なる場合、異なる基準によればよい。これまで述べてきた三大基本形態は、社会生活の静態的な基本構造によって行う最も簡単な概括と区分である。このほかに、その他の基準によって区分を行うことができる。

――文化の主体性によって、人々（集団）が異なれば生活条件、行為の特徴、歴史的経験なども異なり、そのためにおのおの異なる文化を持つ。例えば、各民族の文化、各階級階層の文化、各業界の文化、「エリート文化」

と「大衆文化」などである。

——文化の空間性、つまり、ある文化とある地域条件あるいは生活環境の間のつながりによって、異なる文化体系あるいは「文化圏」に分けられる。例えば、東洋文化と西洋文化、アジア文化やヨーロッパ文化、ラテンアメリカ文化、アフリカ文化、陸地文化と海洋文化、都市文化と農村文化などである。

——文化の時間性、つまり、ある文化とある歴史的順序の間のつながりによって、文化の発展進歩の異なる段階を区分することができる。例えば、古代文化・近代文化・現代文化、伝統文化と新興文化などである。

——そのほか、文化体系の内容・分類・傾向・風格・地位などその他の特性によって、さらに多くのさまざまな形での区分ができる。たとえば、宗教文化と科学文化、経済文化、政治文化と軍事文化、労働文化と余暇文化、体育文化と演芸文化、高雅文化と低俗文化、主流文化と周辺文化……尽きることがない。

各種各様の分類の中で、主体による区分がもっとも根本性と実質性を備え持っている。なぜなら、文化はつまるところ人間自身の生活や発展の方式だからである。文化の主体は人間であり、別のものではない。文化は人間の外にある何かとか、人間から独立している何かとかではなく、文化は人間の生活の中にあり、人間の思想・行為・価値観・生活様式の中に体現しているものである。文化の「形」と「態」も、実質的には人間の「形」と「態」である。そのため、文化のすべての特性と多様性は、結局のところ文化の主体となる人間そのものの特性と多様性に由来する。同様に、各種文化間の共通性と統一性も、人間と人間との間の共通性と統一性によって決まっている。

「文化の主体」とはある文化を創造し、ある文化を自己の生活様式とする人々を指す。人間は文化の創造者であり改変者である上に、文化の伝達手段であり担い手でもある。文化は人間の必要と能力、知恵と感情、デザインと創造に由来し、人間の生活・行為・価値観の中に現れる。しかし、文化の主体となる人間は、抽象的で単一的な「人間」では決してなく、多種多様で変化に富んだ現実の人間の集団である。文化の主体の間の差異は、以下いくつかの側面から分析と把握を行うことができる。

（一）社会集団の差異は文化の主体の差異を引き起こす。文化を創造しようが、文化の「方法」にしたがって生活をしようが、人間はみな社会的な仕方で行っている。人間はいつもある集団――民族・国家・階級・団体・職業などに属しており、個人の間に一定の社会集団が結成されてはじめて、一定の生活様式と文化を創造することができる。そのため、文化はある単独の個人の付属物ではあり得ず、一定の普遍性あるいは共通性を持った社会現象であり歴史現象である。しかし、人々が各種各様の共同体を結成するからこそ、人々の文化や生存の内容や方法は各々異なっているのである。我々は階級意識、民族性格、団体精神、職業習慣といったことをよく耳にするが、こうした区別は人々が各種各様の共同体に隷属するために引き起こされる区別なのである。

（二）自然条件の差異は主体の差異を引き起こす。「地理的環境決定論」という観点があり、これは社会文化のすべてには地理的環境が決定したものがあるという考えである。この観点は正しくない。しかし、我々はこれによって人間と文化に対する地理的環境の影響を否定することは決してできない。その実、自然条件は生産などの要素と結合し共同で人間と文化に対して影響をもたらすのである。たとえば、中国民族が暮らす自然環境は、農業生産に適しており、我々の祖先は発達した早熟の農業文明を発展させ、同時に礼節を尊ぶ家族制度を比較的完全に保存した。中国人の多くの性格、例えば、貧困に安んじ道を楽しむとか、仲むつまじく安らかで静かであるとか、倫理を重視するとかといったことは、すべてこの条件と相関している。地中海の環境（アジア・アフリカ・ラテン島とエーゲ海の地形は発達した農耕文明を発展させられなかったが、古代ギリシアは違う。バルカン半の三州が境を接し、周辺には幾多の文明民族がいる）は航海業や手工業、商業を発展させるのに有利で、海外植民に有利であった。このような自然条件がギリシア人の性格を養い、さらに後の西洋人に影響を与えた。ひいては同じ国家にあっても、自然環境が同じではないので、人間の性格や習慣、生活様式なども異なる。例えば江南の水郷で生活する人間の性格は、内モンゴルの大草原で生活する人間の性格と異なる。

（三）人々の実践経験の違いが主体の差異を引き起こす。人間の資質・本質・性格などは先天的に予定されたものでない上に、抽象的で一律なものでもなく、人々が自己の実践の中で「作り」あげていくものである。我々は仕事・学習・創造・交際のときに、我々自身をかたち作っているだけなのである。しかし、人々の間での「作り」方は、人々の実践がおのおの異なっているので、人間の主体性も異なる。例えば、科学探索に従事している集団と商業交易に従事している集団の間には、習慣上明らかに異なる風格が形成されうるのである。

総じて言うと、文化の主体が千差万別であることを引き起こす原因はとても多い。前述した各種の原因によって、人間、正確に言えば文化の主体は具体的で個性的な差異を持ち、多種多様である。主体が文化の基礎であり根拠であることによれば、文化は人間のある種の表徴であり、したがって、人間の差異は必然的に文化の「形」と「態」の差異として現れる。世界にも抽象的な「文化」というものはなく、個性の千差万別な主体の身上に存在する文化だけがあり、異なる価値観、生活様式、思考と行為の様式などの中に体現する文化だけがある。

世界の文化の多様化・多元化は基本的な事実であり、この一点を理解しないあるいは承認しなければ、文化と正確に対応することができず、人類と正確に対応することができない。この点にもとづいて我々が知らねばならないのは、あなたが「文化」を語るとき、それを単一の抽象物、あらゆる人間に適合するような、あるいは、全人類にとって唯一の文化であると想像してはならないということである。そうではない。文化に言及することはいつも誰の文化なのか、どのような文化なのか、どのような地域（民族・国家など）の、どの時代の文化なのか、などに及ぶはずである。もしそうした主体意識がなければ、正確に現実の文化を観察し判断することは不可能であろう。

では、文化は一定の規則を持たない、完全に偶然の相対主義的な領域なのだろうか。決してそうではない。文化の主体の多様性は彼らの間の統一性や一致性を決して排除しない。文化の多様性は異なる文化間には少しも関係がないとか、少しも共通部分がないとかといったことを決して意味しないし、異なる文化体系、異なるレベルや異なる種類の文化間に少しも関係がないということを決して意味しない。事実上、文化の多様性と文化の統一性は一致するのである。

なぜなら、つまるところ文化の主体は生存発展の法則と規則を持つ社会的生物で、状況がどんなに特殊（これらはある具体的な違いを決定づけるだけ）であっても、人間は人「類」の一般的な法則と本性に背くことができず、人間自身が発展する基本条件を離脱することはできない。地球上で人類が生存発展するため最も基本的な条件は、実際のところ大同小異である。人類という高みおよび人間の社会的歴史性という高みから見ると、各種の異なる文化の間は、深層的本質上および基本的構造上、やはり大同小異である。こうした「同中有異、異中有同」といった関係は、ヴィトゲンシュタインがかつて「家族と似ている」、つまり同一家族の異なる成員の姿や特徴には似ているところもあり似ていないところもある、というかたちでなぞらえた。言い換えれば、文化の統一性は自然と異なる主体の中にある、似ていたり近かったり、相通ずるところを体現したものであり、雑多を通じて現れてくる内在的な一致性である。文化の統一あるいは一致は、決して単一ではなく、機械的でも、同一でもない。さらに正確に言えば、こうした「相同」はあい通じ、お互いに補うものであり、一種の強調で調和である。こうであるからこそ、各種各様の文化様式を形成すると同時に、多くの共通性を現し、相互比較の可能な共通の指標が多くあるのである。ここから、我々は「方法」――文化そのものの存在が見え、したがってその構造や特性をさらに観察することができる。

総じて言えば、文化の主体の多様性と統一性が、文化の多様性と統一性を決定づけるのである。

二、多様性が統一された民族文化

「民族」は多層的で複雑な概念で、その中には少なくとも狭義と広義の民族の区分がある。狭義の民族、すなわち民族学的な意味上の主体は、一定の血縁・初期地域・言語・信仰・社会心理・行為などの側面の関係によって形成される人々の共同体を指す。これは「民族」という語の原初の含意である。中国に漢族・モンゴル族・回族・チベット族・ウイグル族など五十六の民族がいるように、こうしたものが狭義の「民族」である。

広義の民族は、近代的意味上で国家体系と適応する民族概念を指し、たとえば「中国民族」「アメリカ民族」などである。これはたくさんの狭義の民族を包括する社会共同体である。国家はとりわけ近代的国家制度であり、実行するのは「属地法」すなわち国土の所轄を原則とする。このように、同一主権国家が所轄する範囲内で、異なる狭義の民族を包括して構成する民族、すなわち「大民族」を形成する可能性がある。同一の狭義の民族はその成員が異なる地域に分布していたり、異なる主権国家に分かれて属していたりするために、異なる「大民族」に属する可能性もある。主権国家内部で統一している言語・風俗・政治・法律・経済・イデオロギーなどは、同一主権国家内でもともと異なった狭義の民族が持っていた共通の基本文化を使うことができ、その他の国家民族の文化と異なるところがある。

そのため、民族文化の多様性と統一性は非常に複雑な問題である。マクロな視点から見ると、我々は三つのレベルに分けて語ることができる。すなわち(一)民族を単位とした、同一の民族文化体系の多様性と統一性の問題、(二)多民族の国家あるいは社会を単位とした、ある国家社会体系中の文化の多様性と統一性の問題、(三)民族国家あるいは社会を単位とした、異なる国家あるいは異なる社会体系の間の多様性と統一性の問題である。

まず第一の状態、すなわち同一の民族文化内部の多様性と統一性について論じる。狭義の民族には、血縁と体質上の根拠があり、地縁的な根拠があるが、主要なのは文化上の根拠である。悠久の歴史の中で、地縁的根拠は民族の交流と移動のために大きな改変が発生する。体質的な側面あるいは血縁的な要素は比較的安定しているが、やはり異なる民族の婚姻によって様々な程度の改変が起こる。これら原始的で自然的な原因の相対化は、文化の要素をますます重要にしている。

文化は民族の主要な内包であり、言い換えれば、一つの民族が一つの民族であるゆえん、この民族がその他の民族と区別されるゆえん、その主要な根拠は文化にあるのである。まさしく地縁と歴史的淵源・生活様式・宗教・言語・伝統と習俗・価値観などが同じであれば、一つの民族は一つの統一体となり、別の民族とは区別される。人々は民族を基本的生産単位として、民族文化のさまざまな共通要素に耽溺し、見なれ聴きなれているものはすべてこうした共通のものである。しかしこれは民族文化が千編一律で同調的であるということを決して意味しない。事実、同一民族の文化内部でも多様多彩である。文化の風格・品位・形式・価値傾向などそれぞれ特徴があり、それぞれ同じではなく、豊富で多彩な民族文化をつくり上げている。

一つの民族の文化そのものは多種の風格、多種の品位を包含している。中国文化もその実、多種多様な風格の統一体である。地域の側面から大まかにいうと、南方文化は比較的秀麗で美しく、北方文化は比較的雄大で豪放である。主体の側面からいうと、人々の性格の特徴が異なるため、気質・心理や行為様式が異なり、彼らが体現したり想像したりする文化の風格も異なる。張芸謀の作品は重々しく豪放で、濃厚な悲劇的色彩があり、ある種人間性と歴史の無情な引き裂きを人間に見せるだけの力がある。謝晋の作品は厳粛で荘重、一種の崇高感があり、ある種人間を光明ある未来へ導いていてくれる力がある。

文化の品位は文化の価値・境地・情趣・奥深さなどによって構成される文化レベルである。同様にユーモアでも、文人のユーモアと民間に伝わるユーモアとは、その品位が異なる。同様に悲劇でも、人類・民族や文化の運命に関する荒涼として勇壮な悲劇と個人的に心憂える悲哀とは、その品位がまた異なるであろう。同様に宗教でも、上帝や天国に対する憧憬や敬虔さと、幸福や天の助け、お金儲けを祈る切実さとの間には、その品位は異なる。民族文化は多種の品位で構成される統一体であり、「俗」文化があれば、「雅」文化があり、探索型があれば、消費型がある。一般的に言えば、知識人が必要とし創造する文化は、さらに「文」雅で、さらに修飾され、しばしばさらに専業化する。労働者や農民が創造する文化は、さらに「質」素で、さらに生き生きとしており、さらに通俗的でもある。

もっとも顕著な文化の多様化は形式の多様化である。形式の多様化とは文化の外在的表現方式・方法・手段の多様化を指す。文化の存在形式は多種多様であり、物が体現する文化があれば、制度が体現する文化があり、精神が体現する文化があれば、人間の行為が体現する文化がある。文化の表現手段も多種多様であり、造形的なものがあれば、言語的なものがあり、動作的なものもある。文化の表現技巧も多様化しており、抽象であったり、写意であったり、象徴であったり、変形であったりする。

文化の多様化の中には価値傾向の多様化を含む。社会生活はこの上なく複雑で、人々の真善美聖に対する理解、また功利・意味・公平・正義などの価値に対する把握・理解や追求は同じではなく、これが人々の価値観を千差万別にしている。このように人々が創造する文化は、その価値傾向も千差万別である。

例えば、審美情趣の多様性がある。生活に対して、文化に対して、道徳に対して、文学芸術に対してなど、人々はおのおの異なった審美観念を持っており、審美的価値観は事実上多元的である。例えば衣服について、ある人はさっぱりして上品なことを美とし、ある人はブランドや「ランク」が高いことを美とし、ある人は「高雅」を主張し、ある人は流行を追うのが好きで、「スター」をまねるのが好きである。

また、経済的な立場の多様性がある。人々は自己の経済的利益や経済的地位を根拠にして経済文化に対する態度を取り、とりわけ生活が変革する時代が、人々の経済的利益や経済関係の調整にまで波及するとき、人々の価値傾向およびこれによって引き起こされた社会的態度は往々にして千差万別であり、ひいては真っ向から対立する。ある人間が効率に依拠して収入のランクを引き離すことを主張すれば、またある人はだいたい平均を保持することを主張する、といったものであり、これによって経済生活が複雑に錯綜する色彩を現すようになるのである。

また、政治的、道徳的態度の多様性がある。社会や政治、公共行政の問題について、人々が異なる観点や態度を持つのは必然であり、人々の政治的法律的地位が異なり、利益が異なり、視野が異なり、政治問題に対する理解や把握が異なるため、とる立場も違い、違いがあるほうが正常である。道徳上では、ある人は儒家の伝統を実行し、ある人は功利主義を信奉し、ある人は仏教やその他の宗教の中から世間や他人と争わぬ超越解脱型の道徳を受け入れ、我々の主導的観念は社会主義的な集団主義である、といったことである。

民族文化の多様性は現実生活の複雑性によって決定されるのである。文化の品位の多様性は人々の文化生活と文化需要の多様性に源を発する。たとえ同一主体であっても、多種多様で品位も異なる文化を必要とする。人々は暇つぶし的な文化を求め、また学習によって深く研究された創造性の文化も求める。衣食住などの「日常生活」問題を解決する文化を求め、宇宙や人生の困惑を解釈し、安身立命の基礎を提供する文化も求める。知識人であろうと労働者や農民であろうと、みなこのような区別があり、その程度が異なるだけである。一つの民族の内部で、人々が文化を創造する主観的ないし客観的条件（要素）は多種多様であり、民族文化も必然的に多種多様となる。生活環境・条件・歴史的沿革・人物・習慣などの違いによって、異なる地区の人民は異なる風格の文化を創造した。我々はよく「風土人情」とか「一方の水土は一方の人を養う」（ある土地の環境がその土地の人を養う）とか、「橘は淮南に生ずれば則ち橘と為り、淮北に生ずれば則ち枳《からたち》と為る」とか、「入郷随俗」（郷に入っては郷に従え）とか言うのは、民族文化の地域の側面における差異を見て取ったものである。中国民族は人口が多く、生活場面の面積も広大で、異なる地区の自然的および人文的な環境は千差万別であり、したがって文化の差異もやや大きい。例えば「京派」と「海派」の文化は明らかに違う。「海派」文化は江南水郷の伝統があり、また開放がわりあい早かったため、海外の影響を比較的大きく受けたので、やや秀麗で巧み、多姿多彩で、生き生きとして活気に満ちており、進取性が豊富であるなどの特徴がある。「京派」は北方文化の一般的な特徴を備え、皇室の遺風を加えているので、威厳があって、広大で、風格があって、豪放なのが目立つ。

民族文化の特徴はすなわち文化の民族性である。民族性とは、民族内部において、ある共通の歴史と共通の利益によって共通の関係の紐帯を形成し、多くの個人と集団を一つの統一体にすることを意味しており、異なる民族間では、主体的な生存権益や生活様式および性格の特徴などの側面の独立した特徴が現れ、双方の間に互いに取って代わることのできないある程度の差異が存在する。言い換えれば、民族文化は対内的には文化上の統一性を意味し、対外的には文化上の独立性、多元性や多様性を意味しており、また対内的には共通の規範を意味し、対外的には自主的な権利を意味している。

総じて言うと、文化の本性は多元的で多様的であるが、それもすべてある範囲内の統一性を意味している。民族文化はとりわけそうである。そのため、文化建設の方針もこのような多様性に適応しこれを励ますようにするべきである。多様性に適応し、それを認め、励ましてはじめて、文化の発展は豊富で、完全無欠で、生命力に満ちあふれたものとなる。これに反して、文化の一元的モデルが引き起こす結果は文化の乾燥、萎縮、そして衰退である。我々はよく「百花斉放、百家争鳴」と言うが、根本的には多様性に順応し、それを認め、励まさなければならない。

三、メインカルチャーとサブカルチャー

我々は引き続き第二の状態、すなわちある多民族を含んだ社会、その文化の多様性を見てゆく。

民族の「内・外」の境目は歴史的で、たえず進展変化するカテゴリーである。国家レベルを主とする「大民族主義」は近代西洋資本主義の産物である――少なくともこうした形式に典型化させたものである。人々には「人種の境をなくす」とか「国境をなくす」といったユートピアもあるが、現在までのところ、主権国家は依然として人類を異なるエスニックグループに区分する基本形式であって、文化的な同一性の認識（「内部」「我々」）と異質性の認識（「外部」「彼ら」）の基本的な境目である。

世界の大多数の国家は多民族国家で、それらは多くの（狭義の）民族によって作られている。国家レベルの「大民族文化」は、その他の国家レベルの民族文化に対して言えば、相対的に独立した統一体である。例えば、中国民族は五十六の民族を包括しており、中国文化は歴史的に形成された漢文化を主とし、モンゴル・回族・チベット・ウイグル・朝鮮・苗族・壮族など各民族の文化が内在している、極めて豊富で活気に満ちあふれた統一体である。社会的な視角から見ると、ある民族国家内部の文化も複雑多様である。民族文化と国家文化、伝統文化と外来文化、職業文化と地域文化などがある。それらの地位と作用の上から見ると、我々はそれらを二つの大類、メインカルチャーとサブカルチャーに区分できる。つまり、具体的な主体の状況が異なるために、同一国家社会の文化システムの中に、ふつう主導的地位を占めるメインカルチャーがあり、また外部あるいは周辺状態にあるサブカルチャーがある。

メインカルチャーはある社会の中で主導的地位を占める文化、すなわち主流の人々の、社会文化の中心にある文化を指す。どの時代の社会においても、社会そのものの経済・政治的条件と歴史伝統などの要素に基づいて、社会の主導層が自覚的に選択し強力に提唱することを通して、ある種の価値傾向と文化的風格が主導する人々あるいは大多数の人間の文化的特徴となり、公認の「正統的あるいは公式的文化」の地位を備え持ち、強大な社会的影響力を生じることができるのが、すなわちその社会の「メインカルチャー」である。もちろん、いかなるメインカルチャーも簡単で純粋なものではあり得ない。例えば中国古代のように、人々は通常儒家文化をメインカルチャーと考えているが、実際上、こうしたメインカルチャーは社会大衆の中と皇帝を統治者のトップとするところとで、異なるところがある。馮友蘭は、中国の統治者は実際上「外儒内法」を実行した、すなわち群衆に向かっては儒家の倫理道徳思想を宣揚して実行したが、自らはいわゆる仁義道徳にはあまり関心が無く、かえって法家の、「法・術・勢」を用いた謀略治国を実行した、と考えた。そのためこうした文化は事実上多種の文化傾向の混合体でもある。現代の中国において、メインカルチャーは中国独自の社会主義を方向とする文化である。国家の思想文化とイデオロギーの基礎として、それは現代の中国の文化発展の主導的構造・主旋律・政治的方向を代表している。

サブカルチャーは同一社会内部で主流ではなく主導的でない文化、すなわちメインカルチャーの外や下にあり、なおかつメインカルチャーの価値傾向とは異なる文化を指す。サブカルチャーの特徴は主導地位を占めず、社会の核心にもない。サブカルチャーの性質はすべてが同じとは言えず、それはまた「非主流」と「反主流」などに分かれる。

あるものはただ、ある特殊な生活様式を備え持つ、あるいは特殊なグループに特有の伝統および文化となり、例えばまれにいまだに旧時代の発展レベルにある少数民族の文化や、異なる地位にある多種の宗教文化、ある特殊な階層・業界ひいてはアマチュア集団の文化など、それらの存在は社会発展の不均衡・不一律と人間の特殊性を反映している。一般的に言うと、こうした類型の文化は非主流に属するが、大多数の状況下ではメインカルチャーと互いに相容れないものでは決してなく、互いに補充し合い、互いに交流し、互いに促進し合う文化要素になり得るのである。このようなサブカルチャーはいくらか現実の生活状況を体現しており、社会文化の発展のためにある独特な視角を提供し、独特な問題を発見し得るので、独特な文化的価値を備える可能性がある。

別のサブカルチャー現象は反メインカルチャーの性質を持つ。人々の根本的利益や価値傾向が互いに分化しひいては対立することによって、異なる主体が代表する文化にも差異が存在しうる。もしある文化とメインカルチャーが衝突すると、それは反メインカルチャーの性質を持つ。例えば、階級圧迫や種族圧迫の存在する社会では、被圧迫者の文化が往々にしてサブカルチャーとなり統治者のメインカルチャーと対立する。社会の革命や変革の時代においては、大多数の人間の利益を代表する革命文化がメインカルチャーとなり、革命対象あるいは少数の過激派の利益を代表する反動文化が、サブカルチャーとなる。現代の中国においても、主流のイデオロギーとは矛盾する観点・思想・文化がたくさんあり、これもサブカルチャーである。こうした反メインカルチャー的なサブカルチャーについて、我々は弁証法的な分析を行い、慎重に対応しなければならない。あるものは耳を傾けて参考にするべきで、あるものは寛容にすべきで、あるものは禁止し反対すべきである。

サブカルチャーとメインカルチャーの区分は相対的である。サブカルチャーは人間の生活環境や生活内容、生活様式の複雑性を起源としており、人々が選択し文化を創造する多種の可能性に源を発しており、こうした主観・客観の条件はまた発展変化的である。歴史的合理性を持つサブカルチャーは、往々にして永遠にサブカルチャーの地位にあるはずがなく、それは発展してメインカルチャーに取って代わる可能性がある。旧中国において、マルクス主義を指導的思想とした文化はかつてサブカルチャーに過ぎず、非正統的であり、ひいては「異端邪説」と見なされた。しかしそれが社会発展の法則を把握し、中国社会の矛盾と活路の問題を有効に解決したため、絶大多数の中国人に受け入れられ、メインカルチャーになったのである。科学史上このような例はしばしば見受けられることで珍しくはない。多くの科学理論ははじめ人から異端邪説で奇怪な議論と見なされるが、のちにそれが伝統的科学では解決できなかった難解な問題を解決し、したがってメインカルチャーの内容に上昇する。そのような社会発展に後れをとり、ひいては歴史の前進方向と相対立するサブカルチャーは、しばしば一定の破壊性を持ち、社会進歩の障碍となり、最終的には淘汰される。中国史上で長い間衰えることのない江湖文化[1]や迷信文化、アメリカや日本などの「ヘブンズ・ドア」や「オウム真理教」などの邪教文化など、その命運も必然的にこうなるであろう。

メインカルチャーとサブカルチャーの存在は文化の多様性の具体的な現れであり、これは一種の必然的な事実であって、価値判断ではない。言い換えれば、我々はメインカルチャーが「よい」文化で、サブカルチャーは「悪い」文化であると簡単に認定することはできないのである。「メイン」と「サブ」が反映するのは、文化の主体の地位であって、文化の評価としての真偽・正邪・善悪ではない。もちろんほとんどの状況下で、我々はやはりメインカルチャーを肯定し、サブカルチャー現象に対して科学的分析と正確な指導を加えねばならない。

文化の多元化とサブカルチャーの広範な存在は、文化の価値相対性を説明した。文化の多元性を取り消し、サブカルチャーの存在を取り消そうと試みると、必然的に文化の独断論と文化的専制を引き起こす。文化上の純粋主義と文化的専制主義という態度は、必然的に多種の文化が互いに吸収しあったり、互いに観察しあったり、互いに発奮させあったり、互いに相手を通して自身を別の角度から見たりするような活気を圧殺し、文化の砂漠化を引き起こす。それに対して別の一極端は、文化的多元主義や自由放任主義、無政府主義であり、それらは各種の異なる文化の性質と意味の上にある区別を完全に否認し、メインカルチャーの社会的発展に対する主導的責任と権力を否認する。これは、文化の健康的な発展の基準と文化そのものの建設の任務を取り消すことを意味し、同様に文化が発展する活気を圧殺し、文化の低俗化・無秩序化・砂漠化を引き起こしてしまう。この二種の偏向は有害である。

総じて言えば、世界中の文化の多元化を認め、社会上の文化様態・形式・内容・価値傾向などの多様化を尊重することは、文化価値の相対性を認め、文化の絶対主義や専制主義に反対することである。しかし文化の絶対主義に反対することは一切の価値基準を放棄するということでは決してなく、我々は相対主義にも反対をする。文化の相対主義は比較的権威的な価値基準を認めず、文化が発展する大方向と主旋律を認めないので、これもまた善し悪し、あれもまた善し悪しである。これは実際上、相対性を絶対化したということである。こうした絶対化の実質も、自分のある種のサブカルチャーでメインカルチャーを否定し、自分のサブカルチャーでその他のサブカルチャーを否定しようとすることにほかならない。文化上の完全相対主義も不可能、あるいは虚偽のものだということが分かる。各種の文化形態は優劣長短の比較ができ、人をより発展させる、人をさらに文明化する文化をメインカルチャーとすることができる。そのため、どんな文化をメインカルチャーにして、異なる文化の価値をどのように区別するかは、自ら制限するものではなく、歴史や人民大衆の選択に服従し、実践によって検証するだけなのである。

四、世界文化の多元的枠組

最後に第三の状況、すなわち世界文化の多様性について語る。全世界の範囲であれば、人類の文化はさらに色彩の絢爛なシーンを見せている。大きい枠組について言うと、世界文化をひとかたまりとしてイメージすることができる。ひとかたまりとは一つの「文化圏」のことである。人類の文化は古来よりたくさんのこのような「文化圏」によって構成される複合体である。例えば、現在の世界には中国・東洋文化、欧米文化と西洋文化、イスラム文化、インド文化、スラブ文化、アフリカ文化、ラテンアメリカ文化などがある。

中国文化はおよそ五～七千年の文明史がある。それは長江と黄河流域を中心として発展してきた。中国大陸と台湾以外で、広義で言うと、中国文化の範囲あるいは影響範囲は朝鮮・ベトナム・ミャンマー・モンゴルや西シベリアなど広大な地区を含む。

日本文化はもともと中国文化の影響を深く受けたものであるが、自ら一つの潮流をなし、独特の特徴を持っている。

インド文化はおよそ六～七千年の歴史があり、少なくともヴェーダ（インドの古代史詩）の時代まで遡ることができる。インド文化はガンジス川流域を中心とし、前後して創立したヒンズー教と仏教がインド文化の精神的支柱である。

欧米および西洋文化は、西欧・北米・オーストラリアおよびキリスト教を信奉することを主とする文化圏を指す。西洋文化はおよそ古代ローマが滅亡し、中世が始まった時期に形成され、その思想は古代ギリシア・ローマ文化とユダヤ文化の多くの内容を吸収している。

イスラム文化は北アフリカ・トルコ・中東・中央アジアからマレーシアに至るところすべてによって形成され

る文化圏を指す。イスラム文化はおよそ六世紀にムハンマドがイスラム教を創立したときから始まり、アラブ人が主体となって、前後してトルコ文化・イラン文化・マレー文化などの地区を征服し、当地の特徴を吸収し、三大陸にまたがる文化を形成している。

東方正教文化圏はだいたいスラブ人を主体とし、北はロシア・ベラルーシに始まり、中央はルーマニア・セルビア、南はギリシアなどの国に至る。東方正教はキリスト教とスラブ民族の原始宗教が結合した形態である。

ラテンアメリカ文化はメキシコ・中米から南米に至る多くの国家によって形成される文化圏を指す。こうした文化は西洋文化（とりわけスペイン・ポルトガル文化）がアメリカの「土着」文化を吸収した産物である。

アフリカ文化は北アフリカのアラブ人を除く民族の文化であり、「ブラックアフリカ文化」とも称し、アフリカの黒人部族を主体とした生活様式の産物である。

「文化圏」を区分する指標はまずはじめに民族、特に「大民族」の生活様式およびその伝播範囲である。これは世界的な文化の枠組みを構成する主要な要素である。同時に、言語・宗教・風俗習慣などの要素も「文化圏」の基本的な指標となる。

言語は異なる文化圏を区分する重要な指標の一つである。言語は人々が世界を理解し世界を把握する手段のみならず、人々が思想を交流させる道具であり、人々の間で互いに同一視したり分別したりする根拠でもある。世界上の言語には多種あり、消失した言語や死言語（文字）を除けば、現在活きている言語でなお数千種ある。その中で使用する人数が比較的多く、影響範囲が比較的大きいものには、中国語・英語・フランス語・ロシア語・スペイン語・ドイツ語・ポルトガル語・アラビア語・日本語・ベンガル語などがある。言語の多様性は人類文化の多様性を十分に現している。

宗教も異なる文化圏を区分する別の重要な指標である。宗教は歴史上形成された重要な文化形式であり、その本質は信仰体系である。一般的に、世界中で最も影響のあるものとして三大宗教、すなわちキリスト教、イスラム教および仏教があると考えられる。その実、影響が比較的大きいものはこれだけにとどまらない。例えば、ユダヤ教・ヒンズー教・道教などの影響も小さくない。影響のやや小さな宗教はさらに多い。大きな宗教は通常多くの宗派に分かれており、例えば、キリスト教はカトリック・プロテスタント・東方正教に分かれている。イスラム教の宗派はさらに多く、ほとんどすべての集落に独特のイスラム教がある。東方正教・ラマ教・アフリカ部族の多くの宗教のように、世界的宗教と現地の原始宗教が融合して、新たな宗教の分枝となるものもある。世界の多くの国家が長期間政教一致であり、宗教は信仰である上に、法律・政治・道徳の共通の基礎でもあり、民族全体を結びつける精神的紐帯でもある。

文化圏を区分するためのよくある指標には、日常生活様式や伝統的習俗、例えば衣食住や交通手段、婚姻・葬式・嫁取り・婿取り、祝日や祝典など各方面の風俗・習慣・儀礼などに含まれる特徴がある。異なる歴史の蓄積や、異なる現実的なつながりによって形成される異なる文化圏は、人類の生活の中で異なる生活モデルを示し出す。いわゆる「文化モデル」とは、一定の価値システムによって支配された生活内容（特質）と形式（様態）の統一である。表面上から言えば、異なる文化モデルの間には、言語・宗教・習俗などといった一定の外在的な区別があるが、これらは決して最も根本的で実質的なものではない。文化モデルの中で根本的で実質的なものは、これらの形式の内側あるいは背後に隠れている文化的内包であり、人々に特有の思考と行為の様式や価値観などを含み、さらに深層的なものは、人々の生存発展の歴史、人々が自己の生存発展様式を選択しならびに決定する権力や責任など、一言で言えば、文化の主体としての人間そのものである。

文化の特徴は往々にして、異なる民族あるいは異なる文化圏の間で、表面上は同じように見えるものでも、実質上はたいへんな隔たりがある可能性があり、表面上はまったく違うように見えるものでも、同じ深層の内包を持つ可能性がある。これは文化の本質が内容にあって形式にはなく、人間そのものにあって人間の外にはないことを説明している。

例えば、中国にも外国にもどこでも宗教があるが、実際の状況には大きな違いがある。一方で、中国の宗教は西洋の意味での宗教と異なる。人々はふつう宗教を生活の中の一要素と見なしているだけで、それらについて西洋式の敬虔で厳密な一貫した崇拝態度はなく、しばしばある実用的な目的のために柔軟で随意な方式で対応を選択する。他方、中国ではもともと宗教ではないものが、一定の宗教的な実質を備え持つ可能性がある。例えば孔子の儒家学説の体系は、二千年もの間にだんだんと宗教的信仰に類似した地位を得て、さらには中国史を研究する多くの者も「儒教」を中国の一つの宗教であると見なすべきだと考えている。

歴史の長い流れの中で、世界の各民族はみな自己独特の文化体系を創造し、各自の価値傾向はどれも違うところがある。ある文化はこうした方向に発展し、こうした方向の価値を真とし、善とし、美とし、聖とし、文明とする。別の文化はその他の方向を真とし、善とし、美とし、聖とし、文明とする。すべての文化はそれ特有の価値システムを確立しており、宗教・文学芸術・哲学・科学・法律・政治・道徳・風俗習慣・行動様式など、人々自らの生活における各方面に現れる。あらゆる文化にはすべて独特の価値がある。例えばゲルマン人の文化がマオリの文化より「発達」しているとしても、後者の神話・言語・原始的工芸などの文化の中には、ゲルマン人の文化、ひいては世界中のいかなるその他の文化も持たないような独特の価値が必ずたくさん含まれているのだ。

民族文化は鮮明な主体の個性を持ち、これによって構成される人類文化の多元化と多様化は、自然な形成であり歴史的合理性を備え持つ。こうした合理性の第一の根拠は、各民族が生存発展する権利と責任であり、人々が自己の生活を自ら選択し創造する権利と責任なのである。

五、「文化的同調」の神話と現実

文化の多元化は、現在に至るまで人類の基本的事実である。では、こうした事実はいったい何を意味するのだろうか。それはいいことなのだろうか、それとも悪いことなのだろうか。人々はこうした多様性を保持し擁護し続けるべきであろうか、それともそれを取り除く方法を考え、全人類の文化を「大同」統一に向かわせるよう促すべきだろうか。すなわち、文化の多元化は恒久性や普遍性を持つであろうか。

この問題に対しては、古来より各種の異なる考えや推測がある。その中でも最も影響があるのが「大同」理想であったといえよう。多くの人間が、我々は同じ地球上の人類である以上、全人類の文化は遅かれ早かれ統一され同じになる日が来る、と感じている。中国古代の思想家・孔子が示した「大同」思想は、社会・道徳および文化の「大同」を最高の境地とする。西洋キリスト教の『聖書』中にも同様の思想がある。『聖書』は「バベルの塔」の物語（この物語は、人々によって言語が異なっていて、意思疎通も難しかったため、最終的に協力して天まで届く塔を建造することができなかった、という話である）を通じて、人類が言語（文化）の隔たりによって引き起こした極めて大きな苦痛と不幸を示した。「人間に同じような心があり、その心には同じような理屈がある」、つまりグローバルな文化の統一を実現することは、確実に放棄しがたい崇高な夢想なのである。

夢想にはおのずとその合理的で感動的な部分があるが、それは結局のところ科学ではなく、現実でもない。道理の上から言えば、ここに多くのいまだ徹底解明されていない問題がある。たとえば、全人類の文化はいったい「同調」すべきだろうか、なぜ「同調」しておのおのの差異を保持するべきでないのか、特に、どのような「同」に向かうべきだろうか、このような同調はどのように実現するだろうか――誰によって（誰が決定権を持つか）、どんな方式で実現するか、などである。こうした極めて重要な大問題に対して、従来多くは議論されなかった。人々の大半は当然のように理解したと思っており、まるでその理由は言わずとも知られているようだった。しかし実際には、これまでは大きなずれがあった。特にある国家あるいは民族が強大になりだし、戦争あるいはその他の強制的な手段を通して、自己の認めるある文化によって別の国家民族を「統一」しようと行動を起こそうとするときに、被統治者は大半が願わず、受け入れず、ひいては命がけで抵抗した。一つ一つの「同調」の結果は、かえっていつも「変化していって」も「同じにならない」なかった。

歴史上最も著名な例は、十一～十三世紀ヨーロッパのキリスト教徒らによる「十字軍東征」であろう。この三百年間、西ヨーロッパのキリスト教徒らは自己の信仰に基づいて、キリスト教によって天下を統一しようとした。彼らは何度も強大な軍隊を組織し、イスラム教を信仰する国家や地区に侵攻し、前後して八度の「十字軍東征」を発動した。その経過、その情景たるや、相当に壮観で惨烈なものである。しかし、結果はどうだったか。結果は「十字軍」の失敗によって終わりを告げ、宗教的聖地――イェルサレムは現在に至ってもキリストの「統一した天下」になってはいない。

歴史の経験と教訓から見れば、ここには必ず解明しなければならない二つの問題がある。一つは、どのような「同」に向かうのか、ということである。言い換えれば、ここで言う「同」はどういう意味なのか。完全に同じとか、同一とか、単一とか、「大地の上にただ一種類の色の花だけ咲かせる」ということなのか。それとも「和して同じくせず」「大同小異」――つまり一種の多様化の間での統一や調和、「世界を一つの百花園にする」ということなのか……といったことである。もう一つの問題は、このような同調はどのような力によって、どのように実現するか、ということである。言い換えれば、誰によって（誰が決定権を持って）、どのような方式で実現するべきか、統一の必要があると考えるすべての人（国家あるいは民族など）に、自己の実力に基づいて強力に推し進められ、互いに闘い合うものなのか、それとも、人々の自主的選択を尊重し、平等な交流と協力を通して、新たな秩序、新たな統一の調和を創造するものなのか……ということである。

どのようにしてこの二つの問題を解決するかが、実際上「文化的同調」の性質と命運を決定づけている。

ここで再び例を挙げてみよう。『聖書』の「バベルの塔」の逸話があってからのち、人類は多種の文字・言語の間の障害を克服することに関する願望は、実践し発展するにしたがってますます強烈になった。そこで、全人類の文字・言語を統一するということは偉大にして光栄な夢想に違いない。しかし、人間が念入りに創造した新たな言語――エスペラントができて以降、実際の状況はどうであろうか。――数十年来、このエスペラントは人々の「同調」という目標をいまだ達成してはいないし、エスペラントはまるでエスペラント協会の範囲をまだ出ておらず、現在に至ってもそれを認める国家あるいは民族は一つもない。これはなぜなのだろうか。原因はもちろん多くあるが、その中でも最も深刻な原因は、「エスペラント」そのものが単一の言語であって、なおかつ少数の人間によって作られ、あらゆる人間に向けて推し進めることを企図した「外来」言語であるということである。つまるところ、文字・言語の問題は、すべての文化の問題と同じように、まず人々（民族や国家）自身の文化の権利と責任、需要と能力の問題である。人々自身の権利と責任、需要と能力は、すべての価値の合意と選択の起点である。およそ人々の主体的な権力と責任を侵犯し、あるいは主体的な需要や能力に認められないもの、言い換えればこの起点に根拠のないものはすべて、現実の中で必然的に主体に受け入れられることはない。全人類が統一する文化は、いかなる人間の主観的デザインや良好な願望からも生まれてはならず、いかなる人間もある種のデザインを無条件で他人に与えることはできない。たとえこうしたデザインや願望そのものがある種の合理性を含んでいるとしても、強制することはできない。さもなければさらに深い隔たりやさらに多くの侵害、さらに大きな衝突を引き起こすこととなる。

しかし、こうした道理を理解しない人間がいる。世界中にはいつもこういった人間がおり、自分の文化だけが「文明的」「進歩的」で「発達している」ものであって、他人の文化は「後進的」で「野蛮な」ものと認定し、さらに他人に自分と「同調」するよう要求するのが習慣になっている。たとえば、早期の西洋植民者はかつて残酷な手段で「土着文化」を壊滅し、現在彼らの手段はいささか「文明」に変わっているが、なお「世界文化警察」を自任し、自らの文化や価値観によって世界を「同化」しようと機会をうかがっている。こうした現象は、彼ら自身の言い方によれば、「文化普遍主義」あるいは「価値普遍主義」と呼ばれるが、侵犯を受けた国家（民族・人民）の言い方によれば、「文化覇権主義」「文化帝国主義」である。

ある学者の考えによれば、一九八〇年代中葉以来、多国籍企業の発展、地区や国際的な経済組織の作用の強化、および投資の国際化によって、一種相対的に主権国家上を超越する経済システムが形成されている。このため、グローバル化は国家を解消し、主権を超越し、世界的な経済システムを形成し、さらにグローバルな文化システムを導いている。またある人の指摘によれば、現在世界の経済・科学・技術・情報・環境・安全などがますます結びついて一つの全体となっている。具体的に言うと、科学技術の発展、とりわけ情報技術の発展は、インターネットや情報スーパーハイウェーなど、全人類を日増しに緊密に結びつけている。国際間の経済協力や経済交流が日増しに頻繁になり、人類はますます互いに依存し合い、人類文化の全体性はますます強くなる。交通は日増しに便利になり、地球の時間と空間の尺度は明らかにますます小さくなっている。社会的コミュニケーションや文化的交流が深まることによって、人々はさらに多くの価値や行為準則や思考様式、例えば国際慣例や流行のファッションのようなものをますます認めるようになる。グローバルな問題が日増しに重大になることによって、人類は日増しに全人類に共通の価値や共通の利益を意識し、協力の必要性と可能性を意識するようになる。彼らはこれを根拠に「現代化」「グローバル化」などをすべて「西洋化」「資本主義化」とつなげた。ソ連や東欧の事変にかこつけて、西洋の学者は大勢が「共産主義は失敗した」と宣揚し、それ以降西洋の自由・人権と市場経済を主とする文化が全世界を統一するはずだと断言した。一九九二年、アメリカのランド研究所の研究員フランシス・フクヤマは『歴史の終わり』の中で、西洋の自由民主主義が最終的な勝利を収め、西洋の自由民主主義に挑戦しようというどんな勢力ももはやいないため、一つの普遍文明がまさに到来しつつある、と述べた。彼が言う「普遍文明」は、西洋資本主義的文化を指している。

学術理論上から見れば、西洋の「文化覇権主義」的観念は二つの核心的観点に帰結できる。（一）世界上には本来普遍的で、階級を超え、民族を超え、文化圏を越えた共通の価値が存在し、いわゆる一般的で共通の「人間性」や普遍的な「人権」、議論の余地のない「人類の基本的価値」などを含む、と考える。（二）そして、このすべてを集約して代表するのは、彼ら自身の西洋文化であって、彼らが実行し自画自賛する価値観などを含む。しかし実際上、前者の観点は理論上すでに似て非なるものであるし（我々はしばらくここでは議論しない）、後者の観点はむやみに尊大ぶった表現である。こうした「文化覇権主義」の存在によって、人類文化の多様性や多元化の発展は一種の重大な挑戦と妨害を受けており、人類の和平もまた一種の新たな脅威を受けている。

確かに、現在の世界では、全人類に共通の価値の問題が以前のいかなるときよりもさらにはっきりと浮かび上がってきている。「地球村」や「経済のグローバル化」といった情勢の発展にしたがって、特に環境・資源・生態系・安全・人口・戦争と平和などグローバルな問題が日増しに重大になることによって、人々がこうした問題に示す関心というのも日増しに共有し普遍化している。そして、様々な形式の文化覇権主義もこのためにさらに大きな「説得力」を持つようになり、現代文明の発展動向は対立や差異を消失に向かわせ、人類文明はますます「同一」へと向かうと考えられた。しかし、我々が前述した二つの問題が存在することにより、人類文化の「同調」という需要と趨勢は、かえっていかなる文化覇権主義にも証拠を提供できない。言い換えれば、西洋文化の「天下統一」が神話から現実に変わりつつあることなど決して証明できないのである。

まず、「同調」は人類がますます多くの共通問題を抱えたことを示し、人々がこうした共通問題に向かい合って多くの共通点を探し求め、それによって共通の答えを得ることを要求するだけで、こうした問題にはたった一つしか答えがないことを示すものでもないし、さらにはこうした答えが西洋の権威のある人物の意見を基準としているだけでしかないことを示すものでもない。答えは全人類の利益を根拠にして、実事求是的に得ているだけで、各国人民が自己の文化や価値観を放棄することを前提にすることはできない。それに対して、こうした問題においては、各国人民の利益を保証させ、各民族の文化を発展繁栄させるほうが、確実に形成する可能性があり、確実に実行されうる。例えば環境の保護や生態系の維持は人類の共通性を最もよく体現した領域であり、理屈から言えばその問題においての論争は最も少ない。しかし、具体的な協議をまとめようとすると、やはり各国各地域の利益をあわせて配慮せねばならない。そのため、「共通点」を承認することと西洋の覇権を受け入れることとの間には、何の関係もない。

次に、近代化は西洋化と等しいわけではまったくない。西洋資本主義的な近代化の過程と成果が、確実に人類の近代化のために手本とするに足るたくさんの経験、例えば市場経済・科学技術の応用・GNP成長率・標準化マネジメントなどを提供したことは認めるべきで、ひいてはそれらが世界規範的な経済システムと文明モデルを確立したと言える。しかし、「他人の肉は自分の身体上では成長できない」、つまり他人の経験を学習し吸収することはその人物に従属することと同じではない。いかなる国家においても近代化は自らの国情に依拠して自ら実現するしかない。そのため各国において近代化のモデルと過程は必然的に異なっている。一九七〇年代以来多くの非西洋国家（例えば日本やアジア「四小龍[2]」）の近代化建設の基本的な経験ではまさしく、その国の実際に合致するモデルや方法を検討しなければならなかった。西洋の科学・技術・マネジメント・民主主義や価値観は、どれもその民族の伝統文化による再整理を経なければならず、自己の文化を放棄してはじめて達成されるものではない。

さらに、「グローバル化」も西洋化とは異なる。経済のグローバル化が確立した世界経済の連係は日増しに緊密になり、技術・資金・情報・生産・流通過程はその相互依存性が日増しに強まっているが、これはまさにグローバルな国家と民族の共同参与の結果であって、各国の民族文化を必然的に消滅させせたわけではない。グローバルな経済の一体化は必ずしもグローバルな文化の単一西洋化を意味するものではなく、多種多様な文化間の交流や融合であろう。人類文化の相互学習は必然的な現象で、なおかつ何千年も中断されていない。異なる文化体系間の文化交流は、それらを同一のものに向かわせるわけでは決してない。人類文明史を俯瞰すれば、文化交流が一つの文化をその他の文化に徹底的に同化させることができなければ、大規模破壊しかない。一般的な状況では、ある文化が別の文化の成分を吸収した後、多くの新たな文化的本質、新たな文化的価値や文化形式が派生して出てくるが、我々はこうした文化を「周辺文化」「接ぎ木文化」「雑種文化」あるいは「共生文化」と呼ぶことができる。事実上、異なる文化が互いに融合したり、互いに衝突したり互いに結合したりする可能性が大きくなればなるほど、多くの周辺文化や接ぎ木文化を形成する可能性がある。このことは、現実の文化交流が文化を同一に向かわせなかったのみならず、かえって文化の発生形態をさらに多くし、文化形態をさらに複雑にしたことを意味している。いわゆる「国際慣例」や共通の「ゲームルール」などがまさしくそれである。それらは天然で絶対不変のものでは決してなく、往々にして多元的文化の相互協調にすぎず、ひいては各種勢力の相互競争の産物である。そのため、世界各国がグローバル化のプロセスに加わるときには、かつての「慣例」や「規則」なども必然的に、必ず非西洋文化の要素を受け取らねばならず、そうしてそれに真に「グローバル」化の姿を備えさせるのである。

最後に、文化の同調に関する問題は、まさに我々が前述したように、実質上各国各民族人民の文化ないしは生存発展の権利の問題である。「共通するところがある」ということと「同一に帰する」こととは根本的に違う。「共通なところがある」とは差異・区別・多様化が存在していることを基礎や前提としているものである。人類文化の多様性の統一とは、多様性をなくしても統一性とはいえないことを意味している。そのため、たとえある日全人類が「大同」を達成しても、それはわずかに「大まかな問題・大まかな分野・大体」の共通性だけであって、「全く同じ」とか「細かく同じ」（すべての問題・すべての分野・すべての細部までひとしく同じ）であるということではない。こうした「大同」は、各種の文化の優秀な成分から統合しただけのものであって、いかなる文化の単一的統治ではない。ある人々の「文化覇権主義」という夢想は、実際上この両者に対する混同と誤解を基礎としており、自分の方からの一方的な願望を推し進めた産物にほかならない。そのため現実の生活において、人々はみな高度な警戒心と自覚性を保持して、一時的で表面的な現象に惑わされたり、自分が有すべき権利を放棄したり、文化覇権主義や文化奴隷主義の犠牲になったりせぬようにしなければならない。

総じて言うと、世界文化の大趨勢は、一方では文化的連係がますます緊密になり、他方では文化的分化がますます複雑で多様になっている。また一方では文化的連係の規模・程度や深度がますます大きくなり、他方では文化的分化もますます精細で複雑で多様化している。風格はますます多く、流派はますます多く、サブカルチャーもますます多くなれば、価値の傾向はますます多様になり、文化のレベルや品位もますます多様になる。まさに文化発展の相対化・多様化・複雑化というすべての趨勢の中から、人類文化の豊富で旺盛で無限の活力をさらにはっきりと見て取れるのである。

【訳注】

（1）江湖文化……正業のない者たち（破産した農民、商工業者、都市の貧民や没落した文化人たち）によって担われた一種の民間文化。主に、占卜・売薬・手品・大道芸・講談・漫才・ペテン・旅芸人をさす。ふつう流動的で欺瞞的、秘密性が高く、反社会的な性格を持つという。

（2）四小龍……香港・シンガポール・韓国・台湾。

第四章　文化の質における「良質」と「低俗」

前章で論じたのは主に文化のマクロ的な形態と外部の構成である。本章で、我々は文化の具体的な形態と内部構成、特にその内在的な質の問題を論じたい。では、あらゆる文化そのものに、きまった高低・強弱・優劣の区分があるだろうか。これはさまざまな文化状態の質の問題であり、それらの精神的な質や社会的効果などを含んでいる。

まず初めに論じるのは、さまざまな文化の品位を鑑別する根拠および方法の問題である。

一、「雅俗の争い」という困惑

世界の多元的文化の間では、往々にして統一した評価基準を定めて、どれが優れていてどれが劣っているのか判断するのが難しい。各民族自身が自らの文化についてまず異議を申し立てるのでないならば、他人がとやかく言う権利はない。しかし、同一の文化体系において、例えばある国家あるいは民族の内部で、人々はつねに各種の文化現象を評価しており、それらに対して肯定したり否定したりしている。これは一種の文化の質の自己評価の表現である。

ある文化がいかに自らの質に対して自己評価を行うかは、非常に重要でありながらも、簡単にはっきりと述べることができない問題である。たとえば中国においては、従来文化に関する「雅俗の区分」がある。古人には「陽春白雪[1]」と「下里巴人[2]」とか、「雕龍之術[3]」と「雕虫小技[4]」とか、「君子の風度」と「市井の小人」といた区分があった。現代の人にとっても「高雅文化」と「通俗文化」、「エリート文化」と「大衆文化」といった区分などがある。こうした区分について、一見すれば何の問題もないのは、それがすでに言うまでもない平常の現象であり、客観的に存在する事実だからであろう。しかしもしもうすこし深く掘り下げて、仔細に追及していけば、多くの問題が出現し、考えるほどはっきり述べることができなくなるであろう。

問題は大きく二つに分けることができる。一つは区分の根拠と基準の問題であり、何に基づいて「雅」と「俗」を区分するのか、どんな人によって受け入れられたかを根拠にするのか、それとも文化的産物の価値や品位を根拠にするのか、といった問題である。もう一つは区分に関する意義の問題であり、こうした区分がどのような意味を持つのか、区分した後どうするのか、いかに取捨選択すべきか、といった問題である。

この二つに大別した問題は、しばしば人々が「雅」と「俗」という含意に対してもつ二つの異なる理解の中に現れる。まずこの二つの理解を見ていこう。

一つめの理解は、それらの価値評価の含意をとって、「文化の質の高低優劣を根拠に」何が「雅文化」に属し、何が「俗文化」に属するのかを規定するということである。その前提として認められるのは、文化が文化たり得るには、「文」を上にするか、「雅」を上にするかが必要であって、「文」でも「雅」でもない場合は文化が不十分であり、未開で立ち後れており野蛮である、ということである。たとえば、我々は精美な芸術的成果や、奥深い学術的著作、文化の品位が極めて高い行為や思想、崇高な社会や人生の理想などを「高雅」や「優秀」と呼び、それと相反するものを「卑俗」とか「低俗」と判断する。ここでの「雅」や「俗」は一種の文化現象や品位の高低、情理の深浅、形式の文明と野蛮、制作の精粗、発展方向の向上および普及など、つまりそのレベルが高いか低いか、質が優れているか劣っているか、一言で言い換えれば「よい」か「悪い」かを判断することを意味している。注意せねばならないのは、こうした理解の中で使われているのが文化現象を判断する価値尺度であって、毀誉褒貶の評価を意味しているということである。ある文化現象が「雅」なのか「俗」なのかを述べることは、それが「誰の文化なのか」を述べることと同じではないが、すべての人の文化的産物や文化的行為の判断に適用される。これはもはや区分の意義の問題に答えているのであって、社会文化の建設は真・善・美の追求をもって自らの任務とし、そのために旗幟鮮明に高雅な文化を支持し、卑俗な文化に反対しなければならないことを意味している。こうした理解において、述べておかねばならないのは「雅俗」概念の本来の意味である。しかし、日常の言語とそれを応用する環境の中において、人々は「雅俗」に以下のような別の含意を加えねばならない。

もう一つの理解とは、それらの主体性の含意をとるということ、つまりそれを「どんな人物が占有し受用したかを根拠として」、何が「雅文化」に属し、何が「俗文化」に属するかを規定するということである。このように、「雅文化」は「エリート文化」「貴族文化」「君子の風度」などとつながり、「雅文化」の意味は、社会上層グループを主体とし、比較的高い地位の人々の需要を満足させる文化を指す。すると「俗文化」はおのずと「大衆文化」「平民文化」ないしは「市井文化」とつながり、意味は、社会下層グループを主体とし、一般大衆の需要を満足させる文化を指す。

注意しなければならないのは、こうした理解においては、ただ文化の主体の異なる類型やレベルを反映し、主体が異なれば、文化現象およびその価値の類型も違う、ということである。そのため一般的に言うと、その中には毀誉褒貶の意味は決して含まれていない――少なくとも我々が見たところでも含んではいないはずだ。こうした区分の中の「雅」と「俗」が指すのは、決して「高低・優劣・貴賤」の区別を意味するのではなく、そのために一つを支持しもう一つに反対しなければならない問題など存在しない。「雅文化」と「俗文化」に関する前述の二つの異なる含意は、混同されてはならないものである。もし混同あるいは転倒されてしまうと、極めて大きな混乱を引き起こし、ひいては社会的衝突を引き起こし、少なくとも文化の発展方向を見失ってしまう可能性がある。

例えば、文化の優劣を判断する基準に関して、これまではしばしば必要な批判的思考が不十分で、そのため一部の観念に関しては不明確で、ひいては少数の「精神貴族」の偏見を含んでいる。例えば、ある人物の潜在意識の中で、ひたすら古いものを雅と見なして今のものを俗と見なし、少ないものを雅と見なして多いものを俗と見なし、遠いものを雅と見なして近いものを俗と見なし、静的なものを雅と見なして動的なものを俗と見なし、真面目なものを雅と見なしてくだけたものを俗と見なし、虚を雅と見なして実を俗と見なす、など。こうした伝統的観念においては一面化・表面化・単純化の傾向が存在しており、実際上少数者の嗜好を標準として、彼らが楽しむ文化の風格を唯一の基準と見なし、知らず知らずのうちにすでにあらかじめ含んでいた現実を離脱して群衆を軽視する成分のために、大衆世俗的な生活の文化的権利を無視していたのである。我々の近代的観点から見ると、これは排除すべき陳腐な偏見である。なぜならば結局、大衆文化こそが民族文化の最も堅実な基礎で、最も本物の「テキスト」で、民族文化の偉力の根源だからである。一般大衆の世俗的生活がなければ、人類文化は生命力の源泉を失ってしまうであろう。

また、「俗」と「雅」、「大衆」と「エリート」との間にいかなる関係があるかについても、具体的で実事求是的な分析と判断が必要であり、軽率にそれらの間に等号を書き込むことはできない。例えば、大衆文化は粗野で貧弱なものでしかなく、エリート文化は必然的に高雅で精緻なものである、と考えることはできない。事実上、文化の「雅俗・高低」は毎回の創造の中において具体的に現れて評価を受けなければならないものであり、決して誰かの固定不変の専売特許ではない。忘れてはならないのは、千古の名作『詩経』中の作品が、もともと当時の民謡俗曲であるのに、後世の詩文の師となりえたのに対して、当時の多くの詩作の極致と見なされた宮廷の御製や状元[5]の文章が、今ではその他の文化の糟糠といっしょに歴史のゴミとなってしまった、ということである。

述べておかねばならないのは、大衆の文化であれエリートの文化であれ、いずれも自らの「俗」と「雅」がある、ということである。すべて自らが低きから高きに向かい、浅きから深きに入り、粗雑から精緻に至る発展向上の問題を抱えている。「大衆文化」も自らの上等品をもち、自らの高貴と美をもちえたし、「エリート文化」も粗野な作品を生み出さなかったとも言えないし、俗っぽく退屈で中身のないものもあったということは、歴史的にも明らかである。創造する知恵と入念な労働をよりどころとし、ある種の身分に頼らないでこそはじめて、上等品を生み出すことができる。いかなる人物、いかなる文化形式について述べようとも、みな同様である。

また、社会文化情勢の判断と思考に対応して、両レベル間の関係をはっきりさせなければならず、これもまた簡単軽率にできるものではない。例えば、一定の歴史の条件のもとで、中国の改革以来の「文化が市場へ向かう」状況と同じように、社会的に「文化の重心が下へ移る」勢いが出現した――つまり、一般大衆の文化的要求が日増しに市場の主導的な勢力となり、「エリートたち」はかえって市場においてある程度の零落を受けた。ある人々はこれを「文化の世俗化」あるいは「俗文化の氾濫」と呼ぶ。これに対しては冷静で明晰な思考があるべきである。思考の前提は、俗文化と雅文化、大衆文化とエリート文化の間にあるのは、はたして相互依存・共生共栄の関係であろうか、それとも相互排斥・此消彼長の対立関係であろうか、といったことである。異なる前提から出発すれば、異なる観察結論を得ることができる。ここで異なる文化の立場間に深刻な差異があることが露わになるのである。

中国の具体的な状況について言えば、近いうちに「文化の重心が下へ移る」勢いは、歴史的合理性をもった進歩であり、我々の文化が「人民のために奉仕する」ために必須の条件であるため、決して悪いことではない、と言うべきであろう。なぜなら長年、中国の広大な群衆が喜んで関わり、また関わるのに都合がよいような文化形式は決して豊富ではなく、決して十分ではなく、かえって非常に簡単で、非常に貧弱であった。そのために、自らを大衆と対立させようとしない人物はそれぞれが、みなこれを「危機」とか「喪失」と見なすべきではなく、これを一種の「回帰」「定着」や生きる望みと見なすべきである。それとは対照的な「雅文化の喪失」は、その他の領域から原因を探し出すべきであろう。例えば、我らが雅文化の発展メカニズムそのものはどんなものであろうか、それは時代の要求に適応したものであろうか、あるべき責任を引き受け、あるべき活力やレベルを現し、自らが文化刷新に向けて歩むことを保証しているだろうか、といったことである。

総じて言えば、「雅と俗」の観念に対する分析を通じて明らかになったのは、我々が見いだすことができるのは、文化の質に関する位置づけや方向付けの問題が、実際にはとても重大で、とても複雑なものであり、人々がやり慣れた理解のように簡単ではない、ということである。「雅俗」そのものは文化現象の品位に関する一種の描写や判断であって、それが文化的産物や文化的行為の質を中心として、文化の主体（エリートあるいは大衆）の境界を定めるわけでは決してないし、二者を軽率に同等と見たり混同したりするべきではない。同時に、「雅・俗」と「エリート・大衆」との間の相互関連にどう対応するかという問題においては、直接的にあるいは間接的に人々の文化観念における根本的な立場と思考様式の違いを反映している。これについても高度な自覚があるべきである。

しかし、「雅俗」概念の含意を整理し明確化しただけでは、関連する文化の位置づけ問題を解決するにはまだ足りない。特に前述した二種の含意の間では、それらの合理的な関係をいかに説明するのかということが、依然として大問題となっているのである。事実明らかなのは、どのような考えの道筋にしたがって文化の位置づけの問題を解決するか、それには新たな、さらに深くさらに全面的な視野を持たねばならない、ということである。

二、新たなる位置づけ――文化の生産と消費

「雅俗」に対する前述の二つの理解や二つの含意の分析は、文化の位置づけに対する二つの観点、すなわち価値の観点と主体の観点を体現している。我々はそれらを厳密に区別しなければならない。しかし、このようにしても決してすべての問題を解決することはできない。文化の雅俗品位は、まさか本当に主体（誰によって引き受けられ、どんな人物の需要を満足させるのか、など）と少しも関係がないとでもいうのか、ならば文化のたえざる発展と向上はどのようにして実現し、誰が実現するのか、という問いが人々から出てくるはずである。

したがって、二つの観点の間の区別を説明するだけでは不十分で、さらに深いレベルから両者間の内在的な連関を見つけ出す必要がある、と思われる。そこで、我々は新たな観点、すなわち第三の観点をもつ必要がある。これは、文化の発展と歴史のメカニズムに着眼する――文化がどのようにしてたえず創造され成長するのかという過程や段階の中から、文化現象の歴史的位置づけの問題に答えるということである。

この新たな位置づけとは、文化の生産と消費である。

人類の生存と発展の中で、文化現象や文化活動の機能や意味にも、物質的な生産や生活と同じで、生産と消費の二大領域・二つの大きな基本段階がある。全社会の文化を一つの全体としてみると、そこにもこのような二つの段階がある。一つは社会の文化・文明の成果を生産し創造する過程であり、もう一つは社会がすでに持った文化・文明の成果を占有し消費する過程である。もちろん、この二つの領域には統一的な本質がある。それらはつまるところ、人間自身（物質・精神とすべての社会関係）の再生産・再創造という発展運動である。したがってすべての社会現象の文化的価値も、この二つの領域に位置づけることができる。それらは人間と社会が文化生産を行うという需要を満足させるものか、それとも人間と社会の文化生活における消費の需要を満足させるものか、ということである。前者はたえず社会の文化生産や創造・更新のために活力を注入することを意味しており、後者

は直接人々の社会の文化生活の財産や対象となり、人々に文化や文明の成果を享受させることを意味している。文化が人類の価値体系の総和となるこの一点から見れば、「生産と消費」の位置づけは最も基本的で、最も普遍的な基礎的位置づけである。これと相応して、我々は各種の文化現象を、各種の文化活動や文化の産物を含めて、「生産型文化」と「消費型文化」の二種類に区分することができ、なおかつ区分しなければならない。

「生産型文化」とは、まず各種の創造性活動およびその成果を指し、次に文化生産の需要を満足させる、すなわち文化の刷新に対して推進し作用するようなその他の社会現象や社会行為を含み、それらに特有の文化的性質が生産型文化を構成する。——文化がもつたえず刷新され発展するという本質を考慮すれば、ここで強調されるのは、創始であるとか、オリジナルであるとか刷新したものという性質をもっていれば、「生産型文化」の範疇に属するのである。

「消費型文化」とは、消費文化の領域に直接進入し、人々の日常的な文化需要を満足させるような成果と活動を指し、直接消費のために必要な再生産を行いながら創造活動を補助する。それらは総体として文化消費のレベルにあり、重複的なものであって、現存する文化レベルを変えるものではけっしてない。

こうした観点から現実の文化生活を考察すると、前述の「雅俗」位置づけの問題に対して、異なる説明方式を採ることができ、視野をさらに広げることができる。

「俗文化」は主に消費型文化を指す。それは人々の現実的で感性的で直接的な需要を満足させることを主とし、多くは即時的な占有・支配と享受に属する。消費型文化は広大な群衆個人に必要とされるのみならず、各レベルの社会グループおよび国家社会にも必要とされるのである。

群衆・個人について言うと、消費型文化の最大の特徴は娯楽性であり、なおかつ普通の群衆が自分でその中に参与できるという娯楽形式である。たとえば通俗作品、カラオケ、フォークダンスやフィットネスダンスなど、すべてこうした人々が自ら楽しむのに適した特徴を持っている。「自ら楽しむ」というのは主に精神的消費である。いまや何らかの精神的な「生産」もあり、たとえば楽しむ者に新たな精神的感情、リラックスだったり、愉快だったり、自信だったりを生み出すのであるが、しかし基本的にはもともとある精神レベル上で自己循環しており、大量の工業・農業製品の生産と同じである。消費文化そのものは大衆に向いていなければならず、なおかつ大衆の参与に頼り依存しているため、それも「大衆文化」となるのである。

グループや社会について言うと、消費型文化の最大の特徴は実用性、すなわちそれが一定の社会の直接的な需要を満足させるものである。たとえば、既存の経済・政治・倫理道徳秩序を維持することによって、組織の人々が確たる社会目標を実現する、といったことである。既存の文明の成果を運用して、例えば科学理論や技術などによって実用的な対策や政策や規則を制定かつ実施して、公衆に対して宣伝や教育を行う、といったことである。このような文化活動は同様に大衆の方を向きつつ大衆に依存しており、その文化レベルは同様に既存の創造成果の基礎上で再循環を行う。大衆という対象そのものについて言えば、この過程の中でも新たな進歩や向上を実現しているが、社会全体について言えば、依然として「消費型文化」と「大衆文化」に属するのである。

これとあい対応して、「雅文化」は主に生産型文化を指す。それは、現有のレベルを超越し創造性に富んだ新たな探索や新たな成果を主とし、「新たなものはさらに新しく、洗練したものはますます磨きをかける」といった要求によって人間の需要と能力を向上させ、人々の発展欲求を満足させるような文化現象である。科学技術の刷新と生産力の不断なる発展は、物質的文化の中の「生産型文化」を十分に代表することができる。精神的文化について言えば、こうした文化の最大の特徴は創造力の発展と成果の探索性・刷新性・先端性である。もちろん、生産型文化も最終的には消費へ入っていかねばならない。しかし必要な転化（応用化・技術化・通俗化など）を経る前に、その成果が消費に用いられるとき往々にして受け手との距離を現し出す。例えばあるプロフェッショナルの文芸作品には一定の可観賞性がある。群衆は観賞を通じて学習して益を得ることができ、精神的に昇華することになる。雅文化に対する観賞ももちろん消費であるが、こうした消費は新しいあるいはさらに高いレベルの精神領域へと向上することを意味するのである。

「生産型文化」の第一の成果はいつも「新しく」「深く」「一次的（重複しない）」なものである。これはその提供者がたえず探求し深化させ創造させねばならず、そのためにかつてないほどの労力と艱難辛苦を費やすことを要求するだけでなく、なおかつ鑑賞者や受容者にも一定の素質を備え持たねばならず、それ相応の努力を行うことを要求する。精神的生産中の創造には、大量に積み重ねられた艱難辛苦の過程がなければならず、そのためにその参与者に関して言えば、やはり必然的に高度な要求をもち、十分な訓練を経ていなければ、一般人が参与していくのは難しい。これは生産型文化にしばしば専業化の意味合いを与えてしまう。生産型文化はこの特徴によって、「雅文化」や「エリート文化」の共通特質を持ち、したがって「雅文化」や「エリート文化」の共通の基礎となる。

総じて言えば、新たな観点と思考の道筋によって、我々はいわゆる「雅文化」と「俗文化」、あるいは「エリート文化」と「大衆文化」の間の関係を、文化上の「生産」と「消費」のような基本的関係をなすものとして理解することができる。その意義は以下のようなところにある。つまり、我々のこの社会と我々のこの時代について言えば、「エリート」と「大衆」といった主体の層化分別は、人間と人間との間に存在する文化の占有における分裂や対立を決して意味していないし、そのように理解するべきではなくて、同一文化体系そのものの構造と運営における分業と協力であると、合理的に理解しなければならない。同様に「雅」と「俗」の文化の位置づけも、文化構造のレベルが異なり、文化発展の段階が異なるのであって、互いが根本的に排斥しあうような対立形態ではない、と見なすことができる。

この新たな視角は、我々の文化観に重要な変化を生じさせるであろう。

三、知識人と精神的文化

以上の分析で二点の重要な示唆を得た。（一）文化（精神的文化を含む）においては、大衆人民の権利が軽視されるべきではない、（二）精神的文化を生産する主要な担い手として、知識人の歴史的地位とはたらきに、新たな理解を与えてくれるはずである。

これまで使用してきた「文化エリート」は、様々な原因によって今やすでに歓迎される概念ではない。しかし、一定の意義において、それはある（特に優秀な）「専業知識人」とつながることができ、これを敷衍すれば、知識界全体に及ぶ可能性がある。さて、どのように知識人の社会的地位と作用に対応するか、この問題が文化の生産、特に精神的文化の生産について言えば、非常に重要なのである。

いったい何が「知識人」なのか。この概念については以前から各種の異なる理解があり、事実上きわめて大きな曖昧さが存在する。たとえば、従来われわれが目にする最も典型的な言い方は、主に以下の二つである。

一つは政治化された言い方であり、中国でこの数十年来流行している理解のしかたがつまりはこのたぐいに属する。『辞海』一九八九年版の定義によれば、知識人についての伝統的理解はこうだ。「一定の文化的科学的知識を有する頭脳労働者。科学技術従事者、文芸従事者、教師、医師、編集者、記者など。社会が余剰生産物と階級区分を出現させた基礎の上に生まれ、……知識人は一つの独立した階級ではなく、異なる階級に分かれて属する。」こうした言い方に基づくと、「一定の文化的科学的知識」や「頭脳労働」以外に、知識人については決してその他の内包的な規定がない。それはつまり、前述の規定にもとづけば、おおよそ「一定の文化的科学的知識を有する頭脳労働者」でありさえすれば、みな「知識人」の列に属するべきである。しかし続く外延の表現の中で、なおも相当の学歴を有する官吏・職業政治家・軍事家・企業家・商人などを注意深く省略し、特殊な限定を行っている。では彼らは果たして「頭脳労働者」にあたり、「知識人」にあたるのであろうか。

もしこの問題について追求していくならば我々は、この言い方の最終的な着地点は、知識人の「階級属性」の問題を解決して、知識人の確定をある種の「政治的対象」とし、同時に一定の政治的奉仕とみなすことができるようにしなければならない、ということに気づくであろう。だからこそそれは管理者（企業家など）や政策の制定者と掌握者（政治家や官吏など）当人を含む必要がない。こうした言い方は強力な実際的意味と可操作性をもつものの、その理論と論理上の根拠はいっそう把握しにくいことがはっきりとわかっている。たとえば「一定の科学的文化的知識」はどう把握できるだろうか。中国は一九五〇年代以前、初高中（中学・高校）ほどの学歴を有する人が「知識人」と呼ばれていた。では、全国的な人民教育がたえず普及し向上する状況下で、はたしてこのような「水涨船高（周囲が向上すれば自分も向上すること）」が必要であろうか。なぜであろうか。明らかに、もしこのように「水涨船高」するのでなければ、「知識人」の隊列は絶えず拡大し、特殊な意味を失うことになったであろう。しかしもし「知識人」を永遠に少数にとどめるために、いつも人為的に「水涨船高」するのであれば、このようにする根拠と意義はどこにあるのであろうか。さらに区分の基準は果たして学歴を根拠にしているのか、それとも職業を根拠にしているのか。「頭脳労働」とはどんな仕事を指し、経済管理や政治（軍事・外交などを含む）的な職業を含むのだろうか。こうした基準は生活の中でも非常に曖昧模糊になってしまった。おおよそこうしたものすべてについて、このような境界確定方式の科学性と信頼性は、検証や再考をおこなう必要がある、ということを意味している。

もう一つは、道義化された言い方である。これは西洋、特にヨーロッパに由来する理解方式である。『簡明ブリタニカ百科全書』は次のように解釈する。「『知識人』という語は最も早くは十九世紀ロシアの中産階級の一階層を指す。このような人は近代的な教育および西洋思想の影響を受け、国家の衰退状況やツァーリの専制独裁に対して不満を生じ、同時に法律界・医務界・教育界・エンジニアリング界において自己の核心を確立し、また官僚・地主・軍官をも含んだ。」「西洋人はしばしば知識人を『社会の良心』と称し、彼らが人間の基本的価値（たとえば理性・自由・公平など）の維持者であると考える。知識人は一方でこうした基本的価値を根拠に社会上のすべての不合理な現象を批判する。また一方ではこうした価値の完全なる実現を推し進めようと努力する。……、こうした意味の『知識人』もまずはある種の知識技能を専業とする人でなければならない、……しかしもし彼のすべての興味が一貫して職業の範囲内に限られれば、彼はやはり『知識人』の十分条件を備えてはいない。……いわゆる『知識人』は専業の仕事に身を捧げるほかに、同時に国家や社会ないしは世界中のすべての公共利害に関することを真剣に考慮しなければならないし、なおかつこのような考慮はまた個人（個人が所属する小団体）の私利を超越するものでなければならない。」

このややくどくどしい説明には一つのポイントがある。それは知識人を社会の「良識人」と理解しているということである。それは「学歴が職業を加える」という外在的なモデルを突破し、一部の人間の文化や道徳の領域における特殊（優秀）な機能に着眼している。これは中国で過去に使用された「社会賢者」や「革命的知識人」、および目下流行している「社会エリート」「文化エリート」などの概念に幾分か似ている。こうした境界策定は意味がはっきりしており特徴が明らかであるが、それは「労働模範」に対する定義であって「労働者」に対する定義ではないのと同じように、我々が議論しなければならない概念とはすでに同じものではなくなっている。もしこの定義にしたがえば、中国が現在解決せねばならない問題はもはや問題ではない。ここにはいわゆる「知識人政策」を定めて実行する問題は存在せず、「知識人の地位を向上させる」ことに心を砕いて考慮する必要もない。明確にすべきなのはただどんな人物が知識人と呼ばれるに値するかだけであって、なぜならこの呼称そのものがすなわち文化や道義上にあるある種の地位と栄誉を意味するからである。これは一つの需要（少なくとも我々の希望）を科学的な境界策定と描写に加える概念であって、主に価値評価の概念に変わってしまった。評価はつねに評価する主体や基準の変化によって変化し、これはそれにさらに主観的相対性をもたせるものである。同時に、こうした言い方は知識人に対しても一種ミスリードの効果を生む可能性があり、文化人に自らを社会の現実と実践の主流の外に、あるいはその上で独立した単純な観察者で評価者であると思わせ、したがって「知識人」という名義の下で大衆を離脱し実際を離脱することを鼓舞し、「社会の良識」を先験化させ、「文化エリート」を「精神貴族」に変える。歴史上また現実の中で知識人の精神バランスを崩す原因をミクロに分析すると、こうした心配には根拠が必ずあるものである。

前述した二つの言い方はどちらも流行しているが、どちらにも明らかに不足している部分がある。では、我々はどのようにこの問題を解決すべきであろうか。現代、とりわけ「知識経済」が到来している社会実践は人々に新たな啓示を与え、人々に新たな筋道を探させる。これがすなわち、知識人と知識・文化の生産および再生産を一つに結びつけなければならない、ということである。

知識人の本質を理解するキーポイントは、まずどのような倫理的政治的主張を伝えるべきかにあるのでは決してなく、この社会グループおよびその社会が機能する客観的な基礎と根本的な特徴を明らかに示すところにある。具体的に言えば、これが「知識」である。知識人は知識について社会における主要な担い手であるところに、その特殊な存在の基礎を持つ。そうでなければ彼らは単にすべての人間と同じ現実的社会的な個人であって、その他の人と同じ民族や階級の帰属や同じ生活や感情、同じ個性や弱点を持つ……。知識人の本質はまさしく「知識」にあるのであって、その社会生活によって決まる過程や結果は、人類の知識の生産と伝播と一つに結びつくのである。もし知識に対する理解を離れ、知識の存在様式・知識の生産や発展の特殊な規律・知識の社会的機能などをも含む、知識に対しての理解や承認が欠けていたら、知識人が「経済人」「政治人」に当たろうが、「道徳人」「文化人」に当たろうが、モデルとなるエリートと見なそうが簡単な道具と見なそうが、真の知識人を見ることはできないし、知識人を理解することもできない。

そのため、知識人に対する理解と境界策定は、やはり知識生産に対する理解にまで回帰してくるべきであり、もし一つの定義を下さねばならないのであれば、このように言って構わないであろう。「知識人とは人類がすでに有している精神的文化の成果を掌握するとともに運用し精神的生産に従事する人間である」。

この簡単な定義には以下のいくつかの面が含まれている。

まずは「知識」概念に対する広義の解釈である。ここで「精神的文化の成果」という言い方で「知識」を表現するのは、もはや知識を外部の対象に対する認識、例えば自然科学的成果と同列に扱うだけではすまないことを意味しており、なおかつ人類自身の生活に関する精神的成果、例えば道徳・芸術・哲学などの人文科学的成果や文化精神そのものをもそのうちに含めるのである。

次に「精神的文化」によって「頭脳労働」に取って代えている。つまり、ただ「脳を使う」ことだけが知識人の特殊な指標なのではなく、（広義の）知識の創造と発展、累積と伝播に力を注ぎ、すなわち精神的生産活動に従事することこそが、その本質である。こうした理解は一方で知識人を、同じように頭脳労働を行うものの知識の成果を応用して実際の事務に従事するだけの人物と区別するための一助となり、もう一方で一定の学歴や専業の身分がないものの、社会のために精神的な生産物を提供し、それによって精神的文化の発展を推進している人物を、知識人の列に入れることもできる。

知識人の「精神的生産」機能を際だたせることは、知識人が社会実践によって出てきた各種の問題を積極的に反映して検討し、社会に対して自らが創造した精神的産物を提供し、それによって社会の発展に奉仕するべきであるということを意味している。

さらに、「産業」という区分を用いて階級や階層の区分に代替するが、これは新たな理解のキーポイントの所在である。「精神的生産」そのものが現実の社会産業の領域であることは明らかであり、これは人類史の実際に符合し、とりわけ現代と未来における知識経済・知識産業の発展の趨勢である。定義中に「人間」といい「階層」を用いないのは、「工業労働者」や「農民」と同様に、まさに産業身分を示すところにあり、その他の状況下ではその他の基準を根拠に階級・階層概念（「労働者階級」などのように）を使用することを排斥せず、同時に知識「人」という表現の言語規範と符合するのである。

最後に、知識人の社会的地位とはたらきを、「精神的生産」の性質・地位や意義に落ち着かせる。根本的にみれば、知識が社会生活の実際において占める地位やおこなう作用を決定し、さらに各時期の知識人の地位と命運を決定づけているのは、「知識」そのものの状況、現実社会の「知識」の需要・依存状況であって、いかなる人間の主観的な意向でもないのである。この点は過去を説明するのに十分であって、さらに未来をも十分に説明することができる。

現代の人類社会の発展の現実は、特に「知識経済」の出現と国家刷新戦略の突出に伴って、「精神的生産」の重要な意義に対しては、どのような評価も度を過ぎることはないということを我々に伝えている。未来の世界における各国各民族の発展競争は、まさしく文化の競争であり、知識の競争であり、人材の競争である。この面で優勢を占めることができる者が、発展の主導権を占有することができる。そのため、知識人の地位と責任に対する把握が、必ず社会発展のキーポイントになるであろう。

特に説明が必要なのは、人類の精神的文化生産の全体の中には、科学技術・思想理論・社会心理・倫理道徳・文学芸術など各分野の内容を含み、一つも欠けることない完璧なシステムである、ということである。単純に自然科学と技術を重視し、社会・人文科学を軽視するという傾向は改めなければならない。科学技術の近代化は現代において非常に重要であることは明らかであるが、この分野を重視するだけでは不十分である。ある民族が近代化へ向かおうとするなら、文化・心理状態の近代化を実現することは深層からの要求である。こうした文化・心理状態には価値観や思考様式、民族的性格や生活様式など各側面を含んでいる。現在、世界有数の先進国の急成長は、同時に発達した科学技術（先進的な社会科学と現代的マネジメントを含む）と邁進する民族精神に依存していないものなどない。中国を含むすべての発展途上国家は、強力に物質的生産力を発展させねばならない一方で、緊急に価値を失いつつある人々のために有力な精神的支柱を見つけ出し、同時に新しくさらに先進的な文化理念を提供しなければならない。そのため、哲学や社会科学の発展や繁栄がなければならない。そしてこの領域における知識人も、自分の歴史的使命を認識し、自分の知識と独立した思考能力を頼りに、道義上後には退けず、歴史的な責任を担うべきである。

四、文化オアシスと文化砂漠

以上の議論によれば、文化の品位を確定する基準の問題について、一つの総合的な結論をかたち作ることができたが、これは文化の生産と消費、雅文化と俗文化に関して、よい影響を互いに及ぼしながらたえず上昇するという観点である。

ここで述べるのは、ある社会の文化体系が良好な状態かどうかを見るには、主に何を見るべきか、ということである。

もちろんこの社会と人間の自己感覚を見ることはできないし、彼らがいかに自己標榜し自己評価をしているかを根拠にするだけでもいけない。

そのほか、この社会にすでに存在する文化の成果が豊富であるかどうか、先進的であるかどうかを見るだけでもいけない。現存する文化的成果の豊富さや先進性は、もとより前人や前の時期の文化状況が良好であったことを十分証明できるのだが、現代の文化状況が依然として良好であるということを必ずしも証明できるものではない。

では、何を見ようか。現存する文化構造・メカニズムや素質が合理的で先進的であるかどうか、生命力を持っているかどうかを見るべきである。文化に先進・後進の分があるかどうかに関する問題は、理論上で長期にわたって論争される問題である。著名なイギリスの学者トインビーは彼の大著『歴史の研究』の中でかつて、世界中にすでに存在する二十一の文明形態を区別し考察した。真剣な分析と比較を経たのち彼は、あらゆる文明はそれ自身がその盛衰の過程を有することはありうるが、それら互いの間には時代性の差が決してなく、「二十一の社会すべてが哲学上において同一時代に属し、哲学上において価値相等のものである」と仮定することができる」と考える。[1]つまり、人類には文化上異なる様式の変化だけがあって、先進・後進の区別はない、ということである。この基本的な結論は、世界中の多元的な文化間の平等な地位を肯定し、各民族文化の正当な権利を保護して、文化覇権主義と文化植民主義に反対する、重大な指導的意義を持ち合わせている、ということを見いだすのはそう難くない。そのため長い間、この結論と観点は国際上すでに学会の普遍的な共通認識となり、定説となっている。しかし、「文化上には様式の相違しかなく、優劣の区別はない」というこの結論には一つの前提あるいは限界がある。それはこの結論がただ多元的な主体およびその文化の間の評価に適用されるのみで、すべての主体が自分の文化に対して行う評価には決して適用しない、ということである。しかしトインビーはあらゆる文明の「盛衰」の原因に言及する際に文化の優劣を判断するある基準を明確にしている。例えば、地球上の人々が違う季節に違う衣服を着なければならない、冬には綿入れの服を着、夏には単衣の服を着る、といったことである。しかし、地球上の各区域間で季節の違いが大きく、特に南北半球の季節はちょうど正反対である。そのため、いかなるときであっても人々は「このときにある衣服（綿入れあるいは単衣）を着てさえいれば『先進』的であり、そうでなければ『後進』的である」と簡単に断言することはできない。しかし、もしある地方の人が、灼熱の夏に厚ぼったい綿入れを着ていたり、あるいは厳寒の冬に薄っぺらな単衣を着ていたりすれば、言うべき是非や得失もないわけではあるまい。――その他の人と比較するに及ばず、このとき彼ら自身の身体や生活の状態が明確で間違いない答えを提供してくれる。衣服を文化になぞらえることで、ある文化が合理的かどうか、先進的かどうかの基準は、けっしてそれとその他の文化との比較の中にあるのではなく、それの主体に対する意味の中にある、ということが分かる。言い換えれば、ある文化が先進的かどうかを判断するには、主にそれが主体の生存や発展に有利かどうかを見るべきである。実践において、もしある文化がその主体（民族・国家あるいはその他の文明体系）の発展の要求を十分に反映することができ、主体の進歩発展のために資源の保証を提供することができ、主体が興隆や発達へ向かうのを促進するならば、それは一種の合理的でひいては先進的な文化である。それに反して、もしある文化がすでにその主体が生存発展を継続するのに不利であれば、それはすでに非合理的で、後進的でひいては腐朽した文化となっているのである。

一般的に言うと、文化によって提供される資源とは、主に精神的資源と制度的資源の二大側面を指す。そのうち精神的資源はさらに知的資源や道義的資源など多くの側面に区分される。制度的資源も体制空間やメカニズムパワーなど多くの側面に区分される。この基準を根拠にすると、一種の先進的で強大な生命力を持つ文化は、はじめに生産と消費が良好に相互作用してたえず上昇するような状態にある文化となって現れなければならない。「文化の生産と消費が良好に相互作用する」とは、一方では、文化の消費の需要、特にその発展の需要を、できる限り文化的生産の必要や動力にし、そうして文化的生産の発展や更新を促進させ、また大衆の消費とさらに密接なつながりを保持させなければならない。他方で、文化の刷新や生産の成果を、できるだけ早く消費の需要や動力に転化させ、そうして雅文化を真に俗文化の案内役となることができるようにさせ、大衆文化をたえず新たな境地へ上昇させるようしなければならない。

マルクスはかつてこう述べたことがある。「理論がある国家において実現する程度は、つねに理論がこの国家の需要を満足させる程度に決まる」、そのため彼はさらに、理論的需要と実践的需要を直接結びつけなければならず、「思想をできるだけ現実にするだけでは不十分であり、現実そのものができるだけ思想へと向かわねばな

1　湯因比『歴史研究』曹未風等訳（上海人民出版社、一九五九）上巻、五三頁。Arnold J. Toynbee, *A Study of History* (Oxford University 1934-1961)

2　『馬克思恩格斯選集』第一巻（人民出版社、一九九五）一一頁。

らない」と指摘する。[2]　マルクスのこの言葉も精神的な生産と消費、オリジナル文化の成果と大衆の現実生活の間にあるべき良好な相互作用関係を明らかに指し示しているといえる。

文化の生産と消費の間、雅文化と俗文化の間の双方向的接近が、相互支持・相互促進・相互転化に到達することは、社会文化体系に良好なメカニズムがあるという証であり、また社会文化状態が優れているという全体的な表現でもある。それが現し出すのは、まさに文化が繁栄し、生気が充満し、生き生きとした様子であり、まるで「生命のオアシス」のようである。それに反して、もし社会の文化体系の中で、文化の生産と消費の間、雅文化と俗文化の間の分離や対立が発生してしまったら、それほども経たぬうちに、この社会は必ず「文化砂漠化」の様相を示すことになるであろう。

「文化砂漠」は近年学術界が使用するイメージ化された言葉であり、ある地域の文化が特にオリジナリティーに乏しいことを描写している。世界史上では、ある国家あるいは地域の「文化砂漠化」といった様相が何度も出現している。例えば以前の香港における「植民地文化」である。当時は主権を奪われ、地理条件が特殊で、とりわけ生活様式の商業化などの原因によって、香港の文化に商業化の性質を持たせていたため、人に「文化砂漠」と呼ばれたのである。「文化砂漠」はいかなる文化も持たないということではなく、主に商業的・娯楽的また各種の実用的な文化、要するに消費型の文化のことである。形式上から見ると、こうした文化は決して貧相なわけではないが、それに反して、その数量や質・効率の上から見るとどれも大いに見る価値のあるものであり、奇妙な様相をしており、多種多様であり、次から次へと尽きることがない。そこに欠けているのは生産型文化である。科学の最前線の学術研究に従事することは滅多にないし、先頭に立つ重要な成果があるとは言えない。文学や芸術も多くは世俗にこびる生活手段であって、後世に伝える作品など稀である。人々は精神的文化の領域において、主に国際的な流行や潮流に追随し、あり合わせの思想観念を受け入れることで満足し、自らの学説理論を生み出しきれない……まさにこの経済的繁栄のもとに覆われた文化の「貧血」状況を根拠に、この世界でも著名な国際的商業金融中心都市に、かつて「文化砂漠」の辱めを受けさせたのである。

文化は人間の生存発展とつながっており、人間がおりさえすれば、完全に文化がなくなることはないであろう。問題はどんな文化があるかというところにある。自ら成長する活力に富んだ文化であろうか。生産と消費、「雅」と「俗」が良好に相互作用する文化だろうか。これこそがことのキーポイントである。文化の生産は消費と離れることができず、文化の消費はその生産のために広い見通しを提供した。しかし他方で、文化の消費は文化の生産と離れることができず、文化的な宣伝・暇つぶし・娯楽は必ず文化の探索・建設・刷新の基礎の上に成り立たねばならない。文化の生産がなく、文化の消費だけしかない社会は、おそらく「文化砂漠」となるであろう。もしある地域が経済上、主に商業・貿易・旅行などの第三次産業に頼って生存できれば、生産に従事する必要がなくても存在できるであろうが、精神的文化の領域においては決してこうはいかない。中国のように人口の多い社会は、導入する文化によって消費することもできず、「安値で仕入れて高値で転売する」文化によって生存することもできない。前述の例が現しているように、もし消費型文化の発展のみしかなく、生産型文化の発展がなければ、「文化砂漠化」を引き起こすことは必然的で、あるいは言うまでもないが、このこと自体が「砂漠化」なのである。

「文化砂漠化」の特徴と指標について、多くの側面から判断ができるものの、結局は、文化的創造力の疲弊と文化の生産の低俗化の一点に尽きる。これは「文化砂漠化」の直接的な根源であり核心的な指標である。歴史が証明しているように、世界の各国各民族の条件が異なり、様式が異なるため、文化の砂漠化を引き起こす可能性のある道筋や特徴もすべて同じというわけではないが、一点だけ共通点があり、それは最終的に文化の生産の枯渇と文化的創造力の疲弊を引き起こすということである。文化の生産に発展がないということは、雅文化の刷新がないということを意味し、雅文化の刷新がなければ俗文化の向上もなく、こうして社会全体は文化において停滞し、老化し、「砂漠化」してしまうのである。このため、もし文化の砂漠化を防止しようとするならば、各種の表面的な消費型文化の一次的な繁栄に惑わされることなく、ひたすら文化的生産領域の状況に注意を払っていかねばならない。

歴史の教訓から見ると、文化的生産や文化的創造力に対して実質的な破壊を引き起こす可能性があるのは、しばしば消費型文化そのものではけっしてなく、文化体系全体の中の不均衡や偏向である。以下いくつかの現象が挙げられる。

——少数の人物の利益駆使のために、文化的生産力の資源を直接的に破壊する。例えば、文化的生産の条件を剥奪したり、知識人を迫害したり、思想の自由を制限したり、文化専制主義を推し進めたり、探求を許さなかったり、刷新を抑圧したり、といったことである。その最も直接的で最も野蛮な表現として、歴史においては秦の始皇帝による「焚書坑儒」、漢朝の「罷黜百家」、清朝の「文字の獄」、ヒトラーのナチス式狂気、アメリカの「マッカーシズム」などが代表的なものである。現在その時代はすでに過去になってしまったが、類似の傾向は依然としてやや隠れたか「軟化」した形式として存在している可能性がある。なぜならそのルーツ——文化専制主義はまだ徹底的に死滅したわけではないからである。新たな形勢下で、国際的に文化覇権主義と文化植民主義、ある国家あるいは地域内部の封建専制主義による文化的統治など、すべて歴史的悲劇を再び繰り返す可能性があるのである。

——文化的生産メカニズムの硬化。例えば、社会文化体制の立ち後れが、現実を離れ、大衆を離れ、社会発展の需要に適応できないとか、「エリート文化」が自ら閉じ、生活実践の中から豊富な栄養をくみ取ることが十分にできないとか、様々な原因によって知識人グループの萎縮と流出を引き起こし、文化的生産者の心理状態があまねくバランスを失い、文化的創造の動力と能力が減衰する、などといったことである。こうした状況はしばしば社会が市場経済に転換しようとする中で発生するが、必然的なものではなく、文化メカニズムの自己調節によって決まる。事実、知識人の「象牙の塔での自己の高潔さ」と「雑多な民間での落ち着かなさと軽率さ」の間には、「両極にして相通ずる」ところがあり、どちらも文化的生産に対する理解の一方性と関連しており、なおかつどちらも文化的生産体制の後進性によって生み出された副作用である。ある社会がいかに経済と人文、文化の生産と消費、雅文化と俗文化などを「それぞれ適所を得」て「互いに良い結果をおさめる」ような平衡状態にさせるかは、それ自体がさらに基礎的な文化的意義をもつのである。

――単純に文化的消費を追求し、あるいは大衆文化を唯一にして文化全体と見なして、消費型文化によって生産型文化に取って替えてしまう。「市場」に誘導される文化方策において、こうした状況が出現するのは容易である（が、必然的ではない）。人々が、文化的生産の価値は産物の市場での販路を通じて体現し、「売れるものは有用で、売れ行きが良ければ良いほどいいものである」と考え、そのために文化的生産の意味を無視したとき、こうした誤りを犯すのである。前述した香港のかつての状況がこうしたことに当てはまる。

――文化的消費を狭隘で一面的ひいては歪曲して理解し、そのためにさらなる広大な文化的消費の要求を抑圧ひいては破壊し、さらには文化の生産や発展の動力の源泉を断絶してしまう。こうした状況は、中国の「文革」時期において最も典型的である。当時「左」の思想に影響を受け、雅文化か俗文化かを問わず実際に全く尊重されることがなかった。当時は一種の政治的注入が提唱されるのみで、群衆に対して単一的な政治教育を行うことが一面的に強調され、なおかつそれは、理論レベルが極めて高い（常に哲学・史学・文学など専門学術領域に出入りするような）教育であったようである。しかし実際は、一方で、その中に真の精神的生産が全くないことは、注入内容そのものの再考や建設・発展を軽視するところに現れ、他方では、人民大衆の日常的な精神的要求に対しても極端に軽視し、大衆の多方面に及ぶ文化的消費の権利をほとんど剥奪した。このような結果は、必然的に文化的消費生活の豊富さにとっても不利であれば、精神的生産の発展にとっても不利である。人民の日常的需要が抑圧を受け、専業化した文化事業はさらに重大な損害を受ける。こうして、当時の精神的文化の生産や消費は、当時の物質的生産や消費と同じ道を辿り、全面的に貧困で萎縮した状態になり、我々を一種の真正な「文化砂漠化」の有様に直面させているのである。

以上から分かるように、文化を保持し、特にそれが文化的生産の良好な状態であって、「文化砂漠化」という結果が発生するのを避けたいと思うのであれば、文化上の一元性と多元性、統一性と多様性、文化の生産と消費、文化的生産の外部環境と内部機構、エリート文化と大衆文化、雅文化と俗文化、文化自身の刷新発展と社会的需要の満足、大衆の文化生活における普及や向上などの間の関係を含む、文化上の多くの弁証法的関係を全面的にバランス良く理解し把握する必要がある。その中で、文化体系自体の生産と消費の関係をうまく処理することが、中心的な位置を占めている。それが生命力に富んだ新たな文化を養成する尽きざる源泉なのである。

【訳注】

(1)陽春白雪……古代、楚国で最も高尚とされた曲の名。広く、高尚な文学・芸術作品をたとえる。

(2)下里巴人……古代、楚国の民間で流行した通俗的な歌の名。広く、通俗的な文学・芸術作品をたとえる。

(3)雕龍之術……龍を彫刻する技術。弁舌や文章の修辞が非常に優れていることをたとえる。

(4)雕虫小技……虫(篆書の一種)を彫刻する、取るに足らないつまらぬ技術。文章の字句を飾る小細工をたとえる。

(5)状元……科挙の最高試験である殿試(天子の臨席にて行われる試験)において、第一位の成績で進士となった者。

第五章　文化の運命における「興隆」と「衰退」

文化の各種の特性は、すべて文化の主体の社会的歴史的特性に起因している。文化の主体は人間であり、人間は社会的形態で歴史的な活動をおこなう生命体であるため、各種の文化にも自己の生命力と生命過程があり、発生・成長・衰亡があり、健康や病態の区別もある。ある文化の生命力の強弱、その盛衰の順逆ないしは生命の長短は、どれもこの文化の主体——その創造者と執行者の歴史的運命とつながっている。そのため、文化の生命や運動も人類社会の歴史を映し出すものなのである。

一、文化の空間・時間と生命力

文化の生産と消費の状況は、文化の生命力の内在的な形式であり、文化の空間と時間の状況は、文化の生命力の外在的な形式である。

「文化空間」とは、一定の文化体系が存在し覆っている空間範囲である。ここで言う「空間範囲」とは、地域のような物質自然界の空間範囲もあれば、「文化圏」「文化界」「文化レベル」といった社会性をもつ精神的な空間範囲を含む。

人間の生存発展が依存する自然環境条件は、ある程度の文化空間を形成する前提となる。文化を創造する人々は自らの地方や地域で生活をするが、そこがその文化活動の舞台である。例えば、ナイル川流域は古代エジプト人およびその文化の舞台であり、ガンジス川流域はインド文化の舞台であり、長江・黄河流域は中国文化の舞台である。異なる地域にはしばしば異なる文化がある。この点は争えぬ事実である。

人類の生産と文化活動において、地理環境・自然要素は排除することができないものである。つまり、それらは実際にすでに人間の社会生活に入り込んでいるのである。例えば、あなたは土地が純粋な自然環境であると言えるだろうか。明らかに、そう言うことはできない。農業生産の角度から見れば、土地は労働対象に属し、経済あるいは生産力の要素であるため、社会の一部分でもあるのだ。森林・河川・生態系など自然環境条件の要素は、人間の活動に入り込めば入り込むほど、文化の要素になっていき、文化に対して一定の影響を及ぼし、一定の文化的特色を育成するはずである。例えば古代ギリシア文化の特色は、その当時の自然条件（半島あるいは島嶼、丘陵と海洋など）を切り離すと解釈する術がない。

しかし結局のところ、自然環境条件はある程度の文化空間の前提を形成するだけで、「文化空間」そのものではなく、また、この概念の主要な含意ではないといえる。先ほど文化空間は「一定の文化体系が存在し覆っている範囲」を指すと述べたが、その主要な意味は、ある文化が人間のどのような生活様式を基礎と内容にしているか、それはどのような範囲と条件で適用されるか、それはどのくらいの範囲の社会生活を覆い、許容し、支配し、影響し、どんな程度にまで到達することができるのか、といったことが真の意味での文化空間を構成している、ということである。

この意味では、いわゆる文化空間とは、おもに自然地理的な、あるいは物理学的意味での空間ではなく、人間の活動範囲、人間の特定の「生活様式」が覆っている社会空間を指すことは明確である。例えば、いわゆる「長江・黄河流域で形成された中国文化」とは、そのじつ複合的で非単一的な概念であって、それは主に「中原文化」あるいは「漢族文化」を代表とするが、中国各民族の文化をもそのうちに含んでいる。これは、長江・黄河流域に存在しているのがただ一つの民族文化ではけっしてなく、長江・黄河流域以外にあっても、中国文化あるいは中原文化がないというわけでは決してない、ということを意味している。——いまでは中国全体のみならず、ひいては海外や世界中の各地方においても、華人や華僑がそこに生活してさえすれば、中国文化の存在がある。こうして「中国文化圏」が一つの地理的境界を超越した空間概念となるのである。

以上から分かるように、「文化空間」は一般的な空間とは異なり、「文化」をしるしにした特殊な概念である。さらに適切に言えば、文化空間とは人間の特定の活動様式の空間を指し、特に、人々が生活様式の特徴によって異なるエスニックグループに区分されることを意味する。同一グループの人々は既定の自然、とくに社会的な境遇の中で生存しており、一定の文化空間はみなのために、特有の物資・エネルギー・情報資源を含む、共通の文化ムードを提供した。人々は同じ様式と風格の中で経済生活に従事し、倫理関係を処理し、共通の言語・神話・芸術・宗教・技術などを創造し使用する。個人について言えば、一定の文化空間はしばしば有形無形の指導者であり、有形無形の力を用いて、人間を一定の文化的内包を備え持つ、現実的な「人間」に作り上げる。そして世々代々文化された人間は、逆にまたこの文化ムードを強化して揺るぎないものにし、この文化空間を保持していくのである。

このように見たところ、文化空間は二重の効果と意義を持っているようだ。一方で、それは一定のエスニックグループ内部、一定の文化圏の範囲内において、文化が人々を結びつけ、人々を統一・凝集に向かわせる要因であることを意味している。あらゆる文化には文化ごとに特定の許容範囲と誘導範囲があり、これは「内在空間」

と呼ばれる。他方、異なるエスニックグループや、異なる文化の間において、文化空間は天然の障壁のようなものので、ある程度お互いに分け隔てられ、相対的に独立しており、ひいては相互に排斥しあう可能性があることを意味している。すべての文化には文化ごとに特定の範囲と外部境界があり、これは文化の「外在空間」と呼ばれる。文化空間そのものについて言うと、注意すべきなのは主に「外在空間」ではなく、その「内在空間」である。ある文化の外在空間がどんなものであるかは、広かれ狭かれ、大きかれ小さかれ、散じていても集まっていても、実際はその内在空間、つまりそれがどのような適応能力や発展能力を持っているかによって決まる。これは文化が空間上で備え持つ生命力である。大まかに言えば、ある種の文化が人々に提供することのできる自己発展・自己完成の範囲が大きくなり、機会が多くなり、適応性が強くなればなるほど、その文化の生命力もますます強くなる。

前述した内容と結びつけると、「文化的内在空間」も文化体系内部での生産と消費が発展する空間である。文化の生産と消費の関係がますます合理的で調和的であればあるほど、文化的な創造力はますます満ちあふれ、その発展に実力と潜在能力があればあるほど、その内在空間はますます広く、ますます発展の余地がある、ということを意味している。

要するに、文化的内在空間を増強することはすなわち文化の生命力を増強することでもあり、この分野の建設は必ず今後の人類文化の発展競争の決定的な要素の一つになるであろう。

「文化時間」は、文化形態の変化性（歴時性）・過程性・発展順序性などを指す。文化時間は、文化が静止的ではなく、歴史的に展開・変化しているものであり、すべての文化形態に自己形成・発生・発展ないしは衰亡あるいは新形態へ向かうという過程がある、ということを示す。文化時間は時間の次元上で展開する文化の内在的ロジックである。もし文化空間を文化の「横向きの展開」というならば、文化時間は文化の「縦向きの情勢」である。文化時間は物理的な時間と等しくはない。文化時間は社会文化の運動を尺度としており、主体となる人物の発展状況を指す。民族文化の時間について言えば、各民族の文化はその民族の発展状況と相対して、「早期文化」「中期文化」「成熟期文化」「後期文化」に区分することができる。これはつまり、同一民族の文化は、異なる歴史時期でも異なる可能性がある、ということである。成熟度の違いがあるだけではなく、発展速度の違い（あるときは早く発展し、あるときはゆっくり発展する）もあり、ひいては運動方向上の違い（前進、停滞、衰退）もある。世界はこうした現象に乏しくない。ある原因によって、ある民族およびその文化が長期の閉鎖や相対的な静止の状態にあり、人々が祖先のところから同様の文化を引き受け、その後に代々伝えていき、保持して変えなければ、その文化時間の進行過程はほとんど「ゼロ」に近い。歴史的な反動までも現れ、文化の後退・退化を引き起こした場合、こうした文化時間は「マイナス」を現すこともある。例えば「王政復古」の時期の状況のようなものである。またある民族が奮起して向上に励み、短時間で迅速にみずからのすがたを変えた場合、このような文化時間は大幅に速まり、「一日が二十年に等しい」ほどの効果を現すこともある。例えば「発展途上」の国家や地域が近代化に向かう歩調がそういったものである。

文化時間は長い古代においては切迫した問題ではなかった。人々は文明が進歩する明らかな歩調を感じることはなく、文化が進化する速度を気にかけることも少なかった。その頃、支配的な地位を占めていたのは文化の静止あるいは循環論であろう。例えば、ある迷信の言い方によれば、過去・現在・未来の「三世」は循環し転換しているのである。百二十八億年に一度「劫」が訪れ、そのときすべてが災難から逃れられず、すべて破滅して、新たに始まる。そのため、人間の世の時間は閉じた円環になっていて、全体としては静止し変化しない。学術上でも各種の「文化循環論」的観念があった。これは一種の静止的で生命力のない時間観念である。

だいたい十七世紀ころから、人々は文化時間という概念に注目し始めるようになった。ヨーロッパの科学技術と資本主義的工業がすさまじく発展し、人々に社会生活が飛躍的に変化しているのを瞬時に感じさせ、文化の発展速度が急加速し、文化時間が「短縮」した。西洋文化はグローバルな体系を作り上げ、相互に競争し、発展を追求する局面を育成し、世界中のあらゆる民族すべてにこの時間の競争に参加するよう迫っている。文化時間の問題は異常に突出した問題になってしまった。社会の発達と後進の観念、文化の進歩と停滞の観念、経済成長の速度や効率の観念、国家の実力が「追いつく」ことと「追いこす」ことの観念、伝統文化の近代化の観念などが、人々の普遍的で強烈な観念となった。これらはすべて、文化の時間における生命力は、ある文化システムが提供できる予見性・先行性・創造性や更新性の能力がいかほどか、この内部の生産と消費が自己調整を行う活力・効率・速度がいかほどか、といったところに集中して体現することを意味する。一言で言えば、人々により速く、より有効に自己を変え発展させることのできる文化が、より時間上の生命力を持ち、前途のある文化である。

現代の世界文化領域における突出した現象は、人々がある系列の新たな時間観念によって生活を反映し観察しているということである。例えば「前近代」「近代」「ポスト近代」によって社会発展の状況を画定し、統一した歴史時間の長さを定めようと試みたり、また知識や情報の増大・伝播・応用の速度によって文化発展の近代化の程度を測定したり、といったことである。こうした新たな観念の出現は、重要な文化的意義を持つ。それらは、未来の世界において、「文化時間」の位置づけが人類の生活の質にとって重要な指標になるであろうことを表明しているのである。

「文化時空」は、文化の「空間・時間」の一体化を指す。いかなる事物においても空間と時間は分かれているわけではなく、一体であって、文化も同様である。空間性と時間性を分割して文化を語ろうとすると、話せるのは抽象的で具体的でない、一面的で全体的でない現実の文化ばかりである。現実の生活において、文化空間の拡張は、しばしば文化時間の推進を意味し、それとは逆に、文化時間上の進化も、必然的に文化空間の変化を意味する。

例えば古代において、異なる地域の人々の生産と生活は互いのつながりがやや少なく、交通や情報の手段がまり発達せず、文化内外の空間はしばしば閉鎖的で凝固的な特徴を持つ。そのとき、海洋・大砂漠・高山といった自然の制限だけでなく、言語・信仰・習俗・技術などの人文的な条件も、すべて文化の拡張交流にとって障壁となり、文化発展のまがきをつくっていた。さらには悠長なる歴史の段階の中において、各地域や民族の「文化」はすべて、人々が空間上で互いに隔離し、各自が閉鎖し凝固した象徴であると見なされていた。そののち時間の進展にしたがって、人類の生産と生活空間はたえず拡大し、こうした文化の閉鎖性や凝固性も徐々に打破された。文化空間の障碍を突破する方式は文化交流と伝播——一定時間の範囲内における文化の空間転移と対流である。人口流動・経済交流・商業貿易・宗教や文化教育の推進、ひいては戦争まで、すべて文化交流と伝播の重要な形式である。中央アジアとペルシアの商人たちが「シルクロード」を頻繁に往来していたとき、アラブ人がヨーロッパ・アジア・アフリカの砂漠地帯を往来していたとき、西域と大唐の僧侶が行ったり来たりして布教を行っていたとき、アレクサンダーの軍隊がガンジス川からナイル川までの広大な土地を占領していたとき、チンギスハンの精鋭騎兵軍隊がユーラシア大陸を掃討していたとき、ひいてはヨーロッパの海賊や宣教師・商人・植民者・冒険家が世界の隅々まで奔走していたときにも、異なる文化がこれらの方式を通じて地域的な限界を打破し、互いに同じところへ向かい、互いに比較したり競争したり衝突したり、あるいは互いに交流したり参考にしたり影響し合ったりするうちに、日増しに互いの理解あるいは融合を実現している。現代においては、電子技術や情報化ネットワークの形成発展や、「経済のグローバル化」趨勢の形成が、交流の時間を大幅に短縮し、文化の空間的な障碍はさらに打破された。

人類の普遍的な交際が拡大し深化するにしたがって、文化時空の一体化の様相に深刻な変化が発生している。その特徴は、文化が交流し深化する時間の歩調が加速し、人類の個体が所有し影響を受けることのできる文化空間の範囲も日増しに「拡大」し、個人が日増しに世界の人間になっているが、人類全体の文化空間はかえって大幅に「縮小」されているようで、世界はほとんど一つの地球「村」になっている、ということである。そして、各種の異なる文化および伝統の間で起こる統合・交流・比較・競争ないし衝突あるいは融合は、避けることもできず、逆転することもできない動向となっている。こうした状況のもとで、多元的文化あるいは文明の同時的存在を承認するだけでは、すでにもはや十分ではなくなっており、すべての文化それぞれの独立性と保守的権力を承認するだけでは、グローバル文化の大統合をできるだけ避けようとしたり、「同場的競技」を行ったりしようとしても、それすら実行できないのである。未来に向けての文化時空について、各種文化の今後の生存発展についていえば、新たにさらに大きくさらに尖鋭な挑戦に直面しようとしている。どの文化がさらに合理的で、さらに先進的で、さらに生命力があるだろうか。今後の文化の伝播と統合は、どのような結果となるであろうか。各種文化の優勢な部分が互いに結合するのか、それとも強勢的な文化の支配を受けるのであろうか。未来はどんな文化に属するであろうか。ある文化そのものの強大な生命力を維持しさえすれば、この未来へ向かっている文化的競争の中で、みずからの運命を把握することができる、ということは見いだすに難くない。

総じて言えば、閉鎖的で保守的な文化空間観念と静止不動的な文化時間は、必ずさらに打破されていき、時空の一体化した開放的で動態的な文化観念に取って代わられるであろう。これはつまり、すべての民族の文化が自己の生存と発展のために、自己の文化的生命力を増強することに尽力し、同時に新たな時空環境の中で試練に耐え抜き、未来を勝ち取ることを求めなければならない、ということを意味している。

二、文化の進化と退化

文化の発展には進化があれば退化があり、隆盛があれば衰退がある。文化の進退盛衰は文化の歴史的運命となっており、同時に文化の発展も社会と同様にその法則と尺度があることをも明らかにしている。

「人事に代謝有り、往来古今を成す。」生活そのものが「曽是（かってそうであった）」「正是（まさにそうである）」「将是（そうなるであろう）」によって構成される「流体」であって、文化は代々人間が創造した生活の連続した「流れ」である。発展の過程は絶対的な確定ができないが、人間はいつもたえず目標を設定し、目標に向けて前進している。すべての世代の人間がその生存発展の活動中に、仕事をしたり、耕作したり、商売をしたり、学問を講義したり、著述して学説を唱えたりするとき、また人々が子を産み育てたり、老人を養ったりするとき、ひいては祖先を崇敬したり、天地を祭祀したりするときも、文化的な運動を促成しているのであって、自分のこのような生活と実践を通じて文化を前進させようとしているのである。

こうした運動の主流が進歩や進化であるが、たびたび退化や停滞が出現することもある。そのため我々は文化の先進と後進、進化と退化の境界を明白に理解しなければならない。

文化に先進と後進の区別があるのだろうか。文化の先進性の基準はあるのだろうか。この問題についてはいつも多くの議論がある。これまで人々は多く形式上から問題をみて、文化には異なるパターンの区別があるだけで、これらの異なるパターンの間に先進と後進の区別があるということははっきりと言いがたい、と思っていた。なぜなら、もし白人の文化が黒人の文化よりも先進的であるというならば、種族蔑視という誤った結果を導き出す可能性があり、もし近代抽象派の芸術が古代ギリシア・ローマの芸術よりも優れていると考えたとしても、完全に他人を説得することはできない、……要するに、異なる文化類型の間には優劣を比較する方法がないのである、と彼らは考えているからである。こうした見解は基本的に正しいので、世界中で通用している。しかし、それが答えてくれるのは「世界の多元的文化の間では優劣を比較することができるかどうか」という問題だけであって、ある主体についていう、その文化に優劣の区分があるかどうかという問題に注意してはいない。言い換えれば、それは異なる主体間の文化区別の問題を重視し、文化の主体自身に対する意義の問題を軽視したのである。

文化の主体については個性の尺度に注意せねばならない。世界で公認されている社会進歩の原理によれば、社会の発展に先進と後進の区別がある以上、文化も必然的にそうである、つまり文化の本質が人間の行動パターンや生活「様式」そのものである以上、ある文化が先進的か後進的かを判断する基準は、文化の主体の生存発展を根拠としなければならず、その主体に対する意義を見る、つまりそれが社会生産力の発展要求と人民の根本的利益を反映しうるか、主体の生存発展のために、精神的資源（道義的資源・知的資源などを含む）と制度的資源（体制空間・構造的な活力などを含む）を含む、最大の資源を提供しうるかどうかを見なければならない。ある国家あるいは民族について言えば、その社会的生産力の発展要求と人民の根本的利益を反映し、同時にこの国家民族の発展のために最大の資源を提供することのできる文化は、彼らにとっての先進的な文化であって、そうでなければ後進的あるいは腐朽した文化である。

これは言い換えれば、文化の先進性は主体的で動態的な歴史的尺度である、ということである。ある文化の主体に関して言えば、その文化が先進的で合理的であるかどうかは、その主体そのものが生存発展し続けることに対する意義を見なければならない。ある文化の先進性は、その思想・理論・科学として、大衆の基礎が広範で、資源の配置が合理的で、産物が凝集力・影響力・創造力などに富む、といった形で現れねばならないのみならず、そのものが拡大する潜在能力と更新してゆく活力を持つこの文化体系において現れねばならず、その刷新メカニズムが健全で、時間とともに進む開放的精神に富み、たえず自己発展し自己完成し自己超越することができるものとして現れねばならない。ある意味上から言えば、文化の先進性は不断の自己発展性である。

文化の「進化」に言及すると、それは文化が時間上の拡張、つまり過去から現在を経て将来への前進にあることを指すのみならず、おもに文化の内容がますます豊富で、ますます合理的で、人間の生存発展の質をますます向上させることをさす。これはつまり我々が通常言う「前向き」「向上」「低級から高級へ発展する」といったことである。歴史をちょっと見さえすれば分かることであるが、人類は旧石器時代から新石器時代まで、青銅器時代から鉄器時代まで、文明はずっと前向きに発展していたのだが、近代にいたって、人類文明はさらに一日千里で飛躍的に猛進し、各方面で前進の歩調がほとんど人目に気づくいとまを与えない。道具文化の飛躍的な発展と同時に、社会制度・人間の素質・価値観なども急激に変化しており、全体として人間の地位と生活の質を向上させている。これらが文化の進化である。

人類がいまもつ共通認識によれば、文化が進歩する基本的な指標には主に次のものがある。(一) 人間が自然を支配する能力が向上する。生産力の向上、経済的発展、科学技術の進歩などを含み、それらは自然界が「人間化」する程度に応じた向上を意味している。(二) 人間の社会化と組織化の程度が向上する。人間はさらに社会化すれば、社会生活の全体性はさらに強く、さらに合理的で序列をなし、これが人間の「人間化」する程度に応じた向上を意味している。(三) 人間の価値が実現する。人間の主体的地位が保証され、人間と人間との関係が平等・調和に向かえば、人間の需要がさらに豊富になり、創造能力が十分に発揮され、人々の生活の質があまねく向上し、人々はますます自由に全面的に発展することができるようになる、など、要するに人類の理想的価値目標に向かってたえず近づいているということである。(四) 人類の精神世界の展開である。哲学・科学・芸術のたえざる発展、および人類の思考能力と精神生活の全面的進歩を含む。人々の精神・思想・観念の進歩は、物質生活実践の反映と凝結であるのみならず、その先導でもあり、そのためしばしば文化進化の根本的指標となる。

このほか、こうした指標をいかに実現するか、すなわち人類文化が進化する歴史的過程の問題も、さらにその複雑性を表しだしている。人類の歴史全体から見てみれば、状況は極めて多様化しており、一方で各国家民族の文化が進歩発展する過程は、しばしば大きく異なり、それぞれ特色があって、固定不変のパターンはないのだが、その一方で、すべての過程そのものも直線的で平坦なものではありえない。その間には必ず様々な衝突・曲折・反復、ひいては逆行もあり得るのである。

我々は直線式で機械決定論的な文化進化観に反対する。この種の観点は文化の進化を完全に既定の路線や順序にしたがって、一定の段取りを踏んで順次実現するものと見なしており、それは有限の曲折と動揺を認めるのみで、その他の発展の路線や状態を認めず、そのため必然的に発展パターンの単一化と硬化をもたらす。そこにおいて、人間の主観的能動性はほとんどあってもなくてもよいようで、人間にはいかなる自由もないような状態で、文化は自然にあるいは必然的に標準的な進化パターンにしたがって運行し、人間は何もする必要がなく、何をすることもできない。こうした観念は明らかに文化と人間の関係を転倒させている。

文化は進化するものであるというのは、人類文化の大きな趨勢からいえば、局部的な退化や衰退が発生する可能性を決して排斥しないということである。歴史上このような状況が確実に存在しており、発展した文化もあれば、停滞して進まない文化もあり、もろくも滅亡してしまった文化もある。インカ文化・マヤ文化・古代エジプト文化などの文化は壊滅してしまった。多くの文化が、中国文化のように、長期間基本的に停滞しており、近代になってようやく発展し始めた。いわゆる文化の退化とは、文化が正常に新たな歴史的段階にうつることができず、正常に文化の歴史的類型の転換を実現できず、したがって文化の停滞や文化の衰退、文化の萎縮などを引き起こすことを指す。

歴史上から見ると、文化の退化を引き起こす内部の原因と直接の現れには、一般的に次のような二種類の状態がある。

一つは文化の「特化」である。ある文化が自分のある特徴あるいは長所、ある形式あるいは標準に対して必要以上に絶対的な保持と擁護を行い、果てしなく十分にこれを強化発展させ、漫画のような誇張にまで至ってしまう。これが文化の特化である。ある特化された文化は、しばしば強い特色を表し出すことができ、ひいては自己の優位性をも有しうる。しかし、こうした特化そのものは多くの副産物や副作用を生み出す可能性があり、特に価値傾向と文化パターンの極端な単一化を引き起こし、社会構造や生活様式、思考や行為の習慣が保守的なものとして膠着化してしまう。文化の特化によってしばしば人々はその他の文化の内包と価値の傾向について重視せず、あるいは異端や怪物と見なし、時代の変遷や文化の更新に対して、とりわけもとからある基本的な価値の転換に対して、知っていながら見ないふりをし、受け入れることができず、したがって新たな栄養を吸収して自己を改善する能力を喪失してしまった。例えばマヤ文化の衰退である。これは、ある宗教的意識の過度な発展が、文化の畸形化と保守化をもたらし、結果として必然的に文化の衰退を引き起こした、ということを説明している。もう一つは文化あるいは環境の極度の無秩序化である。生態環境がひどく悪化したり、人口の数量や質が過度に緊張したり、戦争や、大規模な宗教や民族（種族）の衝突など災害性の動乱が起こったりすれば、正常な社会生活は中断せざるを得ず、人々は安定して正常な発展を進めることができない。古楼蘭文化の壊滅は、推測によれば土地の砂漠化が引き起こした可能性がある。

もちろん、社会的な「動乱」と破壊については、具体的な分析を行い、それらの異なる性質を注意して区分する必要がある。革命的な動揺は、既存の文化が無秩序化に向かうこと（生産力の破壊、民族圧迫と階級圧迫、政治の堕落と腐敗など）によって引き起こされ、新たな秩序が確立する前に必要な過程であるため、それは進化のあらわれである。もし局部的な無秩序が連鎖反応を引き起こして、文化をさらに広範囲で無秩序化させると、それは明らかに文化の退化のあらわれである。どんな状況であろうと、社会の動揺や動乱はすべて一定の社会文化の無秩序化によって生じた結果であって、原因ではない。そのため社会文化を動乱や退化に向かわせる真の原因を探し出そうとするならば、必ず文化そのものの無秩序化のさらに深層にある持続的な根源とあらわれを探し当てなければならない。

総じていえば、文化の進化と退化は、ある一つのあるいはいくつかの要素の変化を指すだけでは決してなく、人間の生存発展の様態や様式の全体的な歴史的過程となる。人類文化の総体におけるたえざる進化という大きな形勢のもとで、「発展」そのものは現代文化のひとつの基本形式となった。あらゆる国家民族はみな、「発展」のような生存競争あるいは生存闘争の中に巻き込まれ、進歩しないとか発展しないとかいうことは退歩を意味する。あらゆる国家民族の文化は、自己の苦しい探索や勇敢な創造によってたえず全面的な進歩を勝ち取りさえすれば、先進的なすがたで世界民族の林に立脚することができるのである。

三、伝統——民族文化の生命形態

文化が発展変化する過程の中で、伝承と変異、継承と刷新、すなわち変化と不変の統一は、進化を構成する基本条件であり、文化特有の生命形態である。こうした生命形態の時空一体化のあらわれが、「伝統」である。「伝統」の含意は、ふつう人々の生活の中で形成し代々伝えられた思想・道徳・習俗など文化の内容や形式を指す。その具体的な表現に対しては多くの側面から理解することができるが、各種の理解すべてが逸脱してはならない点がある。それは、伝統が人間の過去と現在を結びつけつなぎ合わせる社会要素や様式である、ということである。言い換えれば、伝統そのものは一種のつながり——「過去」と「現在」の間のつながりを指す。この規定によれば、どんなものであっても、それが伝統を代表するならば、必ず以下の二つの特徴を備えている。（一）それは過去あるいは歴史上において生み出されたあるいは形成されたもので、一定の継続と蓄積の過程を経過したものである。（二）人々の現実的な生活についていえば、それはこんにちまで伝わってきた、あるいはこんにちでも存在するものである。言い換えれば、伝統は「現在」にまでたどり着いた「過去」であり、「過去」の「現在」における存在と現れであって、単に過去に存在したものを指すわけではない。

科学から見ると、文化伝統は三つの条件を含む。第一に、すべての伝統と伝統的な事物は、遅かれ早かれ歴史上で形成されたということ、第二に、それらは現在の人々の生活の中に存在し体現し続けるということ、したがって第三に、それが人々のある一面の生活の発展の歴史的連続性と内在的論理を反映し記録したということ、である。

「伝統」に対する科学的理解によると、我々はさらにいくつかの結論を得ることができる。

一、伝統は必然的な社会条件であって、人々は伝統から離脱して生活することはできない。マルクスは、人々は自分で自己の歴史を創造しているが、すべての世代の人間が根拠もなく創造することはできないし、みなゼロから始まるわけではなく、つねに前人の創造した成果の基礎に立ち、既定の条件にしたがって出発し創造していかねばならない、と指摘する。文化についていえば、この道理はとりわけ適用できる。文化そのものは人間の生存の発展様式そのもののあらわれであるので、それは決して個人的で偶然的な現象ではなく、社会生活の歴史的産物でしかありえない。後世の人々についていえば、既存の文化は彼らが生存する環境条件だったり、発展する前提や基礎だったりするのみではなく、彼らの生命そのものの社会的含意を賦与し、彼らの生活すべての起点を決定し、彼らの思想感情の特徴にも影響を与えている。前代人の創造や進化の成果は、技術・経済・価値観から言語文学・思考様式、さらに遺伝子に至るまでみな、おのずと後人の気質・品格や生存様式の中に入り込み、人々の霊魂の深いところまで入り込み、彼らの思考様式・価値観や行為習慣となり、彼らが身を処し事をなす様式となる。いかなる人間であっても、みな一定の文化伝統の産物であり体現である、といえる。

そのため、人々は必ず伝統をもたねばならず、問題は誰のどのような伝統かということだけになる。例えば中国史上激烈な反伝統主義者は、これまでみな伝統保守主義者と同様に、自ら深い伝統の烙印を帯びている――彼らはしばしば最も伝統的な特色を持つ様式で伝統に反対しようとする。それに反して、それら中国文化伝統の立場に立つ外国の観察者は、自己の利益と衝突しないとき、しばしば中国の伝統文化に対してさらに多くの寛容さや理解ひいては称賛の態度を表す。これはまさしく、伝統そのものも多面的であることを説明している。伝統主義と反伝統主義はしばしば同じ伝統というコインの両面である。一定の文化環境の中で生活する人物、つまり伝統の主体である人物は、たとえ自分の民族の伝統に対して愛していようと恨んでいようと、いかなる態度を取っていようとも、彼はまさしくこの伝統の母体の中で発育したのであるため、伝統の外にいたり、伝統を超越したりする人物ではあり得ない、またはそうであるのは難しい。真にある伝統と互いに外在するとか互いに背離するとかというのも、それともとから関係がなかったり、それに対して「非伝統」あるいはその他の伝統体系に属すると述べたりする人物でしかない。

二、文化そのものは決して先天的に決定され、ひとたび定まると変わらないというものではなく、実践の中でたえず形成され発展しているものである。文化は実際上たえず自身を変えているものである。たとえば中国の文化に言及すれば、その実それもたえず変化している。春秋時代に、趙の武霊王が「胡服騎射」[1]を取り入れて服装を改変したのは、一大変化であった。秦の始皇帝が中国を統一して、「車がその轍の幅を同じくし」「書がその文字を同じくし」たのもまた一大変化であった。漢代に「百家をしりぞけて、ただ儒術だけを尊んだ」のもまた一大変化であった。魏晋玄学[2]の興起も一大変化であった。仏教が中国に伝来したあと、儒・仏・道が互いに融合した信仰の特徴を形成したのも、また一大変化であった。……アヘン戦争に至り、西洋文明が中国に進入し、そののちマルクス主義の指導によって中国を救い、社会主義を建設した。……中国の歴史全体が、変革によって生き延びて強化を図り、変わらなければ立ち後れ叩かれるという歴史であったといえる。中国民族は困難と危険を経験しても衰えなかったが、自身の「変化」がその中の大筋であった。なおかつよく学習し、有益なものをすべてくみ取ることができたということが、たえず自己を改変し世界の発展に適応させ、「海は百川を納め、容の大なる有り」ということそのことも中国文化の一つの優良な伝統である、といえる。そのため、伝統を静止的で定型的、千古不変の単純なパターンだと見なすのは、完全に事実と一致しないのである。

文化的伝統がこのように運動する中でたえず展開し、たえず変異するという特性は、文化が生き生きとしているものであり、生命あるものであるということを説明している。まさしくシュペングラーが言うように、文化は既存の文明の成果の形式ではない、つまりは、死んでひからびたものではなく、文物の堆積ではなく、それは生き生きとした歴史そのものである。文化の生命はどこから来るのだろうか。それは社会の歴史の実践に由来し、人々の代々の生活・労働・創造に由来するだけである。あらゆる世代の人間の生活と実践は文化に生命を賦与する。生活があり、実践があり、創造と労働をしている人々がおり、文化も生命をもつと、健康で生気にみなぎって発展することができる。こうした発展は伝統のたえざる継続と更新を通じて実現するものである。

三、伝統とは「現在」を基準とし、「過去」にさかのぼって発見されるつながり、あるいは当時の人々によって創造され､その後一定期間継続した後､後人の「現在」の生活の中に現れてでてくるものである。そのため､「昔からすでにこれはある」といったものでも、必ずしもすべてが伝統になっているわけではないし、昔はなかったものでも、必ずしも伝統に入らないとも限らない。結局は、生活においてすでに死んでしまったり、すでに生命力がなかったり、歴史上滅んでしまったりしたものは、決して現実の伝統に属してはいない。現実中において依然として生きており、なおかつ影響を及ぼしている過去の存在がありさえすれば、真に現実的で幻ではない伝統である。いかなる伝統を認識しようと、この一点を忘れてはならない。

このような視点で見てくると、現代中国の文化伝統は、決して古代文化の単線的な遺伝であるのみならず、それは実際上少なくとも三つの部分から構成されている。(一) 中国民族のいにしえの文化伝統。我々には数千年の文明史があり、例えば漢字は少なくとも甲骨文まで遡ることができるし、我々の社会の礼節を尊ぶ特性（血縁家族文化）は前史時代にまで遡ることができる。中国文化は活ける文化中に伝統を保存している最も悠久の、世界史上唯一中断したことのない、最も完成された文化である。これは華夏文化[3]を主体とし、多くの他民族の文化を融合し、同時に、中国古代文化もその他の民族の文化を吸収し、最も重要なのが中央アジア・西域とインドの文化である。(二) ここ百年あまり吸収してきた近代西洋的な文化伝統。西学東漸以来、中国文化は「種を保ち生存を図る」ことにおいて西洋文化を吸収し、特に西洋で発展した科学技術およびその精神を吸収し、現代中国文化の一部分とした。(三) 新興の社会主義的な文化伝統。これはマルクス主義が中国に伝来して以来、中国伝統文化と結合し、同時に社会主義革命と建設実践の中で形成された新たな文化伝統を指す。これらの文化伝統の集合の中から、現代中国文化が動態的で開放的な総体であって、それが最も豊富な内包と強大な生命力を持つことを顕示する。

四、いかに伝統に対応するかという問題においては、現代人の権力と責任を十分に理解して尊重せねばならない。前述のことから分かるように、「伝統文化」に対して狭隘化していたり表層化していたり神秘化していたりする理解を打ち破り、現実を重視し、実際を重んじ、群衆を尊重し、科学に依拠し、未来を指向する意識を付加せねばならない。言い換えれば、いかに伝統に対応するかという問題においても、思想を解放し、迷信を打破せねばならない。我々の民族のある人物、主に文化エリートであるが、彼らには一種の習慣や風気があり、重要な歴史ポイントに当たるごとに、強力に過去を回顧し、先人を追求し、「古にかこつけて今を喩える」「古を借りて今を証す」という文化路線を走ることを好む傾向がある。その中には急進的な改革者を含み、彼らはこれまでも前人に罪をなすりつけ責任を問うところから着手するのを好んだ。こうした肯定否定に関わらず、「過去」を責めることに重きを置き、しばしば「現在」と「未来」を軽視するやり方は、一種の「復古的な思考様式」に属し、それは実際上後進的で有害である。こうした「伝統」について、我々は無条件で保存するべきではない。

総じて言えば、文化は生活であり、文化は創造である。「伝統」は過去からきているが、「過去」とは異なる。伝統は現在に存在しており、人々の伝統は人々の現実にある。文化がどんなもので、伝統がどこへ向かうのかは、結局、人間がどのようなもので、人間がどこに向かうべきか、ということである。真剣に責任を持った態度で伝統を語ると、人間を忘れてはならず、人々自身の現実的な権力と責任を忘れてはならない。このようにしてこそ我々が自己の民族文化と伝統に対する健全な意識を増強するのにさらに有利になる。近代化のプロセスを進んでいる中国人民は、我々が自己の伝統文化に対して十分な責任と権力を持つということを充分に意識せねばならず、継承せねばならないのみならず、さらに創造し発展させねばならない。新世紀へ向かう中国的特色をもった社会主義的な新文化を建設しようとするならば、我々自身の現実から出発し、前向きに、実際の生活そのものを改造し発展させるのと同時に、社会の全面的な発展を促進させる新思想・新道徳・新習俗を探索し確立しなければならない。

四、文化の運命の尺度

すべての文化およびその伝統について、人類文明史上における地位と運命がどうであるかは、決してそれ自身によって決定されるのではなく、社会の歴史の法則と大勢によって決定されるのである。それらが文化の運命をはかる尺度である。

では、何が人類文化の発展法則であり、人々はいかに自己の文化の運命を把握するのだろうか。

「法則」というと、人々は自然の法則を思いつきやすい。文化の法則と自然の法則はどちらも「法則」である以上、たとえばそれらはどちらも「人間の意志によらず変化する客観的で必然的なつながり」を意味するなど、必ず共通点がある。しかし文化の変化は結局人間の社会の歴史的活動の範疇に属し、そのためそれはつまるところ社会の歴史の法則に服従せねばならず、純粋な自然界の法則とは異なる。社会の歴史の法則が自然の法則と異なる主な点は以下の点にある。社会の歴史の法則は結局人間と人間の活動の法則であり、人間自身の生存発展中に「人間の意志によらず変化する客観的必然的つながり」であり、それはいかなる個人の意識や主観的意志にも依存しないが、人間や人間の存在と活動に依存せざるを得ない。もし人間がいなくなったら、社会の歴史もなくなるし、当然社会の歴史の法則があるはずもない。しかし自然界の法則は人間と無関係でありうるし、人類がいない状況下で、自然界は依然として自己の法則によって運行しうる。この違いがあることによって、社会の歴史の法則の表現は自然の法則の表現よりもはるかに複雑なのである。

文化の発展はまず社会の歴史の法則に従うことである。結局、社会の歴史の法則は文化の変化と発展の根本的な法則であって、文化に関する一切の特殊な法則の基礎と実質である。文化の本質と表現が、どちらも人間の社会生活と歴史活動の中にあるため、その外において文化がその他の異なる本質的法則を有する可能性はない。例えばマルクスの唯物史観が示す社会の歴史の一般的な法則と原理は、人間の活動と自然界との関係の原理、人間の社会的存在と社会的意識の原理、生産力と生産関係の法則、経済基礎と上部構造の法則、人民大衆の歴史的作用の原理、および社会の進歩や社会の発展に関する「自然史の過程」の原理、などである。これらの法則や原理も文化発展の根本原理で一般的な法則である。これらの法則や原理を把握しさえすれば、根本上から文化の発展や変化の全体的な様相を把握し、さらにその未来を大まかに予見できるのである。

このことに基づて、文化にはさらにどんな特殊な法則があるかを再び考察してみよう。文化はつまりある角度から見えた人類社会であって、それは「人間化と文明化」の様式と成果を通じて反映されて出てくる社会の歴史であるので、必ずこの角度この側面からも人類生活のある特殊な法則を反映する。たとえば、すでに言及した文化の進退盛衰の内在的メカニズムは、文化発展の特殊な法則の一つである。またやはりすでに言及した文化の多様性と統一性、多元化と一元化の関係、文化の生産と消費の相互作用、文化空間と文化時間の一体的なつながり、文化伝統の形成と変化の論理なども、すべて文化特有の具体的法則あるいは法則性の糸口である。以上で述べたことを総合すると、さらに以下の一定の普遍性をもった法則を二点指摘することができる。

1、文化の累積と漸進の法則

文化の本質は、「人間化と文明化」の方式と成果の総和である。言い換えれば、文化は人間の生存発展の本質を指標とするのであり、人間の生存発展そのものは、人間の自己発展や進化の過程であり、それは総体として累積的で漸進的に、連続して進むものである。これは文化の発展変化が必ず総体的に累積と漸進の性質をもっていることを意味する。

事実上、人類のあらゆる活動およびその結果がすべて文化のレベルに入り、一定の文化の指標になることができる、というわけでは決してない。人類が昔から行っている活動、つくったものは数えきれず、いくつかは極めて偶然の奇跡ですらある。それらはすべて一定の文化の表現と産物であるといえるが、文化の存在と発展に何らかのものを加えるわけではないし、現状を変えあるいは文化の発展を推進するものでもないので、最終的には文化のプロセスの中で完全に消失するであろう。一般的に言えば、この類の現象は文化発展の意味を持たない。長い歴史の中には、必ず多くの人間がいて、多くの奇怪な発明があり、多くの特殊な生活様式があり、多くの奇怪でおもしろい思想がある。しかしそれらはその他の人間に知られることなく、伝播することなく、人々の生活様式に対して影響を与えることもない。こうした状況はたとえ存在していたとしても、すでに人類の文化を代表するものではなくなっている。それに対して、人間の活動に必ず受け入れられ維持され、同時にたえざる重複と継続を経過して発展し、蓄積してきた成分がありさえすれば、文化の成分を構成する。まさにそうであるからこそ、我々が見ることができるすべての文化現象で、数え切れないほどの実践の産物でないものはなく、無数の人々の実践の中で体現してきたのである。

この角度から見れば、「累積」は文化発展の必然的な方式である。そして累積はまた必然的に「漸進」とつながり、偶然性や即時性の「跳躍」「突然変異」を主とすることはありえない。もちろん漸進は「等速直線」運動と同じではない。歴史の発展過程の中において、文化に局部的・暫時的な加速や減速、跳躍や停滞、ないしは壊滅といった状況があるということを決して排除しないが、一般的に言えば、これらもすべて累積や漸進の過程にある状況であり、それらは累積の条件と程度によって決まり、なおかつ事前事後にも一定の調整を経てから漸進の軌道に入らねばならない。人類がコントロールできない巨大な自然災害が発生した状況下になってはじめて、真正の例外が出現しえるのである。

文化の累積や漸進の法則を認めるということは、必ず歴史を尊重し、伝統を尊重し、人類あるいは民族文化の主体の具体的な歴史条件から出発して、新たな文化建設と刷新を行っていかねばならないということを意味している。歴史を断ち切り、前人の成果を無視し、伝統を回避あるいは抹殺しようと試み、主観的な望みによってのみある文化を「製造」し、あるいは歴史の段階を超越し文化の「大躍進」を実現しようと試みるなど、法則に背くものであり、文化の発展に対して有害無益である。

2、文化の主体性と選択法則

文化の法則は、人間の外に存在するものではないばかりでなく、人間の活動の法則でもあり、つまり人間が一定の価値目標に基づいて生産・生活やその他の活動を行う際にもつ内在的な論理である。抽象的な「人間」が一人もいないのと同じように、現実中の文化も抽象的ではなく、具体的である。具体的な文化体系にはすべて、民族・国家・地域・社団・業界など、具体的な主体がある。具体的な文化は具体的な主体の生存発展の様式の内包や産物であり、そのためそれらは必然的に主体の特性によって自己の特性を持つ。文化は主体性の差異によって顕示してくる重大な社会性の差異であり、世界文化の多元化の根源であり、すべての文化体系中に多様化を含んでいる根源でもある。

主体間の社会的な差異は文化の差異を構成し、こうした差異はまた大半は主体が文化の発展する方向・様式や特徴に対して行う異なる選択として現れてくるものである。人々は同じあるいは異なる生存発展の条件下で、みな異なる選択を行うことができ、したがって異なる文化的特徴を形成している。例えば世界には多くの沿海国家があり、彼らは歴史の異なる時期に異なる選択を行ったため、それぞれ異なった沿海文化を形成しており、あるものは開放的で、あるものは閉鎖的、あるものは商工業が発達し、あるものは旅行業が発達し、あるものは非常に遅れている。もちろん彼らの選択は完全に主観的随意的というわけでは決してなく、当時の多くの国内外の条件の影響を受けているのである。しかし客観的な存在の選択可能性は、しばしば一種だけではあり得ず、なおかつ一次性のものでもなく、永遠に再度選択が可能でありうる。そのため、主体的な選択は文化発展の「内因」となり、具体的な文化の差異をもたらす決定的な要素の一つであることが確認できる。なおかつどんなことがあっても、主体が重大な選択に直面するとき、彼らが表現した思想や行為の様式は、そのものもその文化を構成する深層の特徴の一つである。

文化の主体性を認め文化発展中における法則性の地位を選択することは、人間の地位を充分に尊重し、人々自身の文化育成に対する権力と責任、積極的な主観能動性を発揮する作用を重視し、文化宿命論や文化奴隷主義に反対する、ということを意味する。同時にそれは、人々が自己の選択に対してさらに深い再考を行わねばならないことをも意味する。正しい選択は文化の健康的な発展を導き促進しうるが、誤った選択は文化の無秩序化ひいては退化を引き起こしうる。そのため主体の選択の法則性を把握し、選択中の客観敵条件と主観能動性の間の関係を認識し、したがって自分の選択のレベルを向上させ、選択をさらに科学的に自覚的にすることが、自己の文化の運命を把握するキーポイントである。

文化は非常に膨大で複雑な体系であり、そのためその法則性は想像しているように簡単で明白ではありえず、全人類の知恵を集中させて、長時間の探索と総括を経て、はじめてややはっきりと述べることができる。前述の二点は、一種初歩的な試みでしかない。なおかつ、たとえこのような初歩のレベル上にあっても、前述の二点にとどまらないであろうし、文化のその他の法則あるいは法則性の現象をまだ発見できるかもしれない。例えば世界の各民族の文化発展の共通性に関する法則の問題に、低次元から高次元まで、簡単なものから複雑なものまで、統一した発展の端緒が存在しているだろうか。世界の発達した国家と発達していない国家の文化における相互関係の問題は、ここでどんな法則に従うのだろうか。経済と科学技術の文化発展上における特殊な地位と作用の問題は、その中に一定の従うべき法則をもっているだろうか。各種の異なるレベルでの普遍性・法則性の問題は、文化建設の指導に対してすべて重要な意味を持ち、それらはみな研究と発見を待たねばならない。

総じて言えば、文化の発展進化には個人の意志によって転移することのない客観的法則性があるが、この客観的法則性はまた人間の活動を通じて存在し現れてくるもので、人間の選択の必然性と合理性によって実現するのである。まさにこのような客観的法則の面前で、各種の異なる文化の運命に得失順逆の別があり、人々の文化建設に成敗優劣の分があり、人類の文化は一種の多元多様化してだいたい秩序のある構造を呈し、たえずある段階から別の段階へ進み、あるレベルから別の新たなレベルへと上っていく。それは我々に、社会発展の一般的な法則に厳格に従い、同時に文化発展の特殊な法則にも従いさえすれば、高度に自覚的な文化建設者になれることを教えている。

【訳注】

（1）胡服騎射……北方遊牧民族の衣服をまとい、騎馬に弓射で戦う方法。当時の大夫たちは、裾が長く下部がスカート状の服を着ていたが、乗馬に不向きであるため、ズボン式の胡服を着ることを提案した。

（2）魏晋玄学……魏から晋にかけての時期に、『老子』『荘子』『周易』を中心に、その解釈および儒教経典などの解釈へ派生した学問。具体的事物からはなれ、本体論といった形而上学的な問題を扱った。

（3）華夏文化……漢以前に中原の黄河流域に暮らす部族で、漢民族を構成する主体の民族を「華夏族」と呼び、その文化を「華夏文化」と呼ぶ。

第二部

中国文化論

第六章――中国の伝統文化の価値傾向

中国文明は世界「四大文明揺籃」の中で、落ちずに残ったただ一つの大きな果実が歴史の継続性を保持した偉大な文明である。悠久の文明進化の過程の中で、「自強して息まず」「厚徳もて物を載す」「海は百川を納む」「実を求めて変に順う」といった精神で、内包が充分に豊富で、構造が異常なほど複雑で、形式が多種多様な文化伝統を創造した。この伝統が中国人民を長期にわたって滋養して育成してかたちづくっており、中国民族の血液と霊魂に内在化する。

一、「人間」の位置づけ

すべての文化には、必ず主体自身の地位、状況、権力や使命などの問題が中心にあると同時に、一切の思考と選択の出発点ともなっている。そのため、中国伝統文化の特徴を考察するときは、それが「人間」に関する地位と状況をいかに処理するか、それが世界と人生をいかに取り扱うと主張するか、それが人々に自己をいかに取り扱い把握することを要求するかといった問題が切り口となるであろう。

1、神・天・人――「天を敬い命を畏る」とは？

人間はこれまで自主自立的なものであったろうか。人間の地位と運命はある種人間の上にあって、社会以外の、ひいては自然界を超越した真正な力に服従しているのであろうか。これはみな文化がつねにぶつかりうる問題である。この問題は、広大な宇宙の中で、人間は自己の根本的な地位と帰結を見つけ出さねばならず、そうしてこそ初めて精神的に安心立命の基礎をもつことができる、ということを明らかにしている。

ひょっとすると神秘的ではかりきれない大自然に対する危惧から出発したのかもしれないし、さまざまな外力の面前にあったからかもしれないが、初期の人類には自己の運命を把握する術がなく、先人たちは期せずして同時に自然物の中に隠れていたり、大自然の背後に隠れていたりする「神」を探し出した。中国は奴隷時代から、神権によって王権を論証する「君権神授」説がある。夏代にはすでに神に対する崇拝が出現しており、夏の禹自身が鬼神の祭祀を、その権威を確立する手段としており、禹の息子・啓もならわしに従って実行し、自己の権力を神から授かったものだと説き、ここから中国の君権世襲制が始まった。殷代の統治者はさらに鬼神を崇拝することに最大の力を尽くした。「殷人は神を尊び、民を率いて以て神に事える。」（『尚書』甘誓）作柄の善し悪し、城邑の建設、戦争の勝敗、官吏の任免異動など、すべて占卜を通じて神に伺いを立てあるいは神に祈祷をあげなければならなかった。殷商の統治者はさらに神々の長――上帝を設定・創立し、その彼らの祖先を上帝の子孫と称した。すなわちいわゆる「天命の玄鳥、降りて商を生ず」（『詩経』玄鳥）である。周代になって、「神」はさらに抽象的な「天」へと転化し始めた。それぞれの神仙および上帝はみなすでに殷商などに真っ先に「占領」されていたため、周の統治者はその「謀反」を直接すすめるのは具合が悪かったため、転換して「天命」と広く説明したのである。「皇天は無親にして、惟だ徳をして是れ輔く。」（『左伝』僖公五年）殷商の湯王に徳があったときは、そのために「天命が殷に帰した」のであって、のちに殷の紂王に徳が無くなり、「乃ち早くもその命は墜ち」、「天命」はこうして周に帰したのである。

「天」によって「神」に取って代わらせたことは、中国文化史上重大な意義をもつ。最も影響力を持った思想家・孔子は「徳を以て天を配す」という天命観を相当に評価していた。孔子が鬼神を語ることは極めて少ない。彼は彼特有の知恵で、「鬼神を敬いて之を遠ざけ」なければならないと指摘し、まず人間自身の問題を明らかにすることを主張した。「未だ能く人に事えず、焉んぞ能く鬼に事えんか。」（『論語』先進篇）この思想は当時において素晴らしいものであった。しかし、孔子も「人は万物の尺度である」ことをまだ直接肯定せず、彼は主に周朝の理論と方法を継承し、「天命」を大いに語り、人々に「天を敬い命を畏れ」、「天」の意志と処置に服従するよう求めた。彼はやはり、人々にこうした神聖な畏敬観を保持させさえすれば、社会は安寧を得ることができると考えた。孟子はさらに直接「天に順う者は存し、天に逆らう者は亡ぶ」（『孟子』離婁章句上）と説き、天命や天意には背いてはならないことを強調した。

後世の思想家たちはおおよそのところ孔子のこの思想に従っており、一切の考慮は「天」にしたがって「人」に及ぼさねばならないと主張した。「天人感応」「天人合一」「天人合徳」などは神秘主義的色彩の形而上学理論をもち、大同小異である。例えば『淮南子』には「四時は天の吏なり、日月は天の使なり、星辰は天の期なり、虹霓彗星は天の忌なり」とある。漢代の董仲舒の天人感応説では「人は天数に副う」、つまり「人理の天道に副うや、天に寒有り暑有り、夫れ喜怒哀楽の発は清暖寒暑と其の実は一貫なり。喜気は暖と為りて春に当たり、怒気は清と為りて秋に当たり、楽気は太陽と為りて夏に当たり、哀気は太陰と為りて冬に当たる、四気は、天の人と同じく有する所なり」と考える。董仲舒の重点は天理の封建的三綱五常[1]との一致性を強調することであり、天は人間の原本であって、人間は天の副本であると考え、これによって「王道の三綱、之を天に求めるべし」（『春秋繁露』基義）ということを論証しているのである。

しかし、ある文化の思想内容が、その言説と字面の意味を見るだけですませてはならず、場合によってはそれを真に理解するために、ひっくり返してその「背面」や「反面」を見てみる必要がある。このように詳しく見ると、我々は、時として、統治者あるいは思想家たちの真実の思考の筋道がしばしば相反していることを発見することができる。実際、天人関係に関して、我々は「天」によって人間の何かを類推するのは難しく、逆に「人」でもって「天」を類推し、個人から天下に押し広げるのは、比較的容易である。古代の思想家たちが行ったのは、まさに人間の行為感情を外へ押し広げて各種の自然現象を解釈することであり、家庭や家族を社会へと押し広げて国家の構造を解釈することであった。したがって君臣はまた「父子」のようなものであり、「四海のうちはみな兄弟である」。「国家」とは、家がすなわち国で、国がすなわち家である（もちろん皇帝について言う）。そこで、「孝長」と「忠君」は一理であり、天意に必ず違わぬものである。

邪を信じない人間もおり、この仰天の大秘密をあっさりと暴き、大胆にも「天は自ら民の視るところを視、天は自ら民の聴くところを聴く」、「民の欲する所、天必ず之に従う」（『尚書』泰誓中）と言い出した。これは、「天」が人間の目や耳で感じているのであり、「天」は人間の願いに従うのであり、「天」は決して神秘的なものではない――結局、「天」は人間の代理で化身である、と言っているのと同じなのである。こうした態度は従来の思想的反逆者がもっているものであって、人々が皇権を蔑視し、既定の秩序を破壊し、自由を勝ち取るための武器となった。数多くの社会の低層にいる一般庶民の実際の生活の中において、こうした類の観念の影響はしばしば御用学者の説教より大きかった。

以上より分かるのは、古来、中国には二つの異なる「天人合一」観があるということである。一つは「人が天に合う」、つまり天が主宰であり、もう一つは「天が人に合う」、つまり人間が主宰である。両者の間で、人々は彼らの必要にしたがって選択するのである。

例えば、神秘主義、宗教的迷信、個人崇拝などを統治の術として、神の意思によって統治者を美化するのは、長期間にわたる封建社会における階級制の理論的基礎であり、封建統治者の愚民政策に広く使われた方法である。今日に至るまでずっと、下心があって神懸かりになったふりをし、自身は某仏の転生であるとか、某神が取り憑いているとか公言して、庶民を騙してばかにする人物が常にいる。さらには、大いに個人崇拝を行い、某人は生来「天才」であると公言して、ある種の重大な使命を背負う人々もいる。……形式上は多少新奇の部分があろうとも、やっていることは「古くさい芝居」に過ぎない。

もちろん、社会の発展や人々の知識の開放にしたがって、さらに多くの人々が一時的な安逸にしたがう中で「敬天畏命」から抜け出してきた。彼らは、「天」と「命」の本質がその実自然と社会の運行法則・規律・秩序に過ぎないことを、はっきりと悟った。それらを把握することは人間自身が担うべき権力と義務である。そのため、人々の主体意識は徐々に覚醒し、自覚的に科学的世界観や人生観、価値観で自己を武装し始め、自分の目で世界を見て、自分の頭脳で問題を思考するよう努力し、徐々に自己の新生活を創造する主人となる。こうした再考と覚醒が、中国文化の現代の主流である。

2、他人と自己――「群れて己を忘る」とは？

「天人」論は人間の宇宙における存在問題に答えたが、「自他」論はさらに人間の社会における存在問題を解決しようと試みている。

人間と人間、人間と社会の関係は極めて複雑である。あらゆる人間の生活は世界において、無数の人間と直接的あるいは間接的な関係を発生せねばならない。しかしかいつまんで言えば、すべての人間について、無数の個人はみな「二人」つまり「自己」と「他人」に帰結することができる。そのため、人間を認識対象とするとき、人々は一つの問題を明確にせねばならない。何が自己で、何が他人であろうか。「(自)己」は「(他)人」と同じであろうか。二者の間にはどのような関係があるだろうか。中国の古人の知恵は、すでに彼らにこの問題の重要性を述べさせている。なおかつ、彼らは別の概念を発見し、この概念で「自己と他人」の問題に答えており、これがつまり「群」である。

儒家学説は一貫して一種の「族群主義」による人生の位置づけを強調し、「能く群れる」ことは人間の人間たる根本であることを強調した。荀子は言う。「（人の）力は牛に若かず、走は馬に若かずして、牛馬は用となる、何ぞや。曰く、人は能く群れ、彼れ群れる能わざるなり。」「人何をか以て能く群れるか。曰く、分なり。分は何をか以て能く行わるるか。曰く、義なり。」（『荀子』王制）言い換えれば、人間が牛馬を扱うことができるのは、人間がグループや社会を組成することができるからであり、人間がグループや社会を組成することができるのは、人間が礼によって階級を区分することができるからであり、階級秩序を実行する保障は、仁義道徳にある。こうした「族群主義」と互いにつながる価値傾向は、当然グループを重んじ、グループに依存し、個人のグループに対する責任・義務・服従と犠牲を強調し、個体を軽視し、人々がみな「群れて己を忘れ」「我を無にする」べきであると考える、などである。このようなグループ原則において、ひいては天子・諸侯となる身分の高い個人であっても、「群れて己を忘れ」なければならない。例えば董仲舒は、「独身者は、天子諸侯の位に立つと雖も、一夫の人のみ、臣民の用無きなり。此くの如き者は之を亡ぼす莫くして自ら亡ぶなり」（董仲舒『仁義法』）という。つまり、もしグループ至上の原則を遵守しなければ、たとえグループの首領である天子や諸侯であっても、「独身者」「一夫の人」（大衆から浮き上がって孤立している人）に過ぎず、彼に服従したり彼に用いられたりしうる人がおらず、自らその恥辱を感じて、自ら滅亡するのである。

このように見てみると、こうした「族群主義」は理論上明確で徹底的である。このため、ふつうそれを集団主義と同じとみなして、中国は古来「集団主義の伝統」があると考え、ひいてはそれが社会主義的集団主義の源泉であると考える者がいる。

では、実際の状況はどうだろうか。もし「当然だろう」と当てずっぽうに考えたり簡単に文字面から推量判断したりするのではなく、真面目に歴史を見て、現実を分析し、その中の以下の二つの問題に注意すると、「族群主義」は「集団主義」とは根本的に同じものではないことを発見しうる。

第一に、そこに言われているのが、誰のどのようなグループであるか、誰がこのグループの代表であるか、である。――この点から、これとマルクスが言う「真の共同体」――自由な人間の連合体との間の区別が見いだせる。中国における長期の封建社会において、実行されたのは礼節を尊ぶ階級的専制統治である。この体制の中において、「群体本意」の真実の含意は「家族本位」である。「国」は拡大した家であるに過ぎず、個人は完全に家庭・家族とそれを拡大した意味をもつ国家社会に従属するものである。「家長主義」はこうした族群主義の実質である。最大の「家長」として、皇帝がピラミッド型の権力構造の頂点に雄々しくおり、天下はすなわち一人の天下で、「普天の下に、王土でないところはなく、地の続く果てどこまでも王臣でないものはいない」。あらゆる個体は各級の官僚を含み、君主がその個人の目的を実現し、その個人の需要と欲望を満足させる手段である。各級の官僚とその「臣民」の関係も、家長や族長とその家族成員の関係も、おおかたこれと似ている。そのため、この種の「群体」は決して真の意味での「集団」ではない。

本質上は家族様式を根拠とする「群体」であり、同時にそれを国家社会まで押し広げようとするため、それが必然的に二大特徴を持つことにもなる。一つは礼節を尊ぶ階級権力を核心とする「権力本位」であり、もう一つは個人間の倫理関係を内容とする「倫理主義」的道徳原則であり、社会の公共関係を内容とする社会的な道徳原則ではない。

第二に、グループの中で、個人はどんな地位にあり、人々の相互間はどんな関係だろうか、ということである。――この点からはその個人との対応様式を見いだせる。家長の絶対権力とつながるのは、必然的に衆人の人格の従属的地位である。言い換えれば、こうした族群主義はすべての個人がみな「己を忘れ」、グループの中にとけていくことを要求するが、決して平等を主張しているのではなく、明らかに階級を保持せねばならない。その結果必然的に階級や長幼の順序によって普遍的な「下対上」の人格的な従属関係や依存関係を形成するのである。例えば「三綱五常」がもっとも問題を説明できる。まさに陳独秀がかつて指摘したように、「儒家の三綱の説は、すべての道徳政治の大源である。君は臣の綱となって、民は君において付属品となって、独立自主の人格はない。父は子の綱となって、子は父において付属品となり、独立自主の人格はない。夫は妻の綱となって、妻は夫において付属品となり、独立自主の人格はない。おおよそ天下の男女は、臣であり、子であり、妻であり、一人も独立自主の人がいるのを見たことがないのは、三綱の説のためである。これより金科玉条の道徳名詞――忠・孝・礼――を生じるが、すべて他人の身になり考える主体道徳ではなく、自己を他人に従属させる奴隷道徳となるのである」[1]。概して言えば、こうした族群主義およびその道徳は、「尊卑を分け、貴賤を明らかにする」階級制度を維持することを本義としているにほかならず、それは人間の独立自主性と主体意識を主張しているわけではないのである。

事実上、こうした伝統的「族群主義」はしばしば道徳的虚偽、つまり言うことと行うこと、他人に対してと自己に対して、上に対してと下に対してのダブルスタンダード化を引き起こす。みなに「己を忘れ」させるのは、まさしく少数の人の「専己」「利己」のためである。なるほど、「家長」たちにも「己を忘れ」ざるを得ないときがあるが、それはまさしく荀子の警告したところであって、大半はおそらく「臣民の用無し」という状況を引き起こすであろう。それは真に国家社会の共同利益を維持する作用を起こすことができないだけではなく、逆に、それが助長してくるのが、まさしく少数の人の「自己中心主義」であり、一種「公」の字をつけた旗を掲げて悪性に膨張する極端な個人主義である。古今の官界の闇や官吏の腐敗、権力者の堕落を見てみれば、どれが真に誠

1　陳独秀『一九一六年』

心誠意集団のためになるだろうか。

まさしくそうであるからこそ、中国古代の族群主義は近代の啓蒙と現代の革命運動の中において、必然的に批判と唾棄に遭ってしまった。現代人の主体意識の覚醒とマルクス主義学説の流布にしたがって、中国人の「自他観」と「群己観」はどちらも重大な変化を起こし、徐々に新たな伝統観念を形成している。

ここ六十年来、こうした変化はまず「人間」が家庭から社会へ進出するのに伴っておこった。旧式の家族本位は旧制度とともに瓦解し消失した。新たな制度と体制の下で、それはかつて一時「単位本位」に取って代わられた。社会主義は中国の勝利において、広大な人民を国家の主人にならせた。しかし、この「主人」はどうあるべきか、普通の個人がいかにこの重任を担うことができるかは、まだ探索と実践の過程を経なければならない。国家が統一してコントロールする高度に集権的な計画経済体制を実行することによって、すべてが上から下への管理方式で行われるため、人々は勤務先の組織形式でもって、国家社会全体との間に分割することのできないつながりを生じている。いかなる個人も一定の「単位」（組織）に従属しており、個人は単位が分配する任務を完成させなければならず、単位に対して責任を負い、同時に単位において一連の政治経済待遇を享受する。個人のすべての事情は単位と互いに密接な関係があり、例えば仕事・収入・福利・養老・身分・地位・前途・栄誉、ひいては個人的なもめ事や家庭内の対立なども諸々の単位に解決を訴えなければならない。単位があればすべてをもち、単位を失ったら社会に遺棄されることを意味する。

こうした「単位本位」の文化は、以前の家族本位と比べると、顕著な進歩がある。しかし、体制そのものの欠陥のため、また旧観念の影響が完全に取り除かれたわけではないので、それは実践の中でまだ古い封建主義伝統と徹底してはっきりと境界を画すことができてはおらず、したがってよくない結果を引き起こしている。

注目に値するのは、この時期の人々は同様に「群れて己を忘れる」、「公にして私を忘れる」などを主要な精神・道徳として誘導したということである。なおかつ、人々はほとんど依然として個人の道徳意識のレベルに重きを置き、体制的な改革と制度的な建設のレベルからこれらのスローガンの意味を理解するわけではない。このようになると社会主義的集団主義と旧式の族群主義との境界をはっきり分けるのはさらに簡単でなく、新型の人間関係をさらに充分に発展させることに寄与せず、かえって人々が目覚めてきた主体意識を弱体化させ、行政の階級意識を強化し、計画体制のある弱点をさらに拡大させてしまった。

中国三十年間の改革開放の経験は、時代の発展に適応し、先進的な人間と人間との間の関係を確立し、最大多数の人間の積極性を呼び起こし、社会主義的凝集力を増強しようとするのに、ただ人々が「己を忘れ」「私を無くす」だけでは不十分である、ということを明らかにしている。「己を忘れる」とは人間に自己の権利を軽視させうるだけではなく、なおかつ人間に自己の責任も無視し放棄させうる。このように見てみると、重要なのはやはり人々がいかに「己を有し」いかに正確に「自己と他人」の関係を取り扱うかという問題を解決しなければならないということである。人々は互いに平等であるという基礎の上で、あるべき社会的権利と社会的責任の統一を実現してこそ、互いの関係を協調することができ、なおかつ共通の利益を前提として、マルクスの言う「真の共同体」――「自由人の連合体」を結成する。このような集団がありさえすれば、健全な社会主義体制と集団主義精神は充分に体現される。現在、中国の社会体制改革と新たな思想文化建設の任務の一つも、理論と実践の中で、この点を次第に実現させなければならないということなのである。

3、身・家・国――「修斉治平」とは？

人生の使命とそれによって生じる人生の理想に関しても、文化傾向が体現する一つの重要な問題である。中国古代の文化伝統のこの問題に対する権威的あるいは標準的な答えが、まず人間を「大人」（「君子」）と「小人」の二種類に分け、しかる後に人生の使命と理想の目標を、あらゆる人間がつとめて「大人」「君子」になろうとすることに位置づけることであった。

儒家にはまとまった経典――『大学』がある。これは人間にどのように身を処するかを教える書であり、以前から学生は必ず読むようにと定められていた。「大学」は「大人の学」ということである。『大学』の冒頭に「大学の道は、明徳を明らかにするに在り、民を新たにするに在り、至善に止まるに在り」という。「明明徳」（明白で正確な大道理で天下を明らかにする）、「新民」（一般庶民を管理教育して新しいタイプの人間にさせる）、最終的に「至善」に到達する、この三点が「大学」の「三綱領」として列挙され、あるべき人生の使命と理想の目標を確立したのである。そのあと、それはまた実現の論理（八条目）を指摘した。

明徳を天下に明らかにせんと欲する者は、先ず其の国を治む。其の国を治めんと欲する者は、先ず其の家を斉《ととの》う。其の家を斉えんと欲する者は、先ず其の身を修む。其の身を修めんと欲する者は、先ず其の心を正しくす。其の心を正しくせんと欲する者は、先ず其の意を誠にする。其の意を誠にせんと欲する者は、先ず其の知を致す。知を致すは物に格《いた》るに在り。物格りて後知至る。知至りて後意誠なり。意誠にして後心正し。心正しくして後身修まる。身修りて後家斉う。家斉いて後国治まる。国治まって後天下平らかなり。（『大学』）

この話は明らかに天下の読書人のために書かれたものであり、読書や学習は「正心誠意、修己斉家、治国平天下」のために行うものである。身を処すためのこの完全無欠な目標には、間違いなく「君子が自らを強くし」、心に天下を抱き、国家を太平に治める雄心壮志がある。長年、この綱領・スローガンは多くの有志の士を激励し、発憤して努力しようと決心させ、努めて向上させようとし、民族国家の大業を振興するのに献身させた。それは確実にあの時代に提示できた最高の人生目標を代表していると言うべきだろう。

しかし、我々がちょっと見てみさえすれば、この綱領やスローガンが宋明理学によって天をも揺るがすほどに叫ばれ、中国で「深く人心に入りこ」んでからのち、中国社会の発展は近代に至るまで、持続的な繁栄を得ることがけっしてなく、逆に、中国は世界の地位や運命において下り道を辿り始めた。人々はこのような問題を完全に提示できるし、なおかつ事実上すでに一度ならずとも提起したことがある。どうして人々は「修身・斉家・治国・平天下」を重視しようとするほど、さらなる「修・斉・治・平」の効果を得ることができなくなってしまうのであろうか。

「それはこれが真面目に貫徹して実行されておらず、人々がその精神の実質に背いたからだ」と言える人物がいるかもしれない――人々はしばしば詰問にこう答えるのを好む。そこで、続けて出てくる問題が、「もしこうした綱領やスローガンが真に合理的で有益なものであれば、それはなぜ人々に実行（するのを楽しんだりできたり）されないのであろうか」ということである。歴史的経験はさらに重大な解答を出すことができ、これはのちに人々が実際の伝統的人生観およびその思考方式に対する批判と再考を結びつける。帰納すれば、「修・斉・治・平」の人生原則は以下の厳重な欠陥をふくんでいる。

（一）人間を「大人」（「君子」）と「小人」の二種類に分けることを前提として、そのあとに前者に集中して、こうした理論が大衆を軽視したり大衆から離脱したりするという意味を含むのみならず、社会の優秀な人材の基礎をも取り除いた。偉大な思想の成果がなお卓越した人材の大量出現であるにもかかわらず、それを大地の土壌から剥離したあとには、必然的に「天までそびえる大樹」を培養することはできず、ただ魯迅が言ったように、生じるのは「ひと皿のもやし」である。

（二）「修・斉・治・平」の道は個人を本位とするものであり、個人の学識修養に完全に依存し、個人道徳の治国方略を単純に希望している。これらの治国方略のポイントとなる欠陥は、それが社会制度や体制の根本的な作用を軽視し、民主・法治などの社会管理の機能を軽視したことにある。これらの方略は明らかに封建主義時代の「人治主義」と互いにセットになる観念である。それが主張するのは完全に個人道徳の理想化路線であって、社会全体の変革発展方略ではない。何千何百年という長い年月の間、中国社会は実質的な制度変革や体制変革は滅多になかったことも、これと無関係ではない。

この重大な欠陥については、現代においてとりわけ注意や改正の必要がある。結局、こんにちの中国社会において、多くの人々が依然として「青天（清廉な官吏）」が降臨し、「民のために主人となる」ことを期待しており、さらに多くの人々が、官吏が腐敗するのは、個人の素質がひどく悪く、道徳的に堕落しているからこそだと考えている。こうしたもっともらしい旧観念を革新しないと、社会体制の改革や民主的法治の建設は、いずれもその影響を受けて実質的に深く入り込むのは難しい。

(三)「己を修める」のは「人を治める」ためであり、これは道徳を手段化したものである。「家を斉え、国を治め、天下を平らかにする」ことを目的として「心を正し」て「身を修め」ることは、明らかに個人の道徳修養を道具あるいは手段としている。実際の効果から言えば、それは事実上虚偽的・両面的・強迫的な人格をも多くつくり出し、「野心家」「偽道学」「偽君子」を少なからずつくり出してしまった。

普通の庶民について言えば、人々がみな「大人」「聖人」になるよう強く求めるが、これそのものは適当なことではない。多くの人々にとっては必要性がないだけでなく、論理にも合わず、実践中ではさらに操作しがたい。こうした過度な人生目標を一般大衆に普遍的に要求することは、普通の人間の人生選択に対する過度な関与を意味している。

中国の伝統的人生観念には、極力崇敬される「修・斉・治・平」のモデル以外に、まだ大多数の名も無き普通の庶民が黙々と行っているその他の哲学がある。たとえば、生産と生活に関心を払い、功利と実効を重んじるとか、自立して自ら向上し、自らの力で事を行い、自らの力で生活をするとか、権力をもち高貴なことを蔑視して、真の自分を追求するとか、落ち着いて生活し楽しくはたらき、それぞれが適所を得るとか、静かにして何もなさず、名誉と利益に無欲であるとか、形式にこだわらず、パイオニア精神をもつとか、度量が広く寛容で、勤勉倹約で質朴であるとかいったことである。中国民族の起こって止まず長い間衰えることのない発展から見ると、我々はこうした類の人生哲学が中国の文化伝統の真の「精髄」であるといったほうがよいであろう。

4、「官本位」――人間の自己に対する否定

制度文化は文化の重要な構成部分である。中国の何千年もの封建的な礼節を尊ぶ階級制度は、人間の地位とすがたの面に体現し、長期にわたってこうした制度の中に浸透していった直接の結果が、「官本位」現象の普遍的で頑固な存在である。その主なあらわれと特徴は以下のようなものがある。

（一）単一行政化した社会体制。高度な集権に都合がよく、上から下への統一管理を実行するには、すべての社会においてできるだけある役割を果たすようにしなければならず、社会上のすべてを国家行政システムの体制構造に組み込まねばならない。あらゆる人間、あらゆる組織や部門を、すべて分別して行政序列に組み入れ、その等級を規定し、その行政権限を区分し、最終的に統一した行政コントロールに服従させる。「普天の下に、王土にあらざるはなし、率土の浜に、王臣にあらざるはなし。」あらゆる人間に対していえば、これは彼らの身分に「すでに官吏になっている」「まだ官吏になっていない」「官吏になろうとしている」という違いしかなく、いかなる人間にも随時行政の指揮に従う義務がある、ということを意味している。マルクスは「結局、小農の政治的影響は行政権が支配する社会として現れる」という。[2] 農業を主導とする社会形態の中において、こうした状況には一定の歴史的必然性がある。

（二）個人権力至上。こうした単一行政化した体制のもとで、社会が実行するのは全体的な規則・秩序・法理の統治ではなく、個人の統治である。規則や法定の手続きによってすべてを支配するのではなく、「長官の意志」によって支配するのである。規則や手続きはしばしば人間（とりわけ皇帝）によって変えられることすらある。こうした体制の中では、各級の長官個人の素質がどうか、品格がどうかといったことが、しばしば決定的な作用

2　『馬克思恩格斯選集』第一巻（人民出版社、一九九五年）六七八頁。

をもつ。社会全体が実行するのは「法治」ではなく「人治」である。

（三）上から下への一方的な隷属関係。こうしたピラミッド型の権力構造の中では、階級が厳しく、秩序がはっきりしているが、官吏の間の分業は、相応の権力と相応の責任が自身の相対的な独立と統一を果たしていることを決して意味しておらず、彼らの「等級」がさらに実質的な意味を持っているのである。上下級の間は事務の進行について総合したり分析したりする双方向的で合理的な運行関係ではなく、下級が上級に完全に隷属し、すべて上級の命に従う。下級官吏について言えば、すべてその個人の前途や運命を決定することのできる上級官吏について責任を持つ。官吏たちの前途や運命がどうであるかは、彼らの政治的功績がどうであるかで決まるのではなく、彼らとその他の人物の間の「関係」がどうであるかで決まり、これはしばしば官途を決定する「第一要素」となる。そのため、官界で形成される「ひとり損すればともに損し、ひとり栄えればともに栄える」とか「一朝の天子に一朝の臣」とか、ひいては「一人道を得れば、鶏犬さえ天に昇る」などの相互連関の局面は、いずれも皆そのとおりなのである。

もちろん、「官本位」の具体的なあらわれはこれだけにとどまらない。中国社会の風俗を観察すれば発見することができるが、観念上、「官本位」とは官界に存在するだけではけっしてなく、民間社会ですら大きな影響をもっている。こんな古代の笑い話があるが、非常に味わい深く、この問題を非常によく説明できる。――ある無学な王ばあさんが、お金を使って自分のために上等な柏のひつぎを作ってくれるよう大工に頼んだ。見たところ立派で質も最上の棺に、彼女はとても満足した。しかし、後から考えて何かが欠けていると思った。そこで、彼女はある秀才に頼んで、自分の棺の上に何文字か書かせて、身分をあきらかにしようとした。しかし、ばあさんの祖先・親戚などどみな仕官しているものがおらず、そこで利口な秀才はこう書いた。「翰林院侍講太学士国子監祭酒隔壁王婆婆之柩。[2]」

歴史文化の角度から言えば、「官本位」はその社会の基礎と合理性をもっているのである。しかし、こうした一定時期に、一定レベルで逃れられない現象は、それが永遠に合理的であることを決して意味しない。特に長期的、人為的な普遍化を経て強くなり、人々の思想の深淵に向かって浸透したあと、それは一種の悪性の文化や不良な伝統となり、社会の発展や人間の進歩に重大なゆがみをもたらす。我々は「官本位」の巨大な危害を充分認識し指摘しなければならない。

（一）「官本位」は本質的に一種の「権本位」である。権は、もともと人間の手段であった。しかし特定の状況下で、人々はそれを使って目的を達成し、人間自身をその手段に変えてしまい、こうした根本的な顛倒がすなわちいわゆる「疎外」――人間の自己に対する否定なのである。

（二）「官本位」は一種の単一的な権力崇拝・権力服従の制度であり、それそのものは権力に対して充分に制約したり監督したり検査したりすることのできるメカニズムが欠けており、なおかつ自分ではこうしたメカニズムを作ることができない。それは最終的に上から下への「人治」管理ができるだけなので、こうした管理は同様に少数の人間の素質によって決まり、社会大衆からの有効な参与を得られない。そのため、「官本位」は「絶対的権力」の象徴となり、「絶対的腐敗」から免れることはない。

（三）長期にわたって「官本位」を行うと、あるよくない結果が生じる。つまり、官界に通常存在している落後や腐敗の現象を、民間社会にさらに推し進めるのである。このようにした結果、必然的に社会の多様化した生活の発展を制限したのである。このままでいけば、社会生活全体の簡単化と文化の貧乏化を招いてしまうだろう。「官本位」が引き起こす社会のガンは数多くある。現代中国が近代化建設を進める過程の中で、「官本位」は体制改革を通じて超越される過去の歴史なのである。そうでなければ、中国の特色ある社会主義的民主政治を作り上げることはできず、中国文化の近代化と中国社会の近代化を実現することもできない。

「義・利」と「名・実」は、もっとも中国伝統文化の特色をもつ二対のカテゴリーである。それらは異なる面から中国人の重視する普遍的価値の内容を表している。

二、義・利と名・実

1、「義利の弁」――「義を重んじて利を軽んずる」とは？

一般的に「徳を崇め、義を重んずる」というのが中国の伝統文化の一つの指標であると考えられている。現実を考察して発見できるのは、中国人の「道徳を重んじ、仁義を講ずる」という心は的確に言って普遍的だ、ということである。それは次のようなところに現れる。ことあるごとに、人々はしばしば自覚的にあるいは無自覚にまず道徳方面に着眼し、おおく道徳的基準で是非得失をはかり、経済・技術などの分野での得失をやや二次的なあるいは後ろの位置に置く。こうした心理と習慣は根深く、西洋の民族がこのような濃厚な道徳的な色彩に欠け、ことあるごとにまず功利・実用に着眼するような伝統と比べれば、明らかに中国民族の一大特色である。こうした伝統の形成は、長期間伝統文化の主流を占めた儒家文化の影響と大きな関係がある。儒家は、人間が禽獣と異なり、人間が人間であるのは、人間には仁義があり道徳を講ずるからであると考えた。

孔子は「君子は義を愉しみ、小人は利を愉しむ」（『論語』里仁）とか、「君子は義を以て上と為す」「義ありて然る後に取る」と考えた。孟子は「義は、人の正しき路なり」と強調し、「ただ義のみが在る所」（『孟子』離婁）では、「利を去り、仁義を懐きて相《あい》接し」（『孟子』告子下）、「生を舍《す》てて義を取る」（『孟子』告子上）必要があると提唱した。荀子は「義が利に勝れば治世と為り、利が義に勝れば乱世と為る」（『荀子』大略）と考え、「義を先んじて利を後にし」「義を持てば撓《たわ》まず」（『荀子』栄辱）と主張した。こうした意見の中には、ある種の義と利を相互排斥関係と見なし、道義の価値を限りなく評価し、功利の価値を否定し貶める傾向を多少含んでいる。

漢代以降、儒学は統治者の官方御用学説となり、董仲舒の「其の誼（義）を正し其の利を謀らず、其の道を明らかにして其の功を計らず」、宋代程朱理学の「天理を存し、人欲を滅す」という主張を経てさらに展開し、さらに一方的で過激に変化し、なおかつ絶対化したのである。

そこで、「義を重んじ利を軽んずる」という義利観は、中国史上疑う余地のない結論となったようである。これより以降、「利を言うを恥じる」ということが、人々が自己の道徳を証明する一つの指標となり、「口では銭のことを言わず」、これを「阿堵物（あれ）」と呼ぶ不自然なふるまいも、「人柄が高潔である」ことの美談となった。この道徳偏向はのちの文化傾向に対して、中国の社会主義建設の時期のある思想や政策の方向付けを含み、すべてに重大かつ深遠な影響を生じた。過去を振り返るに忍びない重大な代償を払ったあと、人々はついにこの伝統的な観念を改めて詳しく見ることの必要性を感じたのである。

では、いったい何が義となるのか。何が利となるのか。もし「利」は人々の現実的な利益を指し、「義」が人々の遵守すべき倫理規範を代表するなら、この両者は何故互いに衝突し互いに消長するよう決められているのであろうか。孔子はただ「義は宜なり」（『中庸』）つまり「義」の内包は「適宜」であると述べるだけである。——もちろん、それは人倫関係の中の適宜、つまり道徳上の要求にかなうことを指す。それとは逆に墨子は非常にはっきりとしたことばで、その中の奥義をズバリと出している。「義は利なり」（『墨経』上）つまり義は「国家百姓の利」「人民の大利」（『墨子』天志下）なのである。

「利が義に従属する」と考えるにせよ、「義が利に従属する」と考えるにせよ、ここにはある新たな思考方向が存在するということが非常に明確である。これは、義と利はもともと宿敵というわけではなく、そもそもは「一家」であった。一般的に言えば、古人は「徳を立てて本と為す」ことを講じると同時に、これまでもずっと「功を立てる」ことを強調した。「義を優先し利を後にする」ことを主張するときも、努力して義と利の間の統一を実践した。「義」は「利ではない」のではないので、国家人民の「公利」や「大利」（『大学』に「国は利を以て利と為さず、義を以て利と為すなり」という）である可能性があり、そのため、利を求めることが必ずしも義を害するとは限らない。同時に「小人」だけが「利をむさぼる」わけではなく、「君子」も「財を愛し」、ただ「これを取るにも道がある」べきであるだけなのである。

まさにそうであるからこそ、何千年と、徳を崇め義を重んじてきた中国人は実際から離脱した道徳幻想家や空論家になったとは限らず、経済・科学技術・軍事・文化などの方面において具体的なことを多く行い、無数の不朽の発明と創造をなし、なおかついまさらにひたすらに経済建設を中心とし、自己を発展させ、中国の勃興のために努力する。こうした実務に励んだり、利益を求めたり、功績を立てたりする伝統的傾向を基礎や心理的準備としていなければ、中国の国家はここまで迅速に計画経済から市場経済の軌道へ転向することはできなかったし、改革開放の政策はこのような巨大な社会効果を得ることはできなかった。「実務に励み利益を重んじる」というのは中国の文化伝統がその他の民族と同じところである。この一点を忘れてしまったり、あるいはこの一点を極力否定したりすれば、我々は我々自身を真に認識することはできない。

問題のキーポイントは、しばしば「義」の含意についてどう把握するかというところにある。儒家の義利観の主な欠陥は、「義」と「利」を分離し対立させたところにある。その根源は、やはり多くの一般庶民の利益を無視したところにある。儒家が認める「利」は、全体の利であり集団の利である。しかし、これらの利は実際上皇帝や各級の官僚ら権力保有者によって掌握され、大衆個体の利はいまだかつて真に認められてはおらず、利の合理的な追求についても長期にわたって抑圧されて圧殺され、抽象的な「義」（すなわち「大利」）の中に消失させ埋没させられてしまう。これは実際上人々に「聖人」と「大人」の義に完全に服従するよう要求しているのである。主体が人民大衆自身であると確定した前提のもとで、「義」と「利」、道徳的価値と功利的価値の統一は比較的理解しやすくなった。正確な義利観は、一般大衆の個人的利益と人民全体や国家社会の利益とを一つに結びつけ、道徳的理想と物質的利益を統一し、それらの協調や平衡と全面的発展を確固として追求するということであるはずである。このため、一方では、人民大衆の合理的な利益要求を十分に尊重し、なおかつ人々自身に依拠して自己の合理的利益の追求を実現するべきであるが、他方では、こうした人民全体あるいは絶対多数の人々の利益の追求と実現の一致を保持しなければならない。もしこういうことができれば、「義」と「利」の間の高度な統一が実現しただろう。

2、「理欲の弁」――人間性とはもともと悪なのか？

「義利の弁」中には人間の権利、特に一般庶民の生存発展の権利に対する態度を含んでいる。利はつねに個人の物質的需要と感性的な欲望との満足を包括し、義は団体・社会化の構造と秩序を直接体現するため、これはふつう人々の比較的理性的な要求として現れる。このように、義と利の関係はしばしば理と欲の関係とつながりを生ずる。儒家の義利観がのちに発展して理欲観となった歴史的過程は、こうしたつながりの論理を体現している。義利観と類似して、儒家の理欲観の発展も複雑な過程を経た。先秦の儒家はその義利観から出発し、すでに道（理）と欲の関係についての問題を指摘している。例えば孔子が「君子は道を謀りて食を謀らず」、「君子は道を憂いて貧を憂えず」（『論語』衛霊公）、「富と貴とは是れ人の欲する所なり、その道を以てせざれば之を得とも、処らざるなり」（『論語』里仁）といったのは、道を重んじて欲を軽んじ、道によって欲を制するという傾向を表現したものである。孟子はさらに直接的に、「心を養うは寡欲より善きはなし。その人と為りや寡欲なれば、存せざる者有りと雖も、寡なし。その人と為りや多欲なれば、存する者有りと雖も、寡なし」（『孟子』尽心章句下）と指摘し、明確に静心と「寡欲」をすべての徳行の基礎とした。荀子は欲望の追求を人間性の本然、「生の所以然」であると肯定しながらも、こうした本性は悪で、理によって欲を治め、理によって欲を制しなければならず、さもなければ、「人欲盛んにして天理滅す」可能性がある、と考えた。

先秦儒家の「理を以て欲を制す」という説は宋明理学や心学家によってさらに発展した。理学家たちは「天理を明らかにし、人欲を去る」というスローガンを明確に提出した。たとえば、朱熹は天理と人欲の対立を特に強調し、天理は善であり、人欲は悪であり、「人欲を改め尽くす」ことがあって初めて「天理を回復しつくす」ことができ、「天理が存すれば人欲が去り、人欲が勝れば天理は滅ぶ」（『礼記』楽記）と考えた。陸九淵や王守仁ら心学派も「去欲」を主張し、「欲を去れば心は自ずから存する」と考えた。理学がこのような「無欲」「去欲」を要求する絶対的道徳価値学説は、少数の権力者が贅沢を窮め肉欲をほしいままにするようなことを決して制限できず、かえって最終的に弱者を無視し、「理をもって人を殺す」道具になってしまった。

ここで、ついでに述べておくべきなのは、歴史上「人間性はもともと善」なのか「人間性はもともと悪」なのかということに関する論争である。この論争は二千年あまりにわたって広く行われており、中国において影響は甚大である。しかし、それはある間違った前提のもとで生み出された偽りの命題で意味のない論争である。この虚偽の前提とは、それがまだ分析や論証を経ないまま、価値概念の「善悪」は先験的でどんな事物にも付着することのできる「属性」範疇である、とまえもって断定した、ということである。そのため、いかなる事物にももともとある種の善あるいは悪の「属性」があると断言できるのと同じように、さらに人間性（人間の本質的な属性）にももともとある種の善あるいは悪があると断言できるとされる。しかし、これは間違いである。哲学的価値論の研究は我々に、「善悪は性ではない」――「善悪」（価値）は属性ではなく、いかなる事物にも固有のものではなく、ただ（事物と人間との）関係中の現象としてのみ発生し存在するものであることを教えてくれる。いかなる事物もそのものにはいわゆる固定不変的な善悪属性が存在しておらず、人間性はさらにそうである。荘子は「物には固《もと》より美悪無し」というが、これは大切で正確である。この点において、道家学説は儒家学説よりもすぐれている。

我々が見たところ、何が善で何が悪かは、人間の需要と能力に合致するかどうか、人間の発展に有利かどうかを基準にするだけである。この基準自体、人間性が存在する証明であって、なおかつ人間の社会的需要と判断能力のあらわれでもある。この基準から離れると、事実上「善悪」の来歴と本義を理解できない。同時に、善悪の基準はつねに人間の発展変化によって変化していくものであり、人間自身がまずはじめに、そして一貫してその根拠と実質であって、その対象ではない。そのため、（一般的な）人間性が善か悪かというべきではなく（こうした言い方は人間そのものが基準であることを否定したことを意味するのみならず、事実上論理的な誤りを犯している）、一定の人間の基準に依拠し、何らかの具体的な人物の表現が善か悪かと語ることしかできない。

人間性が「本善かあるいは本悪か」というような抽象的でもっともらしい思考回路を否定したことは、人間の主体的地位と価値基準を人間自身に返還することを意味し、同時に、客観的に歴史的に人間の生存発展の状況を理解しなければならないことをも意味している。

3、「名実の弁」――「名を以て実を正す」とは？

「正名」の主張あるいは要求は最も早く孔子によって提出されたものである。『論語』の中で彼は「必ず名を正さんや」という。孔子はさらに解釈を進める。「名正からざれば、則ち言順わず、言順わざれば、則ち事成らず、事成らざれば、則ち礼楽興らず、礼楽興らざれば、則ち刑罰中らず、刑罰中らざれば、則ち民に手足を措くところ無し。故に君子之を名づくるに必ず言うべきなり、之を言うに必ず行うべきなり。君子は其の言において、苟き所無きのみ。」（『論語』子路）ここで言う「正名」とは、礼制上から君主と臣民の各自の身分や地位を、彼らの相互関係規範を含めて、明確にすることを指す。孔子は、名を正しさえすれば、国家の政策と官吏たちの言論は統一でき、政令は順調に下達され、政事は成功し、礼楽は復興でき、刑罰は的確に行われ、一般庶民はしたがうところがある、と考えた。明らかに、孔子が「正名」を主張した目的は、「正行」――人々の行為を矯正するためである。したがって彼は「之を名づくるに必ず言うべきなり、これを言うに必ず行うべきなり」と要求した。名を正したいならば言うべきであって、言を順わせたいならば行うべきであり、行いが正されてはじめて名が正される、という思想は非常に重要である。『論語』は孔子が季康子に対して行った対話が記録されている。季康子が孔子に政治について尋ね、孔子は答えて言った。「政は正なり。子帥《ひき》いるに正を以てすれば、孰《だれ》か敢えて正しからざらん。」君主と各級の官吏たちが自分の身分にしたがって事を行えば、安定した政治と社会秩序を打ち立てることができる。

理論上であれ、現実中であれ、正名の問題は古代思想家たちが関心を払った問題である。論理学者（名家）公孫龍の著に『名実篇』があり、荀子にも「正名篇」があって、名実問題の理論や概念を詳論している。漢代に、董仲舒もいわゆる「壱於正」思想を提出し、そこで「正名」も「統一思想」とつながりを持ち始めた。「心を正して以て朝庭を正し、朝庭を正して以て百官を正し、百官を正して以て万民を正し、万民を正して以て四方を正し、四方が正しければ、遠近敢えて正に壱ならざるはなし。」（班固『漢書』董仲舒伝）「正に統一する」ために、教化を重大任務としなければならず、孔子を尊び儒学を崇めなければならない。

これより以降、人々は正名の重要性を充分に認識した。実際の生活の中において、特にある思想環境が決して緩やかではないような社会的雰囲気の中で、正名はさらに重要になったように見える。どんなことを行う場合でも「師出づるに名有り」を重んじ、正当な理由が無ければならない。個人について言えば、「名」の追求に対して、しばしば社会的価値の体現は、社会的認可とつながりを持つ。人々の一生は、どんな人間でも「名」を為すことにおいて奮闘する。孔子は「君子は世を没して名の称せざるを疾む」（『論語』衛霊公）という。ときに、「名」は人々にだいたい「メンツ」と理解されることがある。「メンツ」の有無、「メンツ」の大小は、ある人物の社会的地位・価値やイメージを反映する。祖先の名を揚げ、名声を上げ、末代まで名声を残すことは、人々が追求を志す目標であり、「評判が悪い」こと、「悪名高い」こと、「地位も名誉も失う」ことは、人生最大のマイナス面である。ときに、ひいては「名は、すなわち命である」。

古人の伝統は、「名」と「義」すなわち政治と道徳を結びつけることに偏重し、国家社会の「名」は政治問題であり、個人行為の「名」は道徳問題である。明らかに、国家社会について言えば、主義・思想・政策・路線・方針・観念などの「名」について完全に正確に把握することを重要視し、それを現実の活動中において人々が行動するための指導とすることは、必要で積極的な意義があることなのである。

これから分かるのは、「正名」の背後で、唯物論と唯心論、実事求是と主観的臆断の間の「うわべだけの親和性」が一貫して覆い隠されているということである。人々が真に思想を解決し、実事求是しようと思うなら、自己の立場に立って、自分の頭脳でよくよく反省しなければならない。

三、人情・道理と法律・制度

社会生活中において、人々は共同の活動を行わねばならず、相互の付き合いには、情にとらわれ道理にしたがう問題が存在する。国家社会のレベルでは、「理」を際だたせざるをえず、理の貫徹はしばしば「法」の形式を通じて体現できなければならない。そこで、情・理・法の間の実際の関係状態は、必然的に一定の伝統を体現でき、ある種文化の特色の指標になる。

1、「人情圏」と「関係網」

人生天地の間で、生命は同類を頼りにして互いに支え合えば延長継続することができ、「情」はこうしたつながりの精神的形態である。「問う、この世の情とは何ものか、ただ人の生き死にを互いに許しあっているものか。」「人情と義理には価値がつけられない。」感情の力は懐疑する余地がなく、いかなる人も「情」の一字から逃れることができない。ならば、中国の伝統的な人情味はほかの人々（例えば西洋）とどんな違いがあるのだろうか。言い換えれば、我々の人情味の特徴はどこに現れているのだろうか。

歴史上から見れば、ここには微細な隔たりがあるが、それは非常に重要な区別である。すなわち、ここで言う「人」とは誰なのか、「人情」とは特別な限定のない、いかなる正常な人間について同様に抱く感情をいうのだろうか、それとも、一定の限定があり、ある特定の範囲内にのみ適用される感情なのだろうか。

事実上から見れば、人情はいかなる人間についても同様で、少しも選択することのないものではあり得ない。考えてもみれば、あなたは敵と友人に対して同じ感情を抱きうるだろうか。自分の妻と他人の妻に対する感情は同じであり得るだろうか。実際上、人情には必ず範囲があり、具体的な指向性があるのである。ならば、キーポイントとなる問題は、この範囲と指向がどのようなものであるか、ということになる。

著名な社会学者・費孝通氏はかつてこの問題を専門的に研究した。彼が一九四〇年代に著名な文章『郷土中国』を著し、その中で彼の発見を披露している。中国人の人情関係の範囲は、決まった団体を指すのでは決してなく、さらには想像するように完全に家族体系を基準にしているわけでもない、「まるで一つの石ころを水面上に投げて発生する、一円一円押し出されてゆく波紋のようなものである。あらゆる人間はその社会の影響が押し出していく円の中心である。円の波紋によって推し及ぼされるものは関係を生じる。あらゆる人間がある時間ある地点で使用する円は必ずしも同じであるとは限らないのである。[3]」この円は「己」を中心として、大きな伸縮性があり、「社会関係は次第に一人ひとりから押し広げられていくものであって、私的関係の増加である。[4]」「一円一円押し広げられると、押せば押すほど遠くなり、押せば押すほど薄くなる。[5]」彼はさらに、これは決して西洋風の個人主義ではなく、一種特有のエゴイズムであると指摘した。西洋の個人主義の原則において、「個人とは団体に対して言うもので、全体に対する分子である。個人主義のもとでは、一方では平等の観念が、同一団体中における各分子の地位が同等であって、個人がみなの権利を侵すことはできないことを指摘し、その一方で憲法の観念が、団体は個人を否定できず、個人個人が提出したいと願った一部の権利において個人を抑制することしかできないことを指摘する。これらの観念は必ずまず団体の存在を仮定しなければならない。[6]」個人は団体の中の役割において、必ず団体を代表し、団体に服従しなければならない。したがって西洋文化において、イエスが「神」の代表として、自分に生みの親がいることを強調できず、必ず神の子——そして皆と同じ「人の子」であることを強調しなければならない。しかし「中国の伝統思想の中にはこうしたものがない、というのも我々がもつ主義とはエゴイズムであって、一切の価値は『己』を中心とする主義だからである。[7]」孔子が「己を推して人に及ぼす」「己立たんと欲して人を立て、己達せんと欲して人を達す」の原則から、のちの「修斉治平」の綱領まで、強調しているのはみなこういう論理である。自己を中心とし、個人を発端とし、そのあとに拡張させて、他人やグループないしは天下にまで応用するようにしなければならない。

こうした「エゴイズム」の人情モデルにおいて、もっとも顕著なあらわれは次の三点である。

第一に、「範囲内」と「範囲外」の人間に対して完全に異なった基準が実行される。人々の存在する範囲を根拠に対応を区別しようとするのは、もとより礼節を尊ぶ階級制と関係があるのだが、全く同じことではない。とりわけ官界においては、人情味の真実の含意は「我が同族でなければ、その心は必ず異なる」ということであり、官の大小と決して一致しない。

自分を中心とすると、必然的に「範囲内」「範囲外」の人間に対して対応を区別し、異なる基準を実行する。「範囲内」の「自己の人間」に対しては、当然情義を重んじ、気持ちが誠実であり、何もかもよく、「両脇に刀を突き刺す」ほど何かをしたくてならない。「範囲外」の自分とは無関係の人間に対しては、少しも関心を払わない

3　費孝通『郷土中国』（江蘇文芸出版社、二〇〇七年）二七頁。
4　費孝通『郷土中国』（江蘇文芸出版社、二〇〇七年）三二頁。
5　費孝通『郷土中国』（江蘇文芸出版社、二〇〇七年）二九頁。
6　費孝通『郷土中国』（江蘇文芸出版社、二〇〇七年）三〇頁。
7　費孝通『郷土中国』（江蘇文芸出版社、二〇〇七年）三〇頁。

だけではなく、絶対的に冷淡にして無情であり、ひいては他人に損をさせて自分の利益を計り、公平を講じず、道義を講じなくても構わない。これがまさに、情義を重んじる中国の伝統社会の中で、意外にも多くの冷淡で無情な悲劇が発生し、多くの非人道的な迫害行為が発生し、毎回とても多くの人間が傍観し、その成り行きを楽観視しているのみならず、ひいてはそこに参与していき、「井戸に落ちた人に石を投げ込む」ようなことを行う理由なのである。

第二に、「範囲」そのものにかなり伸縮性があり、具体的な状況によって変化したり、適時に調整したりしてもよい。これは、「範囲」がこのように重要である以上、それには維持でき生存発展できるような弾性を必ずもたねばならず、範囲が自分を中心としている以上、必要なときには、当然自己の変化にしたがって変え、ただ「自己」の需要がどうかということを見ればよいからである。中国の一般庶民は古くから「貧者は繁華街でも構ってくれる人がおらず、富者は深山でも遠縁の親戚がいる」という奥義を見透かしていた。「馬を叩くのは馬に乗るためである」。これは明らかに人格上「小さな損をして大きな利益を得る」という実用主義的な策略なのである。「範囲」のこうした可伸縮性・可変動性によって、「コネを利用し、権勢者にご機嫌を伺い、人脈を作る」という社会の風潮を作り出した。「人脈」はある人物にとって相当に重要である。ある人物が広範な社会関係を作ったら、俗に「吃得開」「路子野」というが、重要な社会資源をその手に入れ、そのために「万事順調にいく」ことを意味する。ある人々はその道に精通し、ある人々はこの道に精通することを得意分野とする。こんにちの「関係学」は、ほぼ高尚で奥深い「国学」となった。人々が頭をフルに使って「コネをつける」ことは、独立した健全な人格にとって極めて大きな皮肉といわねばならない。

第三に、「人情があれば、是非がない。」これは人情的関係の普遍化の産物である。人情は最終的に個人の好き嫌いによって変化するものであるため、みなが人情を基準とするところで、必然的にこのような結果を導く可能性がある。これは人情と私情を統一し、同時にそれを公共生活にまで徹底的に進入させる最も典型的な描写である。

ことわざに「家においては父母に頼り、門を出れば朋友に頼る」という。これは「人々がみな他人を頼り他人に頼られる」という心理と生活様式をまざまざと反映したものである。言い換えれば、人間は生活せねばならず、仕事をしなければならず、適当な人間関係に頼らねばならない。適当な人物がいれば、やりたいことを成し遂げることができ、このこと自体がやるべきことかどうか、重要かどうかはどうでもよい。そのため、是非いかんや、合理性を持ち合わせているか、こうした問題は重要ではなくなり、仕事のルールや規則といったものはさらに重要でなくなった。「ことを成し遂げさえすれば、どうやってもよい」のであり、これより人々は自然と「事をなしとげることを重視し、決まりを立てることを重んじず」、道理に依拠して規則を確立しようとせず、ひいては道理すらも語るに及ばなくなってしまう。人間がいれば道理があり、人情があれば一切の道理に勝る。「朝廷の中によく官職に就く人物がいる」――ひいては官職に就くことすらもおもに真の能力や業績によるわけではなく、さらには関連する法規・制度や手続きによるわけでもなく、人間により、評価する人物がいること、手助けしてくれる人物がいることによるのである。このような結果、おのずと人々はますます規則や法治を重視しなくなり、各種の人治手段にますます依存するようになるのである。

以上いくつかのあらわれが、こうした「エゴイズム人情観」の論理である。こんにちまでずっと、それには相当大きな市場がある。当然、それは一部の人々の中で実行される原則でしかなく、普通の一般庶民はとっくにそれについて見抜くことができており、なおかつ極度に忌み嫌っている。

2、「礼治」から「法治」へ

社会生活において、人情は排除できないが、合理的な軌道をもってすれば、人情による不和によって、社会を無秩序にさせたり、天下をひどく乱したりするには至らない。では合理的な軌道とは何であろうか。孔子が示した処方箋は「礼治」である。長年、人々はこれが治世の良き方法であると思っていた。

「礼」の基礎と前提は「徳」である。徳を重んじ力を軽んずることは儒家の基本的な価値傾向の一つである。孔子はいう。「驥はその力を称えず、その徳を称えるなり。」（『論語』憲問）――よい馬は力が強いことで認められるのではなく、その品性が良好なことで称賛を得るのである。これは比喩の仕方で、個人の道徳と実力の間の関係を導き出したものである。彼はまたいう。「之を道びくに政を以てし、之を斉えるに刑を以てすれば、民免れて恥無し。之を道びくに徳を以てし、之を斉えるに礼を以てすれば、恥有りて且つ格る」。社会を統治するのに、行政による強制や刑法による処罰はみな徳化・礼治の有効性に劣ると考える。「政を為すに徳を以てすれば、譬《たと》うるに北辰の如く、其の所に居りて衆星之を共にす。」（『論語』為政）もし徳治を実行すれば、士大夫や多くの庶民たちを周囲でしっかりと団結させることになろう。孟子は王道と覇道の関係から徳の力の関係を検討した。彼はいう。「力を以て仁を仮《か》る者は覇なり、……徳を以て仁を行う者は王なり。」「力を以て人を服する者は、心服にあらざるなり。……徳を以て人を服する者、中心悦びて誠に服するなり。」（『孟子』公孫丑上）孔子と孟子が徳を重んじ力を軽んずる道徳主義的観念は後世の儒家に継承され、かつて中国文化の伝統的政治観念となった。

儒家が重徳軽力の道徳主義から出発し、提示した社会統治プランが「礼治」である。それはおもに倫理道徳の教化と調節の作用を強調し、法治をあまり重視せず、「無訟」を提唱し追求する。「必ずや訟無からしめんや。」（『論語』顔淵）「礼」は儒家が人間と他人の、社会で最も重要な、根本的な行動規則・道徳規範であり、一種の服従「するべき」、ひいては服従「しなければならない」「絶対律令」なのである。礼を維持するために、儒家は「三綱五常」「三従四徳」といった極めて厳格で詳細な階級規範を規定した。孔子はいう。「礼を以て之を節せざれば、また行うべからざるなり。」（『論語』学而）なおかつ、「礼は外からおこり」、あなたが望む望まないにかかわらず、無条件に遵守しなければならない。

封建社会には系統だった「礼制」の方法があり、つまり完璧に系統立った礼制規則が定まって、その後に厳格に持続する「教化」制度の力を借りて推し進める。「礼教」の目的は、「礼制」から「礼治」に到達することにある。「礼」は法ではないが、当時においては法の地位をもっており、法と同様に社会を統合する効能と作用を発揮していた。「礼」はすなわち「法」であり、「礼」は「法」よりも高く、ひいては「礼」によって「法」に代えるというのは、中国伝統文化の重要な特色である。悠久の中国史上において、「礼」「法」は一貫して並び称されたのは、決して偶然ではない。

しかし、礼はひっきょう法ではない。古人も法について語り、例えば法家学説は特に法治を強調したが、当時実際上現代的な意味での「法」は決してなかった。人々の法に対する理解は礼に対する理解と同じで、依然として「人情社会」のレベルを離脱することができなかった。法に対する理解や要求も同様である。「天理によって、人情に順う」「法は人情をよそにしない」「法は衆人の情に合う」など、しばしば人々は好きこのんで共通認識を強調するのである。一定程度において、それは法律を軽視するために論拠を提供した。法律や法規を制定する際に人間の感情や気持ちを慎重に考慮せねばならないだけではなく、法律や法規を執行する際にも、情理の要素を考慮しなければならない。したがって、様々な人情の浸透と妨害によって、たとえ法があったとしても、執行の過程中においていつも実行に移すことが難しく、多くの偏りが現れる。その上、法律を制定する際に、早くからすでに「礼は庶人に下らず、刑は大夫に上らず」という階級特権がある。結局、そのとき「人情は王法より大」で「権は法より大」である。「訴訟をする」ことはしばしば「関係を持つ」ということになる。そのため、数年来、法律は情理の悪循環の中で何とか行われていくだけでも、怪しむに足りないものになったのである。

「礼治」が「法治」と同じではないところはもう一点あり、それは孔子の主張した「無訟」である。儒家は人々の間の闘争を防止するために、強力に「無訟」を提唱し、「和諧」を提唱し、「忍譲」を提唱し、「一歩譲ることで何のわだかまりもなくなる」ことを提唱した。現実のものごとにおいて、人々はしばしば誰が「善人」で「悪人」かに注目し、合法か非合法かをあまり重視しない。これらは実際上すべて「法律が公正である」ということに対する不信感と法制観念の希薄さを反映しているのである。

孔子が「無訟」の主張を行ったのは、明らかに当時の法制のレベルと多大な関係がある。しかしこれによって法律の調節作用を一般的に軽視するのは、歴史の誤りである。封建社会が制定する法律は基本的にすべて刑法であり、人民の権利を保護し、人間と人間との間のもめごとを調停するような系統の民法に欠けていた。法律の手続きに向かう人物は、しばしば謀反・窃盗・略奪・傷害・強姦・殺人・放火等の悪行と関係があると推測される。いわゆる「訴訟を起こされる」人物は、おおかた他人に漠然と「罪がある」「問題がある」「前科がある」と見なされる人物である。またそのため、古代そうしたしばしば衙門（法廷）に出入りしたり、いつも訴訟にとりつかれていたりする人物、ひいては専門的に他人――しばしば「悪人」と考えられる――にかわって訴訟を起こす人物、すなわち弁護士にまで、「訟棍（訴訟ごろ）」という不名誉な称号がつけられていた。こうした蔑視は、人々の法治に対する誤解と偏見を反映した。

伝統的な「礼治」から「法治」に向かうにあたって、重要かつポイントとなるのは「人治」にかわって「公治」となるというところにある。

伝統的封建社会は一種の礼節を尊ぶ階級制社会である。このピラミッド型の権力構造の中において、権力がすべてであるが、公権そのものは非常に私物化して少数者の特権になりやすい。例えば「王侯が法を犯せば庶民と同罪である」といった類の言い方があるが、事実上、異なる階級の命運はしばしば同じでない。法律は皇帝の面前では明らかに無力であることは言わずもがな、いわゆる「朕は即ち是れ法なり」というように、皇帝の「金口玉言」はすべて法律の効力を持つ。たとえ皇帝でなくとも、事実上いわゆる「刑は大夫に上らず」という規定があり、皇帝・外戚、高官や身分の高い人々はおおかた法律の取り締まりを免れ得た。いかなる「父母官（地方官）」も、「子民」に対して「最終裁判権」を持ち、「子民」たちの運命はすべて「父母官」の清濁正邪によって決まる。一般庶民について言えば、「賢人政治」を希求し、「清官」の着任を望むしかなく、そうでなければ公正な対応を得るのは難しい。

「礼治」を人治に変え、公権が私権と化すことは、統治者らが法律を自らの手中に秘して漏らさぬ道具であると見なすことができたことを意味している。紀元前五〇〇年ころ、鄭国の子産がもともと公表しない法律を刑鼎（刑法を表面に鋳込んだ青銅製のかなえ）に鋳込んで公開し、貴族や当局者らの激烈な反対にあった。彼らは「刑は知ることができないからこそ、権威が計り知れないのである」とか、「民が争いのきっかけを知れば、礼を捨てて書（法律）に証拠を求めるだろう」とか言う。つまり、もし法律がいかに規定しているかを一般庶民が知った場合、法律を用いて自己を保護することができ、統治者は威厳を失い、庶民を統治することが難しくなるだろう、と言うのである。そのため彼らは、法律の条文は公開してはならず、そうして一般庶民に対する計り知れない威嚇力を求め、もちろん権力の行使に対する便宜や自由をも求めるのである、と考えた。これに類似する相違が、「人治」と「法治」の相違の実質を十分に明示している。

【訳注】

（1）三綱五常……「三綱」とは君臣・父子・夫婦の道、「五常」とは仁・義・礼・智・信。儒教の基本的道徳を指す。

（2）翰林院侍講太学士国子監祭酒隔壁王婆婆之柩……「翰林院」は天子の詔勅の作成をつかさどった役所であり、「侍講（太）学士」はそこで国家的な大事に際しての大文章の撰述にあたった。「国子監」は国家の最高学府にして国立学校を管理する教育行政官庁であり、「祭酒」はその長官。「隔壁」は壁を隔てた隣家のこと。つまり「翰林院侍講太学士であり国子監長官であった人物の隣家に住む王ばあさんの柩」という意味。

第七章——中国の伝統文化の多重品格

あらゆる文化にはすべて特有の品格、つまりその思考レベル・方向づけや特徴がある。こうした内容はしばしば直接的な言語そのものではなく、しばしば言語の上にあって、言語や感情の背後にあるものである。それは人々がすでに何を言ったかあるいは何を作ったかということよりも、しばしばある種の文化の特殊な風格を体現しうる。

一、道と器——生活領域での追求

中国の伝統文化においては、思想・理論・概念に一大特徴があり、その気風が雄大で、意志が高遠な——つまり、高いレベルと高い境地を追求するのである。古代の聖賢は問題を講じる際に、たとえどんなに具体的で実在的な問題であっても、必ず天地宇宙のはじまりと万物一同の大道理から語りはじめる。そのため、常に深遠で雄大な気勢があり、抽象的で奥深く、含蓄に富んだ趣がある。

「道」に関する見解は、その中でも典型的な一例である。

中国古代哲学において、「道」は最高の範疇である。老子は「物有り混成し、天地に先んじて生じ、寂たり寥たり、独立して改めず、周行して殆《あや》うからず、以て天下の母と為すべし、吾れ其の名を知らず、之に字して道と曰い、強いて之が為に名づけて大と曰う」といい、「天下の母」として、「道は一を生じ、一は二を生じ、二は三を生じ、三は万物を生ず」とした（『老子』第二十五章）。管子も「道なる者は、無上に通じ、無窮に詳らかなり、諸生に運る」（『管子』宙合篇）といい、また「一物を聞き以て万物を貫く、これを道を知ると謂う」（『管子』戒篇）ともいう。要するに、老子が「道は道なるべし、常道にあらず」つまり道は我々の通常の言語で描写することのできないものであると考えたが、それでもやはり、彼らの説く「道」は、万象を網羅する統一性であり、天地に先んじて生じた万物の本源、あるいは一切の事物の恒久たる規律の代表であるように見いだすことができる。孔子と儒家はこのような「天道」を論じることが少なかったが、「天道」を決して否定せず、彼らがおもに倫理政治哲学を論じる際に、「天道」を実行して「人道」――この世の最高原則、治国の根本原則にしたのである。

「形而上なる者は之を道と謂い、形而下なる者は之を器と謂う。」（『周易』繫辞上伝）「道」と相対するのは「器」であり、様々な派生的、有形的あるいは具体的な事物を指す。「道」と「器」の関係について、中国近代の学者・鄭観応の解釈が代表的なものといえよう。

鄭観応は「道本器末」、すなわち道が根本であり、その他の一切は道の外在的な現れであって、器は従生・従属的なものである、と主張した。この観点が伝統的観念を代表した。道が「本」で、器が「末」である以上、根本を追求し高遠なるを重視する人から見れば、本を重んじて末を軽んじ、道を重んじて器を軽んじるはずである。これは中国における老子・孔子以来の伝統である。

道と器の関係について、道を重んじ器を軽んずる者たちは特に「道を以て器を御す」べきである――器服を道に従わせ、道に服務させるべきであると強調した。「庖丁解牛」[1]という非常に著名な比喩は、彼らの道本器末に対する理解をとてもよく表現している。この比喩は人々に、「神を以て喩し、目を以て視ず」（心によって精神上から把握し、目に頼って見ようとすることはない）という「道」は、技芸（「器」）よりもさらに高名な境地であると伝えるよう努めている。言い換えれば、大道を明確に知り把握した人は、天機を内心に隠し、すべてを仔細に観察することにたけており、有利な立場で行動を取ることができ、「運用の妙」に基づいて、落ち着いて任務を完了し、吉凶に順応し、目的に到達することができる。これは明らかにたいへん理想化した状態であって、極めて高い水準で、極めて高い境界である。

しかし、巧妙な理想はずば抜けた現実と決して同じではない。近代の学者には王韜のように、中西文化を比較する際に、「形而上なのが中国であって、道で勝っており、形而下なのが西洋人であって、器で勝っている」と考える者もいるが、それは完全に当て推量の、一方的な願望の憶測や判断である。事実上「重道軽器」の原則に照らせば、中国文化と中国社会に「道」の上においてさらなる大きなことをやらせることはけっしてできない。なぜなら、一方でそれは現実に深く入り込むのは難しく、のちの人間に実行されるのも難しい一方で、他方では、道の探求に新たな突破をなさしめることもなく、例えば中国でその後世界に影響を及ぼす偉大なる「道」が生み出されることはなく、逆にその後の中国思想文化の落伍に直面せざるを得なかったからである。

理想と現実、理論と実際を対照させて観察するとき、我々は「重道軽器」の原則に内在する欠陥と歴史的限界性に注意せざるを得ない。

第一に、それは「道」と「器」を簡単に切り離し、道が器より高度で器を統率する一面が見えるばかりで、道が器に含まれ、器に依存するという一面が見えることはない。道を重んじる必要を強調するばかりで、道が何に由来するのかを再認識することはない。「道によって器を制御する」必要性を講じるばかりで、具体的な道がもともと器より生まれ、器の実際的な効果による検査を受けることを理解していない。このようであれば大きな一面性を生み出すのを免れがたい。例えば、道を重んじ器を軽んずることによって、また道をただただ「大道理」や道徳的原則であると理解することによって、政治を行い道徳を講じることのみが道を重んじるということで、経済に関心を寄せたり科学技術を研究したりすることなどはすべて道と関係がないようである。そのために科学技術や生産刷新などを軽視するようになり、ひいては技芸について語ることは「小人」の事業であって、君子に軽蔑され、「奇技淫巧」（悪質な計略）や「彫虫小技」（取るに足りない技術）と見なされるようになる。『礼記』王制に「凡そ技を執りて以て上に事《つか》うる者は、……士と歯《なら》ばず」とあり、また「淫声・異服・奇技・奇器を作りて以て衆を疑わしむるものは、殺す」とある。古代の民間では「技芸のことを教授する――見識がない」といったかけ言葉まで流行していた。こうした観念の影響を受けて、科学技術研究は中国においてながらく統治者がなすべき奨励や重視を受けることができず、特に近代以来、中国は現代科学や実験科学を全く生み出してはいない。これは非常に遺憾であると言わざるを得ない。

第二に、それが承認する思想的境地は、せいぜい少数の「君子」らの興味や志向を表現したものであって、なおかつ、少数の「庖丁」のような極めて高度に修養し、「運用の妙を一心に存す」ることのできる人物となってこそ、その境地に到達できるのである。大多数の人間について言えば、こうした要求は非常に高度で非常に難しい。これらを社会的な理想と原則にしたとき、しばしば実際を離脱し、大衆を離脱し、多くの一般庶民の苦痛に関心を抱かず、さらには実践的な現実と人民の日常生活の領域を尊重しないのである。

第三に、それが体現している思考様式は、一種の主観先験的な思考様式である。「道」の研究と詳述について科学的論証を重視せず、そのため哲学や人文科学の発展にも不利である。「道」の実践と貫徹に対しては、ただ「運用の妙を一心に存す」ることを追求するばかりで、人々の個人的能力と知謀に過度に依存し、社会を変成させようとする普遍的な精神や方法・規則・手順・法制などを重視しない。そのため、それは社会生活の中においても、「人治」を支持するのみで「法治」の理論ではない。孔子が「人が道を広めるのであって、道が人を広めるのではない」はずだと考えていたにもかかわらず、実際の結果はすべて正反対であり、「人を認めて（道）理を認めず」、「成功を重んじて決まりを作ることを重んじない」ことが、深くまで影響を及ぼす社会気風となっている。観念そのものの欠陥のためにこうなったと言わざるを得ない。

「道を重んじる」ことそのものが非常に重要であることは、少しも疑問がない。道は根本原理・方向・道筋・原則などの大問題を指す。これらの問題がきちんと解決されなければ、当然大きな過ちを犯し、大問題を生じ、大損をすることになる。そのため、事を行うためにはいつも必ず道を重んじなければならず、この点についてはいかなる時にも軽率であってはならない。しかし、道そのものは先験的で一定不変の簡単な公式や絶対的な教条ではなく、具体的な歴史上の人物について言えば、唯一正確な根本の道は、科学的真理体系と人民のために奉仕する価値原則であり、それらは実践の中で把握し、実践の中で検査し発展しなければならないのである。この点を軽視しては、もう最も根本的な道――実事求是に背くことになってしまう。

歴史上から見れば、「道を重んじる」原則が抽象的で一面的に理解され、特に絶対化されたときに、往々にして「器を重んじる」ことを知っているだけの、つまり眼前の現実から出発するだけで、視線がいささか浅薄であるが地に足がついているような思想の境地と比べて、しばしば大きな危害をもたらす可能性がある。中国の「文革」時期の「左」の表現はこの点を最も十分に発揮している。それは高度に政治化し道徳化した「道」を一面的に唯一の「道」としただけでなく、経済・生産・科学・技術・実務など国家経済と人民生活の道を排斥し、なおかつ政治・道徳の「道」そのものに対しても、非常に無責任な実用主義的な態度を取ったことによって、一時的な闘争の必要性に奉仕しようとしただけで、かえって科学的で真面目で精緻な研究や建設に欠け、少数の人間の心の欲するがままに解釈し、マルクス主義や社会主義の道もしばしば踏みにじられ、その結果、国家の「道と器がいずれも傷つき」、窮地に直面している。こうした深刻な歴史の教訓は深く熟考し、肝に銘じておく価値がある。

二、体と用——文化的基礎の探求

「道器の弁」と互いにつながりがあるのは「体用の弁」である。古人において、それらはどちらも世界・人生や文化の中の「本末問題」に対する大思考に属していた。「体・用」は「道・器」と比べるとさらに遅く（魏晋時期）に正式に形成された概念で、その含意はやや複雑にして変化が多く、基本的な意味を明確に概説するのは難しい。唐朝の崔憬の解釈によれば、「凡そ天地万物、皆形質有り、形質の中に就きて、体有り、用有り。体は即ち形質なり。用は即ち形質上の妙用なり。……動物は形躯を以て体と為し、霊識を以て用と為す。植物は枝幹を以て体と為し、生性を以て用と為す[1]」。孫中山は最も簡単かつ具体的に説明した。「何を体というのだろうか。すなわち物質である。何を用というのだろうか。すなわち精神である[2]」。しかし、「心で理解することはできても、言葉で伝えることはできない」。

概して言えば、「体」とは事物の自己存在であり実体的形態のことで、事物の内在的本質・構造・法則・属性などに拡張することもでき、おもに「用」にあい対していう自己の基礎・内在的な根拠・変化の前提といった面を指す。「用」とは事物の外的な関連・はたらき・作用・運動・表現などのことで、おもに「体」にあい対していう外在的な現象や過程および条件の面を指す。先人が「体用」の二字を社会生活や文化現象に応用するとき、「体」はしばしば立場・原則・目的など根本的な問題を代表し、「用」は具体的な方法・手段・条件など従属的な問題を指し、二者の間には主輔の区分がある。——こうした規定そのものは、すでに「体本用末」「重体軽用」といった結論を予示しているようである。

1　崔憬『周易探玄』。
2　孫中山『軍人精神教育』。

しかし、清末以前、体と用の問題については少数の学者が注意を払っているのみであった。真に体と用の問題を重要な議題として提示するのは、近現代の中国文化が脅威を受けたり、すこぶる危急を感じたりしたときである。十九世紀中葉、イギリス艦隊が「堅船利炮」（堅固な戦艦と強力な大砲）によって、強盗のような侵略で中華帝国が閉ざしていた国の門をぶち開けた。中国民族は空前の危機という境地に陥ってしまった。資本主義が野蛮な方法で現れてくるというあふれる生気に直面して、仁義礼治信の道を堅守する国の人間は深々とした沈思の中へ陥り、ある民族救国運動がまず初めに「礼儀の邦」の思想界に巻き起こった。帝国主義の「船堅炮利」に感じるところがあって、救国運動の文化的な主旋律はじきに「中国の学問は体であって、西洋の学問は用である」という救世の主張を確立した。沈寿康は一八九六年四月『万国公報』上で『匡時策』という一文を発表し、「そもそも中西の学問は、もともと自然と互いに得失があるが、華人のためを勘案すれば、中国の学問を体とし、西洋の学問を用とするのがよい」と述べた。同年八月、孫家鼐『議復開辦京師大学堂折』でも、「中国の学問を主とし、西洋の学問を補とし、中国の学問を体とし、西洋の学問を用とするべきである。中国の学問にまだ備わっていないものがあれば、西洋の学問によってこれを補い、中国の学問に伝統が途絶えたものがあれば、西洋の学問でそれを取り戻す。中国の学問によって西洋の学問を網羅し、西洋の学問によって中国の学問を凌駕させてはならない」という。薛福成は「西洋人の気数の学（科学）を取って、それで我が堯・舜・禹・湯王・文王・武王・周公の道を守る」ことを強調した。[3]

以上のことから分かるように、その最初の主張は西洋の学問を遺漏や欠所を補う手段とするということであった。祖宗の法の主体に対して変革を行わないという前提のもとにおいて、ただただその枝葉末節に対して補修を行った。

二年後、張之洞は洋務派の観点に照らして「中体西用」について新たな解釈を行った。「中国の学問は内学であり、西洋の学問は外学である。中国の学問は心身を治め、西洋の学問は世事に応えるものである。これをすべて経書に探し求める必要はなく、決して経書の意味に矛盾することはない」。そのくり返す説明の要点は、「中体西用」説を変革に有利な方向へと導くというところにあり、「中国の学問を体とする」ことを堅持するときに、すべてが必ずしも経書に拘泥する必要はなく、ただ中国の伝統的精神に基づいて行いさえすればよい、ということを強調している。彼はまた伝統文化の変不変に対する問題を指摘して、「そもそも変わってはならないものとは、倫紀であって、法制ではない、聖道であって、器械ではない、心術であって、工芸ではない」[4]。「倫紀」「聖道」「心術」は変えてはならず、「法制」「器械」「工芸」などは時勢に応じて変えることができる。総じて言えば、「中国の学問」を体とし本とし、「西洋の学問」を用とし末としてこそはじめて、積極的で、もっとも素晴らしい、確かな選択となるのである。

中体西用の説は、中国の伝統文化が破裂する雰囲気の中で成長しはじめた時代の精華が、一定程度すでに伝統文化の弊害を意識しつつ、やや系統的に中西文化を再考し対比したことを明らかにしている。彼らは西洋文化に合理的な部分があり、中国文化を補うことのできる価値と作用があることを認め、「夷を師とし技術を成長させて夷を制す」ことを主張、儒家精神を主体とし、外来文化を合理的に吸収し、民族文化を改めて構築した。この変革向上精神を含むスローガンは、当時極めて大きな影響を生み出した。梁啓超がのちに述べたように、「中学は体であり、西学は用である」というスローガンは、当時の維新派の「流行語」となり、国を挙げて「至言」としていた。

しかし、こうした「体用」区分の性質は結局どうであったのだろうか。前述の理論とのちの実践の中から、さらに観察することができる。洋務運動は中国近代史上もっとも早くに現れた自強運動である。これは「中体西用」

3　薛福成『籌洋芻議』変法篇。
4　張之洞『張文襄公全集・勸学篇』第二〇三巻（中国書店、一九九〇年）一九頁。

を理論綱領とし、「夷を師とし技を長じ以て夷を制す」をスローガンとし、富国強兵を目的とした。何十年にも及ぶ洋務運動は、中国の近代民族の工業をゼロから推し進め、それが社会政治変革の推進、先進的科学技術の伝播、社会文化と思想観念の変革の促進といった面においても、一定の歴史的功績を挙げたと言えるが、最終的に失敗してしまった。失敗後の苦痛な反省がなければ、のちに政治改革を旨とする戊戌変法と辛亥革命もおこりがたかったであろうし、のちの思想文化の変革を進めることを旨とする新文化運動もありえなかったであろう。

これに対して、ある学者は「一八四〇年以来中国人は西洋に学ぶさい、始めは技術を語り、次に政治を語り、次に教育を語るという過程をたどった。教育を語るとは、すなわち西洋の自由・民主・平等などの資産階級の観念を学習することを主張することである」と総括する。[5]「もし、技術を語り政治を語る段階において、改良派の主張がまだ『中体西用』の綱領の中に受け入れられるというのであれば、教育を語る段階になるともはや役に立たなくなるであろう。洋務派は歴史が『中体西用』を放棄すべきところまで発展する時代においてなおこのスローガンを固守しているのである」。[6]その結果、洋務運動は「中体西用」というスローガンと同様に悲壮にも失敗し、中国を救い、富強にさせるという目的をいまだ実現できていない。

概括して言えば、「中体西用」論とそれを綱領とする洋務運動には、二つの大きな思想的誤解が存在しているのである。

第一に、それが体と用、つまりは存在者とその存在様式、事物の実体とその効能属性、物質と精神、文化の本質的内容と外在形式などの間のつながりを人為的に切り離し、それらを簡単に分け隔てたり孤立させたりしたことである。この点について、厳復が実際に早い段階で気づいていた。彼は「体と用は、一物についてこれを言うのであり、牛の体があるから重い荷物を背負うという用があり、馬の体があるから遠くまでゆくという用があるのであって、牛を体とし馬を用とするなどということを聞いたことがない。中国と西洋の学問が異なっているのは、それらの人の容貌のように、無理に似ているということはできない。ゆえに中国の学問には中国の学問の体と用があり、西洋の学問には西洋の学問の体と用があり、これを分ければ並び立ち、これを合わせれば両方とも滅ぶ」と指摘した。[7] 彼には、体用は「一物について言う」ものであって、体はすなわち用の体で、用はすなわち体の用であり、世界上の事物にはすべてそれぞれ体用があって、体によって用があり、用によって体があり、互いに連関して切り離すことのできないものであって、一体の用と一用の体は二つの異なる事物に分けることはできず、あたかも「人の容貌のように、無理に似ているということはできない」ということが見えていた。この思想は相当深いものである。

しかし、従来の体用論において、しばしば二つの混淆を発生させる。

一つは「体・用」と「道・器」の混淆であり、思考方向全体をまた再び重道軽器の伝統的軌道へ落ち込ませてしまった。道を体とし、器を用とすることは、体を本とし、用を末とすることを意味している。このような「中体西用」説は必然的に中国と西洋の強弱や隔たりといった表面的な結果だけが見えるだけで、その中の深層にある歴史文化的な原因を軽視し、こうした隔たりはただ器用そのもののみにあると考え、そのために引き起こされる「道」そのものに対する科学的再考を欠いている。洋務運動の「器を変えて道を変えない」改革は、結果的に自らに「根本を捨て末節を追う」ようにさせる一方で、科学技術をただ一時の便宜的な計画や「末級」の手段であると見なし、いくつかの科学技術的成果を獲得しても科学技術を発展させたりそれに極力依存したりしないことだけを目標としたのである。

もう一つが「体用」と「客体とその価値」とを互いに混淆し、あるいは言うに及ばず、事物の存在や現象とそ

5　張岱年・程宜山『中国文化与文化論争』（中国人民大学出版社、一九九〇年）三二八頁。
6　張岱年・程宜山『中国文化与文化論争』（中国人民大学出版社、一九九〇年）三二九頁。
7　厳復『与外交報主人論教育書』

れの人間に対する価値との間にどのような関係があるか、それ相応の事物（例えば堅船利炮など）を造れば、それ相応の作用を発揮することができ、それ相応の価値を獲得できると考えることがまだ理解できない、ということである。たとえ同様の事物であったとしても、異なる主体に対するものであれば異なる価値を持つことを理解していない。これはまるで文弱な書生が、自分も刀を持てば、目の前の強盗よりもさらに強大になれると考えるのと同じである。中国を富強にしようとするならば、結局のところ主体自身の問題を解決することに同時に着眼するのであろうか、それともただただ外在的な器用に着眼するのであろうか。この問題に対する自覚が早いか遅いか、それを解決する条件が備わっているかどうか、とった措置が妥当で有力なものであるかどうかが、事実上その社会改革の運命や成り行きを決定したのである。

第二に、それは保守主義的態度を自らの文化伝統に対応させ、そのため自覚的に根本から単純道徳主義の遅れた文化的伝統を突破できない。「中体西用」論は「中国の学問」の「体」について批判を加えることなく保留の態度をとったばかりでなく、薛福成の言うように、目的はただただ「堯舜禹湯文武周孔の道」[2]といわれる体を守り、抵触してはならないということだけであった。それはさらに一種の盲目的楽観的な情緒を含み、あるいは「阿Q式の精神勝利法」と言われているもので、中国と西洋の文化比較に対して、いわゆるわれわれの「物質文明は遅れ、精神文明は先頭である」という判断をしている。これがさらに文化・思想と政治上の保守退嬰をもたらし、のちの洋務運動が成功できなかったことを決定づけた。

要するに、「体用の弁」の中には理論上の根本的欠陥が存在しており、なおかつさらに伝統的哲学思考と文化の方向付けの中に存在する弱点、すなわち科学的深度と力強さに欠け、主観的意向化した構想・設計や弁論の中に停留していることをさらけ出している。この弁論においては、曖昧模糊としたもっともらしい概念と判断が大量に存在しているため、これが引き起こす議論はいっそう深く積極的で、適切で実行可能な結論を生むのが難しい。このため、今に至るまで依然として体用を議論することに熱中する人が存在する（例えば李沢厚は近年いわゆる「西体中用論」を再び提示している）にもかかわらず、歴史はすでに、文化の方向付けの上において、いかなる「体用分離」の観点を基礎としたとしても、正確な結論を出すことはできないことを証明している。なぜなら、それそのものは一つの科学的命題ではないし、一種の妥当な問題分析の方法ではないからである。

三、知と行──思考様式の方向付け

道器・体用に関する問題にせよ、先に論及した天人・義利・名実などの問題にせよ、ある思考の前提あるいは思想方法の問題に波及する。人々の滔々と絶え間なく続く議論や、かたく執着する判断などは、どこから来たのであろうか。どこまで検証できるだろうか。──この哲学的認識論の領域において、中国の伝統文化にも独自の特色があり、従来「知行」問題の思考と回答の中に体現している。

中国の古人とりわけ儒家の学説において、「知」は一切の知識を包括するが、重要なのはしばしばそれが特に道徳的な意味を持つ「良知」を指すということであり、「行」も人間の一切の行動・行為を包括するが、その中心はといえば良知に対する「践履（実践）」「躬行（自らの実行）」にある。そのため、知行の問題は認識論に及ぶばかりでなく、同時に人間の道徳・倫理や国家の管理・統治方法を考えることにも重点的に関心を払う。孔子は「生まれながらにして之を知る者は上なり」（『論語』季氏）といい、孟子は「人の学ばずして能くなす所は、其の良能なり。慮らずして知るもの所は、其の良知なり」（『孟子』尽心上）といい、仁義礼智などの道徳意識を人心の中に先天的に固有の良知・良能と見なしているにすぎない。良知は生まれながらにして得ているものである以上、それに到達しようとするなら、内心の反省と体得によるばかりで、なおかつそれを努力して実行するのである。北宋の張載はこの思考回路を総括して、知識を大きく二つの分類──「見聞の知」と「徳性の知」に分けた。「見聞の知は、乃ち物交わりて知り、徳性の知る所にあらず。徳性の知る所は、見聞に萌えず。」（張載『四書章句集注』）二種類の知識の区別を肯定したのち、彼はなおも「徳性の知」の特殊な重要性と意義を強調するのである。

「知」の上で「徳性の知」を強調し、「行」の上で良知に依拠し良能を発揮する個人修養「践履」「躬行」を強調することは、最終的に天下の治に到達することを目標とする——これは一貫して中国の知行論研究の関心の所在である。そのため、「知行の弁」の本質と主流は、社会倫理政治およびその思想的発展と関連しており、それは認識論に関わる研究というよりも、むしろ価値観に関する詳論といったほうがいっそう適切となる。これ以外でも、古代の哲学者たちは多方面から知行の関係を議論しており、「知るは難し行うは易し」なのか「知るは易し行うは難し」なのか、「知るのが先で行うのが後」なのか「行うのが先で知るのが後」なのか、「知ることを貴ぶ」のか「行うことを貴ぶ」のか、といった議論があり、たくさんの素晴らしい見解（その中のいくつかの理論的観点は確実に厳密な認識論の領域に属する）が発表されたが、その社会背景と全体的な方向付けは、結局のところ前述の範囲を超えることはできていない。

この思考様式による価値の方向付けは、中国文化を形成する特色に対して深遠な影響を及ぼした。「知行の弁」の主流の方向付けおよびそれが問題を提示し答える方式そのものにより、こうした思考の特徴の所在を見いだすことができる。これはまさに張岱年がかつて総括した「知と行を合わせる」「天と人を一つにする」「真と善を同じくする」のようなものであり、「人生を重んじて知論を重んじず」「了悟を重んじて論証を重んじない」[8]といったことは、総体的に人倫を中心とし直観や直覚を根拠とした思考傾向を表している。これも中国伝統文化の思想方法上の特色であるといえよう。

こうした思想方法の重要な体現は、実用を重んじ、実証を重んじないことである。

（一）実用を重んじることに関して。中国は古来より発達した「経世致用の学」を提唱し養成した。種々様々な知行観において、総体的に重視するのは「生活」「行動」であり、「行動」の効果に関心を持つ。必ずしもみな成功と失敗によって英雄を論ずるとは限らないが、かの空疎な「玄学」を決して評価するわけではなく、かの机上の空論の士を決して評価するわけではない。科学的な実証精神が不足しているため、これは学理を軽んじ技術を重んじるような（例えば数学で計算を重んじて証明を重んじないような）多くの文化的結果を引き起こし、たとえ理論であっても実用に傾いて思弁的伝統や理論体系全体に欠け、想像によって実験に代替するのである。

中国の文化伝統はおしなべて世俗性を持つと考えており、そのものは濃厚な「実用」精神と風格をもつ。それは現実の人生に関心を払い、現世の幸福を追求し、あの世や来世についてはあまり考慮しないこうした状況下で、実用的な政治哲学、実用的な倫理文化、実用的な科学技術、……ひいては日常の飲食文化に至るまで、中国の歴史と現実の中でみな十分に発達している。しかし、現実や実用の追求に対してひとたび深い理論思考を排斥してしまうと、決して幸いなことではない。例えば、我々が世界でもっとも「精妙で深奥な」実用的政治権謀をもつときであっても、権力そのものに関する実際的な思考はなく、体制や構造の思想理論に欠けている。我々には天下に名高い飲食文化（酒文化を含む）があり、非常に美味しく「食べ」、天下を驚かすほど飲むが、科学的に系統立った栄養学はずっと存在しない。……中国古代の科学技術はかつて光り輝いていたが、仔細に深く探求して発見できるのは、古代の科学技術は、天文暦法、中国医学理論と実践、四大発明（指南針・製紙術・印刷術・火薬）など、ほとんど実用的技術である。たくさんの科学技術の部門は、たとえば中国古代の指南車のように、もともとすでに自動制御の原理を含んでいるが、それは一貫してただ王室儀仗隊の装飾に過ぎず、「被子熏炉」には現代のジャイロスコープ（こま）の方向支持装置が実装されているが、それは高官や貴人が使うものに過ぎない。特に、統治者が愚鈍で浅薄である（科学を奇妙すぎて無益な技巧と見なす）ため、真に科学の発展に対して興味を感じる人は少なく、もっぱら時間と財力を費やしてそれを発展させようとする人も少なく、そのためかつて古代におい

8　張岱年『中国哲学大綱』序論（中国社会科学出版社、一九八二年）を参照。

てリードしていた科学技術類は、近代になって相次いで衰退し、トップの地位を失う結果となってしまった。古代中国哲学ですらもとても強い実用性と功利的目的をもち、それは主に倫理原則のために根拠を探し、道徳教化のために奉仕することを旨とする。

もちろん、実用を重要視することに何の間違いもない。いかなる意味でも、「用」のことがなければ、我々が時間と労力を費やしてそれを行おうとする価値もない。二十世紀末、鄧小平は、われわれがマルクス主義的態度に向き合うさいには、やはり「精密でなければならず、役に立たねばならない」[9]と諌めた。そのため、ここでのポイントは次のところにある。事物の「用」に対して科学的で完全無欠の正確な理解があるべきで、そのときその場の「小用」を考慮するだけではならず、社会人生についての「大用」でなくてはならない。工具的な作用だけが「用」なのではなくて、社会人生に対する指導や、具体的な仕事に対する啓発も用である。人間の具体的な需要を満足させるのは当然「有用」であるが、人間自身を向上させ、人間自身を発展させることはさらに実質的な「用」である。……まして、具体的な主体の状況は異なっており、「有用」かいなかもまた具体的な主体と関連があってはじめて意味があるので、何に対して「有用」かあるいは「無用」であるかは、必ず具体的な主体と関連させ、歴史的で動態的に理解しなければならず、凝固化したり絶対化したりしてはならない。

(二)　実証を重視しないことに関して。中国の文化伝統に分析・実証・実験が欠けているという伝統的な現れの一つは、直観的な総合に長じ、具体的な分析は不得意であるということである。こうした思考で問題を見るといつも全体や全局から出発し、総合的に対象を把握、漠然としたつじつま合わせに満足し、徹底的に理解しようとせず、局部や個体あるいは個性を軽視する。これは古代の中国科学の曖昧で直観的で推測的な特徴を直接的に決定づけ、西洋の細部分析を優位とする思考様式とは鮮明な対照を形成した。風格がかなり異なる中西二種の文化伝統において、この対照的な表現は豊富かつ明らかで、社会のすべての領域にほぼ浸透してしまっている。例えば、中国人の姓名の配列順序は宗姓・世代・自分の名前となるが、西洋人は自分の名前・父の名前・族姓の順である。中国人の住所の表記順序は国・省・県・街・番地となるが、西洋人は番地・街・県・省・国の順序にしたがって配列する習慣がある。中国人の時間表現は、一般的に年・月・日の順であるが、西洋人は月・日・年の順である。漢字は象形文字から発展してきた会意文字であるが、欧米言語の文字は個体の字母によって構成される表音文字である。中国画は象徴写意を特徴とし、全体としてよく似ていることを重視するが、西洋画は写実を得意とし、できるだけ細部まで真実であるようにする。中国の倫理的伝統は国家・民族・宗教・家庭を重んじて、聖人の領域を追求することを強調するが、西洋の社会意識は個人を生活の重心とし、生活と個性は多元化の特徴を呈している。中国医学は人体を一つの統一体と見なし、病症を弁別して適当な治療を施すが、西洋医学は人体解剖を重視し、人体の構造を分析して、「病状に合わせて」投薬する。……このように見てみると、中国は総合を得意とし、西洋は分析に偏重しているという思惟の伝統は、東西の文化的特徴の形成に対して重要なパターンを作るはたらきを持っている。

曖昧で総合的な思考の習性も、民族的思考が精確化するという進化を妨げ、曖昧性を中国の伝統的思考のもう一つの顕著な特徴としている。もしかすると、まさに曖昧模糊とした直観や総合的把握が、中国の古代科学の輝きを作りあげたのかもしれないが、そこには定量分析的な手段や形式化し系統化する方法が欠けているため、これまた中国の古代科学が近代において大いに発揚し続けても、さらに一段上のレベルにあがることが、いまだにできないのである。例えば戦国時代の墨家は、てこの力関係や滑輪・滑車などについて定性分析を行っていたが、定量化した分析をおこない、その数量的制約の関係を導きだし、力学的な公理体系をつくり出すことがずっとできていない。中国古代の天文学は天体観測やデータ記録の上で西洋に少しも遜色がないのだが、とうとう天体運動の仮説体系を形成することができなかった。

9　『鄧小平文選』第三巻（人民出版社、一九九三年）三八二頁。

もともと、大胆な推測や、イメージ的な比喩、神秘的な直覚、粗雑なモデルは中国西洋問わず古代科学に共通であった。しかし近代以来、西洋は科学的な観察や実験方法の普遍的運用、特に数学と論理的手段の公理化・形式化・系統化によって、その科学研究を徐々に精確化し、研究を大々的に展開し深化させた。しかし、中国は同様の発展の道を歩むことはなかった。その原因を追究すると、それはおもに中国の伝統的な数学や論理には重大な欠陥が存在していることにある。例えば、文化的な拠点を占めていた諸子百家はおおかた算術理論について一顧だに値しないとし、数学理論の専門書が世に出ることも少なかった。伝統的な経典である『九章算術』には二百四十六の実用的な問題および解答があるが、問題の表層的な特徴を根拠に算学の枠組みをつくっているだけである。実用性や有効性というのは理論的な厳密性と一致性が数学を評価する重要な基準となるということではない。計算方法を基礎とし、算法を中心とした伝統数学は数値計算のレベルと方法において西洋をリードしていたものの、ユークリッド幾何学に類似するような数学的に公理化した体系を確立することがずっとできなかった。中国の伝統的論理も同様で、一貫して曖昧模糊とした自然言語を使用して表現したため、演繹的な推理や帰納的な推理などの形式的システムを確立しておらず、論理分野の独立し系統立った理論について世に問われたことすらない。したがって、中国では伝統数学の非公理化や論理の非形式化により、民族的思考の精確化を著しく阻害して影響を及ぼし、科学研究において観察試験の中から科学的仮説や理論を帰納し数学的公式や方程式などで表現するような研究方法をいまだ形成できていない。

中国の古代科学は数学や論理的な方法を用いて大量のデータについて理論的な概括を進めてゆくのにたけていないけれども、論理的な推理論証を排斥し、経験あるいは事実に欠けることを基礎とした直観的想像や、漠然とした思弁は極めて発達している。儒家の中庸の道という信条は、至善至美という理想を追求し、古代思想家たちが用いたようなわざと言葉を濁すような表現方法を駆使し、無限に容量を含む「玄論」を持ち、また抽象的な思弁はすべてを受け入れ、経験的事実による反証や具体的生活による反駁から逃避し、永遠に正確で「これを四海に放しても皆正しい」といった状況に到達する。いわゆる「大道は称せず」「大弁は言わず」「大巧は為さざるところに在り、大智は慮らざるところに在り」といったおおらかな思想の検討や、「無為にして治む」「求めずして功有り、但だ過ぎること無きを求む」といった処世法は、人間に大自然に対して一種詩趣的な神秘観を保持させるが、自然の神秘を深く探索するという可能性を抑制した。

こうした理論上また思考様式上分析・実証・実験精神に欠けた伝統は、知行の食い違いを引き起こし、古人が事実上実践を尊重しないことになってしまった。王陽明ですら「一念発動する処、便ち是れ行なり」という見解をもち、良知がすなわち実践であるようである。分析・実証精神に欠け、実験伝統に欠けるため、国民の仕事ぶりは不真面目で不徹底となり、問題に対して徹底的に理解しようとはせず、いい加減にしたままで、「だいたい」ですませる現象がかなり広まっている。古人は「ほんのわずかな差でも、千里の差となる」という。もし前述の習性を改めなければ、科学理論の発展はもちろん、人々の現実生活の改善も、かなり困難なこととなろう。

四、陰陽剛柔――文化的気質の得失

陰陽はそもそも自然界の現象、つまり日照の向背を指す。しかし「天人合一」を得意とした古代の哲人たちにあって、それは哲学的で社会人倫的な意義をも持った。『易経』系辞上伝に「一陰一陽、之を道と謂う」とあり、陰と陽の交互作用が宇宙観の根本規律であると考え、それを世界観の高みにまで上昇させたのである。『易経』はさらに「陽は剛にして陰は柔なり」といい、陽の特徴は「剛」で、陰の特徴は「柔」であり、「剛柔相《あい》推して変化を生ず」と指摘する。

戦国時代以来、陰陽の概念は世界の二種類のもっとも基本的な矛盾現象あるいは属性を呼ぶものとして使われてきた。おおよそ動的だったり、熱かったり、強健だったり、明るかったり、公開的だったり、充実していたり、亢進的であったり、力があったり、外向的であったりすることが「陽」であり、おおよそ静的だったり、冷たかったり、柔弱だったり、暗かったり、隠蔽されていたり、減退したり、無力であったり、内向的であったりすることが「陰」となる。要するに、天地万物の「正面」と「反面」を比較し、このような二種類の普遍的な形態や傾向として帰納することができるのである。こうした理解が社会や人生に応用されるとき、その中の「陽」はおもに輝き・正大さ・公開・運動・生長・向上を指すが、その中には「剛」の意味、すなわち剛健・正直・堅強・進取・有為も含む。「陰」はおもに暗み・暗黙・静止・向下を指し、同時に「柔」の意味、すなわち婉曲・忍耐・曲折・後退守勢・虚無などを含む。

前述の思想中には、陽剛を追求し、陽剛を主として剛柔あわせもって人を立て財産をつくるという価値傾向も含む。「陽剛文化」はかつて中国民族が誇りとするに値する理想的な精神領域となった。『周易』乾卦象伝の中に「天行は健なり、君子以て自強して息まず」「地勢は坤なり、君子以て厚徳もて物を載す」とあり、天地の正気を中国民族の気質に位置づけると主張した。孟子は「吾が浩然の気を養う」という大丈夫の気概を、「富貴なれども淫るる能わず、貧賤なれども移る能わず、威武あれども屈する能わず」（『孟子』滕文公下）と主張した。墨家は「尚力」（人間自身の力量を尊ぶ）や「非命」（外在的な運命を否認する）で、自己の力量によって辛抱し奮闘する精神を主張した。いずれも中国早期の「陽剛文化」の特色を体現している。

幾年来、こうした「陽剛文化」は中国の大地の奥深くに浸透し、様々な困難な環境において民族生存の基盤を維持したことによって、中国民族にたゆまぬ努力をさせ、強大に生長させた。同時に、それは無数の優秀な民族の子どもたちを育成し、彼らは豊かな心、深い見識、崇高な精神、豪放な気概で、極めて苦しい奮闘を通じて、中国民族の偉大なる事業を成就し、人類のために涙と感動の壮麗なる詩篇を残した。これは中国文化の中でもっとも輝かしく、また主要な一面でもある。

しかし、我々は「陽剛文化」と相対立する「陰柔文化」も、漢以後歴代王朝の支持のもとで広がり、民族文化の発展に相反する影響をもたらしたことも軽視することはできない。いわゆる「陰柔文化」の萌芽は、最初老子の道家学説を代表とする。老子は「重は軽の根たり、静は躁の君たり」（『老子』第二十六章）、「欲せずして以て静かなれば、天下は将に自ずから定まらんとす」（『老子』第三十七章）と考え、無為は「虚を致すこと極まり、静を守ること篤くす」（『老子』十六章）と主張した。彼には「歯はすべて抜け落ちてしまったが、舌はまだ残っている」という有名な比喩があるが、これは柔が剛に勝てるということを十分に証明している。荘子および以後の道家はさらに、「心斎」「坐忘」（人と己、物と我といった一切の区別を忘れ、心身の一切の活動を停止すること）して、「形は槁木のごとく、心は死灰のごとし」といった状態に到達することを優れた能力であると主張し、「虚静恬淡、寂寞無為は、天地の平らかにして道徳至る」（『荘子』天道）をよりどころとしている。孔子の儒家思想においても、「尚柔」の要素が存在する。例えば孔子はかつて「無欲」の原則を主張したが、道家の尚柔の規則と一致している。これはまさに魯迅がかつて指摘したように、儒道両家とも「柔をとうとぶ」のであり、違うのは、「儒は柔によって進取する」つまり儒家文化の特徴は陽柔であって、「道は柔によって退守する」つまり道家文化の特徴は陰柔である。

老荘の陰柔思想は荀子らの批判に遭ったが、漢代から「独尊儒術」が開始すると、陰柔文化を実際に文化の主導的地位に押し上げた。董仲舒は陰陽剛柔を人格化した詳述が、この転換のあらわれである。董仲舒は「陽を貴びて陰を賤しむ」という原則を提示し、それを「王道の三綱」と結びつけ、君臣・父子・夫妻の間の関係は陽と陰の関係であると考えた。「丈夫は賤しきと雖も皆陽と為り、婦人は貴きと雖も皆陰と為る、……諸の上に在る者は皆其の下陽と為り、諸の下に在る者は皆其の上陰と為る」（董仲舒『春秋繁露』）。董仲舒が陰陽剛柔を人格化して比較と分割を行ったのは、もとよりその政治的主張サービスを行うためであった。しかしこうして、中国社会が陽剛を主導とした伝統文化は、こうした比較と分割の中で氷解されてしまった。なぜなら、陽を「上に在る者」に帰し、陰を「下に在る者」に帰することは、同時に「陽を貴びて陰を賤しむ」ことを主張し、これは疑いなく次のことを意味している。一方で、人々はみな陰陽両面を持ち、下に対するのと上に対するのでは異なる方式をとらねばならず、また一方で、「下に在る者」は必然的に絶大多数となり、社会上絶大多数の人が陰境において柔術をとうとぶというのが、普遍的な社会的空気となる。この面から論ずると、中国伝統文化は実際上陰柔を主導とする型の文化となる可能性がある。

こうした状況は、人々が深く痛感した「陰盛陽衰」現象によって例証とすることができる。五四新文化運動、特に解放以来、「男女平等」の旗幟のもと、蟄居してすでに久しい婦女たちはその身の上に何千年も覆い被さっていた精神的な束縛を打ち砕き、厨房や深窓の中から続々と出てきて、これまでにないほど積極的に様々な社会活動に参与していった。彼女らの熱情あふれる激情、堅忍不抜の意志、艱難辛苦を畏れぬ参加、非凡で驚くほどの忍耐精神は、彼女らをすばやく社会生活の様々な領域において立ち上がらせ、世界の舞台ですら成功を得ている。彼女らがすばやく得た成功は人々を驚嘆させ、男性たちを恥じ入らせた。それと比較すると、中国の男性はその陽剛の気をはっきりと示す必要のある多くの領域、例えば平和な時期にさらに注目を集める競技スポーツの領域において、そのパフォーマンスが婦女に比べると満足のいくものではない、と人々は感じている。女性解放から、家庭を飛び出して世界の競争に参加するようになって以来、中国は競技スポーツの多くの領域中にいわゆる「鳳先飛」現象が存在している。陸上競技・水泳・自転車・球技など、広く展開している基礎的なスポーツの領域で、女性アスリートはほとんど男性アスリートよりも戦績がよい。中国の男性アスリートが世界で大きな競争力を備えていないときにも、女性アスリートはしばしば金銀メダル獲得し、国のために栄誉を勝ち取ることができた。……機械的に簡単に対比するのは必ずしも合理的で公平なものではないにもかかわらず、「陰盛陽衰」の語はとうに一世を風靡しており、広く人に知られているのである。

中国には「陰盛陽衰」の状況が存在あるいは出現しているのであろうか。このことについては必ずしも細かい研究をする必要もないし、必ずしも独断で結論を下すこともない。しかし、旧文化の伝統による束縛のもとで中国の男性は「陽剛の気」に欠けるという現象が、やや広まっているということを指摘する人は少なくない。もちろん、これは決して中国史上真に何をも恐れぬ雄々しき男たちの存在を否定するものではなく、例えば比干・屈原・蘇武・文天祥・譚嗣同・彭徳懐……といったかれらの毅然として果断、不撓不屈、度量が大きく、思い切って事をなすところは、中国民族のバックボーンと誇りである。しかし文化的特質について言えば、中国の男性は確実に一般的にそうした度量が大きく、公明でさっぱりしており、思い切って事に当たるような「男子気概」と陽剛の美にいくらか欠けるところがある。たとえば、ある人々は上に対して卑屈にこびへつらい、依存し服従し、待つ・頼る・求めるということが癖となるが、下に対してはもったいつけて、物々しく見せ、ごまかす・だます・責めるということが気風となる。事を行うのに下劣きわまることをやり、その場しのぎでお茶を残し、その日暮らしで事を運び、さらに功績を争うあまり過失をなすりつけ、誤っても自らの過失を認めようとせず、責任逃れをし、正しいときにも堅持しようとせず、リスクを恐れる。仕事中に細かく詮索し、努力をせず、分配と享受の上で知嚢をしぼり尽くし、細かいことでいちいち争い、互いに張り合って節操がなく、貪欲で飽きることを知らない。何をしようとか、何をしたいとか、道理によって直言しようとせず、山ほどの堂々たる「高尚な」理由を探そうとしたり、あるいはいっそのことコネを見つけたり、つてを求めたり、姻戚関係を結んだり、後ろ盾を探したりしようとする。たとえ他人と闘争しても、正々堂々、公明正大でなく、回りくどく、陰でやみの告訴をしたり、告げ口したり、流言飛語をばらまいたりするものの、面と向かうとわざと笑顔を作り、たいへん穏やかである。「狼の面前では羊で、羊の面前では狼である」、「むしろすすんで君子に憎まれようとし、小人に憎まれようとはしない」、悪人が暴力をふるっていたり、悪事をはたらいていたりするのを目の当たりにしたときになって、正義感に燃えても何もせず、ネズミのように怖じ気づき、盗まれたりばかにされたり辱められたりしても、なんと証言しようとはしないのである。……こうした現象から見ると、「陽の気は衰えすぎている」ことは決して少しも根拠のない話ではないといえる。

社会の縮図としての官界は、官僚等級制度のもとで、さらに「従順」を第一原則とする。ひとたび官界に入れば、すぐに必ず「用心深く」「慎重で」なければならず、危険に立ち向かってはならないし、出しゃばってもいけない、さもなくば、わけの分からないまますばやく職場を去ることになるであろうし、永遠に回復できない境地に陥ることすらある。逆に、「用心深く」「慎重で」あり、過失を犯さないようにしさえすれば、昇進するばかりで降格せず、官位を長く保ち、幸福を久しく享受することができる。そのため、各級の官吏による為政の道は、ほとんどリップサービスをすることを好むだけで、「間違いが起こらない」ことを上位とする。そのため、誠意のない円転滑脱で、一日じゅう会議をしたりお茶を飲んだり新聞を読んだりするのを主な仕事にしている政治屋たちがいたのである。彼らの仕事ぶりをこんな風に形容した民謡がある。「原則的には同意するけれど、微妙なことこの上ない。言い切ることはしないし、ひっこみの余地を残している。どっちつかずのあいまいで、なすりつけ合いに都合がいい。仕事がうまくいくと、得意満面。仕事がうまくいかないと、その責任はおまえにあるというんだ。」もちろん官界においても、何もやらないわけではなく、ひとたび真面目な仕事をやり始めれば、「陽奉陰違」つまり面従腹背の能力があり、面と向かって言うことと、陰で言うことと違い、「上に政策あり、下に対策あり」ということがしばしば大いに行われているのである。

客観的に言えば、中国の男性たちは「陽気過衰」「陽剛不足」であるが、男性たちがわざとそうしているとか、あるいは心から望んでこうなっているわけでは決してない。ひいては、のちの男性たちが突然このように変わってしまったわけでもない。ここには長期にわたる文化の心理的蓄積の問題がある。言い換えれば、ここの根源は、伝統文化の中にある種の強い陰柔文化の成分が含まれているというところにあり、次のように現れる。

第一に、調和を重んじ、競争を軽んずる傾向である。ひたすら調和・中庸を重んじ、「過ぎたるはなお及ばざるがごとし」を強調しているうちに、矛盾・衝突や競争を恐れる消極的に「和」を求める状態に陥った。少し裕福であれば十分であるという小農経済意識には広大な市場がある。人間と人間との関係においては、内向的な自省が主となり、外向的な拡張はやや弱く、忍耐と依存に慣れ、独立性が足りない。多くの人々が抑制と忍耐、つまり「一歩譲ってわだかまりがない」ことを自己の信条としている。長きにわたって、おのれの分をわきまえ、逆境に耐え忍び、進取しようと思わず、功績を求めず、ただ過ちのないことだけを願う「無為にして治まる」という保守的心理を養成したのである。

第二に、統一を重んじ多様を軽んじ、個性的で鮮明な気質を提唱したり保護したりすることを決して重要視しない。これも国民の従衆心理をかなり広めている。ものを言うにも事を為すにも大きな流れにしたがっておくのがもっともよく、たとえ悪事をはたらくとしても、「処罰は大衆を責めない」から、懲罰を逃れる可能性もある。反対に、目立つものを抑圧し、大多数と異なることを恐れ、個性があり能力のある人に対しては、「頭を出した鳥を撃つ」ため、「頭を出した垂木を腐らせてしまう」。そのうちに、この調和した社会「大染缸」（大きな染め物がめ）のなかで個性が鮮明で、特徴が突出して、陽剛の気に充ち満ちた「硬骨漢」は少ない。

第三に、含みのあることを好み、謙遜を重んじることも、しばしばどっちつかずで、是非の曖昧な性格をもたらした。他人と付き合うとき、含みを持つとか、中庸であるとか、どっちつかずであるとかいう特徴はもれなく現れる。このように生活の中の矛盾を消し去ることは決してできず、ただそれを抑えつけ、覆い隠そうとするだけである。そのため、しばしば直接言い出さないような意見があるという状況をもたらし、たとえ矛盾や意見があっても公開の場に出さず、さらに「あなたもいい、わたしもいい、みんないい」といったあいまいな雰囲気を保ち、できるだけ一定限度の中で維持しようとする。表面上何でもないありふれたことであっても、陰ではこっそりと張り合っており、「陰の力を使って」、足下をすくい、あらゆる面で全力を尽くし、食うか食われるかの闘争をしている。

第四に、世渡りにおいて臨機応変であるという方式は柔によって剛に打ち勝ち、静によって動を制し、不変によって様々な変化に応じるということを重視する。いわゆる「将に之を取らんと欲すれば、必ず先ず之を与う」

といった類の「後れて人を制す」策略を強調する。中国の兵法における謀略上から見ると、「智」によって勝ちを収め、「四両で千斤を抜き」、弱きによって強きに勝つことを重視する。中国の哲学・倫理学・養生学なども多く「静」を根本とし、「静を守り」「静に入る」ことを修練の手段と追求する目的としている。これらに欠けているのも、かの「雷霆万鈞」[3]ものすごい威力の雄壮な心意気である。

第五に、教育管理体制から見ると、人材を育成するのに長らく行ってきた「詰め込み」式の教育は、学生に「言うことを聞き」「おとなしく」服従することを要求し、家長と先生の願いに合致する「おとなしい子」「よい子」をつくった。果てしない試験という命令のもとで、学習の主体としての子どもたちは永遠に受動的に受け入れる立場にある。特に受験教育の中で、統一された試験問題、統一された基準、統一された要求は、学生たちが自由に表現し、斬新な創造をする余地すら何も残していない。下は幼稚園教育から、上は大学の教室まで、教師はみな学生が「カラスもスズメも声なしに」しんと静まりかえってまじめに座って講義を聴くことを要求し、質問を歓迎せず、討論を奨励せず、さらには教師に対して異なる意見を提出することも好まない。彼らは、青少年である学生の脳はまるで空っぽの桶のようなものであり、それを「満タン」にしさえすればよいと考えており、ひいては、もし「正確」で「革命的」なものがそれを「満タン」にしないならば、間違ったものによって穴を開けられた可能性があるとまで考える。長らく、こうした教育モデルを通じて「形づくられ」てきたよい学生は、しばしば依存心がやや強く、自主性がやや弱く、創造力が十分ではない。

一部の古代文化の芸術的創作の中では、陰柔の美が陽剛の美よりはるかに多い。あるいは古代の芸術家はほとんど科挙という道の「寵児」であって、かれらはあまり自らを放任しようとはせず、「一家言」をなそうともしなかったので、芸術品の中にも依存・服従・婉曲・嘆息……の多いものが多く、気丈・闊達・豪気・抗争……の多いものは少なかった。例えば、古代の詩歌の中では、いつも抒情が細やかで、しなやかさがしみわたるものが多くを占め、李白の詩やあるいは劉邦の『大風歌』のように豪放にして雄壮、堂々として闊達であるものは少ない。古典的楽曲も多くは微かでやわらかく穏やかな音であって、ベートーベンの『英雄交響曲』のようなたくましく高揚するような調べは少ない。

歴史を検討すると、ひょっとすると陰柔にも合理性があり、その価値があるかもしれないということを、我々も全面的に否定しようとは思わない。しかし、科学・民主主義・法治が明らかなこんにちにおいて、「発展こそが絶対的原理であり」、競争が時代の主旋律であるこんにちにおいて、陽剛は必要な本質であって、必要な社会文化気質である。陽剛は浩然として剛直な正気であり、ゆったりとおおらかな度量であり、思い切って事をなそうとする気概である。真理を追求するのに後に退いてはならず、権勢を恐れず、習俗に媚びない。自信を持って真理を掌握したとき、真理の「化身」を気取って、高いところから下を侮って他人に服従を迫ることもない。大義の前では、小さな恨みを問題にせず、私的な恨みも問題にせず、義を見て勇敢に行動するのである。責任や義務、ひいては過ちやミスの前でさえ、責任を転嫁せず、なすりつけず、もし間違いがあれば、間違いを知ってすぐに改め、転んでもまた起き上がって奮闘を続ける。……現代化へ向かう中国の大地において、時代はまさにこのような陽剛文化を求めているのであって、「陽剛の気」に豊かな一人前の男たちがさらに多く現れて、中国勃興の時代の偉業を新たな高みに押し上げんことを期待しているのである。

【訳注】

(1) 庖丁解牛……『荘子』養生主篇に見える故事。庖丁という料理人が文恵君（魏の恵王）のために牛を解体し、その巧みな技に文恵君が感嘆した際に、庖丁は自分の求めるものは技を超えた道であって、牛の身体にある自然本来の筋目に従って、骨と肉の間や骨と骨の間の穴に刀を入れているのである、と述べた。

(2) 堯舜禹湯文武周孔……堯帝、舜帝、夏の禹、殷の湯王、周の文王・武王、周公旦、孔子。中国古代の聖天子や聖人の代表。

（3）雷霆万鈞……「雷霆」は雷が鳴り轟くこと、「万鈞」は非常に重いこと。威勢が強く、防ぎ止めることができないことをいう。

第八章　中国の伝統文化の総体的批判

悠久で輝かしい文明を持ちながら、かつて「文明的ではない」と見なされ、落後者になり、非常に屈辱を受けながら、たゆまぬ努力によって落後から抜け出し、再び輝きを取り戻すことができた。これが、中国の伝統文化が歴史上で明らかにした総体的な姿であって、われわれが中国の現代文化を改造し建設する前提でもある。

一、中国の伝統文化のすがたと傾向

中国の伝統文化の中のさまざまな優れた点と欠点、長所と短所、精華と糟粕などの具体的なあらわれに関して、古今東西に多くの意見があった。自然と「仁者は仁を見、智者は智を見る」がごとく人によって見方が異なり、なおかつ見方もいつも変化しているのである。人々はいつでも多くの実例を挙げてある見解を論証したりあるいは反駁したりしようとすることができる。中国の伝統文化を総体的にみれば、最大の優勢は、それが古来より育成した特有で先進的な民族精神と文化的気質にある。こうした精神と気質の集中的なあらわれは、古代の思想家の言葉を用いて言えば、「厚徳載物」「大象無形」といった思いや気概であるが、最大の劣勢は、それと同時に付加された比較的一面的で、ますます自己閉鎖的になる文化傾向にある。こうした傾向の集中的なあらわれも、古人の言葉でいうことができれば、「道徳文章」と「克己復礼」に対して必要以上に追求する偏屈さの中にある。そう我々は考えている。

1、「海は百川を納め、容る有りて乃ち大なり」

「厚徳載物」という言葉は『周易』坤卦象伝「地勢は坤なり、君子以て厚徳もて物を載す」に由来する。この言葉の前には「天行は健なり、君子以て自強して息まず」とある。『周易』は国民・君子は天地の勢を学び、陰陽の理を把握しなければならないと主張する。天は陽に属し、剛健・有為・進取を代表するので、君子は「天行は健」であることを学び、永遠に自らを向上させることを怠らない。地は陰に属し、大地は数多くの物を包容し担い、誠実・寛容・従順を代表するので、君子は「地勢は坤」にならって、大地と同じような広い度量を持たねばならず、そうして「厚徳もて物を載す」、つまり多種多様な世事・人生・物を包容し担う。

「大象無形」という言葉は老子に由来する。老子は『道徳経』の中で「道」の最高にして究極の境地に言及する際に、「大方は隅無し、大器は晩成す、大音は声希なり、大象は形無し」（『道徳経』第四十一章）などの言い方を引用したが、その意味は「巨大な四角形（かたち）はふつう角が見えず、巨大な（人）材や器（物）はふつう成熟するのがやや遅く、巨大な音律は聞こえていくうちにしばしばその響きが希薄になり、巨大な勢いや光景はまるで一定の形がないかのようである。」「大象無形」はこう理解することができる。世界でもっとも偉大にして広大、崇高にして壮麗な風格と境界は、しばしば決まった事物や形態に決してこだわらず、「気象万千」の様相や情景を表しているのである。

「厚徳載物」「大象無形」は、異なる角度から共通の道理と意向を述べたものである。「厚徳」であることによって万物をその上に載せつくし、天下をあわせもち、そのために総体として「決まった形」がないようである。「もとより決まった形がない」ために、「多くの形」を受け入れることができ、つねに外来の物を出入りさせながら吸収し、自己を強め豊かにするので、「無形」の上であって、その雄大なる「大象」となる……。老子個人が「陰柔」を過分に主張したことは、「天行は健なり、君子以て自強して息まず」の精神と理屈が合わず、さらにいつも「弁証」の方法を用いて自己の消極的な「無為」の主張のために論証を行ったが、この点は全く価値がない。しかし、彼のいう「大象無形」にはかえって陽剛の気があり、「大象無形」によって中国文化の特徴を形容し、その度量が広く、形式にこだわらず、森羅万象を網羅する、活力に限りのない偉大なる精神的気質を概括しようとするのが、実は非常に適切で的を射ているのである。

古人は素朴な方法で、中国文化の巨視的な位置づけと発展の方向付けを明らかにした。「厚徳載物」と「大象無形」は、まさに地域が広く、人口が多く、歴史が悠久の偉大なる国家に特有の現象、特有の風格であって、人類の歴史的な重任を背負う志を持った偉大なる民族共同体が必要とする、あるべき自制することのできる文化風格と全体的なすがたなのである。

何千年もの生活実践の中で、こうした「厚徳載物」「大象無形」の文化は、一種無形の精神的内情と活力の資源となり、世代から世代へと中国人によって知ってか知らずか（多くの状況下では必ずしも自覚的ではなく）保持され発揚され、中国民族の不断なる成長が壮大となり、無数の災難を経験しても衰えたりくずれたりすることなく、成功と栄光を勝ち得ることのできる一つの重大な条件となるのである。

中国民族の共同体の形成と発展は、この文化的位置づけをもっとも強く示している。中国の大地にはもともと多くの部族と民族がおり、これらの民族は長期間共存することができ、互いに交流したり促進したりして、ともに発展し、うち解けあって多民族が調和する単一でない一つの大家庭となり、「厚徳載物」の土壌や「大象無形」

の自由などない、ということは想像だにできないことである。その中でももっとも典型的なのが、人口の最も多い民族――漢族の誕生であろう。周知のように、漢族そのものは決して中国にもともと生まれていた一つの単純な民族ではなく、もともといたたくさんの小さな民族が何度も合流と結合を繰り返したうえで、偉大なる自己の創造と形成を経過したものである。中国民族の主要成分――漢族そのものの人種的な特徴はこうであるから、その文化はさらに「厚徳載物」の淵源と「大象無形」の特色を持たないわけにはいかなくなったのである。

決まった形がないために大象となり、大象があるために大形をもつ。この点は我々の伝統文化のたくさんの方面から裏付けを得ることができる。我々は「服飾文化」を例にしてみよう。中国民族の服飾は、少数民族が多いために統一し一貫した様式がないだけでなく、単一の漢民族の服飾も、古来よりたえず変化しており、各王朝各年代の服飾も統一したまま固定していたり、保持したまま変わらなかったりする「伝統」的な様式というものもけっしてない、ということに人々は気づく。一九七〇年代末に、次のように面白く他人を啓発して深く考えさせることが発生したのを覚えている。時はまさに改革開放の初期、都市の若者たちは流行に追いかけ、海外で流行していた「ラッパズボン」を穿くという風潮が一時的に巻き起こった。街は至るところラッパズボンでいっぱいになり、「正統の人士」たちにとても不安を抱かせたため、彼らは文章を発表し、ラッパズボンを穿くことは「中国の伝統に合わず」、「中国人のイメージを損なうものである」云々と述べた。しかし降参しない者がかえって尋ねた。「では伝統に符合するズボンとはどういったものであろうか。」彼らは北京原人から解放前まで古来より人々が穿いてきたさまざまなズボンの様式を列挙した後に、「いったいどれが標準的な中国の伝統様式なのだろうか」と述べた。この問い返しはかえって異議を唱える者を黙らせ物が言えない状態にした。しかし、まもなく、事情はまた劇的な変化を起こした。敦煌壁画「飛天」を根拠にして演出された大型歌舞劇『絲路花雨』が公開された。人々はその服飾を仔細に観察し、なんと早くも中国の唐朝の時期に、「ラッパズボン」のような服飾があり、それがこともあろうか中国の「国粋」の一つであるといえることを発見してしまったのだ。こうして、「ラッパズボン」の論争はこれによっておさまった。しかし現実の生活の中においては、服飾の進化があいかわらず進んでいる……。

この事件は心に留めるまでもない一つのエピソードに見えるが、しかし、それは人間に大きな現象を見せてしまった。これはすなわち、統一した固定不変の様式というものはなく、随時変化や発展しうるものであって、これそのものも一種の特有な様式・風格や伝統になりうる、ということである。服飾文化の領域において、中国の伝統はまさしく「人間を基本として、形式にこだわらず、ただ実際のことを務めとする」といったことである。事実上、まさに俚言のいうように「何を着るかが問題ではなく、どのように着るかが問題である」――どんな服飾をつけているかを問わず、ただ身体に合うもの、自分のために用いるものを着さえすれば、中国人の顔を保持し、中国人の気質を表現し、中国文化の風格を発揚することができる。これがいわゆる「大象無形」なのである。「厚徳載物」と「大象無形」の風格は、生活実践の中において文化上の度量が広く、さまざまなものを受け入れて合わせ持つとか、実際を重んじて変化に従い、形式にこだわらないとか、上手に学習して、自分のために使うといった形で現れる。

文化上の度量が広く、包容力が大きいので、それがつくりなすのは海洋のような広さと豊富さであり、我々の文化に多種多様の豊富な資源をたえず摂取かつ累積させ、永遠に取っても尽きることなく、用いても尽きることがない。

文化上実際を重んじ変化に従い、形式にこだわらないことによって培われるのは、ある種の自己発展・自己完成の主体的活力である。順応して歴史の大勢と衝突せず、実際を重んじて虚名を求めなければ、中国の文化は民族の生存発展を追求するのに最大の選択空間を提供できるようになり、生命力を失って停滞してしまうことはない。

文化上じょうずに学習して、自分のために使うことによって培われるのは、ある種思い切ってじょうずに世界の多元的文化に直面する同化吸収能力である。他人の長所を広範に吸収し、たえず自己を更新することができる上に、自己の個性も鮮明に保持することができ、われわれの文化に一貫して巨大な内部親和力・凝集力を持たせる。「海は百川を納め、容る有りて乃ち大なり。」この言葉は中国の伝統文化中のもっとも偉大で、もっとも成功し、もっとも魅力的な一面を十分に描写している。「大」とは「広く容る所有り」に由来しており、その受容するところをたくさんもてるということは、またそれ自身の「大」きさによって決まる。中国文化のこうした偉大な風格を、「汪汪たること東海の波の如し、之を澄ますも清からず、之を擾すも濁らず」と比喩することができる。それは永遠に一つの広大な光景をみずから作りあげ、無限の風景と無限の生命力を持ちあわせるのである。何千年もの間、地球上の人類には無数の巨大な変化が発生し、時勢が目まぐるしく変幻し、滄海変じて桑田となり、風雲の変化が計り知れない。これらの変化の中で、世界の各民族や彼らの文化はみな多かれ少なかれ変化し、変化がとても大きいものがあれば、瓦解してしまうものもあり、ひいては消失してしまうものもあった。しかし果てしない波をわたり尽くして、人々は、中国文化が世界文明の発源地の中で、今まで唯一中断したことのない民族文化であることを発見した。そうでありえるのは、それ自身のこうした生命力の賜物でなければならない。

こうした「厚徳載物」「大象無形」の文化生命力は、中国文化特有の風格と優勢であり、きらびやかで美しい生命と限りない知恵を滋養し成長させるもっとも肥沃な土壌である。われわれの民族がすでになし得たいくたの成功と誇らしい業績は、みなこの沃土上の豊かな実りなのである。

2、「克己復礼」の道徳的コンプレックス

歴史的現実を通して、われわれの伝統文化の劣勢の所在を細かく見ると、もっとも突出する点は、前述の「厚徳載物」「大象無形」とはちょうど反対で、比較的一面的で、狭隘で、ますます自己閉鎖的な文化傾向である。これは歴史と現実の中で「克己復礼」を方向づけとした「道徳文章主義」である。

「克己復礼」は孔子が当時乱世の中において示した立身治世の主張であり、その中心思想は、人々に自己を抑制するよう求め、そうして過去（周公の時代）に実現していた「礼治」を回復し実行する、ということである。彼は顔淵が「仁」の理想をどのように実現するのか尋ねた際にこう述べた。「己に克ちて礼に復るを仁と為す。一日己に克ちて礼に復れば、天下は仁に帰するなり。」（『論語』顔淵）顔淵は続けてどのようにするのかを尋ねると、孔子はこう解釈した。「礼に非ずんば視るなかれ、礼に非ずんば聴くなかれ、礼に非ずんば言うなかれ、礼に非ずんば動くなかれ。」（『論語』顔淵）その他の場合やその他の状況下でも、孔子は類似の思想を再三再四強調した。孔子のこのもともとまさに具体的でずばり的を射ている主張は、後世儒家のさらなる拡張と展開を通じて、「克己復礼」に次第に一種の文化的綱領の性質を持たせた。

その内容と思想傾向について述べると、「克己復礼」およびそれが後世に及ぼした巨大な文化的影響には、おもに「道徳文章主義」と「逆時的思考傾向」の二大特徴がある。

（一）道徳文章主義とは、道徳文章に過度に専心する傾向を指す。通俗的に言えば、「道徳」にかんする文章を作ることをもっぱら好み、また道徳にかんしてただ「文章を作る」ことを好むという考え方である。

中国では、「道徳文章」はすでに長い間広く伝わっており、幅広く応用されている表現である。それはふつう学問を修める人物あるいは官吏である人物を評価する（褒め称える）のに用いられ、ある人物の「道徳文章がどうであるか」を述べることは、レベルが高く、重要度の極めて大きい評価に属する。こういった中国的な特色をもった伝統の応用の中から、人々はすでに道徳と文章を同列に論ずることが習慣となり、なおかつ一種の厳粛な崇敬感を持ち合わせていることが分かる。この伝統を根拠に、われわれはそれを「道徳文章主義」とよぶ。それは一種の道徳中心主義的意識が実際からかけ離れた道徳理想主義思想と結びついた産物である、と考える。

道徳は人間に特有の社会的生命形式である。「人に徳無くんば、其の禽獣に異なること幾んど希ならんか」。人間でありさえすれば、道徳を講じなければならない、ということの点そのものには疑う余地がない。しかし、道徳中心主義や汎道徳化意識は、事に当たったときにもっぱら人倫道徳上に着眼しがちになり、社会には別のいっそう根本的でいっそう重要な面もあるということを知らないといった様相を呈している。孔子の「克己復礼」は、ひとたび始まればすぐにこうした傾向を表すのである。

孔子は社会が激烈に変化した「乱世」に生きたため、当然ながら多くの深い体験や感想を持ち得たであろう。しかし、結局科学的歴史観の基本的な意識に欠けていたため、彼にはさらに広範で奥深い社会歴史観察を行う方法がなく、経済・制度などさらに深層の根源を通じて社会現象を解釈することができず、そのため人々の個人道徳のレベルにとどまるばかりであった。彼は治世の最終的な希望と活路を、おもに個人、特に権勢のある人物の道徳的な行いに託し、そのため全力を尽くして方々に呼びかけ、人々に身を修めて「克己」し、そうして理想中の「礼治」社会を回復あるいは建設するよう求めた。彼の「礼治社会」の中では、倫理的で道徳的な秩序が最も重要で中心的で普遍的な根拠と内容であり、政治も濃厚な倫理的で道徳的な色彩を帯びており、利を語る経済は手段に過ぎず、制度・法律・科学などに至っては、どちらかといえば取るに足りないことがいっそう明らかになった。このような「道徳本位」と「道徳至上」の傾向は、その上講じる道徳が個人に限られ、個人の道徳修養と道徳的態度に集中するばかりで、社会関係の全体的構造や法的秩序を結びつけ、公共の政治道徳と職業道徳を把握しようとするものでなければ、社会歴史の全体的な要素を無視し、社会経済政治制度そのものの存在と作用を無視し、人々の現実生活の条件の存在と作用を無視することになるのを免れず、したがって実際からかけ離れ、純粋に目的化した道徳理想主義へ向かう。

そのため、孔子が当時の現実、特にその中のある不合理な現象や無秩序化状態に対しておこなった観察と批判は、多くがわりあい深刻なものであったにもかかわらず、彼が提出した治世プランは、軟弱で無力なものであり、せいぜい一種の素晴らしい理想にすぎないことが最終的に証明された。とどのつまり、これは、彼が「問題を提起する」方法は、おおかた実際から出発するものであるにもかかわらず、彼が「問題を解決する」方法は、ひどく現実離れしていたためである。現実とかけ離れた結果、必然的にすべての素晴らしき理想や大いなる議論を、最終的にただ「文章を作る」だけに過ぎない状態にさせるのである。

道徳を講じ道徳建設を実施することを最終的に「文章を作る」ことに変えてしまったことは、孤立し純粋に目的化した道徳理想主義の必然的な産物である。孔子の「礼治」社会という理想と「ただ個人が己を修める」という道徳的思考は、もとよりある面では当時の社会的生活様式や統治者の需要に十分適応できるものであった（だからこそかつて一定程度採用されたのである）が、結局は人間の現実的な本性や、大多数の人間の現実的な利益や要求と乖離しているものであって、そのために社会生活の実際的な発展ともかけ離れ、最終的に現実を変えることが難しかった。孔子は生前かつて人に「其の不可なるを知りて而も之を為す者」（『論語』憲問）と見られたが、彼自身はこれに対しても感じることがあり、それゆえにかつて「道行われず、桴に乗りて海に浮かばん」との思いを抱くこともあった。しかし、彼は結局こうした道徳的思考の根本的な欠陥を意識することはなく、現実の前で自己の超越を実現することができていないため、彼が残したのは悲憤といかんともしがたい気持ちだけなのである。

惜しいのは、孔子によってその先駆けを開かれたこの決して成功してはいない道徳的な思考様式は、かえって中国の伝統文化に対する影響が極めて深遠であるということである。人々は孔子のこの思考の弱点に対してほとんど注意を払ってはおらず、逆に大きくするところがあり、そのためにのちになればなるほど、道徳的構想に関してますます現実からかけ離れやすくなり、ますます社会的な経済・政治・科学技術の発展と相互関連を失い、ひいては対立するという傾向を示し、おおかた頭脳・書物・口頭上に残る想像・意向・空論となってしまう。例えば、中国人は従来道徳をよく講じ、道徳に関する文章はいつも多く、なおかつ作れば作るほど多くなり、作ればば作るほど見事になり、とくとくと語っては、自分で得意になって喜ぶ。しかし、中国の社会道徳の具体的なすがたと発展レベルを観察すると、それ故にめざましい進歩があったというわけでは決してないことが分かり、われわれが道徳の面において表現する困惑や気まずさは、ほかの人々の少なさとは微塵も比較にならない。これと同時に、ほかの人々がすでにその他の経済や科学などの面で行ったことを、われわれが十分に考えて行うことはなかった。

このことから分かるように、こうした科学的な思考や行動様式が欠如しているもとで、「道徳文章」が作られることが多ければ多いほど、遅れたり失ったりする可能性のあることもますます多くなり、「道徳文章」を重要な仕事とすればするほど、それがわれわれの得意分野で栄光であるとますます思うようになり、物事に没頭して疲れを感じないとき、われわれはますます偏見や虚栄に左右されがちになり、自分の実際の需要と真の優勢が見えなくなるばかりでなく、逆に根本を捨てて末節を追いがちになり、ひいてはある重大な優勢を劣勢に変えてしまいさえする。なぜなら、適切で実行できる道徳的理想は、従来いかなる人の頭脳や叡智、意向や文章にも由来するものではなく、ただ現実に根ざすばかりで、社会生活そのものの発展の要求に由来するだけである、ということを歴史がすでに証明しているからである。社会経済・政治・文化の全体的な発展と互いに関連している道徳がありさえすれば、そのあるべき力が顕示され発揮されるのである。

（二）逆時的思考傾向。これはある種の思考の関心や習慣を指し、特に価値判断や選択を行う基準が、いつも過去を指向しており、過去から出発して現在や未来から出発するのではない、ということである。

「克己復礼」の「復」の文字はこのような一種の歴史的逆行の傾向を包含した。孔子は具体的に「周は二代に監みて、郁郁乎として文なるかな、吾は周に従わん」（『論語』八佾）と明示した。「周」は先の王朝であって、そのすべてがすばらしく、見習うに値するものであるが、周王朝のすばらしさはまた、夏・商「二代」の成果を学習し継承したものである。夏・商二代の治世がどこから来たものかに至れば、さらに古い伝統を回復したことになるだろうか。孔子は述べてはいないが、彼のこうした論証方法はここから先例を開いたのである。孔子は実際上真に復古を希望したとは限らず、彼はもしかするとただ「古人の酒杯を借りて、自分の心中にわだかまる鬱憤を流し込む」だけで、自己の社会理想を詳述するためだけだったかもしれない。しかし、こうした「先王に法り、振り返って見、過去によって将来の立法を行うという表現形式は、われわれの文化的伝統に対してすこぶる影響を与えており、ひいては後人に固定的な思考様式だと見なされる。特に儒家学説中において、一貫してこうしたものを語れば祖宗を称えるような排除できない色彩があるのである。
いく年来か、「逆時的思考」はわれわれの文化的伝統の中ですでに一種の強大な心理パターンを形成したかのようである。その一つの前提は、自分に選択する印象やイメージがあることを根拠として、「過去」に対してある種の誇張する形式の「浄化」や美化を行う、ということである。道徳上において、ひとたび素晴らしい時期のことを言い出せば、すぐにいつも過去を思いつき、過去のある時期に到達した境地をしのぶ。もっとも代表的なのは「人心不古」という成語で、中国で何千何百年も流行しており、よくない道徳的風気を批評する古典的な言葉となっている。こうした言語的環境において、あたかも「古」は天然の道徳規範や是非の基準のようであって、道徳上の是非や得失、言動の根拠が正当であるかどうかは、おもに人心が「古い」か「古くない」かで決まり、「古い」ことがすなわち根拠であって、すなわち正当であり、すなわち真善美の代名詞である……。もっとも不可思議なのは、人々がとりわけはるか昔の時代の原始的な生活を美化するのが好きで、あたかも当時さまざまな純潔さ、誠実さ、穏やかさ、質朴さ、公正さなどがあるだけで、貧困、野蛮さ、無知蒙昧さやこれと関連する人を食らうような（あるいはそれがそれだけの値打ちがあると考えられるような）ありさまは存在しなかったようである。目下の社会道徳の発展と建設に言及しても、人々は素晴らしいイメージをもつある過去の場面を持ち出し、新たな目標あるいは基準とする。しかし未来への憧れや扱いについて話し出すと、しばしば中身のないものに流れてゆくか、そうでなければ新たな意味に欠けたものになるか、である。

確かに、人々が見たことのない現実に直面し、その上前途がはっきりと見えないとき、過去のよいものを思い出したりしのんだりするのは、正常である。しかし、こうした自発的な情緒に左右されるときには、理性的な思考や判断を忘れやすく、しばしば理想化された向上で既往の現実を置き換えてしまう。「過去を美化する」ことはもとより現実とのコントラストを明らかにし、現実の変化に取りかかるために一定の動力を提供してくれることができる。しかし「過去に戻る」ことを前進の目標とすると、必然的に方向を見失ってしまい、なおかつ事実上いつも成功する見込みがなく、最終的にはただ人間に思想的な困惑だとか、精神的な苦痛を増やしてしまうだけである。

こうした逆時的な思考傾向は、現実からかけ離れ、大衆の「道徳文章主義」のまた一つの思想的基礎からも乖離することになる。——復古的な道徳によって歴史的過程の移り変わりの中に自己が生存発展する基礎を探し出すことはできず、そのために「文章を作る」ことを通じて自己の存在を顕示する一方になる。同時に、こうした濃厚な道徳主義的色彩を帯びる思考傾向は、道徳のほかにも普遍性を持つ。世界中の一切の事物は時間性をもち、時間はいつも過去から現在へ進み、さらに未来へと向かっていく。逆時的思考はその反動である。一種自覚しない、非科学的な思考様式として、それは多方面に現れており、必ず消極的な効果を生んでいる。中国史上何度もの改革の失敗は、中国がいまだに長い封建社会からできるだけ早くみずからを脱却させることができていないからであって、すこしでもこうした心理状態と関係があれば、その巻き添えをすこぶる食らうのである。

一面的な道徳主義ですべてを包み込み、また逆時的な方向付けでみずから変革前進する足並みを阻害する、このような文化がどうして落後や封鎖を引き起こさないでいられようか。幸いなことに、こうした要素は決して中国の歴史文化の一貫した主導となっているわけではなく、したがってわれわれの社会と文化もまだ長く封鎖されたり落後していたりはしない。しかし、われわれはこの警告に対して安心してはならない。特に社会に深刻な変革あるいは転換が発生する時期に、こうした道徳上の崇古復旧の傾向は、しばしば改革刷新の巨大な精神的阻害力になる。ひとたびそれに主導的立場を取らせてしまうと、われわれは自己の文化的優勢を改めて喪失してしまうであろう。

二、伝統的文化精神の歴史的再考

中国の伝統文化の盛衰を見てみると、特にのちの衰退の根源を改めて考えるときに、とくに注意しなければならないことは、どんな内在的要素が、中国の伝統文化を少しずつ強者から弱者へ変え、先進から後進へと変わらせたのか、ということである。ここで、われわれは精神文化の三つの代表的な領域——科学・道徳・信仰——を重点的に選択し、概要の分析を行おう。

1、科学——わずかに劣る「精神」

国際的に著名な科学技術史の専門家、ジョゼフ・ニーダムは、中国文明に深い理解と深厚な感情をもっていたイギリスの老研究者であったが、かつてある問題にひどく困惑を感じていた。悠久の歴史を持つ文明古国として、中国は古代に輝かしく華々しい文明を創造しており、そこに含まれる多くの科学技術の成果も、世界中で久しく他をリードする地位にあったのに、何故それが近代に衰退したのだろうか。特に、いったい何故そこで西洋のような先進技術が生まれなかったのだろうか。

ニーダムが提起したこの問題は、歴史上「ニーダムの難題」とよばれる。当然、この問題は多くの人物が論議し、注目してきた。これは注目を集め、何代もの中国および外国の学者たちを困惑させてきた問題なのである。多くの人物が扼腕嘆息ののち、この中国歴史の謎を明らかにしようと試みた。人々はさまざまな面から原因を探し求め、多くの極めて啓発に富む見解を発表した。例えば、以下のようなものである。

生産と生活の様式から原因を探ると、自然経済のもとで、長期的な手工業労働の生産様式と交換形式は、人々を各自閉鎖的で分散的な状態にして自給自足させ、生活リズムは緩慢で停滞的ですらあり、生産知識や技術の創造更新を刺激し促進するのに十分な競争と動力の要素に欠け、普遍的な科学探索の必要性に欠けている。

政治の面から原因を探ると、長期の、特に中後期の封建階級と専制制度のもとで、統治者はお上の考えと統治の権謀に頼って管理を行い、民主を必要としない上に、法制を必要ともせず、そのため科学も必要としない。科学と科学的精神はまさに現代的な民主主義と法制の基礎であるため、被統治者が圧制を受け、収奪され、なおかつさまざまな人身の従属関係の束縛を受け、自己保存が容易でないならば、科学に関心を持ち発展させようとする条件も積極性ももちにくい。

思想道徳の面から原因を探ると、主導的地位を占める儒家思想は倫理政治を中心としたものであり、自然と社会の具体的な知識を重視せず、経済と科学技術を軽視し排斥すらした。社会全体は統治者の好悪を是非とし、多様な個性の発展を抑圧し、三綱五常の礼教を強制的に推進し、内心を修め、中庸で、保守型の消極的な人格を唱導するなど、これらはすべて人々が新しいものを求めたり珍しいものを好んだりして、探索して実験をするような天性を極めて強く抑圧し制限したのである。

科学発展のメカニズムの面から原因を探ると、単純実用化という動機が、科学技術の主要な目的であるため、自覚できずに科学そのものと応用技術とを分けてしまい、技術上の解釈に到達することで満足し、「挙一反三」（一つのことから類推して多くのことを知る）して、それによって系統化された理論的知識を取得することを求めない。すでに取得し、多く実用技術型に属する成果に対しては、一時的な有用に満足し、ひいては実に卑俗な目的に満足するばかりで、徹底的に理解しようともしない。あわせてしばしばそれを不法に私有し、あるいはそれを神秘化し、それを普遍化して、公衆が普遍的に利用可能な効果に到達しようとはしない。これらはすべて必ず科学の真の形成を妨害する。

最終的な原因に関して、人々はこれまでいまだ一致した意見を得ていないが、もしかすると、もともとすべてを解釈することのできる唯一の理由など存在しないのかもしれない。実際、われわれもすでに消失してしまった過去のものにしつこくこだわることは必ずしもせず、現実的に見つけ出すことができ、なおかつ変えてもよいもの、つまりこれまでやはりわれわれ自身の身の上に存在しているものに着眼しなければならない。もしこのように思考するならば、ここでもっとも明らかにできていない現象がある。それは、前述のさまざまな原因によって、かつて作りあげた普遍的な現象あるいは伝統が、われわれの文化にほんの少しの精神――学問的に真剣で徹底的な、根底を追究し、最後まで極め、厳密に論証し、応用を試み、検証を行い、少しもいい加減にしない精神、つまりは科学的に徹底した精神をずっと欠如していた、ということである。

　科学、特に現代科学の登場は、人々が実践の中で、自分がぶつかった問題についてうっかり見過ごしたこともなく、どんなことでも「徹底的に明らかにし」たいと思う態度と関連がある。いかにして「徹底的に明らかにする」かは、なぜかを多く問わねばならないし、手に入る実証すべきで繰り返すべき観点が必要であり、提示するための形式化すべきで普遍化すべき理論が必要である。こうした科学的精神に欠けているというあらわれは、人々が愚見に満足しやすく、徹底的に理解しようとせず、役に立てばそれでよしとし、全面的に徹底しようとしないか、あるいは大ざっぱにして粗忽で、深く追究しないか、あるいは秘密にして発表せず、おしなべて検証したり拡張したりする気がない、といったことである。こうした精神に欠けているため、われわれは歴史上かつて多くの重大な科学的発見や理論的創造をおこなうチャンスをみすみす失っているのである。

　著名な陰陽学説がその典型である。「陰陽」は伝統文化の中で自然・社会・人生ないしは一切を解釈する重要なカテゴリーである。例えば古人は、「陰陽が互いにぶつかり合って稲妻となる」とか、地震は「陽が伏し隠れて出られず、陰が迫って熱気を立ち上らせることができない」ために引き起こされる、などと指摘した。王充は「元気呼吸し、月に随いて盛衰す」という言い方で、比較的早い段階で潮汐の周期を解釈したし、朱熹は「星に地に堕つる有り、其の光天を燭して、散ずる者変じて石と為る」という言い方で隕石を解釈するとか、雨が降って日光を散乱させることによって虹を解釈しようとする、などした。これらはそもそもある程度の道理があるものではあるが、しかし、これまで実験によってそれらを実証したり反証したりする人がいなかった。直観と推測の知識にとどまると、ひとたび日常経験や直観・推測で把握できる領域を超え出た場合、例えばミクロの物質の構造・光学・音響学などの領域において、および機械装置や技術設備などさらに深層の理論を探索する場合において、意余って力足らずの部分が目立ち、はるかに落後してしまったのである。

また、中国古代にも系統だった観測と精巧な実験はあったが、たとえば天体観測や弓の設計など、おもに実用的な領域に集中していた。功利実用的な目的を排除してしまって、仮説あるいは理論を検証するために行う試験は、すでに滅多に見ない。たとえ個別に実験の支持が必要で、研究を進めている対象であっても、実験条件に対する自覚的に厳格なコントロールと定量分析の伝統に欠けており、それと仮説あるいは理論との関係もおおかた散漫なものである。

また、火薬を例に取ってみよう。中国が発明した火薬は硝酸カリウム・硫黄・木炭の三種の粉末から構成される混合物である。火薬は文字通り着火するための薬であり、最も早くて漢方薬の調製の中で偶然発見されたものらしく、例えば漢代の『神農本草経』の中には、硝石や硫黄がすでに重要な薬物として並べられているし、明代の『本草綱目』の中では、李時珍がやはり火薬を皮膚病の治療、殺虫、湿気による病や急性の伝染病を払い除く薬物としている。火薬がなぜ爆発できるのか、どのように配合すれば威力がさらに大きくなるのか、といったことになると、こうした諸問題については、その反応のメカニズムの分析を通じて研究を行った人がおらず、漠然と陰陽五行といった類の学説でこれを解釈するのである。たとえば、宋応星の『天工開物』の中に、「硝石の性は至陰で、硫黄の性は至陽であり、陰陽二種の不思議な物質を入り込むすき間のない中で出会わせる。それが爆発すると、人も動物もこの衝撃を受け、魂が飛び散るほどに驚いて魄は粉々になってしまう」とある。こうした曖昧なものを含んだ解釈に満足しているため、中国がいまだ爆竹を使ってお祝い事をしたりあるいは邪気を追い払ったりするにとどまっていたとき、異なる思考伝統の西洋ではニトログリセリンの性質と化学的成分の分析を通じ、多くの実験を経て、強度の非常に大きく安全な固体のダイナマイトを発明したのである。

「わずかに劣る」とは、重大な科学理論と出会うチャンスをみすみす逃してしまい、さらには現代科学と無縁の状況で、多く持ち出される。近代西洋の実験科学が盛んに発展し始め、日増しに豊かになってきたとき、中国は内省思弁を通じて、現実世界や経験的事実から遠く離れた理学・心学のビルディングを構築するのに熱中し、了悟を重んじ、論証を軽んじ、ついには中国に科学を深化させ、理論を打ち立て、技術と生産を密接に結びつけるメカニズムを試験する機会を失った。こんにちですら、われわれの科学技術が社会へ向けて、あるいは生産に向けて転化するためのメカニズムはしっかりと確立されはじめてはいないが、「宇宙の最高規律」とか「世界の普遍的な法則」とか「最高の範疇」とかいった類と褒め称えられるような世を驚かす「研究」は次々と現れて尽きることがない。中学・大学において、中国の学生の成績はとてもよく、理論的な課程はとりわけ突出しており、競技会の中でたびたび賞を獲得するが、実験や着手の能力は極めて悪く、卒業後しばしば重任、特に独立して重任を負うことができない。これはみな深く反省するに値することである。その原因を追究すると、けっして中国民族の智力が発達不足しているわけではなく、中国人に発達富強の欲望がないとか、発明創造の興味がないといったわけでもなく、根源を追究するとか、是非とも徹底するといった「精神」がわずかに足りないからなのである。こんにち見てみると、この「わずかな精神」——科学的精神や科学上の徹底的追求は、しばしばまさしく最も重要で、決定的な要素なのである。

科学に向き合う態度は孤立的ではなく、その実一種の文化的性格の縮図である。厳粛な科学研究に対してさえ徹底的に、真剣にやり遂げることができないのだから、その他のことについては、なおさら「適当なところでやめる」「だいたい」「ほぼ十分」「まあまあ」「潮時を見て引き下がる」といった態度をとる可能性がある。たとえば、仕事に向き合うとき、生産品の品質に向き合うとき、協約・契約・信用などの約束に向き合うとき、道徳的な是非の基準に向き合うとき、信仰の基礎と意義に向き合うとき、民主的な規律や手続きに向き合うときなど、いずれも徹底的に明らかにしたり、終始一貫したりしようとせず、物事を「もっともうまくやる」とか「さらに少しうまくやる」といったことを求めず、随意性の比較的大きな「十分なだけ」に満足し、物事を比較的低い水準に止める可能性がある。こうした文化的性格は、国民を日増しに激烈さを増す競争環境下において劣勢におくのである。

2、道徳――誰が「己れを推して人に及ぼ」しているのか？

道徳も中国社会の状況において、科学技術と同じで、かつては十分に発達したものの、のちに落後してしまった。ただ状況がさらに複雑で、いくぶんか隠蔽されているだけで、科学技術のようにはっきりしているわけでも、広く注目を集めているわけでもないのである。しかし、中国の伝統的道徳は近代、とくに「五四運動」以来、ずっと人々の懐疑や批判に遭い、人々は実際の生活の中からその圧力を感じ、それは少なくとも中国近代の後進性に対して回避することのできない責任を負わねばならず、この点はどんなことがあっても否認することはできない。この判断に同意しない人もいるであろう。彼らはこれまで、われわれの伝統的道徳も落後する可能性がある、ひいてはすでに落後してしまったとは考えていない。彼らはこう述べるであろう。「社会の後進では伝統的道徳体系そのものに問題があることを証明することは決してできない。一面的に道徳を講じ、ただきれいな文章を作るだけというのはもちろんよくないが、道徳を重視し、文章をきれいに作ることそのものには何かよくないことがあろうか。社会はよい道徳や文章に基づいて執り行われたことはない。これは社会の問題であって、道徳や文章のせいにできるだろうか。」事実、われわれの再考はまさしくここから取りかからねばならず、道徳を講じることが中国の伝統文化の中で極めて重い分量を占めている以上、それは社会文化の発展に対しても自分の役割を果たさねばならない。「役に立たな」かろうが、「逆効果」になろうが、それに問題があることを説明するのである。注意しなければならないのは、伝統的な道徳の思考様式そのものが、確かに一定の保守的で、後進的で、社会進歩の方向から乖離した種子を含んでおり、それは「克己復礼」を方向付けとする「道徳文章主義」に向かわせ、その内在的な根源をもつものである。

われわれは伝統的道徳の思考様式の核心――「己れを推して人に及ぼす」についてすこし分析してみよう。道徳の内容は、その規範や原則など、どこから来たのだろうか。何を根拠に制定され確立したのであろうか。これらは道徳の「原問題」と呼ばれ、すべての倫理道徳体系の根拠・前提・基礎の問題である。そして孔夫子に始まって、中国歴代の思想家たちの回答は、実際上すべて「己れを推して人に及ぼす」という方法によって、「自分からみなへ」という思考の道筋にそって、いつまでも彼らは「天命」「天意」「天理」や人の「天性」といった旗印を掲げることにあった。

孔子は真っ先に「推己及人」的な思考の筋道と原則を提示した。彼は「夫れ仁者は、己れ立たんと欲して人を立て、己達せんと欲して人を達す」（『論語』雍也）と述べ、「仁」を目標と基準とする道徳体系は、そのもっとも根本的な核心の原則が、「己れの欲せざる所、人に施すことなかれ」（『論語』顔淵）であると考えた。この「推己及人」の原則――自己の観察と内心の体験を通じて、「（他）人」の本性と天理を探し出し、そののちにまたそれを他人と社会全体にまで押し広げて、ひととおりの道徳規範を引き出し、のちにカントがいう道徳の「絶対性」（大意は、あらゆる人間がみな別の人間も同じようにやればいいと希望することをやらねばならず、これが道徳の絶対的要求である、ということ）と同工異曲の妙があり、どちらも道徳的思考の根本的な出発点を定め、それによってその他の道徳規則を説明し定めることができるのである。

長年、こうした個人の意識を起点とした、「自己→他人→すべての人」という思考の道筋は、ずっと多くの倫理学者たちに自覚的または無自覚的に従われており、代表性をもつ伝統的な道徳的思考となった。「己れの欲せざる所、人に施すことなかれ」あるいは「己れを推して人に及ぼす」は、世界中で道徳の「黄金規則」と呼ばれる。抽象的に言えば、それは確かに道理があり、この「黄金規則」よりさらに合理的で、さらに根本的で、さらに普遍的に適用できてまた簡単で明確な原理を探し出すことはできなくなったようだ。しかし物事にはいつも別の一面がある。もし抽象にとどまるのではなく、歴史と現実を結合してみるのであれば、明らかにこうした見たところ一分の隙もない偉大なる抽象は、その中に何らかのミスの要因を含んでしまう、ということを発見するはずだ。まずはその理論と論理的前提である。なぜ「己れを推して人に及ぼ」さねばならないのか。「推己及人」を実行すべき、また実行することのできる根拠は何なのか。生活の中で、あらゆる「(自) 己」と「(他) 人」の間というのは、すべて具体的な条件を無視していつでも「推し及ぼす」ことができるものなのだろうか。この点はまさしく論証や説明を経ていないところである。現在見たところ、「推及論」の致命的な弱点は、まさしくそれがあらかじめ「人」と「己」の間が完全に同じあるいは一致している、少なくとも同じあるいは一致する「はずである」と想像したことである。「己」が欲することは、きっと他人も欲することであり、「己」が欲さないことは、きっと他人も欲さないことである。……したがって主体の多様性や特殊性を軽視したのである。こうした個性を放棄した「人己同一」論は、そのものが一種非歴史的で主観的で抽象的な観点であって、ひょっとするとそれは単に人間（各種のグループも含む）の個性がいまだなお十分に発育していない時代の理念でしかないといえるかもしれない。中国と西洋の伝統的道徳思考の中では、抽象的で無個性的な人生論を一貫して固守しているため、人々はこうした「推及」を理の当然であると見なしているのである。

人々の多様化した個性と独立性が日増しに発展するにしたがって、無条件の「推及」は必然的に難題にぶつかり、人々は説明を必要とする。人間と人間との間は、どんな条件下で互いに同じあるいは一致するとみなすことができ、なおかつみなすべきであろうか。またどんな状況下ではこのように「一視同仁」してはならないのだろうか。人間と人間が平等で、各自が独立している状況下で、一つの個体にはどんな権力と必要性があって他人を自分と同じように見るのだろうか。どんな必要性があってみな他人に「推し及ぼ」したり他人の「推し及ぼし」を受け入れたりするのだろうか。生活の実践において、このような問題は避けることができないものである。もし説明が得られなければ、「推及」論は成立しがたい。

次に「推及」の現実過程である。過去の倫理道徳はどんな人物によって、どのように「推し」出されてきたのだろうか。未来の道徳は誰が、どのように「推し」出してくることを期待せねばならないのだろうか。これらはみな考察と検証を待たねばならない。しかし、ある一点だけははっきりしている。世界中の人間と人間との間には、多種多様の格差が存在しており、一部は根本的な利益の格差ですらある。こうした状況下で、もし人々にみな「己れを推して人に及ぼ」させるならば、それは明らかに無理な話であって、まもなく少数の人物、すなわち「聖人」「大人」あるいは統治者を頼りにしてしまうであろう。しかし、少数の人間が彼ら自身から「推し」出してくるものが、絶対多数の人間に無条件に適合できるであろうか。例えば皇帝自身は奴隷になることを決して望まないけれども、彼は必然的に別の人間がみな甘んじて奴隷になることを必要とし、またそれを望むが、それでは彼はいったいどのようにして「己れを推して人に及ぼす」のだろうか。もし絶対多数の人間の利益を損なうような規則も強制的に推進しなければならないとしたら、こうした「推己及人」の道徳は、専制的であったり収奪を行ったり、他人に強要したりする口実となってしまうが、言うべき価値のある「仁愛」には何かまだあるであろうか。

そのため、「推己及人」は見たところとても合理的なようであるが、社会の分裂が存在している歴史全体の上において、その結果は、事実上つねに社会の一部分の人間が「己れの欲せざる所、偏りて人に施す」——権勢のある人物は、自分が望まないことを、ほかの一部分の人間に施し、何の権力もない人物は、自分が望んでいるかどうかにかかわらず、ただ他人が「施しあたえる」のを受け入れるばかりである。と同時に、権勢の得失そのものにも不安定で頼りにならない一面があり、人間はそれを手に入れるときもあれば、それを失ってしまうときもある。権勢を手に入れた人物は喜んで他人に施し、権勢を失った人物は仕方なく施される。そうして、人々はいつも「推己及人」が真に全面的に一貫して執行され実行されるのも見えず、逆にいつもそれが一種の実用主義的な手段、「招けば来るし、命じれば行く」といった意味とされることは見えているのである。ある素晴らしいような原則でも、現実の中では虚偽で残酷なごまかしであり、代替物となってしまう。これは抽象化原則の真実の運命である。

つまり、ただただ「人間あるいは個体の善なる本性」に対する理解と拡張に依拠して、あるいは「悪なる本性」に対する「超越」によって考え出される美徳およびその規範は、往々にして理想的な性質と力を持つばかりで、現実的な力に欠けている。道徳はしばしば人類の生活の中である種内心より発する「応然」（理想）であり、歴史そのものの一つの意味上での「突然」ではないと理解されるばかりである。こうした観念そのものも、伝統的な道徳的思考の一大特徴である。

理想は重要で貴重なものであるが、現実的な基礎に欠けている理想であれば、現実中で弱い立場にあると決定づけられてしまう。歴史を少し回顧しさえすれば裏付けは難しくない。強力な現実的歴史過程において、例えば経済・政治・科学技術や人々の日常生活の変革と発展の前で、「道徳」はしばしば衝撃や冒瀆を受けたと感じ、多くは社会進歩の犠牲になると言われる。特に社会の大きな変革と転換の時期に、人間の群れの中で、とりわけ道徳理想主義者のところでは、どうしても「世の空気が日々悪くなる」とか「道徳が朽ちる」といった慨嘆を発せねばならない。彼らからみれば、世俗の経済・科学技術や人々の日常生活は、生まれつき道徳とは反対の方へ向かっていくかのようである。物質において貧困であった大昔の時代や原始時代だけが、人類の道徳上の黄金時代であって、物質生産の生活の進歩にしたがって、人類の道徳精神上の境界は、損の方が得より大きく、退歩の方が進歩より多くなるしかない、と認める人物すらいる。さらに注意しなければならないのは、こうした議論のもとで、道徳を救済し復興しようとする構想は、大半が過去を回復するものに託し、あわせてしばしばある種の政治的あるいは行政的な権力の関与を頼りにしてはじめて実現しなければならず、多数の人間の現実の中から支持を得ることは決してできない……。歴史的発展の角度から見ると、伝統的な道徳の思考様式はますます現実から乖離し、衝突すらする、これはまさしくそれそのものに重大な欠陥があることを説明している。

「推己及人」あるいは「外推式」（外押し型）の道徳的思考回路は、伝統的倫理学のとても大きく、普遍的で、影響の深刻な誤りである。その根本的な問題は、抽象的で単一的な「人（間）」すなわち個人（「己」）から出発するのであって、現実的で多様化した具体的な人間と人間との社会関係から出発しているわけではなく、一種の主観的意向によって原則を構成した。そのため、その根本的な限界を克服しなければならず、活路は現実的で具体的な人間と人間との社会歴史関係に戻ってくるところにある。

人類生活の中では、これまでずっと具体的な道徳形態の違いがあっただけで、倫理的道徳があったかなかったかという違いは存在しない。抽象的で理想化された道徳を除けば、現実的で本当に存在し同時に役割を果たしてきた道徳がある。現実的で強勢な道徳は、いかなる人間の「己れを推して人に及ぼす」想像にも由来するわけではなく、人々の共同活動と相互関係そのものから生まれるものであり、「内生」こそが社会の各領域の現実的な道徳の形成と発展の主要な方式であり、真実の道のりなのである。

道徳規範が聖賢の類推あるいは啓示を待つ必要がないということも、あらゆる人間が主観的に自分を尺度にし、その他の人間に拡張するというわけではなく、人々が客観的に共同の活動と交際、ならびに特定の活動様式およびその条件などによって、それ自身が内向きや下向きに一定の秩序あるいは規則をもった要求を提示し（これらの要求はこの社会系統あるいは活動方式を維持するのに不可欠な存在である）、「すべからくこのようであるべきである」とか「このようであれば有利である」とか「このようでなければならない」とかいった拘束力をあらわし、あわせて関わる人々の意識と行為の中にあまねくこれらの要求を適応させるよう促すのである。一言で言えば、人々自身の活動によって創造形成されるのである。これはまるでサッカーの試合のルールのようである――それは何らかの人物がそこで思考し、「一人のナイスプレイヤーとしてどうあるべきか」にしたがって類推することによるのでは決してなく、サッカーの試合という活動そのものに必須の条件であって、サッカーというスポーツの生命の一部分である。サッカーのルールがなければ、サッカーというスポーツや試合はない。

もしここにも「推し及ぼし」があるというならば、それは決して個人から出発するものではなく、集団から出発するものであり、個人が頭脳によって「推し出す」ものではなく、集団に共通の生活の論理が「推し出す」ものであり、ある点から外へ向けて、他人へ向けて「推し及ぼす」ものではなく、ある全体が内側に向けて深化調整し、自己充実と自己規範を進めるものである。このようである上、現実の道徳は必ず人間の生存発展とつながり、必ず人間の現実的な生存発展の実践の中に存在し、あわせて人間の実践そのものによって強力に創生されるのである。この基礎の上に確立された理想や理念は、現実の中から有力な支持を得ることができる。「内生」した道徳は、人間と社会の部分的な現実として、全面的な現実といっしょに、その具体的で超越し得ない歴史の様相を呈する。このためそれは「優勢」であるべきのみならず、なおかつ事実上もそうである。

このような新たな観念を用いて道徳を取り扱うと、中国の伝統的道徳の欠陥を発見することができ、それはまさにそれが過分に理想化された抽象に拘泥し、頭脳に由来する主観的意向に限られる。ひたすら素晴らしい社会目標を追求したのに、個人が「己れを推して人に及ぼす」自覚と能力に立脚し依存するばかりで、現実の公共生活に依拠したり社会関係の進歩に追随したりして自己をたえず変え発展させる自覚性に欠けるため、必然的に現実の発展との関連を失い、あわせて自分に活力を喪失させる。それは人為的に強化と推進を行えば行うほど、空虚な形式主義と偽善的な演技型の人格をますます作りあげてしまいやすい。われわれの道徳説教はしばしば現実から乖離し、大衆から乖離し、古を重んじて現代を軽んじ、古を尊んで今を非難するが、その根源はここにある。古代においてひとたび精華となり優勢な伝統的道徳ではあるが、それが近代になって先頭を走り続けることができなくなり、逆に社会解放と自己超越の精神的な障害となったのは、その根本の原因もここにあるのである。

3、信仰と宗教——なぜ「急時に仏脚を抱く」のか？

信仰は、人類特有の文化的存在であり精神生活の様式の一つである。人々が何を信仰の対象とするかによらず、信仰という精神形式の特徴は、ある価値信念を思想と行動の統轄的地位に置き、人間の価値意識全部の方向付けの形式や調節の中枢になり、人間の「よりどころ」となるところにある。人間は信仰を持たざるを得ず、信仰を持たない生命は霊魂を持たないのに等しく、信仰を持たない社会は方向性がないのと等しい。信仰の誤差は、人生や社会が発展する道筋に根本的な過ちをもたらしてしまうであろう。

古来より、人々の信仰は多様化している。信仰の対象はつねに歴史的に変化しているが、信仰という形式は人類に永久不変の特徴である。人々が具体的に何を信仰するか（迷信を含む）といえば、神霊・道徳・金銭・権力・権威であり、また自然界・科学・真理・人間自身などであり、それぞれ異なってはいるが、結局は人間が自身の本質的な力と生存発展の方向についてどうとらえているかを反映している。エンゲルスは「たとえもっともでたらめな迷信であっても、その根底は人類の本質的な恒久不変の本性を反映しているが、反映が不完全であれば、幾分か歪曲するものである」と述べている。[1]信仰を通して、ある程度の社会の発展段階の文化的特徴を考察し、文化の具体的な様相をとらえることができるのである。

宗教はある種の神霊や教義を核心とする、組織を持ち、社会化された特定の信仰形式である。宗教の類型も決して一律ではない。しかし西洋においては、信仰の宗教化形式が比較的ふつうであり、宗教の歴史的地位はかなり突出しているため、人々はつねに西洋文化を背景とし、信仰と宗教を混同し、信仰は必ず宗教として現れる、あるいはあらゆる信仰の形式をすべて宗教に帰すのであると考える。しかし実際には、人々の信仰は宗教的なものもあれば、非宗教的な形式もある。信仰はいかなる状況下でも宗教と直接つながっているわけでは決してない。とりわけ中国の伝統文化の中では、信仰と宗教の間に、かなり複雑で奇特な関係が存在しているのだ。

中国には古来より無数の大小さまざまな民間宗教が存在し、その中には歴史が長く、組織の厳密な教派も少な

1　『馬克思恩格斯全集』第一巻（北京：人民出版社、一九九五年）、六五一頁。

くない。特に比較的早く誕生した道教とのちに輸入された仏教は、かなり大きな規模を形成した。しかし一つの宗教が真に信仰生活の主導的地位を占め、「国教」の性質を持つ宗教となったことはいまだにない。これはなぜだろうか。おそらく、中国文化の主流は、一貫して「人本主義」であって「神本主義」ではないからであろう。主流から見ると、儒家学説を代表とする中国の伝統的な思想文化は、一種「信仰はあり、宗教がない」という状況に近い。儒家学説の精神的実質は、「天」を最高の信仰とする人本主義である。「天」は宇宙自然の力と社会人倫秩序の化身であり、人間の一切は天に問いただし、天命を聴かねばならない。しかし「天」そのものはいまだ人格化されて統一的で唯一の神あるいは意志の代表となってはおらず、人々によって随時随所に認識されたり悟られたり理解されたりすることのできる信仰対象である。孔子から始まって、神あるいは上帝について真剣に系統立った強調や展開がいまだあったことがなく、終始「人間の方式」で「天意」を理解し詳述するのである。天は永遠に現実の人倫政治と結合している。そのため、「天」について唯一で完全に厳密な見解（教義）はなく、世俗的な社会組織と異なる特殊な組織形式（教会）を持つ必要もなく、現実の「礼制」とは異なる特殊な形式（儀式）でそれを維持したり体現したりする必要もない。こうした西洋宗教と異なる特徴は、儒家学説そのものが一定の、人間の世で最高の価値原則に対する信仰を確立したにもかかわらず、それを宗教化してはいないことを明らかにしている。

信仰の社会的地位と社会的影響の面から見てみると、儒家学説を主導とする中国社会も、西洋とは異なる発展の様式をあらわしだしている。梁漱溟は、中国が西洋と違うところは、西洋は宗教を原則とする社会であり、教会の権力は世俗の政権から独立し、それより高くすらあったのに対して、中国は「道徳を宗教の代わりにし」、「倫理で社会を組織し[2]」、歴史上教権が政権に対する依存従属関係からいまだ脱却していない、と考えた。これは確かに中国社会と中国文化の一つの伝統的特色である。

しかしのちに、特に宋明のころ、儒家にも宗教化される形跡があった。これは意識形態の「一尊」に位置づけられて以後、国家政権が参与する推進と強化を通じて、儒家学説がもはや単に人倫政治学説であるのみならず、さらに疑う余地のない信仰と見なされ、人々が無条件でひれ伏し従うよう要求するようにさせられたためである。儒家学説の教条化は、ある程度の神格化を意味しており、同時に、孔子本人もしだいに神格化され、「大成至聖先師」となり、少なくとも「教主」に近い地位を持った。それらによって中国の民間においては、儒家が仏教や道教と並ぶ「儒教」となり、孔子は釈迦や老子とともに廟宇の中に配列される神となった。

儒家そのものは決して宗教ではなく、その学説も宗教を主張するものではないが、儒家は現実生活の中で宗教化される傾向があり、この状況は熟考に値する。一方ではもちろん、当時の社会発展のレベルで、人々にたしかに一定の信仰の需要があり、信仰と宗教の間には絶対的な境界線がなく、はっきりと一線を画するのは難しい、ということを反映しているが、他方では中国人が信仰と宗教に向き合う特有の方式、つまり「中国式の」信仰の特徴あるいは宗教の伝統をもあらわしている。

人間を根本として神を根本としないことは、心理上において、人々の「神」に対する来歴と本意が、真剣に追求しなくても、それに対して全面的で徹底した理解と論理的に一貫した忠誠を求めなくてもよく、ただ人間に対する意義を取り、「人間のこと」に関わることができるかどうかを問い、人間自身に適合することを求めるだけでよい、ということを意味している。この面において、孔子の態度は一貫して非常に明確で確固たるものだった。「子、怪力乱神を語らず。」（『論語』述而）ある人物がいかに鬼神につかえるかを追求したときに、彼は「未だ人に事うること能わず、焉んぞ能く鬼に事えん」と述べた（『論語』先進）。孔子は「祭ること在すが如くし、神を祭ること神在すが如くす」と主張した（『論語』八佾）。一つの「如」字は、「神」そのものが果たして存在するのかどうかという問題に対して、議論を後回しにするような含みのある態度をとったものであり、人々の敬神行

2　梁漱溟『中国文化要義』（学林出版社、一九八七年）を参照。

為についても、理解と寛容の態度をとっていることを明らかにしている。孔子のように尋常でない寛大さと叡智は、始めるやいなや手本となり、国民にどうやって神の面前にあり、人間を根本に保持するかを教えて会得させたのである。

「人を以て本と為す」ことを信仰としている中国特有の様式は中国文化においていくつかの特徴を作り出した。まず、西洋の教会権力が、皇帝権力から独立しており、しかもより高かったのと異なり、中国は皇帝権力が教権より高く、教権は一貫して世俗の政権に服従しひいては依存し、皇帝権力に奉仕する。たとえば上帝天命崇拝[1]、讖緯神学[2]、天人感応[3]、災異譴告[4]といった伝統的神学は、君権統治を神格化し、君主の統治を強固にするために奉仕したに違いない。君権神授の理論は、神権と王権を完璧な統一に到達させた。歴代の統治者は「天子」を自任し、しっかりと最高の神権を自らの手中に掌握し、天地を祭り、上帝を郊し、百神を祀り、泰山を封じ、梁父山を禅するなどの宗教的儀式を通じて自己の至高無上の独尊的地位を顕示し、臣民に対して自己への絶対的服従と、封建倫理である三綱五常の遵守を要求し、同時にこれが「天命」「天理」であると考えた。仏教やキリスト教といった外来の宗教に関していうと、中国での盛衰は王権のために奉仕したいと願い、統治者の支持を獲得できるかどうかと関係している。仏教やキリスト教などの外来宗教が中国に入ったとき、どれも似た「治外法権」を享受する要求を示したが、少しの例外もなく失敗し、ひいては「三武一宗」の「廃仏」事件すら発生した。仏教はのちに教典漢訳の過程で、封建倫理的な三綱五常と衝突するような内容を回避あるいは改訳し、統治者の需要に迎合するような道具となって、ようやく一定の支持と発展を得たのである。

次に、宗教思想の内容を人本化し、世俗化した。これは「頓悟成仏[5]」の禅宗の興起に典型的に現れている。それは比較的で融合的で内向的な思考を利用して、「快速成仏」「頓悟成仏」を重んじ、衆生が雑念を排除し、清静なる自性に戻りさえすれば、たちどころに「頓悟」して成仏できると指摘した。慧能は、衆生の自性こそ仏性であって、仏性は宇宙万物の真如本性（あるがままの本性）であるとも言え、衆生の本性と宇宙万物の本体は一致するものである、と考えた。そのため衆生の覚悟成仏も、真如本性の悟りに帰結できる。「触類是道」[6]であれ、「即事而真」[7]であれ、便利ですばやく、実際的で「有効」であるので、「出世」するための悟りと成仏には「入世」した適応方式があったからこそ、すばやく伝播したのである。

さらに、宗教信仰の実用化についてである。中国民衆の信仰の中に、神聖な偶像がないというわけでは決してないが、人々が崇拝する神仙には、厳格な宗教的体系が決してなく、よく見られる状態はそれぞれの神仙に一定の職務を分配し、彼らに具体的な事物を受け持っていただく、という状態である。そのため厳しい教義や教派を超越して、儒・道・仏・キリスト教などを一つの炉で溶かし、孔子・関公・観音・イエス・釈迦牟尼……らを一堂に供えることとすらしてもよいのである。人々が神を「求める」のに決まりなどなく、典型的な実用的態度を呈する。たとえば、勉強して役人になるために、孔子を参拝するし、跡継ぎを求めて、観音（送子娘娘）を参拝するし、お金を儲けたいなら、財神を拝むし、ときには閻魔王や小鬼ですら拝む……人々が供奉する目的はおおかた実用的な「求」にあり、敬虔な「信」にあるとは限らない。

その本義にしたがえば、宗教は一種の神聖主義的で、調和を許さない感情と信仰であり、異なる宗教の間には強烈な排他性がある。しかし「中国式の人本主義的宗教態度」において、人々はおおかた驚くべき「多変性」「包容性」「不厳粛性」を現しだしている。このでたらめに見える態度の背後に、実際は深遠な人生哲理が含まれている。それは合理的な面もあれば、非合理的な面もある。

合理的な面は、それが宗教の形式を借りて「人を以て本と為す」ことを保持したのである。この点はその実、機械的な偶像崇拝よりも宗教の根源をいっそう徹底的に見せつけている。まさにエンゲルスが指摘したように、宗教崇拝において、「人はやはり理解しておらず、彼は自己の本質を崇拝しており、自己の本質を神格化し、一

3　『馬克思恩格斯全集』第一巻（北京：人民出版社、一九九五年）六四七―六四八頁。

種別の本質に変えてしまう。[3]」宗教の神は人間自身の本質の疎外と神格化に由来し、そのため中国式の宗教態度は、実際神への信仰が人間自身の信仰へ一定程度回帰することを具体化しており、おのずとその深遠な現実的基礎がある。同時に、中国式の宗教態度は、各種の宗教に対して比較的寛容調和的な態度を取ったため、西洋とくにヨーロッパ史上何度も発生したような流血の宗教衝突を避けるのに有利であり、社会の発展に得難い平穏と安定を多く保っている。こうした寛大さと叡智はその功を見落とすことができない。

非合理的な面は、中国伝統文化の科学上におけるあらわれと一致し、もしかすると相互につながりあっているといえ、つまり、現実の中の厳粛な大問題については、しばしば関心の「真剣さが足りず、徹底さも足りず」、「信仰」の対象については、徹底的な追求と一貫した把握に欠け、はっきりしないで定まらず、随意に変わるままに任せてしまい、「信仰」のような心理と行為そのものについては、正面切って胸襟を開いた追求・再考・説明がさらに少なく、言わなくとも理解し合っていると思いこんでいる約束を、自発的に選択するレベルにとどめるのである。こうした「寛大さと叡智」のマイナス面の作用は、あたかも合理的なもの（人間を根本とする信仰）を非合理的な地位に置き、非合理的なもの（信仰に対して責任を負わないということ）を前面に浮かび上がらせているようであり、率直に説明をし、あわせて旗幟鮮明に発揚させなければならないもの（人間を根本とする信仰）を言行の背後に隠し、自己反省と修正を加えなければならないもの（信仰に対して徹底的に理解しようとせず、責任を負わないこと）を、立身処世の方法としてしまうようである。その結果は人間を目の前のもっともらしい得るところに満足させ、しばしばさらに大きくさらに貴重な機会を失ってしまう。

「平日香を焼かず、急時に仏脚を抱く」という言葉は、その単純な宗教的意図をなげうって、信仰に対する一般的な描写を取ったものであり、信念・信仰に対して十分な自己論証に欠けていて必然的に自己矛盾・自己衝突を引き起こすような状況をとてもよく描写したと言わなければならない。いったい何を信じ、何を信じないのかは、人間が自己を徹底的に説得することができたときにはじめて、その態度が真実に敬虔で、確固として一貫したものとなる。ただ実用主義風の臨機応変の反応だけしかなければ、人間を原則感・畏敬感や自覚的な理性帰属意識に欠けさせ、精神的に混乱と浅薄に極めて陥らせやすい。それは多くとも小さな範囲の精神的な安定を保証することしかできず、心理と科学を追求する強大な動力を生み出すことはできず、ひいては精神的な保守や堕落を引き起こしうる。ひとたび巨大で深刻な思想衝突があると、そうした心理状態は必然的にコントロールできなくなり、厳重な衝突に陥り、重大な挫折に遭う可能性がある。

三、伝統文化に向かい合ういくつかの態度

1、保守と虚無――二つの極端

歴史的な経験や教訓から見ると、伝統文化に絶えざる自己刷新の態勢を保持しなければならないとすれば、われわれは特に「文化保守主義」と「文化虚無主義」の二つの大きな思想の過ちを防止し克服することに注意せねばならない。

文化保守主義のあらわれは、おもに「天朝大国」の文化的優越感、排外主義や古いしきたりに閉じこもって進歩しようとしない心理である。

五千年の文明には確かに中国民族に誇らせ驕らせるに足るものが多くあり、歳月の移り変わりはそれらのきらめきを隠滅することは決してできない。そうして一部の人間のところで「中央の国」「唯我独尊」「天下第一」といった心理状態が生じ、一種の「無知の傲慢」が現れ、世界中のよいものはすべて、中国に「昔すでにあった」もの、あるいは「われわれがとっくに持っていた」ものと考える。たとえばサッカーをとっくに「発明していた」し、とっくに電子計算機（そろばん）を持っていたし、とっくに職業道徳を生み出していたし、とっくにシステム論を提示していた……現在や今後必要なものはすべて、すでに過去にそろえていて、「その右に出るものがいない」ので、

「古」に向かって捜索し、探し出すだけでよい。中国が「昔すでに持っていた」ものを「発見」することに熱中して、かえってさらにのちの発展状況を再考したりはしないのは、一種の「言葉の占領」に満足していることを意味しており、あたかも阿Qの「以前は偉かった」心理のようである。こうした優越感の背後に、実際隠れているのは卑下と抑圧である。

祖宗を盲信し盲目的に尊大ぶる心理は、同時に自己の封鎖や盲目的な排外を意味している。なおかつ国際的な開放に直面した圧力のもとであればあるほど、そのあらわれはますます十分となる。もっとも典型的なのはたとえば清の乾隆帝で、イギリス商人が通商を拡大するよう請求したとき、彼は終始「天朝は大きいのだから、ないものはなく、なんじら夷狄と互いに付き合う必要はない」と再三強調しながら、官吏らに「国家四海は大きいのだから、何かないものがあろうか、西洋船の通行を許可するのは、特に外国人を懐柔する道である。……天朝は決してこのわずかな外国のものも借りない」と指示した（『清高宗実録』巻六四九）。自分は他人の先進的な物質文明（「些微遠物」）を必要としないことを強調し、通商の開放を「外国人を懐柔する」、高いところから見下ろす恩賜であると言いくるめる。こうした尊大と虚栄のあらわれの中には、愚昧と無知も半分を占めており、中国にまたもや重大な発展の歴史的チャンスを失わせた。胡適はかつて、文化の保守性は、対内的に各種の新奇な風気の興起に抵抗することができる上に、対外的には外来の文化思潮の侵襲を拒むことができる、と指摘した。まさにこのようであるから、歴代の王朝統治者はみなこれを必要と見なしたのである。

文化保守主義のもっとも突出した特徴は、古いしきたりに固執し、古い殻に閉じこもって進歩しようとせず、復古逆行するコンプレックスである。一般的に言えば、ある文化はその歴史が長ければ長いほど、ますます広く深くなり、成熟しかつ影響が深ければ深いほど、人々が十分に自覚していないときには、ますます重荷を背負い、ずるけ心が身につきやすくなる。春秋戦国期の百家争鳴で思想が自由だった時期に、孔子は「文武の道」にならい周礼を規範・基準とした。漢の董仲舒の「罷黜百家、独尊儒術[8]」以降、孔孟儒学はさらに万世の経典となった。一方で、のちの思想家たちの言に必ず「堯・舜・禹・湯・文・武・周公・孔孟」と称し、経典を引き典故の根拠とし、聖賢の考えたことを考え、聖賢の講じたことを講じた。他方で、封建権力は「聖にあらずんば法無し」と認定、つまり聖賢（帝王を含む）の言葉こそが法であって、聖賢に背けば「異端邪説」「道を乱し世を惑わす」と見なされた。先賢およびその経典が人間を束縛する思想的桎梏となっただけでなく、政治上においても偶像化され、規範的な最高の象徴となり、いかなる王朝の衰退、時世の動乱であろうとすべて「聖王の道が廃絶した」せいにするばかりで、経典を懐疑したり、経典から離れ正道に背いたりする理由には絶対にしてはならない。近代以前、中国民族がまだ世界の「先駆け」にいたとき、こうした「祖先を尊び祖先に従う」とか「後ろにならえ」といった民族的心理と思考の定式は一定の凝聚作用を持っていたので落後を示してはいなかったが、近代以来、国運が至らなかったり、後れをとってたたかれたりして、たびたび災難に遭ったというのに、「中国の病は、もちろん新しくなれないところにあるのだが、とりわけ古きを守れないところにある」などと、復古守旧の声はいまだ耳に絶えず、そのため正確な選択は、「古きを考えるのがよく、古きを嫌がってはならない、新しきを知るのがよく、新しきを追いかけてはならない」（薛福成『考旧知新説』）ということになるしかない。してみると、こんな保守主義がどれだけ根深く強固であろうか。

文化虚無主義とはその民族の文化遺産に対して全般的に否定したり、一概に排斥したりする態度を指す。それは文化保守主義と互いに対立し、両立はできないように見えるが、実際にはそれらは「両極端で相通ずる」ものである。歴史的に見れば、中国の文化虚無主義はおもに文化保守主義の「物極まれば必ず反る」（物事が極点に達すれば必ず逆の方向に転化する）という症状のもとに生じ、その影あるいは背面である。これは文化虚無主義の二つの主なあらわれ――激烈な「反伝統主義」と「全面的西洋化論」から裏付けを得ている。

激烈な反伝統主義的態度は中国古代にも近代にもあったものであり、伝統文化の保守性や閉鎖性への不満に起因し、そのため一種の極端に否定的な方式をとる。たとえば明朝の李贄は伝統に反逆し、儒家の道理に背いたことで著名な学者である。過去には、反伝統が「全面的西洋化」論を導くことは決してなかったが、それにはまだ理解していなかったという可能性以外に、当時中国の伝統文化が西洋文化と比べて、まだ一定の優越性を持っていたからという可能性がある。玩味するに値するのは、中国史上で激烈な反伝統主義者が、これまで伝統的保守主義者と同様に、その身の上に伝統の烙印を（ときにはのちの人々よりもいっそう深く）帯びていた――つまり、彼らはしばしばもっとも伝統的な特色を持つ方式で伝統に反対しようとした、ということを多くの事実が明らかにしていることである。これはあたかも、伝統そのものも多面的であることを示す。伝統主義と反伝統主義はしばしば同じ伝統というコインの両面である。一定の文化環境の中で生活している人間、つまり伝統の主体となる人間は、その民族の伝統に対して好きか嫌いか、どういう態度を取るかを問わず、彼がまさにこの伝統の母体の中で発育したのであるから、伝統の外にいたり、伝統を超越したりできる人間ではないし、あるいはそうであるのは難しい。これとは反対に、中国文化の伝統的な立場に立っているわけではない外国人観察者だけが、自己の利益と衝突しないとき、われわれの伝統文化に対してさらに多くの寛容で理解的、ひいては評価的な態度をあらわすことができるのである。

「全面的西洋化」論はアヘン戦争、とくに五四運動以降に生まれた。伝統文化の落後を痛感し、さらに「打倒孔家店」を掲げ、「民主主義」「科学」と現代文明を唱導するのと同時に、ある人々は西洋文化を唯一の先進的文化であって中国近代化の唯一の手本と見なし、したがって一種極端に（西洋を）肯定する方法をとった。その代表的な人物が胡適と陳序経である。彼らの観点は完全には一致していないにもかかわらず、ともに「全面的西洋化論」に旗幟鮮明に賛同した。胡適は「現在の人は『折衷』と言ったり、『中国本位』と言ったりするが、どれも空論である。このときに進むべき別の道がなければ、この新世界の文明を全面的に受け入れるよう努力するしかない」[4]と述べた。陳序経は「百パーセントの全面的な西洋化は、可能性があるだけではなく、比較的完璧で比較的危険の少ない文化の活路でもある」と公言した。[5]言う人には考えがあり、ある種「角を矯めて牛を殺す」

といった過激な方法でこうした意見を示したのかもしれないが、こうした論調は事実上近代以来西洋が輝かしき成果を得ているとの支持を得たことによって、とても大きな誘惑力を持ち、人々の胸中の真の方向付けとなった。

「全面的西洋化論」そのものの理論上の間違いは、ヨーロッパあるいは西洋中心主義を基礎とした世界文明論を盲目的に受け入れてしまったことであり、その深層の性質は、民族文化の主体的意識の喪失を意味している。西洋がしばらく先を行ってしまった以上、「近代化」し「充分に世界化」し「グローバル化」した未来の先進的な文明の基準は、すべて永遠に西洋の所有に属してしまった。西洋国家が近代化を実現したモデルと手段も、すべての国家の近代化が必然的に従わねばならない唯一のモデルである。その他の国家は西洋の科学技術や管理経験、思考様式などリードする成果を学習し、手本としなければならない、いいかえれば自己を完全に「西洋化」させなければならず、それを消化したり転換したりして自分の物にするべきであるということではない。中国自身は、自らの近代化の道を歩み出す必要もなければ、その可能性もない。このように考えてしまうのである。このような思考様式は、いかなる国家民族の発展も自己実現的なものでしかなく、「自分の道は自分で歩むしかなく、他人の経験を学習したり手本としたりするにも自分を尺度とするばかりで、自己の吸収や転化を通じてはじめて完成されるのである、ということを完全に忘れてしまっている。他方で、伝統は断ち切れないものであり、伝統の伝統たるゆえんは、人々の現実の中や頭の中に「活きて」いるものである。これはまさにマルクスが「すでに死んだ先輩方の伝統はすべて、夢魔のように活きている人の頭脳にまとわりついている」と述べたような有様である。[6] 人々が好むと好まざるとにかかわらず、認めたいと願うと願わざるとにかかわらず、人々はいつも既

4　胡適「編輯後記」、『独立評論』第一四二号。
5　陳序経「全盤西化的辯護」『独立評論』第一六〇号。
6　『馬克思恩格斯選集』第一巻（北京：人民出版社、一九九五年）五八五頁。

定の文化的伝統の中で生活している。たとえ伝統が血液と同様に入れ替えることができるとしても、われわれ自身の血液を全部捨ててしまったあとに、輸血する血液がわれわれ自身の血液型に合うかどうか、われわれの体内で抗体を作れるかどうかは、考慮せざるを得ない。「全面的西洋化論」の方式で中国の近代化を追求するのは、「あるチームを強豪チームと比べられるほどにしようと思うなら、この強豪チームに加入しなければならない」ということであり、これは荒唐無稽であるばかりでなく、やり遂げることなどできないことでもある。

文化保守主義から文化虚無主義へ、自己の過去のすべてを否定することから、他人のすべてを崇拝することを肯定することへ、こうした発展と転変には一定の必然性があり、それらは同じ思考様式の結果である。文化と伝統は主体自身の生存発展の様式そのものではなく、随意に取捨選択できる外部対象や道具であると考え、その結果必然的に固有の文化が変わらぬよう保守することを通じて自身の発展を維持することができ、あるいはそれとは逆に、自己の文化を放棄して改造しないことを通じて自己を発展させることができると信じるのである。この両極端の間の共通点は、どちらも人々が自己の歴史を断ち切り、自身の固有の文化権力と責任を放棄することができ、なおかつそうするべきであると主張しているところである。

2、精華と糟粕――伝統は「腐ったリンゴ」ではない

民族伝統文化のより深い再考に専念し、できるだけもっとも深いところからその長短・優劣・精華と糟粕を探求することによって、全面的で客観的な評価をもち、結論がどんなに人を誇らせようともあるいは残念がらせようとも、この作業がわれわれに対して示し出すのは少しでも欠けてはいないものであり、永遠に完結できないものでもある。

自己の伝統文化に向かい合う態度には、ふつうおおよそ三種ある。第一に、弱点や欠陥を完全に暴露し、全面的に否定する歴史的虚無主義の態度である。第二に、長所を単純に称揚して謳歌し、全面的に肯定する文化保守

主義の態度である。第三に、長所と欠陥を総合的に分析し、「その精華を取り、その糟粕を取り除く」という現実主義の態度である。

われわれが近代化の跡をたどる過程において、第一の態度には時代の病弊をよく衝き、世間をあっと言わせ、愛を恨みの中に宿らせ、その争わないことに怒るなど、国民の目を覚ます作用があるが、明らかに偏りに失してしまう。第二の態度は「濃厚な民族感情」や「民族の神聖さと尊厳を維持する」ことによって自己を過大評価するが、盲目的に楽観視したり、閉じこもって旧習に因循であったり、時代遅れで頑固であったりという嫌いがある。そのため原則上から言えば、ひろく第三の態度が認められ、より明確になるべき、つまり「その精華を取り、その糟粕を取り除く」べきである。少しの疑問もなく、この態度さえあれば全面的に適切で、穏当な上に積極的で、非難の余地がない。しかし問題はしばしば現実の過程中に現れる。具体的な文化の「精華」と「糟粕」について、いったいどうやって区分し、どうやって鑑別し、どうやって把握するのだろうか。ここには操作の方法に関する問題だけではなく、さらに深刻な理論的観点と思想的方法論の問題がある。キーポイントは「批判的な継承」について、科学的で、深く入り込んだ理解と解釈が必要であるということである。

いわゆる「精華」と「糟粕」には、実際上二つの異なる含意、二つの異なる理解がある。一つは実体性のものであり、一つは価値性のものである。

実体性の含意は、「精華」と「糟粕」を伝統文化に固有の存在であり、それぞれの文化現象そのものに固有の性質であると見なし、その中にあってそのものがよいものである場合、「精華」であり、別のものそのものがよくないものである場合、「糟粕」であると考える。精華は精華であり、糟粕は糟粕であり、それらが存在しさえすれば、これまでそうであったように、変えることはできない。われわれの仕事は、それらを一つ一つ探し出してきて、「精華」をしっかりと保持し、「糟粕」を取り除くことである。

価値性の含意とは、「精華」と「糟粕」を既存の文化現象の現実的条件のもとにおける意義と作用と見なすことである。すなわちわれわれの現在の生存発展を基準として、過去に残してきたものがよいものか悪いものかを判断しようとすることである。ここに暗に含んでいる一つの前提は、どの現象の善し悪しの意義も以前からそうであったように固定不変のものであると考えるのではなく、善し悪しは本質上すべて人によりまた時により変化することを認めるということであり、そのためわれわれの仕事は、客観的に過去のものを取り扱わねばならず、重点は人間と社会の現実的発展から出発し、それらに対して選択と改造を行うところにある。

この二つの異なる含意と理解の間には、哲学的思考様式上の深刻な違いが現れている。前者の理解はやや簡単で直観的なので、人々の見解にも比較的よく見られ、伝統的な思考様式を代表しているが、そこには大きな疑点と誤りが存在している。理論上から言えば、後者の理解の方が比較的実際に符合しており、比較的深く掘り下げていいて合理的である。

実体的な理解の最大の誤りは、「存在」と「意義」（価値）を混同あるいは同一視してしまいやすく、そのため孤立的で一面的で静止的な観点で歴史的文化現象の存在を取り扱い、簡単で抽象的で凝り固まった態度でそれらの価値に対処するので、簡単で機械的に「その精華を取り、その糟粕を取り除く」ことを理解し執り行う、ということである。

たとえば、「その精華を取り、その糟粕を取り除く」ことを実行するために、人々が生じやすい第一の考えは、全部の伝統文化を「二分」してしまうことである。まずそれらのうちどれが「精華」で、どれが「糟粕」なのかをはっきりさせ、明細なリストをつくり、そのあとにリストに従って整理するので、一度苦労すれば末永く楽ができる。何年もくりかえし、ずっとこのような試みをやっており、客観的で正確で全面的な「リスト」を考え出した人物もいるが、いまだ成功していない。これはなぜだろうか。――原因は当然たくさんあるが、とどのつまり、人間と社会の具体的な発展からかけ離れ、あらゆる文化現象そのものについてその絶対的価値を判断したいと思い、それが永久不変の「精華」あるいは「糟粕」であると確定してしまうからで、こうした思考の道筋はそのものが成立し得ないのである。

たとえば、胡適が当時中国の伝統の中にのみ存在するいくつかの「宝」を非難したことがあった。それは駢儷文、八股文、纏足、宦官、妾、貞節の牌坊、および五世代が同居する大家庭、地獄が現れたような監獄、ややもすると廷杖・板子・夾棍で処刑される法廷……などである。(9) こうした残酷にも人間の自由を制限し、人間性を抑圧するものは、微塵の疑問もなく「糟粕」のリストに入れられるべきで、断固として取り除かねばならないものである。このことに関しては皆すでに異論がない。しかし、これは近代以来の結論でしかない。逆に、それらはかつて「宝」とされていた以上、かつては「精華」と見なされていたことを意味する。これは、それらが一種の封建主義的な制度と歴史の必然的産物であることを説明している。この歴史と歴史的発展を離れてしまっては、われわれはこうした（「精華」から「糟粕」へ）の転変を説明することができない。

何と言おうと、社会がすでに発展した状況下において、八股文や纏足や宦官といった明らかに目に見えて分かることについて、判断を下すのがやはり比較的容易である。しかし比較的深層にあるもの、たとえば三綱五常(6)の礼教とか、忠君思想とか、利を抑えて義を揚げるとか、無為にして治まるとか、堪え忍んで服従するといったことについては、過去には確かに封建主義的文化の「精華」であって、それらがなければ封建文化はなく、二千年に及ぶ封建時代はなかった。こんにち、異なる人物が異なる場合でそれらに対して異なる評価をしており、それらがいったい「精華」に属するのか、それとも「糟粕」に属するのかは、どのように理解し展開したかで決まらねばならない、と考えている。これはそれらの価値が二面性ひいては多面性を持つことを示している。現実の具体的な条件と対象を離れてしまっては、判断しようがない。

歴史上、秦の始皇帝の統治期間から始まって、各朝各代が修築した万里の長城は、いまのところ人類史上もっとも感服させられる奇跡と言える。この世でもっとも大規模な工事は、当時「暴政」の一つの体現であると見なされ、のちにもかつて「二面性」をあらわした。それは外来の侵略に抵抗する強固な障壁である以上に、人為的に外部との商品貿易と文化交流を断絶させる心理的防衛線でもあった。

文化は歴史の投影である。一つの事物、一つの文化現象の発生と存在は、どちらも一定の歴史的過程の産物であって、その原因と条件があるため、その確定的な本質もある。しかし、それが社会発展に対してもつ意義すなわち価値がいかなるものかは、プラス面あるいはマイナス面の作用をなし、単一的で固定不変のものではなく、しばしば二面性あるいは多面性、可変性を持つのである。歴史上で形成された文化的伝統は、そのあらゆる面の内容、あらゆる特徴が、現実においてこうした二面性を現しうる。そうしたいわゆる精華の部分が積極的作用を展開し、糟粕の部分が消極的作用を生み出すといった見解は、ただ単純化したイメージでしかない。実際に、作用が発生するとき、精華の部分であろうと糟粕の部分であろうと、一面にむけて作用を生じるだけではなく、諸刃の刃と同じようなもので、異なる歴史条件下ではそのプラスとマイナスの二つの面と二つの方向性がある。これは文化の主体の具体的発展状況を見て定め、文化の主体の具体的な需要、構造や能力を見て定めなければならない。そのため、現実に依拠し、社会発展の要求に照らし合わせることを通じて具体的に分析するばかりで、簡単に一律には論じられない。

機械的に理解した「その精華を取り、その糟粕を取り除く」とは、文化現象に対する単純な「二分」を基礎としているもので、それは文化と伝統が一つの「有機的系統」をなすという客観的事実を完全に無視してしまった。それは腐ってだめになったリンゴと同じように、祖宗が残してくれた文化的伝統に対して「二分」を行い、腐敗した半分を取り「去り」、そのよい半分を「取る」ことを望む。しかし問題のキーポイントは、盤根錯節の文化的伝統が、すでに成熟し、最終的な型にはまった、樹上から摘んできたリンゴのようなものでも、そのようなはずも決してなく、複雑な動態的生命系統であって、それが自己のメカニズム構造を持ち、それが成長変化しているということである。これでは「腐ったリンゴ」といった類の比喩が完全に意味をなさない。なぜなら、もしそれが一部本当に腐ったならば、この腐ってだめになった部分といわゆるよい部分はしばしば入り交じったりしみこんだりするものでもあり、分けることができない。もしそれが一部本当に腐ったものならば、他の部分もおそらく同様にすでに腐ってしまったか、あるいはそれに適応してしまっただろう。もし腐った一部を切除すれば、他の部分もおおよそもとのまま保ったり維持したりすることは難しいだろう。これはなぜ人々がみな腐ったリンゴを処理するように伝統文化に対して「その精華を取り、その糟粕を取り除く」のか、そして実際上みなはっきりと処理できない原因である。――系統全体と根本上から問題を見ず、一つ一つの具体的現象について分けて処理を行おうとするばかりでは、はっきりと分け、きれいに処理してしまうのは不可能である。

事実上、「精華」と「糟粕」という単純な区分は、つねに現実の主体を根拠とした選択や描写と不可分である。そのためそうした伝統文化を単純化する傾向は、ふつう伝統文化を扱う実用主義的態度とも関係しており、「その精華を取り、その糟粕を取り除く」という旗印を掲げて、前人の文化遺産について随意に解釈し、おのおの必要なところを取って、自分で用いるが、それらの歴史や現実における具体的な状況には根本的に関係がない。たとえば、ここ数年来、好んで「伝統的精華」をえり抜き編集した上に文章を書く人物が必ずいる。彼らは古代の文献典籍や「先賢」の語録中から、自分の好きな言葉や判例をざっと収集して、その出来合の文章を集めて本を作り、大いに宣伝をして、何千年もの中国文化の「精華」などと銘打ち、すでに書いてしまったのは少なくとも一部分の「目録」であるのに、「優秀な伝統を発揚する」という用に供するかのようである。……実際上、彼らは歴史的現実とつながり深く入り込んだ考察や批判をしていない上、自分が「選択」した思考の道筋についても深い再考と改善を行っておらず、このように行う効果は、一時の需要を満足させるために「気勢を上げている」だけに過ぎない。このような茶番は歴史上何度も繰り返されており、いかに「その精華を取り、その糟粕を取り除」き「優秀な伝統を発揚する」かという問題を真に解決することは決してまだできてはいないし、その可能性もない。これは精華と糟粕について単純に実体性の理解をするときに必ず直面する困難である。

価値的な理解様式を参照すれば、「精華」と「糟粕」はいかなる対象そのものを指すわけではなく、それらの人間と社会の発展に対する現実的意義を指す。伝統文化を用いるということは、歴史上発生し形成された文化現象や伝統について、おもにそれらが「何であるか」を見るのではなく、「われわれがどのように扱うか」を重点的に思考する、ということである。

歴史上発生し形成された文化現象や伝統は、すでに存在している客観的な現実である。それらはすべて一定の歴史的過程の産物であり、すべてにその原因と条件があるため、すべてに自己発生・発展・消滅の論理もある。「存在」する事物を扱うには、まず存在の論理にしたがって、それらの歴史的地位と歴史的過程の性質を理解し、それらを一定不変のものと見なさない。それらの歴史的意義についても、この歴史過程の中に置いて把握し、それらがどんな状況下で必然的あるいは偶然的になるか、どんな状況下で有益あるいは有害になるか、どんな範囲や程度で精華あるいは糟粕となるか、といったことをはっきりさせ、歴史そのものを用いてそれらの歴史上における価値を説明し、それらがなぜ生じ、なぜ消失したかを説明しなければならない。この点において、われわれのこんにちの好悪を基準にし、こんにちのイメージと願望で過去の事実に代えるだけであっては絶対にならない。そのあと、重点をわれわれ自身のこんにちの現実およびその発展要求上に置かねばならず、「過去にすでにあった」ものについて、それらが過去にどのような作用をなしていたか、精華であったかどうかにかかわらず、われわれのこんにちの発展に有利であること、社会の継続的な進歩に有利であることを基準に、改めて分析・研究・判断・選択的実施を行わなければならない。つまり、過去のものがこんにちに対して精華であるか糟粕であるかを言うのならば、われわれが必要でかつ正確にそれらを扱うことができるかどうかによって決めなければならない。いわゆる「正確に扱う」というのは、こんにちの歴史的要求に符合し、われわれの能力と条件に適合し、国家民族自身の健康的な発展に有利であるということであって、それ以外ではない。これはわれわれが自己の伝統文化に持たせねばならない権力と責任である。

「その精華を取り、その糟粕を取り除く」ことと「中国文化の優秀な伝統を発揚する」ことのポイントと核心は、現代の中国人の自己認識・自己発展に立脚している。現代の中国人は中国の伝統文化すべての伝達手段であって主体であり、伝統文化の批判的継承に対して、中国人の自己改造を切り離すことはできない。現代と未来の世界に向かい合い、自分の位置と使命をはっきりと認識し、同時に自分自身の長所と短所、優勢と劣勢を冷静に理解し、かつ今後の発展の中で自らを向上させんと怠らず、長所を伸ばし短所を抑え、長所を伸ばし短所を補い、絶えず前進しさえすれば、それこそが真の（口先ではない）「発揚」と批判的継承であり、あるいは伝統文化の現代化を充分に体現することができる。

よって、現代の中国人がどのように自己認識・自己発展をうまくやるか、これがすべての問題のキーポイントであり、最も重要で最も困難なポイントでもある。この問題において、最も有害なのは伝統文化を現実の外の「過去」に置き、それをただただわれわれの自由に繰り返し観賞したり、手にとって賞玩したり組み合わせたりする対象であって、われわれ自身の素質・心理や行為の出発点ではないとみなすこと以上のものはない。これはまもなくもう一つの目に見えない「玩物喪志[10]」をもたらすであろう——伝統に対するつかみどころのない感覚に熱中し、ただいちずに観賞したり賞玩したりし、あるいはしつこくけちをつけたり不平を言ったりすることだけを知ると、かえって自分の真の権力と責任を忘れてしまう。もしことがらが「腐ったリンゴ」を処理するような簡単なものであれば、中国文化の現代化や、中国社会の伝統から現代への道も、非常に簡単で気楽なものへと変わっていただろう。

総じて言えば、伝統文化に対していかに「その精華を取り、その糟粕を取り除く」かという問題は、実質的には外部の既存の対象にいかに向かい合うかという問題ではなく、われわれ民族自身が自己の歴史、現状そして未来の運命にいかに向かい合うかという問題である。われわれは歴史とともに歩んできたのだから、自己の伝統を離れることは決してできないし、われわれは未来へと歩んでいくのだから、決して過去の伝統にとどまるべきではないのである。科学的な方法で伝統文化を認識するために、われわれは必ず自尊・自強の精神を持たねばならないし、冷静で科学的な態度をも持たねばならない。自分の歴史に対して責任を負い、自愛自立の意識をもち、思い切って自らの伝統における優秀で素晴らしいものすべてを肯定し発揚しなければならない以上に、自らの未来にも責任を負い、自己批判と自己超越の精神を持ち、思い切って自らの伝統における後れた醜悪なものすべてを否定し放棄しなければならない。過去についてこうなのだから、現在や将来についても同様である。

3、二元化――ある軽視しやすい誤り

中国伝統文化の経験と教訓を詳しく見ていると、しばしば人々に軽視されるが、日常的思考の中ではかなり普遍的な思想の誤りがあり、それは物質文明と精神文明、経済と道徳といった「二元論」現象であることを、われわれは発見した。その典型的な表現が、かつて存在した流行の観念――「中国の物質文明は後れており、精神文明は先頭に立っている」という観念である。

国内外で中国の伝統文化を崇拝している人々は、西洋文明は物質的で肉体的な享受に偏重しており、道具と技芸に長けており、心霊的で精神的な追求をおろそかにしてしまったが、逆に、西洋がおろそかにした面こそが、まさに中国文明が偏重し得意とした面なのである、と考える。たとえば左宗棠は「中国の叡智は虚に巡り、外国の聡明さは実に寄る、中国は義理を根本とし、技芸を末節とするが、外国は技芸を重視し、義理を軽視する」[7]と言う。多元的文化には互いに長短があるという観点を認めることは、当時においてすでに「眼を開いて世界を見る」という素晴らしい進歩を遂げたということであるといえる。しかし、そのために西洋文明が「物質の文明」でしかなく、中国文明は「精神の文明」であると断定し、二つの文明はそれぞれ分立して互いに関係し合わないと考えては、科学的な結論であるとは言えない。しかし、こうであるばかりでなく、ある人物はさらに「西洋人は物質的には豊かだが、心霊的には空虚である、中国人は貧窮しているけれども、道徳文章は高尚で、精神文明は先進的である」という結論を導き出す。こうした「物質と精神の二元論」に基づく見方はかつて長きにわたっ

て多くの支持を集めており、文化保守主義に評価され、ある種「阿Q式精神勝利法」に類似する気持ちすら引き起こし、人々をして「精神上の優越」と「以前の栄光」にうぬぼれ、われらが文化の真実の境遇を見て取ることができないようにさせるのである。

中国の「物質文明が後れており、精神文明が先頭に立っている」という判断に関しては、中国が日に日に衰弱し、列強の侮りをつぶさに受けていたときに流行し、その誤謬がはっきり見えていた。たしかに、中国はかつて世界上で最も繁栄し先進的な精神文明を持っていたが、それはまさに社会的物質経済の発展と関連しており、中国が世界で比較して国力が強大だと言える時代であった。そして人々は自らの物質文明がすでに後れていると感じても、かえって精神文明の面からメンツを回復しようと試みたときに、われわれは精神上もすでに「不文明」な国と見なされるようになったことを、決して注意することはなかった。いわゆる「物質文明は後れており、精神文明は先頭に立っている」というのは、時間や地点を忘れ、時代感覚とかけ離れた抽象的な印象と自己満足に過ぎず、実事求是の正確な判断とはとても言い難い。

閉鎖的な帝国が開放に向かいだした初期であれば、精神文明も後れ始めたというような深刻な事実がはっきり見えず、まだ情状酌量の余地がある。しかし物質と精神の間、経済と道徳の間で「二元論」的な抽象的思考を行うことに慣れると、かえってそれよりさらに大きくさらに普遍的な危険性がある。なぜなら、それは人々が多くの問題で同様の過ちを犯し、自覚できない状態をもたらす可能性があるからである。不幸にも、中国の儒家学説が代表する伝統文化の中では、こうした思考様式にとってまさしくしっかりした土壌がある。そのため、こうした後れた、観念史観に属する思考様式について、さらに大きな警戒を行わなければならない。

周知の通り、文化は従来豊かで有機的な総体であり、社会的な物質生産と精神生活、経済発展と道徳的進化は、

7　左宗棠『擬造輪船折』。

総体的に一元的なものであって、二元的あるいは多元的なものではない。精神文明はかならず一定の物質文明の基礎の上に確立しなければならない。人類の物質的生産能力を増強し、人々の物質生活のレベルを向上させることは、いずれも人類が自己を解放し、その能力を増強し、自由と全面的な発展を得るための必然的な道のりである。「倉廩実ちて礼節を知り、衣食足りて栄辱を知る。」一定の物質的基礎の上でこそはじめて、人々がすべての精力を最も基本的な生存の必要性を満足させるところに置く必要がないときであってはじめて、各種の精神上の需要を発展させ満足させる時間と余力を持つことができる。

このような基本的事実を認めることは、物質文明が向上しさえすれば、精神文明は「自然と向上」することができ、経済が発展しさえすれば、道徳上の建設は完全に不要であり、経済の繁栄を用いて道徳の進歩に「代える」ことができる、ということを意味しているわけでは決してない。精神文明の建設はかなり複雑であり、精神文明が行う必要のある仕事が永遠にあり、経済の繁栄が道徳の進歩に取って代わることは永遠にできない。これは少しの疑う余地もない。しかし、二つの文明間の本質的な一致性と相互促進の原理を認め、物質と精神、経済と道徳の発展の一元論的方向を堅持するとなると、われわれの伝統的観念にあい対して言えば、一定の勇気が必要であり、思想を解放する知恵が必要である。

というのも、長きにわたって、前述の二元論的思考様式が確かに大きな影響を及ぼし、人々については依然として二者分離・対立の角度にいるのを習慣としているばかりで、それらが互いに結びつき一体化するという角度から問題を見るわけではないからである。

たとえば、多くの人々のところで、心の奥底には経済発展についていつでもある程度の危惧と懸念を抱いており、人々を自己の物質的福利のために一心に奮闘させながらも、これそのものは道徳上必然的に不利なものであると考える。彼らは、経済発展そのものは、自然に、運命づけられて不可避的に道徳の衰微を引き起こすであろうし、道徳の意義は、人々のこうした欲望を抑圧し、経済の活力を落とし、そうして人々の境地を向上させねばならないというところにある、と認めている。……こうした例が、実際にはまさしく二元論的思考の現れなのである。

もう一つ、たとえば、人々がしばしば言及する「両張皮」「一手硬、一手軟」といった現象は、物質と精神の間、経済と道徳の間に、相互に分離し、互いに全く相容れないという問題が存在していることをいつも感じているということである。その原因を追究すると、精神文明と物質文明を、徹底して「霊と肉」「魂と体」の関係と理解することができないからであって、それらをすべて「皮」とみなしているからである。同一レベルで互いに独立して存在する二つのものであるので、当然融合して一体になるのは難しく、相互に否定したり、相互に排斥したりすることしかできない。物質・経済上では追求すべきで実現すべきものであるが、精神・道徳上ではこれを蔑視し排斥すべきであって、いいかえれば、「この一つの手」において支えるべきものは、「もう一つの手」のところでは、かえってしばしばひっくり返さねばならないものであるため、同時に「両手とも硬い」というわけにはいかず、その結果、必然的に「片手は硬く、片手は軟らかい」という状態になる。

長年、こうした二元論的思考の束縛とミスリードを受け、われわれはたくさんのつらい経験を味わった。物質が極度に貧困な中国において、生活の信念を固めるためには、精神を奮起させたり、生活と心理上の並行を追求したりすることが、あるいは必要なことであったのかもしれない。それ相応のときには確実にその独特の作用を発揮したかもしれない。しかし、月日の経つうちに、「三人虎を成す」（三人寄り集まればいない虎でもいることになる）というように、物質的に貧困な者は、精神上必ず高尚であり、物質上裕福な者は精神が必ず貧困で、心が必ず空虚で、行いが必ず腐敗していると考える。これには少しも根拠がない。これは一種の典型的な「富を敵視する」精神状態で「貧しきに安んずる」精神状態であって、かなり不健康的である。個人と社会の発展からいえば、月日が経つにつれて必然的に進歩と文明の一種の阻害となる。こうした二元化した思考には広範な背景と意義がある。たとえば、それはつねに人々の理想と現実、思想と言動、対内と対外、自己を律するか他人に示すかといった多方面での分離と二重化としてあらわれ、ひいては「二重人格」現象すらもこれと関係がないわけではない。歴史的発展の要求は、物質と精神、経済と道徳が有機的に統一し、それらに同じ方向を保持させたり、良性の相互作用状態におらせたりしなければならず、もはや分離も対立もしない状態になって、ようやく事業全体を健康的な軌道に沿ってさらに速く前進させることができるのである。

【訳注】

（1）上帝天命崇拝……「上帝」は、古代の宗教における最高神。殷代においては、それが自然界および人間界のあらゆる事象を主宰すると考えられおり、殷王は亀卜によって上帝の意思をたずね、その結果にしたがって統治を行った。周代になると、至上者である「天」が有徳の為政者には幸いを、不徳の為政者には災いをもたらすと考えられ、周王は天からの命（天命）を受けて天下を統治する「天子」であるとされた。こうして、国家統治の原理として天命の観念が成立した。

（2）讖緯神学……前漢から後漢にかけて流行した未来予言説を「讖緯説」という。天文占術による未来予言である「讖」と、今文学派が神秘思想をもって経書を解釈した「緯書」によって形成される。

（3）天人感応……「天人相関」とも。天象と人事の対応・感応の関係の存在を説くもの。天は万物を生み、人は天の全体を具体化した小宇宙であると考え、また、天子を頂点とする人間・社会の善し悪しと、それに対する天の賞罰としての祥瑞・災異を結びつける。

（4）災異譴告……天人相関説による考え方のひとつ。国家に道をはずれた失政が起きると、まず天が災害を出して譴告するという説。

（5）頓悟成仏……修行の階位を経ずに、ただちに悟りに至ること。東晋～南朝宋の竺道生によって創唱され、唐代に南宗禅の慧能によって説かれたとされる。

（6）触類是道……日常生活の及ぶ範囲すべてが道（仏性）の現れであるという考え方。唐代の禅者・馬祖道一によって提唱された。

（7）即事而真……現実世界の事物がそのまま真理である、という考え方。『大日経疏』などに見られる語句で、華厳宗や密教で重視される。

（8）罷黜百家、独尊儒術……「百家を罷《や》め黜《しりぞ》け、ただ儒術を尊ぶのみ」。一三四年に董仲舒が漢の武帝に対して進言した、儒学のみを尊崇して、他の思想学問を排除すべきだという考え方。

（9）夾棍……何本かの棒とそれに通した縄からできており、脚や腕、指を挟んで責める道具。

（10）玩物喪志……無用の物を過度にもてあそんで、本来の志を失ってしまうこと。『尚書』旅獒にある。

第三部

新文化建設論

第九章　文化のモデルチェンジ——挑戦と活路

人類はまさに全く新しいポスト工業化時代、情報化時代、グローバル化時代へと歩みを進めている。中国はまさに高度に集権的な計画経済から社会主義的市場経済へ転換する過程の中にあり、この転換の広範さ、深刻さ、困難さ、影響力は、どれも世にもまれなものである。

一、中国近代化の思想的な歩み

一八四〇年アヘン戦争の敗戦後、中国社会は歴史の転換点に入ることを余儀なくされた。何千年も連綿と続く伝統文化や、自給自足の生産方式、閉鎖的保守的な生活様式、および伝統文化の価値観は、すべて取り返しがつかないほどに衰退へと向かっていた。失敗に終わった洋務運動(1)と戊戌変法(2)を経て、一九一九年の「五四運動」が旧文化を徹底的に清算し、新文化を創建する序幕を主導的に引き開け、これによって中国は社会の近代化を始めた、と同時に文化の近代化の偉大なる道のりでもあった。

1、先駆的夢想と歴史の啓示

第七章で述べたように、学者らは、一八四〇年のアヘン戦争以降、新中国が成立するまで、中国は近代化に対する探索と追求の先駆けであり、「はじめに技術のことを語り、次に政治のことを語り、さらに教育のことを語るという過程を経験した。[1]」あるいは「総体的に見れば、中国の近代化には三つのレベルがあり、物をつくる技能レベルの近代化、制度レベルの近代化、思想行為レベルの近代化である。……この三つのレベルの近代化は中国革命勝利の前の近代化とその歴史プロセスが一致する。[2]」

「技術を語る」、すなわち物をつくる技能レベルの近代化と対応しているのは初期の洋務運動である。この単純に学習し西洋の「堅固な戦艦と強力な大砲」をマスターすることを手段とし、実業を興すことを通じて富国強兵の目的に到達しようという試みは、封建主義の桎梏を脱することができず苦境に陥ったため、最終的に目的を達成することが難しかった。一八九五年甲午中日戦争（日清戦争）の失敗は、同時に洋務運動の破綻をも宣告した。それは事実によって、近代化は絶対に物質技術レベルの近代化のみではなく、経済基礎と政治制度全体の変革と発展がなければ、すべての先進的文明の成果は中国の真の財産に成り得なかった、ということを証明している。「政治を語る」、すなわち社会制度レベルの近代化と対応するものには、前後して康有為・梁啓超が率いた戊戌の「維新変法」と孫中山が率いた辛亥革命がある。「戊戌の変法」が選択したのは封建主義制度の根本的な否定ではなく、封建統治者を頼って体制の面での具体的な改良を行い、近代化を実現することであった。この改良の方式

1　張岱年・程宜山『中国文化与文化論争』（北京：中国人民大学出版社、一九九〇年）三二八頁。
2　肖前ら『関于中国社会主義現代化的哲学反思』（北京：中国人民大学出版社、一九九〇年）一五三頁。

は苦心が並大抵ではないのだが、その必然的な前途がやはり最終的に既存の制度を改変しなければならないところにある。すなわち封建統治者の根本的な利益に抵触する。これは疑いもなく「虎に向かって皮をよこせと相談する」ことである。絶対に許容されないため、改良は最終的に失敗を免れない。辛亥革命は偉大なる革命であり、それはついに中国何千年もの封建専制を終わらせた。これは未曾有の偉大なる殊勲であったが、それもブルジョアジーの民主共和国を確立しようという理想目標を掲げたにもかかわらず、結局は時代と国情の条件がととのっていなかったため、革命の成果を他人の手に陥らせ、国家と人民はそのために暗黒の覆いから抜け出せてはいない。

一回また一回と繰り返す重大な敗北、一遍また一遍と繰り返す血と火の教訓によって、進歩を阻害する反動的な勢力が、少数の悪役の人物ばかりでなく、かの封建主義的政治制度と密接で不可分な封建主義的文化体系である、ということが国民にはしだいにはっきりわかるようになった。そうして、一九一九年の「五四運動」を発端として、中国近代化の探索は旧文化を徹底的に清算し、新文化を創建する努力と緊密に結びつくようになった。「五四」以来の近代化運動は、もちろん「教育を語る」ことと思想観念の変革であるのみならず、全く新しい社会革命運動であった。それがそれまでと最も異なる特徴は、断固として思想を解放し、新たな思想理論を次第に発見し把握する――最終的にはマルクス主義になる――ことを指導とする徹底した社会革命である。その後さらに三十年近くの奮闘を経て、中国人民はついに自らを押さえつけていた帝国主義・封建主義・官僚資本主義という「三つの大山」を打倒し、民族の独立と自主を勝ち取り、新しいかたちの人民共和国を打ち立てた。

一般的に言えば、国家民族の独立と平和がなければ、いわゆる近代化は語りようがない。したがって論理的に言えば、新中国の成立は中国が実際に近代化に向かう真の発端であった。しかし六十年ばかり、中国の近代化の目標の確立と実施も、何度か大きく変動する思考と反復を経ている。

一九五四年、毛沢東は第一回全国人民代表大会において、「われわれの現在のこのような経済的にも文化的にも後れている国家を、工業化した高度な近代的文化程度をもつ偉大なる国家に建設」[3]せねばならないと語った。しかし、当時の近代化に対する理解は、総体としてやや単純で曖昧模糊としており、大半は経済的な生産の発展（その中でも特に工業）と物質的生活の向上といったレベルにとどまっていた。こうした簡単で曖昧模糊とした観念は、いきおい国内外の複雑な情勢の試練に耐えることができず、さまざまなその他の要素の衝撃に直面しても軟弱で無力に変じてしまう。

続いて事が発展すると、案の定この観念と願望はたえず深刻に挫折することになる。一方では、日ましに強化されてくる「階級闘争を綱領とする」政治的衝撃が、国家の注意力を分散させ、人々が国に報いる積極性が打撃を受け、事実上経済・科学技術の発展戦略を充分に実施することが難しくなる。他方では、経済法則を無視する主観的な意志が、近代化の道のりを探る難度を高め、たとえばソ連から学んできた計画経済モデルを固守し、あわせて人為的な「大躍進」を通じて近代化の格差を短縮しようと試みるなどして、その結果、経済秩序の膠着と破壊を引き起こし、中国の近代化プロセスはその軌道から外れたために再三歩みをゆるめざるを得なくなってしまった。

もちろん、中国人民が自己の目標を簡単に放棄するはずは決してない。一九五〇年代末から六〇年代初めにかけて自然災害と人為的な災禍の洗礼を経験したあと、中国人民の近代化に対する理解は以前よりもはっきりと明確になり、意志もさらに固くなった。一九六四年、周恩来総理は政府活動報告の中で、はじめて正式に近代化の目標を具体化し、二十世紀末には中国の工業・農業・国防および科学技術の「四つの近代化」を実現しなければならないとした。当時の発展の勢いから見ると、この目標を実現する時機と条件はどちらも存在していた。しかし話も終わらないうちに、この戦略的な選択はすぐに忘れられてしまった。それに代わって出てきたのが、十年

3　『毛沢東著作選集』下冊（北京：人民出版社、一九八六年）七一五頁。

もの長きにわたる社会の大動乱・大破壊である。

「文化大革命」の目的は、階級闘争を内容とした「革命を最後まで推し進め」、「全面的な独裁をあらゆる末端にまで実行する」ということである。その中で経済社会の発展規律を無視しひいては蔑視する傾向を再三明らかに示したため、「文革」のすべての方向と多くの施策は、たとえば「生産力論」を否定し、科学技術を軽視し、生産を止めて革命を起こし、労働に応じた分配を「ブルジョアジーの権利」と見なす、などのように、近代化の要求とは完全に逆行した。近代化に逆行することは、国家・民族・人民の利益と願望に逆行し、世界文明発展の潮流に逆行することである。このようなやり方は壊滅的なものであった。

一九七五年、長く持病を患い、また「文革」の逆境の中にあった周恩来が第四回人民代表大会一次会議に向けて再度「四つの近代化」の目標を言明したとき、会場内外で非常に強烈な反響を巻き起こした。この反響は、祖国の近代化を実現することが、中国社会の大勢の赴くところであって、人心の向かうところである、ということを適切に間違いなく明らかにしたものである。しかし、真に実践を開始するのは、まだ政治上の条件と時機を待たねばならなかった。一九七六年に「四人組」を粉砕して事実上「文革」が終了したあとになって、「四つの近代化」はようやくかつての息苦しい言葉だけの態度を抜け出し、国を挙げて公認する神聖な原則および実際の行動となったのである。

2、近代化の文化的含蓄

近代化は一つの総合的な概念であり、それは高度な社会化・工業化レベルの生産力を基礎とする歴史的進歩の過程であって、その目的は国力の強盛と人民生活の普遍的向上を総合したものである。「近代化」は工業化された大生産様式と互いにセットとなる多方面の社会発展内容および指標、たとえば経済・政治・文化・道徳・科学技術・人間の素質および日常生活など各方面の具体的な指標と総合的な指標を含んでいる。その中で経済の近代化が基礎となり、政治と文化の近代化は経済が近代化する発展を反映し、それに奉仕しなければならず、最終的に社会生活と人間自身の近代化として体現しなければならない。人間自身や人間の意識の近代化は、生活様式・思考様式・価値観（道徳観念・審美意識など）・民族の性格などの近代化を包括しており、民族文化の近代化の核心とたましいを構成した。

近代化の内容、指標および実現の方式は、決して簡単で画一化的な固定不変のものではなく、具体的で多様、動向が進展しているところである。一般的に言えば、近代化は人類社会の発展が現代までもっている一定の先進的な成果であって、人類文明の進歩がここ何百年間できづいた新たな段階である。人類社会の発展がもつ一定の段階性という特徴として、近代化そのものは普遍性と特殊性の統一を含んでいる。それは新たな人類文明に共通の性質および傾向である以上に、それぞれの異なる国家や地域がそれぞれ発展をするという個性的な方式と道のりがあり、多元化・多様化の条件の下で実現する人類の繁栄発展の局面がある。まさにそうであるからこそ、あらゆる国家および地区の近代化プロセスは、みな自己の基点から出発し、自己のモデルを探索し、自己の努力を経て人類共通の高みに到達しなければならず、ここには固定のモデルを参照して機械的にあてはめ完成させるべきでもなければ、そうすることもできない。そうでなければ、「自己の近代化」「自らの近代化」など不可能であって、他人の行ったある種の近代化モデルの付属品となることになる。

近代化の中の普遍性と特殊性が互いに統一する道理が分かれば、人々の頭の中の近代化の観念について、二つの有害な偏向、西洋中心主義と民族保守主義を区分し防止するよう注意しなければならない。

総じて言えば、近代化はある社会が自身および文化に対して必要な改造と更新を行わねばならず、そうして人類の近代文明の先進的な水準に到達することを要求する。これは民族の文化的伝統が巨大な衝撃と試練に直面しなければならないことを意味している。ある民族文化の生命力がいかほどであるかは、民族が歴史的な自己超越を主体的に実現するのを民族文化がサポートすることができるかどうか、どのようにサポートするかを見なければばならない。

3、近代化と中国の特色

中国について言えば、「近代化」とはいったい何なのだろうか。それは何を意味しているのか。実際、二つの重大で、鋭く、切実な問題を孕んでいる。

一つは西洋国家によって真っ先に実現された社会発展モデルとして、「近代化」が中国民族を保持し発揚する民族性と一致するであろうか、という問題である。いいかえれば、近代化は簡単で画一的な西洋文明によって、各民族の多様化した発展の権利を奪ったということはないだろうか、「全面的西洋化」をもたらしたのかどうか、ということである。この問題はしばしば近代化と民族的伝統、近代化の具体的な形態と人々の伝統的心理習慣の間の衝突、たとえば工業や法治社会の理性的要求と家庭、肉親および人倫関係の伝統との間の衝突、現代におけるマスコミの娯楽形式による民族的伝統の審美的芸術形式に対する衝突などといったことが現れてきている。

二つ目は近代化が資本主義国家においてすでに実現した社会のモデルとして、われわれの政治的理想と原則――社会主義――と一致できるであろうか、という問題である。いいかえれば、近代化は「資本主義化」をもたらすことになるであろうか、ということである。この問題は多くの人々が明確に指摘しているものの、実際にはずっと存在しているものである。中国で何度も発生している「左」の政治的衝撃による近代化建設のあらわれの中で、それの存在を探し出すのは難しくない。

この二つの問題は見たところ決して複雑ではないようであるが、それらの現実におけるあらわれはつねに複雑になり、なおかつたびたび鋭く変化して、人々の内心の深層意識や潜在意識の神経の末梢に触れ、われわれが近代化の操作を実行する中で政治的にデリケートな点となっている。

二つの問題は感情と理性の二重の挑戦的な性質を持つ。理論上から見ると、キーポイントは「近代化」の実質をどう理解し把握するかというところにある。

（一）いかなる国家および民族も幻ではない真の近代化を実現するため、その過程は、必ずこの国家民族が発展させた代え難い「自己実現」と「自主生長」であり、またそうでしかない。国家民族の主体である「自己」は文化的な「伝統」のあらわれである。もし近代化が「我が為」という主体性を失ってしまえば、それが失うものは伝統のみならず、真の意味での「近代化」そのものであろう。そのため、近代化は必ずしも伝統の中断を意味してはいない。逆に、もしある種の既存の伝統の現状に固執するばかりで、伝統の歴史的発展を否定してしまえば、かえって近代化プロセスの中断を引き起こす可能性がある。以上から分かるように、ポイントは「われわれ」（主体）がどのように自己を把握し、自己を実現するのか、真実の全面的な近代化が必要なのか、それともある種の簡略化した形式しか必要ないのか、自己のために自己に依拠して近代化を実現するのか、それとも単純に他人に追随し他人を模倣するのか、現実の社会進歩運動において自己の優良な伝統を堅持し発展させるべきか、それとも自己の伝統を硬化させ凝固させて、それを近代化と相互に対立させるのか、といったところにある。こうした主体性の思考を遠ざけてしまい、あるいは自らが主体として選択を行う権力や責任を否認してしまうと、問題に正確に答えることができない。

（二）近代化と社会主義の関係についても、道理はこれと同様である。これまで「社会主義」を理解する上での偏りにより、人々はかつて「社会主義」を現実的な生産力の発展や経済発展の外にあってそれと相互に排斥しあうものと見なした。そのため彼らは、かの模索中にあらかじめ形づくった社会主義モデル、たとえば旧ソ連の形式や中国が計画経済体制を実行した時期のモデルなどは、社会主義に唯一のあるべき標準的様式であり、こうした形式をしっかりと固めて変化しないように保持してこそはじめて、「社会主義を堅持する」ということになる、と考えた。こうした硬化した態度に対して、鄧小平は、問題は次のようなところにあると指摘した。「何を社会主義と呼び、何をマルクス主義と呼ぶのか。われわれがこれまでこの問題に関する認識は完全に明晰であったわけではない。[4]」「最も根本的な経験的教訓は、何を社会主義および共産主義と呼ぶのか、どのように社会主義を行うのかをはっきりさせなければならないということである。[5]」

鄧小平は「何が」社会主義でそれを「いかに建設するか」ということを一つの、二つとない問題として提示し、「何が社会主義か」ということは「社会主義をいかに建設するか」を離れて抽象的に答えることのできる問題ではないと強調したが、この思想は極めて重要である。それは社会主義を実現することが創造性の総体的実践過程であることを突出して強調した。「社会主義は一つのよい名詞であるが、もししっかりと行えなければ、正確に理解することはできないし、正確な政策をとることはできないし、社会主義の本質を体現することはできない。[6]」「われわれが社会主義を建設する方向は完全に正確であるが、何を社会主義と呼び、どのように社会主義を建設するかは、まだ模索中である。[7]」つまり、われわれがやらねばならないことはこのような抽象的で空想的、狭隘で硬化した社会主義ではなく、現実的な中国の特色ある社会主義である。これは社会主義と中国民族の伝統との、また社会主義と近代化の目標との間の統一を解決するために思想的障害を一掃した。

鄧小平は社会主義の本質に関して改めて概括し、中国の特色ある社会主義的な近代化の道をゆく思想的基礎を定めた。「社会主義の本質は、生産力を解放し、生産力を発展させ、搾取を廃止し、二極分化をなくして、最終的に共同の富裕を達成することである。[8]」この概括は、動的に全体と実践の高みから社会主義の本義を改めて概括したのみならず、同時に「中国はなぜ近代化を行わねばならないのか、およびいかに近代化の建設を行うか」という問題に答えた。これによって、近代化の実現という目標は、本質上社会主義と一致して互いに排斥し合うものではなく、社会主義そのものは、近代化の実現と不断の推進を、社会主義の現段階での具体的内容と目標と見なすべきである、ということを見いだすのは難しくない。

「中国の特色ある社会主義的近代化」は、中国民族の優秀な伝統文化を保持し発揚すること（「中国の特色」を堅持すること）、われわれの政治的な理想と目標（社会主義的方向）を堅持すること、近代化を断固として実行することの三者の間に高度に一致した信念が備わっていることを示したのである。

二、市場化の衝撃のもとでの難局

中国の社会主義的市場経済への転換は、総体的にみれば文化の発展と繁栄のためにかつてないチャンスを提供した。しかし市場は決してひとりでに文化の向上をもたらすわけではない。逆に、市場経済の強大な改造の力は、功利を急ぐ欲望の中にすべてを飲み込んでしまう可能性もある。計り知れないほど深い市場の中には、まだ多くの反文化的な渦・伏流や暗礁が隠れている。近年有識者が絶えず「文化の砂漠化」を防止せよとのアピールや警告を発しており、これは一つの注意に値する問題である。

1、消費型文化のアンバランスな発育

「文化の砂漠化」の特徴とその指標は、とどのつまり「文化創造力の衰弱と文化生産の低俗化」にある。そしてこうした後の結果を引き起こし、文化生産と文化創造力に対して実質的な破壊を引き起こす可能性のある要素は、しばしば多種多様で、たとえば文化生産力の資源を直接ぶち壊すことであったり、文化生産のメカニズムの

4 『鄧小平文選』第三巻（北京：人民出版社、一九九三年）六三頁。
5 『鄧小平文選』第三巻（北京：人民出版社、一九九三年）二二三頁。
6 『鄧小平文選』第二巻（北京：人民出版社、一九九四年）三一三頁。
7 『鄧小平文選』第三巻（北京：人民出版社、一九九三年）二二七頁。
8 『鄧小平文選』第三巻（北京：人民出版社、一九九三年）三七三頁。

硬化であったり、単純に文化消費を追求し、あるいは狭隘で一面的に文化消費を理解することで、発展のバランスが崩されることであったり、健康的な文化消費のニーズを抑圧しひいては破壊したため、文化生産が発展する動力の源泉を断絶させたことであったりする。これらはかつて歴史上に出現した状況であり、こんにちにおいても決して完全には消失しておらず、一部には捲土重来の勢いさえある。

消費型の文化は生産（創造）型の文化とお互いに対応しており、人々の現実的、感性的、直接的な需要を満足させることを主とする即時的で実用的な文化現象であり、ときには「世俗文化」あるいは「大衆文化」とも呼ぶ。大衆の実用やレジャーおよび娯楽活動や、政党あるいは政府の普及する宣伝教育活動は、どちらもこの種の文化類型に属する。消費型の文化は社会が必要とする基本的な文化領域であり、そのアンバランスな発育とはコントロールがきかなくなることによって出現する消極的な現象を指す。

精神文化現象を例にしてみよう。当面の中国における精神文化の領域は、まさにこれまで完全に政府により統一的に管理され、一種の政治的な意識形態および社会的な文化福利の領域と見なされる状態から、市場へ向かい、文化産業化の改革をおこなう状況となった。これは社会発展の潮流と文化発展の規律に符合する重大な変革であり、ある意味で深遠な歴史的進歩である、と言うべきである。市場の本性によって決定されるのは、この変化が必ずまず消費文化の繁栄と隆盛をもたらすということである。しかし、健康的な文化市場メカニズムはいまだなお不完全であり、特に先進文化の導入メカニズムがいまだなお充分に形成されておらずかつ主導的作用を発揮していないとき、消費型の文化はアンバランスな発育を免れがたい可能性がある。いわゆる「アンバランスな発育」とは、一つは文化消費が浅薄化・一面化・短期化の傾向を現すことを指し、もう一つは文化の消費と生産が互いに関連を失いひいては背離してしまうことを指す。

（一）文化市場の自発性と盲目性の部分的なコントロールの喪失。市場は、文化市場を含めて、生産者と消費者によって構成され、双方がそれぞれ自らを尺度として「相手の向こうを張り」、かつ金銭を媒介として、価値の規律に基づいて運行する一つの領域である。市場では、消費者の需要と選択、生産者の目的と誘導は、みな金銭のはたらきを通じて実現されねばならない。そのため市場では、金銭も一種の専制を引き起こすことができ、かつそれは決して政治的専制主義と比べられないほどさらに慈悲深く、さらにおとなしい。こうした専制は消費の「流行」を通じていとも簡単に世論や習俗の進む方向を左右することができる。問題は、文化的「消費の流行」がしばしば極めて大きな自発性と盲目性を帯びているということである。市民に普遍的な文化的素質がなお高くはない状況の下では、「消費の流行」も必然的に品位が高くはない。特に、精神的に「消費」する以上、それは自然と眼前の、現有の嗜好に適合する、あまり苦労する必要なく手に入れ楽しむことのできる「泡沫文化」に傾くため、高雅な文化的産物を自発的に遠ざけひいては排斥さえする。こうした流行の背後では、実際は文化的な優越の魅力ではなく金銭の力がはたらいているのである。しかし、こうした自発性と盲目性にコントロールさせようとすれば、大多数の人々に理性的な判断と選択を習得させ、健康的に向上する文明を絶えず流行させなければならないが、「非市場化」の力で実現できるものではない。そして文化市場の制度はいまだ健全ではなく、主旋律となる文化がいまだ充分に市場を導くことのできない状況下では、ときとしてコントロールを失うのは免れがたいのである。

（二）大衆文化の形式および内容の低俗化。大衆娯楽型の文化にはおのずとその存在に合理性がある。それらは人々の日常的な文化生活を豊かにし、人々にまた一種の自由な表現と娯楽の方式を探し出させた。しかし市場化の条件の下では、こうした類の文化はしばしばその商業的な動機を出し、本意を曲げてある低俗な趣味に迎合することを惜しまず、まれに故意に大衆文化趣味を率いて一面的な「反理性・反伝統・反動徳・反主流」の傾向に走ることすらある。少しも芸術とは言えず、わざとらしく振る舞い、病気でもないのに心配し、病態が漏れ、怪しさ・珍しさ・あいらしさ・俗っぽさ・卑しさを誉れとするものがつぎつぎと現れている。こうした品位の低い消費型の文化はその娯楽性の効能を極力強化すると同時に、大衆の消費の嗜好に辛抱強さと玩味をもますます失わせてしまい、と同時に人間の欲望を抑えることなく膨張しぶちまけさせたため、多くの社会問題を引き起こした。それと対照的に、厳粛でとても高い芸術的水準を持つ文芸作品の中には、過去の思想的禁錮の時代と比べると、もうすでに自由に受け手に向かうことができるようになったものもあるが、受け手はすでにそれらに対して興味を失ってしまった。大衆娯楽文化が気勢激しく人間に迫る攻勢の面前では、エリート文化の大部分には退廃的な状態が充満しているのである。

（三）「主旋律」文化は市場の挑戦に遭遇する。社会の先進的な文化が発展する方向と上品で健康な文化的情趣をもつ文化的産物は、通常「主旋律作品」と呼ばれる。一般的に言えば、政府筋や専門家によって念入りに組み立てられ創作され、主導的な思想内容を厳格に貫徹する「主旋律作品」は、理屈から言えば社会および大衆文化の優良作品に属し、まさに社会大衆がしばしば必要とするところである。しかし、それらはときにあるべき社会の反響を得難いこともある。極めて少数の優良作品が大衆の中でセンセーションを巻き起こし広く伝播することができるのを除いて、大多数は逆に品位の全く違うポップカルチャーのように大衆の自発的な呼応を得ることができるわけではないし、行政の力による支持がない状況下で、それらはさらに多くの観衆や読者を引きつけることができなくなることすらあり、じゅうぶんな競争力に欠けているのは明らかである。その原因を追究すると、受け手そのものの文化的品位の不足（こうした不足も主導的文化が考慮に入れているものである）を除けば、「主旋律」文化の市場経済に対する適応性の不足を反映しており、文化市場に対する把握には経験が欠けており、多かれ少なかれ旧体制化の文化発展モデルの制約を受けてしまう。たとえば形式上厳粛さに余りある標準化されたパターン、親しく活発で多様化した風格の不足などである。そして思想・感情の内容における閉鎖性や単純化は、そのよく見られる欠点である。ある人々は誤って「主旋律」を単一化した政治的スローガンや説教と同列に論じてしまう。目的はただある種の既定の任務を完成させる、あるいはある種の固定不変の古くさい理念を植え付けるためであって、創作するときに採用するのは「ただ上に従い、ただ書に従い」、概念化し、公式化し、「指定席に座る」という態度方式をとる。その結果、大衆の精神的需要と思想感情を理解せず、尊重せず、関心すら持たず、生活の深いところからくる豊富で深い真実性に欠けるばかりでなく、大衆の立場を再考し評価しようとする意識にも欠けるため、これでは大衆から乖離することを免れがたい、と考える。もしこうした状況を変えようとするならば、まず思想内容上単純に政治的に実用化するという視角を改め、それを全方位の大衆生活の視角に代えなければならない。人民の意志と国家の政治・経済の動向を一体に融合し、人民全体に共通の事業と運命を反映し、人民全体に共通の喜怒哀楽の感情を体験してはじめて、豊富で多彩な大衆の生活の中から、さらに大きな活力と競争力に富む主旋律文化を生み出すことができる。

（四）文化生産の権益が侵害を受ける。消費文化のアンバランスな発展は、たくさん捨てられる文化を形成する可能性があるばかりでなく、「文化生産の結果が欲しいだけで、文化生産の過程と投資を重視しない」状態として現れるため、偽物で粗悪な文化の氾濫を引き起こし、精神領域内の誠実な労働――創造・生産の権益を直接破壊し損なうのである。「知識クローン」を例に挙げてみよう。いわゆる「知識クローン」とは、さまざまな情報技術を取り入れて、知識・観点・思想などについて「クローン」を行い、さらにはっきりと言えば、他人の知識・観点・思想などを「剽窃」あるいは「踏襲」するのである。それがすばやく市場を不法占有できるため、近年は「情報クローン」「知識クローン」がますます深刻になる様相を呈している。たとえばソフトウェアの海賊版、図書の海賊版、映画やテレビ（ＤＶＤ）の海賊版などの現象は、かなり深刻である。一部の人間が発明した高速で、廉価で、「はさみにのりを加える」「本の寄せ集め」方式は、一種の独自の特色を持った文化の窃盗行為であり、真に「天下の文章の一大剽窃」といいうるまでになった。こうした文化の窃盗行為の衝撃のもとで、生産創造型の文化、たとえば長期間投資する基礎的科学研究、厳粛で品位の高い芸術創作などは、その生存がますます困難となる。

2、刷新的文化メカニズムの欠陥

文化が砂漠化する最も根本的な特徴は、まだ低級文化あるいは消費文化の過度な発展ではなく、文化生産の活力の喪失、文化刷新メカニズムの疲弊である。文化刷新メカニズムの疲弊は自然界の土壌が砂漠化するのと同じで、根源的である。ここでいう「文化生産」とは、決してすべての文化品の製造活動を指しているわけではなく、生産（創造）型の文化活動を指し、その根本的な特徴と指標はまさに文化の種類・風格・境地・思想・観念といったレベルでの刷新である。いいかえれば、文化生産は、実質的には刷新なのである。そして一般的な文化消費のレベルでの新製品の再製造は、やはり消費文化の範疇に属するのである。

一種の強大な生命力を持つ文化メカニズムは、「文化の生産と消費が良性の相互作用にあり、真の意味での雅文化が俗文化を導いてたえず上昇している」ことを保証することのできるメカニズムである。具体的に言えば、一方では、大衆の文化消費の必要性、特に消費の向上と発展の必要性を、たえず文化生産の必要性と動力にし、それによって文化生産の発展更新を促進しなければならない。他方、文化の刷新生産する成果を、可能な限り大衆の文化消費の必要性と動力に転化し、それによって大衆文化を導いて絶えず新たな境地へと上昇しなければならない。この理解によって、われわれは文化の生産と消費の関係の状況から着手し、生産や刷新のメカニズムの考察と分析に重点を置いて、それが良好な状態を保持することができるかどうかを判断し、真に自分に責任を持ち、そのあるべきはたらきを果たす必要がある。

改革開放以来、中国の文化刷新と繁栄発展の環境は左翼的な文化災難の時期と比べると、すでに根本的な改善がなされている。しかし文化生産およびそのメカニズムの面から見ると、ここでも同様に大きな改善がなされているが、形勢の進展および時代の要求とはやはり大きな隔たりがある。現在まだ注意するに値する問題があり、たとえば、文化の生産と消費が関連を失い、さらに精神的生産の衰退を引き起こすという問題はいまだなお完全に解決していない。それは以下のような面に現れる。

精神生活の領域において、大衆の文化需要はいまだなお理論研究と思想活動の主要な対象や根拠になってはいない。ひょっとすると、大衆的な文化消費の中に出現する問題に対して、たとえ明らかによくないあらわれであっても、単純に議論をして非難するのは賢明ではない。真の精神的な文化生産は、明らかに健康的な指導を提供することを自らの務めとするべきである。多くの大衆は人生と家庭、事業と道徳などの面に関わる信念・信仰および理想の問題において、多くの新しい変化が出現し、多くの新たな思いやりと困惑を生じ、社会の関心と理解を切実に必要とする。しかし主流の人文理論研究と宣伝教育において、これらはあるべき尊重と理解を得ることができない。大衆文化が表現するいくつかの現象に直面して、精神的生産および管理を行う機構はしばしば適時に見いだすことができず、とりわけ正確に問題を提出して、科学的な分析と説明を通じて、問題の実質とキーポイントを把握し、それによって適時に有効な答えと指導を提供するのが不得手である。逆に、相当な麻痺や軽視が現れ、あるいは古くさい観念や思考様式で簡単に対応し、ひいては一種のあら探しや非難する態度で理由をかこつけて回避するときすらある。

われわれの精神文化の体制の中には、大衆に分散しており、必ずしもはっきりとはしない願望を正確に、全面的に、適時に一定の作業ポイントおよび系統の中に集中させ（「下情上達」）、ならびに高度に責任を負い、全面的に系統立てて、一貫性を保持するプロセスを通じて、深い研究処理を行い、あわせてそれらを積極的に建設性の豊富な結論と対策に変化させることができる。このような完璧なメカニズムやキーポイントに欠けているようである。現在関連のある機構はあまりに分散しすぎ、「運用が多元的で」、効能が単一であるというものでなければ、ただ徹底的に取り次ぎを行い、「上に目を向ける」ことを知るだけである。こうしたメカニズムに欠けている、あるいはこのようなメカニズムがあるにもかかわらず充分にそのはたらきを発揮できないため、多くの社会心理的問題がわだかまりはじめ、たとえば喪失感・焦慮感・焦燥感・反抗心などを引き起こす。それらは正常なチャンネル反応を得ることができず、必然的に別のやり方で表現しようと追求し、精神生活の中の非理性的要素となるばかりでなく、ひいては随時社会問題を引き起こす可能性もある。

前述の状況を引き起こす一つの思想的原因は、精神的生産のある面における思想の封鎖と観念の硬化である。おもに、思想の文化内容の理想性と現実性、先進性と大衆広汎性、向上と普及、教育と奉仕の関係を積極的で弁証法的に処理するのがまだ不得手で、目標の位置づけと思考方法においてその食い違いを形成したところに現れる。理論上から言えば、思想文化の先進性と広範で現実的な大衆性の間は、本来相互に外在的だったり、おのおの孤立していたり、たがいに無関係だったりというわけではない。真の「先進性」はまさに現実の広汎な最先端に生まれ、存在し、現れるのであって、大衆の現実から完全に乖離した抽象的な理想あるいは理念の中に生まれたり存在したりするわけではないし、その可能性もない。人々の先進性に対する理解とイメージは、もしこの点を忘れてしまい、ただ理想が現実に対して、先進性が大衆的広汎性に対して否定や超越という面だけを見て、それらの間に相互に生成する一致性や動態転化性という面を見ないならば、思想において、現実の中から先進性の広範な基礎を探し出すことはできないし、現実の中から理想に向けて通る有効な道筋を探し出すこともできない。必然的に精神的生産や思想教育の目標を現実から乖離し、大衆から乖離するという基点の上に位置づけることになる。行動的には、「向上」を実際にそぐわない厳しい要求と非難、あるいは独りよがりのワンマンに変えてしまう可能性があり、最終的に徒労で無益の形式主義に流れる可能性もある。教育と奉仕を対立させ、考えることは永遠に、いかに大衆を管理教育し「大衆の先生になる」だけで、なぜどのようにして大衆に学習し「大衆の学生になる」べきかを理解できず、それによって自己と人民大衆との関係を顛倒してしまう可能性がある。これは思想の深層での誤りである。大部分において、それは文化事業全体に対する認識を見失ったこと、すなわち主体的で正確な位置づけを失い、主体性の紛失となることを意味している。深刻に言えば、もしこれが進展していけば、精神的生産のレベルにおける「人民に奉仕する文化」を、うっかり「主体と自我を分離する文化」に変えてしまい、ひいては大衆を異分子と見なす「精神貴族文化」「精神統治者文化」と変えてしまう可能性がある。

科学理論研究と思想文化創作を主とする精神的生産の領域では、発展メカニズムの上に「チャンネルが滞り」「資源が枯渇する」という状況が存在している。根本的に言えば、こうした状況は「理論が実際からかけ離れた」状況で生じる。「理論が実際からかけ離れる」という問題は長年言われていることではあるが、二つの問題においてずっと真の解決を得ることができていない。一つはいかにして「実際」をさらに充分に、さらに有効に理論研究の中に取り込むか、ということである。もう一つはいかに優秀な理論の成果をさらにすばやく、さらに有効に生活実践の知恵および財産に変えるか、ということである。多くの現実的なあらわれから見ると、真の思想的障碍はおそらくやはり理論と実際の間の真の相互需要が「見えないしつかめない」ということであろう。たとえば「理論」について、それは実際に学者たち自身の興味や考えでしかないと考える人がいれば、それは権威を持つ指導的な人物の思想や意図に由来し、たとえ学者の理論研究であっても、それらを重複し解釈することしかできないと考える人もいる。「実際」についても、人々は異なる理解をもち、実益を獲得したり、現状に折り合ったり、ひいては誰かの主観的意志に合致すること（役に立つため）などをすべて包括すらしている。そのため、「理論が実際をかけ離れる」という問題は、けっして理論家あるいは実際の従事者個人の問題であるばかりではなく、同時に精神的文化体制やメカニズムの問題でもある。まさにここにおいて、精神的生産の領域に体制上の抜け穴が存在しているのが見え、つまり、われわれの基本的な精神的生産の規則を切実に説明し、回答し、執行し、監督し、試験し評価することができるような、厳格なメカニズムに欠けているのである。人々が自発的に実用的に意のままに執り行うのに任せると、結果はこうなるしかない。「実際はどうやって理論に入り込むか」と「理論はどうやって実際に入り込むか」という二つの問題が長きにわたって解決できておらず、理論の刷新がシステム化した情報の「インプット」と「アウトプット」が同時にふさがることにより、必然的に資源の枯渇を引き起こすことを意味しており、したがって理論刷新の価値の枯渇をも意味している。

前述のさまざまな体制とその他の要素の総合的な影響により、精神的生産の領域が衰退に向かう可能性に直面している。精神的生産活動が生活実践の中からたえず豊富な栄養を吸収することができないとき、それは社会発展の需要に適応できない。こうした状況は逆に文化生産の動力、誘導、評価、伝播および転化などメカニズムをもたらし、異なる程度である種の停滞状態にあり、さらに加えて社会の発展についていけない可能性がある。こうした状況下では、また行政権力の介入を導きやすい——現実の需要を保証するため、行政的手段で精神的生産そのものに特有の規律に関与あるいは代替し、それによってさらに文化消費の動向を強化し、文化が自ら刷新する能力をいっそう弱体化させ、それが文化生産者の身上に反映すれば、精神状態が広くバランスを失い、目前の功利を求めて焦るような落ち着きのない風気がはびこる。科学研究および教育機関は主要な業務のために精力を尽くさず、いい加減に処理をして、おもに市場あるいは官界に心を砕き、校長や院長らは圧力に迫られて「創収」（技術提供などで収入を得ること）に急ぎ、教授や研究員らは直接あるいは形を変えて商いを行い、学生は喜んで「書を寄せ集める」ことなどを業とする。文化人は次々と「下海」（公務員が民間に転職すること）し、学者は争って転向し、知識人の集団がわずかに人数上減少することによって、もしかすると何も説明することはできず、精神における萎縮と流失の最終的結果は、まさに文化刷新動力の減衰であり、能力の喪失である。この潜在的な脅威は目前に迫っており、人々はひどく憂慮を感じている。

　以上、精神文化の消費・生産および二者の間の中枢形態の面に関する分析から、われわれは新たな時代に適合する、強大な生命力に富んだ文化刷新のメカニズムを形成する必要に迫られていると感じる。文化の生産と消費が関連を失い、文化生産の刷新メカニズムが脆弱過ぎたり萎縮に向かったりすることは、目下、文化の砂漠化を招く主要な危険ポイントなのである。

三、文化発展の三つの動向

一九八〇年代以来の中国の学術界における文化発展の戦略方向問題に関する議論を総合的に見ると、だいたい三つの異なる意見に帰することができる。それは「西洋化論」「伝統論」「創建論」である。この三つの動向は隠れたり、明らかに人々の心中に存在したりして、まるで道標が前進する分かれ道に立っているように、人々が異なる選択を行う起点となる。

1、「外を向く」という「西洋化論」

文化建設の動向の一つとしての「西洋化論」は、政治転覆を目的として人心を惑わし煽動するような論調を含まず、一種の理性的文化志向を指し、つまり西洋の近代化モデルによって中国文化の近代化を推進しようと主張する学説・観点である。こうした観点では、西洋近代文明およびその価値体系はおもに発達した市場経済と工業文明の産物であり、それはわれわれが近代化と工業文明へ向かうために最も足りなくて最も必要なものを含んでいる、と考える。そのためわれわれの文化と文明の進歩は、現在おもに西洋の経験や思想および観念を多く手本として吸収し、「西洋化」を具体的な動向として、われわれの新たな価値体系を設計し建設するべきなのである。

こうした観点に最も影響を与えた意見は李沢厚の「西体中用」説であり、その通俗的な形式が一般的な「国際的な慣例と基準にあわせる」という言い方である。こうした思考様式の特徴は「外を向く」ことに重きを置いていることであり、すなわちわれわれは近代化が比較的早かった西洋国家を見ることを強調し、おもに彼らが「何を持っているのか」、特に何か「よい」ものを持っているか、またわれわれには「何が欠けているか」、特に何か「新しい」ものが欠けているかを見て、そのあと他人が「持っている」ものを取り、そうして自分に「ない」ものを補う。彼らは、このように行う結果、もしかしたらまさしく「中国と西洋が肩を並べる」未来文明が生み出せるかもしれない、とすら信じているのである。

すでに多方面から「西洋化論」の誤りを批判している多くの学者がいる。近代化を西洋化と同一視し、文化発展の歴史的尺度と民族的差異を一緒くたに論じているとか、文化・歴史発展の直線論にもとづいて確立しているとしても、直線式の発展モデルは事実と符合しないとか、国情と歴史の起点が違うことを無視して、あらゆる国家・民族がすべて自らの文化の前提を持っているのに、あらゆる国家・民族の近代化の過程とモデルはすべて違うものであることを分かっていないとか、中国の近代化は西洋と完全に異なる背景と条件のもとに行われ、中国の文化建設はこのルートを歩むことを許されないとか。これらの批判はすべて急所を押さえている。われわれは、以上の問題以外に、「西洋化論」の誤りでさらに主要なものは文化対象の食い違い、文化的主体意識の喪失と文化に対する自信の衰微であると考える。具体的に言うと、以下のようになる。

（一）「西洋化論」は「他者」の文化で「自ら」の文化に取って代えようと試みたものであり、文化対象の重大な食い違いが存在しており、この前提から出発すると近代的な中国文化を建設するのは不可能である。

われわれが発展させねばならず、近代化を推進しなければならない文化は、われわれの身がその中にあり、中国民族が歴史的に創造し継承してきたあの文化である。そのため、中国文化の近代化はこの特定の文化自身の弁証法的な否定であるばかりで、それが一種の異民族文化に転換して近代化を実現することにはなり得ない。

なぜならば、第一に、あらゆる民族・地域に特有の文化には、すべてその成長する土壌・環境・前提条件があるからである。これらの条件と環境は必然的に自己に特有の発展の起点をつくりあげることができ、起点が異なれば、発展の形式や道筋にも必然的に異なるところがある。ある意味で言えば、中国文化はこれらの環境と条件に適応した産物であり、その他の文化が（たとえもっと「発達」しているとしても）取って代わることはできないのである。「橘は淮南に生ずれば則ち橘と為り、淮北に生ずれば則ち枳と為る。葉徒だ相似て、其の実の味同じからず。然る所以は何ぞや。水土異なればなり。」果樹は取り入れることができるが、水や土は導入することができない。中国文化と西洋文化はモデル、環境および個性が完全に異なる。この点はちょうど「西洋化論」が対面しがたく、そのためにしばしば回避せざるを得ないところである。なぜなら、歴史的論理と現実的経験から見れば、いかなる社会の成功発展および近代化も、その主要で根本的な原因は、かならず自らの国情条件と文化の伝統に適合する発展の道筋を探し出すところにあり、他人を簡単に模倣して実現しようとするのは不可能だからである。

第二に、あらゆる文化と伝統はこの民族およびその民族の人間そのものと直接同一のものであるので、文化と伝統から逃げ出せるものではない。大きく伝統の深い文化であればあるほどそうである。「西洋化論」は、民族の文化的伝統が社会的に発展する中での、とくに近代化プロセスの中でのはたらきについてもはっきりと認識しておらず、それは勝手に放置してよく、必ずしも考慮に入れる必要はないと思っている。それは、伝統は民族の「根」であって、人々の現実の中や頭の中に「活きて」いるものであり、一つの民族の霊魂の深層に入り込むものであることを理解していない。民族が存在するからこそ、文化や伝統も存在するのである。違いは人間の能動性を発揮させ、伝統を新たな文化の基礎にするか、それとも盲動と無作為によって、人々の頭脳につきまとう難題となってしまうか、というところにしかない。そのため中国文化の近代化は自身を主として、外来文化を消化吸収する基礎の上に刷新するばかりである。人間の成長には食物が必要であるが、人間がそれによって「食物化」するはずがない。中国文化の発展には西洋文化の吸収が必要であるが、それによって「西洋化」することはできない。

(二)「西洋化論」は何ということなしに西洋文化の長所を誇張し、中国の伝統文化の近代化に対する意義が見えず、中国民族の文化創造における能動性と自主性を無視するが、これは文化的主体意識が衰微しているあらわれである。

まさに多くのポスト植民地主義の批評家らが述べているように、西洋を近代化の模範ひいては唯一の見本とするのは、一種の文化植民地主義と文化帝国主義の後遺症であって、一種の「西洋語の他者化」である。第三世界の国家は政治上において独立を獲得していても、文化上は決して独立を勝ち得ていない。その民族の文化を建設し近代化する際に、それらはしばしば前宗主国の「迷える塑像」を参考に自らのイメージを構築するのである。「西洋化論」が打ち立てたのはまさにこうした「迷える塑像」なのである。もちろん、西洋文化には確かに長所があり、中国文化に欠けている「よい」ものがたくさんある。対外開放して、西洋を学習することは何ら問題がないことである。しかしわれわれは、西洋文化が決して理想的な近代的文化ではない、ということもはっきりと認識しなければならない。われわれはさらにそれが大いに罪悪（「囲い込み運動」、植民地に対する海賊ばりの略奪、「黒人奴隷」の売買）によってたたき上げられたものであることを言わず、その資源に対する壊滅的な開発、環境に対する破壊、極端な国家的利己主義と覇権を後ろ盾とする「総合的国力競争」、道具的理性主義などを述べさえすれば、これは西洋文化がその他の文化の手本になることができないことを説明するのに十分である。

「西洋化論」の中国伝統文化に対する認識も深くはないし、完璧でもなく、全面的でもない。それは中国伝統文化の中にある古くさく後れた、すでに糟粕となったものを全部と見なすため、それは近代化にとって何の役にも立たず、有用なものはすべて「輸入」によって解決する必要がある、と考える。こうした極端な観念は、五千年もの中国文化の広さと深さに対して理解に欠けていることを露呈しているばかりでなく、中国文化の百年ばかりにわたる改革復興の偉大なるプロセスに対しての見積もりも不足しており、当面行われている近代化建設の意義に対する認識が不足しているため、自らの民族の文化に対して主体的な自信や自覚に欠けている。実際、ますます多くの人々が中国文化の価値を意識している。中国の学者がこの点を指摘しているだけでなく、多くの西洋の学者も西洋文化の限界と中国文化の未来に対する希望を発見している。たとえば、イギリスの著名な歴史学者トインビーは『誰が西洋の世界における主導的地位を継承するだろうか』という文章の中で多少誇張して、もし中国（伝統）文化が西洋に取って代わって世界の主導的立場に立たなければ、人類の前途は哀れむべきものとなるだろう、と述べた。ノーベル化学賞受賞者、イリヤ・プリゴジンとそのパートナーであるイザベル・スタンジェールは、「中国の思想は西洋科学の範囲と意義を拡大したいという哲学者や科学者から見れば、終始一貫して啓発の源泉である」[9]と考えた。これらはむろん定論とするに足るものではないが、われわれの沈思熟考に値するものである。

（三）「西洋化論」は中国人民こそが中国文化近代化の真の主体であり、中国文化は根本的に中国人民の実践の中で発展しなければならないことを忘れてしまっている。

「西洋化論」にしたがって推論すると、中国文化は西洋のモデルを参考にして自身に改造を加えるだけでよく、あたかも中国文化の主体はわれわれ自身ではなく、西洋人のようであるため、われわれは探索し刷新する責任と義務を省き、当然独立発展の権力も放棄してしまう。これは主体意識の重大な食い違いであり、その民族文化に対して責任を負わないというあらわれである。事実上、あらゆる民族文化の発展モデル、発展の方向と道筋は、自分で探索するしかなく、他人が取って代わることはできない。中国文化の主体として、あらゆる中国人が自己の能動性と創造性を発揮する責任を持ち、その権力も持ち、実践の中において中国文化を新たな高みへ押し上げる。もしこうではなく、中国の近代化はただ西洋を模倣するだけでよいのであれば、文化の主体として、われわれの使命は何なのだろうか。

総じて言えば、「西洋化論」の誤りはおもにその単純に「外を見る」という価値思考の位置づけに由来している。こうした思考様式において、国家民族の主体的な「自我」は淡泊化され、弱体化され、放棄すらされてしまう。それは、他人様が「何を持っているか」が見えれば、われわれも必ず持たねばならず、なければ欠点であると考えたり、他人のところにとって「よい」ものであれば、われわれにとっても必ず無条件に「よい」ものであ

9　伊・普里高津、伊・斯唐熱『从混沌到有序』曾慶宏・沈小峰訳（上海訳文出版社、一九八七年）一頁。Prigogine, Ilya; Stengers, Isabelle, *Order out of Chaos: Man's new dialogue with nature* (Flamingo, 1984)

るので、必要であるはずだと考えたり、他人がやるように、われわれもかならずやらねばならず、そうでなければ同様の結果は得られないなどと考えたりするところに現れる。これはすべて、総体的にも一種の機械論的思考がもたらす「主体的自我の喪失」に属する。

2、「後ろを向く」という「伝統論」

いわゆる「伝統論」とは、中国民族の伝統文化、とくに優良な伝統的美徳を基礎として中国文化を回復することである。こうした観点から見ると、中国の古代文化は世界で最も優れている文化であり、それは現代の問題を解決する知恵と活路を含んでいるので、人類の未来を導くであろうと考える。また中国民族の伝統文化はさらに中国が近代化を実現する唯一の基礎であり、この基礎にしっかりと立脚し、その基本精神を大いに発揚してこそはじめて、中国民族の新たな振興に正確な文化的動向を提供し、あわせて中国の民族精神の永久の活力を保持することができる、と考える。学術界の「儒家復興」説や「道家復興」説、および広く波及する各種の「伝統文化熱」「伝統美徳熱」は、こうした動向と意図を反映しているのである。

「伝統論」の思考様式は「後ろを見る」ことに重きを置き、我々の歴史の方を見なければならず、おもに古代の文化的伝統の中に「何があったか」、特に何か「よい」ものがあったかを見て、掘り出してきて、大いに発揚し、長所を伸ばして短所を抑え、輝きを再建しなければならない、ということを強調する。「伝統論」が体現する強烈な民族的主体意識、自尊心および自信は、疑いなく非常に必要で貴重なものであり、これは「西洋化論」よりも優れているところである。しかし、その中にはかなりはっきりとした民族主義と文化的保守主義の成分が含まれており、これは時代遅れで、非科学的で、有害なものですらある。

「伝統論」の誤りは、それがその民族の優良な文化的伝統を充分に重視したところにあるのでは決してなく、文化と伝統の理解と展開に対して、しばしば主観的で一面的で視野が狭いというところにある。それは次のようなところに現れる。

（一）「伝統論」における中国文化の「原文」についての解読は、依拠するところが現実の文化の主体と現実的な生活実践ではなく、古典の文章である。これは文化の「原文」に対する重大な誤読である。

文化は人間の生存・生活様式およびそれが追求する価値そのものを指すので、現実の生活こそが文化の真の「原文」である。文化はまず第一にかつ根本的に人々が実際に「思うこと、言うこと、なすこと」全体の中に現れ、人々が口頭で言ったり、文章で書いたりするものを指すだけではない。人々の言うこととなすことが一致しないとき、真に彼らの文化を代表するのはただ彼らの「やることなすこと」だけであって「思うこと言うこと」ではない。つまり、文化は決して文章・文献・典籍と等しくはないのである。この点を理解できないと真実の文化を発見し理解することはできない。「伝統論」の一つの誤りはまさにここにある。それがいわゆる「天人合一」「仁愛信義」「中庸」「己の欲せざる所人に施すことなかれ」などを中国文化の代表と述べるのに熱中しているとき、決して中国の歴史と現実の実践中から発見しかつ証明するわけではなく、完全にある書物に依拠しているようなのである。このように中国文化を解読すると、「お化粧をした顔」が見えるばかりで、中国民族の「背骨」を見ることはできない可能性がある。なおかつ、こうした解読方式は大半が儒家の経典に依拠しているため、中国文化を一種の「道徳文章」式で、抽象的な文化体系であると理解してしまう。まるで中国五千年の歴史上には道徳化した文章と文章化した道徳があるばかりで、経済・科学技術・生産および大衆生活などの重大な現実生活の文化的脈絡に欠けているようである。こうした論理が描写するものに沿うことが、いったいどの程度中国文化の真実の姿に反映したのだろうか。中国の歴史と運命を適切に説明し、こんにちと未来の建設を指導することについて、それはいったいどれだけの効力があるだろうか。これは実に疑わしい。

（二）「伝統論」は中国文化の近代化を単純に伝統文化の復興と理解する。さらに人々の伝統に対する誤読が加わることによって、結果的にこの観点は一種の後ろ向きな復古主義の保守的な傾向を持つことになる。

「伝統」は歴史上形成されてかつ継続することができ、現在でもなお「活きている」ものを指し、過去に発生し、かつてあったものすべてでは決してないし、さらにはすでに死んでしまったり、消失してしまったりした「過去」を含まない。そのため我々がこんにち自分の伝統を認識するとき、自分の現実を認識し、再考し、発見し、批判することに重きを置かねばならない。この点を理解していなければ、真実の伝統を発見し理解することはできない。「伝統論」の誤りはまさにここにある。それが中国古代の古典の文章の中から中国文化の「優良な伝統」を探し求めるとき、考えなしに「伝統」を「過去」ひいては「古代」と同一視することは、「伝統」の意義や指標がただ「古」「老」「旧」にあるだけのようである。「旧」は「古」であればあるほど、「老」であればあるほど、「旧」であればあるほど伝統を代表する資格を持つことになる。そうして我々がこんにち自分の伝統を認識するとき、できる限り昔の過去に戻るばかりで、自分自身の現実に着眼するはずがない。こうした復古主義的な考え方によれば、「伝統論」が我々に伝えてくれるのは、現実において多種多様に日進月歩で発展している多様な伝統では決してなく、一種の単純で、平面的で、単一で硬化した「伝統」モデルである。このように、「伝統論」が我々にもたらすのは、実際は判断と選択の権利と基準をすべて古人に賦与してしまったため、選択の結果と責任もすべて前人に押しつけるという考え方で、これはその実現代の中国人の現実的な権利と責任を無視するという態度である。

(三) 伝統論には同様に重大な文化の主体の食い違いという誤りが存在している。

もし「西洋化論」が事実上西洋人を中国文化の近代化の主体と見なすことであるというならば、「伝統論」は古人を中国文化の近代化の主体と見なすものである。人々が中国文化を簡単に伝統文化（おもに儒家文化）の復興と理解するとき、彼らは事実上古人にこんにちの文化建設と発展の任務を引き受けさせるのである。あたかも古代の聖賢が中国文化の「道統」を創造し、後世の人間はただそれを継承するだけでよいため、何もしなくなってしまったかのようである。我々自身はたとえその身を局外に置いているわけではないとしても、少なくとも主要な責任を負ってはいない。しかし、我々が直面しているのは工業文明ないしはポスト工業文明であり、我々の近代化建設は我々の前人が想定することのできなかった事業であるから、この近代化の使命は、誰も我々に代わって完成させることができない。

総じていえば、「伝統論」の文化傾向は理論と実践のいずれにおいても成り立たないものである。とどのつまり、「伝統論」の誤りは「後ろを向く」思考様式にある。ひたすらに「後ろを見」ると、見えるのは古人と古文ばかりである。動向として、それは主体の権利と責任をどちらも前人および古人に賦与し、価値選択の方向と基準を過去に位置づけ、かえって現代の中国人の権利と責任を忘れあるいは否定してしまうのである。これも同様に一種の機械的思考がもたらす「主体的自我の喪失」に属する。表面的に見るところ、「伝統論」と「西洋化論」の誤りは相反するようであるが、それらには「両極相通ずる」効果があり、いずれもこんにちの中国人を見下し、あるいは信じないし、頼るつもりもないと言うのである。

3、「前を向く」という「創建論」

「創建論」はマルクス主義、とくに中国の特色ある社会主義理論を指導とし、中国人民の改革開放の具体的実践の中で現代の新文化を創造し建設することを主張する。的確にいえば、実践に立脚し、現実に立脚し、実際から出発して、思想を解放し、我々の（個体的および民族的な）主体性を十分に発揮して、マルクス主義に代表される西洋の先進文明を本国の実際（優良な伝統文化を含む）と結合し、中国の伝統文化と近代文化を結合し、「古は今の用となり、西洋は中国の用となり」、人類のすべての優秀な文化的成果を手本にした基礎の上に、中国に特色のある社会主義的な近代的文化を創建するのである。「創建論」の核心は「我」であり、我々の目下の実践である。西洋の近代的文化を分析し批判するのか、それとも中国の伝統文化を総括し鑑別するかによらず、いずれにも我々自身の実際に立脚し、科学的な理論と方法を武器としなければならないし、外を見るか後ろを見るかを問わず、最終的には前を見なければ発展できないし、我々の伝統文化に既存のものか、それとも我々に欠けていて外国にはあるものであるかを問わず、我々はいずれも盲目的に採用してはならず、我々は「いったい何を必要としているのか」（をはっきりさせること）によって取捨選択しなければならない。そのため、中国文化の足掛かりは我々自身の主体性を高揚させ、我々自身の自覚と能動性を発揮し、実践の中で近代化に恥じることない中国文化を創造することである。

具体的にいうと、文化の「創建論」は以下のような思想内容を含む。

（一）「我」の文化建設の中での主体的地位を確立し、我々の主体意識を高揚させる。近代的中国文化を建設するのは我々である――現代の中国公民が大義名分上辞退できない責任は、我々の権力でもある。我々は古人によりかかることができない上に、外国人に頼ることもできないため、「我」を主とし、独立した自省精神と創造精神で中国文化の近代化を推進するしかない。我々は当然先人の文化遺産を継承し、外国文化も学習しなければならないが、どちらにも「我」を主とする問題があり、どちらにも選択・消化・改造・刷新の問題がある。「我」を主とすることは強烈な文化的使命感である上に、社会歴史的な抱負でもある。「創建論」は我々に伝統を復興し特に伝統を推進する主人公としての責任感をもつことを要求する。張横渠は「天地の為に心を立て、生民の為に命を立て、往聖の為に絶学を継ぎ、万事の為に太平を開く」という（張載『西銘』）。こうした文化を建設しかつ振興する主体意識と強烈な使命感は、我々の敬慕し追求するところである。

（二）実践に立脚して、近代的中国文化を創造する。実践は文化の真正の「源」であり、文化が次から次へと生じて止まない生命の所在である。文化の問題は書物の上にとどまり、学者の話の中にとどまるばかりでは、生命力がないのである。実践に立脚し、実践の中の新たな成果を把握しかつ総括してはじめて、中国文化に真正の刷新がある。実践で創造すれば、伝統文化は近代文化の健康的な生長の「根」であり、実践を離れて創造すれば、伝統文化は「歴史上の悩み」となる。実践中において創造すれば、外国文化は我々の滋養であるし、実践を離れて創造すれば、外国文化は民族精神を氷解させる「植民地文化」となる可能性がある。中国が当面進行している近代化を目標とする経済建設や民主的法制の建設および思想文化の建設は、中国文化が世界の主流文化に向かって歩み、近代化に向かって歩む偉大なる実践運動であろう。我々はこの実践を深く掘り下げ、この実践をよりどころとしてはじめて、中国近代文化を創造することができる。

（三）迷信を捨て、思想を解放し、事実に基づいて真理を追求し、実践に立脚するには、当然さまざまに流行し、すっかり馴れているような価値観と文化教条を実践によって検証しなければならず、必然的に実践で各種の教条を否定しなければならない。古今を通じて、中国人の頭に入っている各種の在来の教条・外来の教条は数え切れない。それらの共通点は、迷信をでっち上げ、実践的な検証を受けず、中国人民の苦難に対しても責任を負わない。特にこの何十年か、思想の硬化と「左」翼的教条がさらに中国の振興に重々しい障碍をつくったのである。近代文化を発展させようと思えば、かならず実事求是の態度でもって一切の思想的首かせを打破し、未来と前途を探索しなければならない。

（四）「立」を基本とし、「建設に重きを置く」。「五四」運動以来、中国の近代的文化建設が困難であった、その原因の一つは我々が批判と否定を過度に強調し、積極的な建設が少なかったことである。「破を以て立に代える」や「破有りて立無し」ではかなり危険であることは、事実が証明している。中国文化の近代化は「立」を基本とし、建設に重きを置かねばならない。民族と人民の未来に対して責任を負うという態度に基づいて創造的な労働と実践を行う。「立を以て本と為す」とは現実から出発しても、現状に満足せず、我々がいったい「何を必要とし、何を追求し、最終的に何を作りあげかつ得るのか」を根拠とし、「有利である」ことを基準にし、積極的かつ主導的に現在のすべてと直面することであり、「建設に重きを置く」とは自覚的に自己発展を実現し、真面目で着実、うまずたゆまずやる、きわめて苦しい労働と創造に重きを置き、肯定・確立・生産・形成・刷新に重きを置く、ということを意味している。

（五）「前を向く」ことを文化建設の傾向とする。中国文化建設の価値目標は、自己の現在を基点とすることであり、「外を向く」こと、つまり他人の状況を基点とすることではない。また未来の発展に注目し着眼することであって、「現在を見る」こと、つまり既存のものすべてを固定不変のものとみなすことではない。「前を向く」ことはさらに前進の目標と精神状態で行動するべきであって、「後ろを向い」て、我々が到達すべき目標を前にならい、過去のある時期の領域を回復しかつ到達することに位置づけるだけなのではない。「前を向く」ことは文化発展の歴史的尺度を強調し、文化が前進する方向を把握し、どのような価値がまもなく衰退しようとしているのか、どのような価値がまさに発展しつつあるのかを把握する。「前を向く」という思考回路は、中国の近代化の中で出現する問題について、前向きに歩むこと、つまり新たな事物を発展させ完璧にする方式で解決しなければならず、後退する方式で解決するのではない、ということを主張する。たとえば、転換期の経済領域の中に出現する問題は、市場のメカニズムや法制を完璧にすることで解決しなければならず、行政によるコントロールを強化する方法で解決するのではない。道徳や社会の風潮の問題は、市場メカニズムと工業文明に適応する法制・道徳・文化を建設することで解決し、懐古的な奥ゆかしき感情を発し、「世の気風は日々下がっている、人心は古くもないなあ」などと感嘆するものではない。「前を向く」ことは自らが現実と未来に直面することで創造的な思考を行い、現在や過去にすでに到達した成果をさらに発展するための土台とすることができるようになることである。

総じて言えば、「創建論」は「前を向き」かつ「建設に重きを置く」ことを価値傾向とし、高度に自覚的な中国民族の主体意識や実践的な探索精神を充分に体現した。「創建論」は「我」と我々のいまの実践を文化建設の中心にすえ、外向きかつ後ろ向きの態度が帰結したところと結びつけて、文化建設の主体と時空に対して正確な位置づけをもったのである。「前向き」な「創建論」的動向をしっかりと実行してはじめて、古今の人類文明の優秀な成果すべてをいかに吸収し参考にするかを習得することができ、現実と実際から出発し、正確に有効な選択ができるようになって、複雑に入り組んだ現象や妨害を前にしても方向を見失うほどではない。

【訳注】

（1）洋務運動……清朝末期の一八六一年から一八九五年にかけて、漢人官僚であった曽国藩・李鴻章・左宗棠らによって推進された、軍事中心の西洋受容運動。西洋近代文明の科学技術を導入して、清朝の国力増強を目指したが、日清戦争での敗北によって挫折したと考えられている。

（2）戊戌変法……一八九八年、康有為・梁啓超・譚嗣同ら改革派によって推進された政治改革運動。康有為の上奏を受け入れた光緒帝によって下された詔書のもと、清朝を立憲君主国家にすることを目指したが、急激な改革のため、西太后を中心とする守旧派によるクーデター（戊戌の政変）により、百日ほどで失敗した。

第十章　豊かさと強さ――物質的文化の近代化

物質的文化は社会的文化全体の基礎部分であり、その発展もその他の文化の発展繁栄の必要条件である。しかし物質文明の発展は物質的産物の豊富さやＧＤＰの成長と簡単に同一視することができない。当面、中国の物質文明の発展には、特に一種の文化的点検が必要である。たとえば、発展は一種の文明として、その前提、使命および発展目標はいったい何なのだろうか。発展・成長が追求する人文学的価値をいかに確認するのであろうか。中国の市場経済体制の背後にある理念・価値観およびゲームルールにどんな問題が存在しているだろうか。それをいかに改善すべきだろうか。経済と科学、知識と文化は現代の相互侵入においてどのような状態であろうか。我々はどのようにして現代人の環境生存方式を検討し、あわせて一種の生態文明を建設するのだろうか。

一、中国化した市場経済モデル

市場経済は近代化と工業文明を発展させる基本的な手段である。市場メカニズムはおもに商品の価値法則に基づいて実行し、ならびに市場の需給関係を通じて調節が行われる経済様式である。こうした様式の核心は、商品経済の客観的法則というこの「見えざる手」のはたらきを十分に尊重しかつ積極的に利用し、あらゆる経済主体（企業あるいは個人）に市場実践で最大限自らの主動性を発揮させ、そうしてすべての経済の活性化と発展を促進するということである。

中国の特色ある社会主義的市場経済は市場経済の普遍性のうえに、中国の歴史的伝統と社会の現状に焦点を合わせた、まさに探求中の市場経済の発展モデルなのである。

総じて言えば、社会主義的市場経済は階級制度や姻戚関係を基礎とする礼節を尊ぶ社会関係を超越し、公共的交流を基礎とする現代の法治社会へ移行して、多方面から伝統的な文化や価値に挑戦し、社会文化の重大な転換をもたらすであろう。市場経済による社会は公共交際型の現代社会であり、民主的社会であり、法治社会である。中国が社会主義的市場経済を発展させるなかで、直面する挑戦はまず初めに礼節を尊ぶ伝統に代表される慣習的勢力とゲームルールである。

1、経済転換と文化改造

中国の伝統社会は礼節を尊ぶ社会で、公共的交流は発達せず、しばしば公共的交流関係を私人関係・血縁家族関係に転化する。こうした社会関係と行為習慣は多方面で市場経済や法制社会と相容れず、したがって市場経済の完備と発展に影響した。たとえば次のようなものである。

身分階級観念。地域・所属・職務・個人などを異なる身分に区分することが習慣となっている。身分が違うことによって、実際の機会も不均等なものである。こうした文化的な要素と習慣の勢力が存在するため、市場メカニズムと適応する自由・平等・公開・公平などの価値観は、中国社会で真に根を下ろすのは難しい。

親疎の差異と序列の構造。礼節を尊ぶ文化伝統が根深いため、中国人は長い間「内部と外部には区別があり」、親しくないなら各々異なること、たとえば身内や友人、知り合いには、一般的に肉親の情や友情を重んじて、特権を尽くし、他人やよく知らない人には、完全に別のやり方をとる。社会的な交流の中で、人々は順調に仕事を処理したいと考えるなら、必ずきわめて大きな精力や代価を支払って、「知らない人」を「知り合い」に転化しなければならない。この特徴は市場経済が要求する多くの基本的規則――たとえば、個人的な感情や主観性を超越した普遍的な理性や普遍的なゲームルール、公衆に向けて、かつ全社会に向けて開放されたチャンスや情報、など――と矛盾する。

公私混同、公権の私物化の伝統。礼節を尊ぶ封建勢力の影響を受け、多くの人々がまだ公共権力を行使したり、公共資源を支配したりすることを個人の行為と区分しないことに慣れ、公共権力と資源を個人のものと見なすことに慣れている。加えて政治体制および法制が不健全であるため、公私混同や公権の私用といった現象がかなり広がっている。ある公共権力部門でもしばしば「役割のズレ」がおこり、自らが公共管理組織であったり、奉仕組織であったりすることを忘れ、利益競争者の身分で市場に出現する。もし社会がこのような無秩序状態にあるならば、正常な法制や市場メカニズムは話し出すすべがない。

「事を成し遂げる」ことを重要視して規則を重視しない習慣。統一的で公開されている、普遍性を持つゲームルールは市場経済を正常に動かすための基礎かつ前提であるが、身分や資質に違いがあり、内外に区別があり、公権を私物化するという条件下で公共的な交際を私人の行為に転化することを通じてさらに大きな利益を得ることができ、これが当然人々を刺激して私人関係や身分・地位・資質といった手段で「レントシーキング」(1)を行わせる可能性がある。ひとたびこのようなゲームルールが拡散すると、社会は収拾がつかなくなる。規則を重視しないという社会現象は「マタイ効果」(2)を生じる可能性があり、つまりそれが生ずる無秩序な効果が指数的に増大していく可能性がある。現在の市場運営の中での虚偽を弄し、誠実を重視せず、私人関係を通じてレントシーキングを行う、などの現象があればあるほど激しくなることが、この点を証明している。

社会主義的市場経済は普遍的な理性の基礎の上に確立される社会であり、それは価値観・文化理念・ゲームルールなどを必要とし、理性的かつ普遍的で秩序化されたものであるため、論理にしたがうものである。社会主義的市場経済は高度に法制化された経済であって、それは本質上完全に公開され公平かつ公正で、あらゆる人物に機会が均等に与えられて、ゲームルールが同じであるという前提のもとで、市場競争を通じて、優勝劣敗するのである。そのため、社会主義の市場経済に向けて転換する過程の中で、人々の経済的生活様式や社会的交流様式、価値観や思考習慣はすべてきわめて大きな変化を生じる。たとえば、以下のようなものである。

人間関係と社会的な交流の面において。伝統社会（計画経済体制の時期を含めて）の人身従属関係は改革開放を経過して、実質的な衝撃を受けた。位格・身分制や、人間を土地に束縛する状態は、しだいに解体された。たとえば、一九八〇年代、中国最大のグループ――農民が、都市や東南沿海に出稼ぎに来ていたときに、多くの人々が驚いて「盲流」とよび、禁止を強行しようとした。一九八〇年代、湖北のある技術者が所属リーダーの許可を得ずに無断で浙江のある民営企業の招きに応じ、全国的な大論争を引き起こしたが、現在こうした「組織の規律を無視する」ような行為が問題であると考える人はほとんどいない。過去には一定の階級の幹部であってはじめて飛行機に乗ることができ、ホテルに入ることができたが、現在ではみな大衆生活の内容になっている。

政治と法律生活の面において。法律と権力に対する人々の理解にきわめて大きな変化が生じ、権力は全公民のものであり、政府部門およびその官吏は必ず法に従って権力を行使しなければならない――このような観念がすでに人心に入り込んでいる。「民は官と戦わない」という古訓も打ち破られ、公民は自己の合法的な権益を守るために、政府部門を告訴する「民告官」行為が、もはや奇跡ではない。「奇想天外」なことに政府部門に行政支出の資料を公開せよとか、個人資産を公開せよとか要求する人物もいる。よくない法律・法規が公民の強烈な呼びかけのもとで廃止されることすらもある。これと同時に、ますます多くの人々が法律を通じて自己の基本的権利、生命・尊厳・名誉・プライバシーなどの面を含めた権利などを守ることを理解しているのである。

価値観や文化理念の面において。経済改革の深入りにしたがって、善悪観・美醜観・栄辱観・人生観・幸福観・愛情観などを含む人々の価値観にも重大な変化が生じた。かつて悪と考えられていたもの、たとえば自由・民主・人権などは、現在いよいよ多くの人がこれぞまさに我々に必要なものであると意識しているし、かつてなかったもの、たとえば公民意識・主体意識・権利義務・平等の観念・個人の価値や合法的な権益を尊重するという観念は、ますます多くの人々の認可を得ているし、かつて美徳と見なされていたもの、たとえば倹約・服従・本分・貧困に安んじて自らの道を喜んで歩むことなどは、もはや人々の推賞を受けることがない。総じて言えば、経済生活の多元化は人々の価値観の多元化を招いた。

思想学術方面において。改革開放以来、中国民族の思想も活性化し、自由な物質的文化の土壌に相対的に自由な学術の文化が生まれはじめ、中国科学界・学術界・思想界に一九五〇年代以来めったにないめざましい局面が出現し、国外の学術思想を導入かつ参考とし、中国思想文化の道のりを再考し、自己の学術観点を提示する、といったことが盛んになっている。これは一つの民族文化の生命力の最もよいあらわれである。

2、中国的な発展モデルを模索する

近代化は西洋に端を発しているので、長きにわたって、人々はしばしば近代化を西洋化と同一視する。彼らは、近代化の発展は西洋のモデル一種しかないと考えている。こうした偏見に対して、学界の現代的な中国経済社会の発展モデルと道筋に関する考えには、おもに二大理論が主張された。一つは「儒家資本主義」と「アジア的価値」の体系であり、もう一つは中国に特色ある社会主義モデルである。

「儒家資本主義」と「アジア的価値」体系の主張は、一九五〇年代日本の興起および七〇年代アジア「四小龍」の経済の急成長と関係がある。人々は中に立って新たな近代化発展モデルを発見したかのようで、そこで「日本の奇跡」「アジア的価値」「儒家資本主義」などの意見が流行しはじめた。一般的には、儒家資本主義あるいはアジア的価値の長所は、肉親の情を重視し、全体の利益を重視し、個人は大局に服従する、などであると考えられる。しかし、こうした観点は多くの人々の疑問を受け、とりわけ一九九八年のアジア金融危機は、「儒家資本主義」に、例えば家族本位、縁故関係による任用、姻戚関係、汚職堕落、原則や規則を重んじないことなど、さまざまな弊害が存在することを露呈した。これらはアジア文化に特有のものではないものの、少なくともアジア文化に最も典型的で、最も流行しているものである。これは少なくとも、東洋（儒家）の伝統文化は近代化の資源とすることができるかどうか、中国の近代化発展モデルとはいったいいかなるものか、明らかにさらなる検討がまだ必要である、ということを物語っている。

中国に特色ある社会主義のモデルと道筋は、明らかに避けて通れない別の選択である。社会主義ははじめ西欧に源を発し、一種の資本主義経済制度を批判し、合理的で先進的な新制度を追求する社会思潮および社会運動である。マルクス主義の創始者は社会主義に対して新たに探求と解釈を行い、彼らが理解する社会主義は資本主義的文明の成果を受け入れた法則にかなう運動およびその結果である。長きにわたって、社会主義は一種の固定的で普遍的なモデルとして解釈されていたが、ただ改革開放の時期にいたって、われわれはようやく真剣に社会主義モデルの多様性の問題を考え、たとえば中国のような典型的な東洋国家の社会主義的発展の道筋に関する問題を考えたのである。こうした理論的再考と実践的創造の結果が、中国に特色ある社会主義理論の形成である。この理論的指導の下、改革開放以来三十年の発展建設を経て、現在中国経済は世界で全局面を左右する重要な地位を占め、中国はまさに世界の一大国として興起しているのである。そのため、中国に特色ある社会主義の理論と発展の道筋に関する研究は、まさに世界的な意義を持つ命題となりつつあり、人々の普遍的な思考を促しているのである。

3、「人を以て本と為す」という発展理念

中国に特色ある社会主義理論と発展の道筋は、「中国道路」と略称され、その最も核心の理念は「人を以て本と為す（人間本意）」である。この理念は、中国の未来の物質的文化の建設や経済社会発展には伝統文化の資源を吸収し、民族文化の特色を高揚する必要があり、同時に世界文明の発展の一般的な傾向を把握し、それに従い、さらにはそれを率いなければならないことを明らかにしている。総じて言えば、それは日増しに三つの大きな価値をはっきりと浮かび上がらせるであろう。

未来の物質的文化はますます人道的価値を重視するようになるだろう。伝統的な指標だけの成長モデルが疑われはじめ、経済的な発展がますます人間を核心に置き、人間を発展の目的とする。一九九一年『世界開発報告』は次のように指摘する。「開発の挑戦は……生活の質を改善することである。特に世界でも貧窮する国家において、さらに良好な生活の質はさらに高い収入があることを要求するが、それはさらに多くの内容を含む。それはさらに良好の教育、さらに高度な衛生と栄養水準、さらに少ない貧困、さらに清潔な環境、さらに多くの機会均等、さらに大きな個人の自由、そしてさらに豊富な文化的生活などをすべて目的の中に含んでいる。」前国連教育科学文化機関の専門家フランソワ・ペローも特に、未来の発展は全体的で、内発的で総合的であると指摘する。全体的な発展計画は理論上健康・衛生・教育といった要素を含み、内生的な発展計画は労働力資源を見極めた上に確立されるのであり、総合的発展計画は対外貿易と国内生産体制、貿易体制と分配体制を有機的に組み入れる。中国の党および政府は「人間本意」の発展観を提示し、中国の大きな傾向とも一致するものである。

未来の物質的文化はますます生態系の価値を重視するようになるであろう。近代以来の環境生活様式や価値観がもたらす結果がますます重大になるにしたがって、人々もますますはっきりとした認識を持つようになった。純粋に功利的な観点で、商業的な視角から環境の価値を取り扱うのは、一面的で、完璧ではなく、有害なものでもある。われわれの自然環境に対する需要は多方面にわたると認識できる。功利的価値以外には、ほかに宗教的、

道徳的、審美的などの価値がある。生態系バランスと環境保護の情勢はいまだ楽観視することを許さないが、人々は一般的にこの問題の重大さを意識し始めている。生物資源を保護し、環境を保護し、汚染を減少させることは、すでに流行の観念である。未来の社会においては、伝統的な粗放的な発展、高エネルギー消費で高汚染の発展が、ますます人々に受け入れられがたくなる可能性があり、単純にＧＤＰの成長モデルおよび発展の観念を追求すると、明らかに古くさく時代おくれになって人々に改められ、持続可能な発展の観念に取って代えられる。循環経済、「グリーン」工業、再生可能なエネルギー開発など、すでに産業発展の新たなる方向が明らかになっている。生活様式と消費領域について、人々はさらに本来の望ましい姿に戻ることを尊んで、自然的な生活様式に回帰する可能性があり、「グリーン」食品はますます多くの人々の歓迎を受けている。

未来の物的文明は調和の価値をますます重視するようになるであろう。調和は中国文化独特の価値の一つであり、それに含まれる協調、秩序、自己一貫性、多様性の統一、有機的全体性などの内包は、中国文化が世界に対してなす貢献である。西洋文化が過度に緊張しているその力が人間と人間、人間と自然、および人間の心霊世界に及ぼす衝突・矛盾および危機に鑑みて、ますます多くの人々が東洋とりわけ調和して落ち着いた中国の古い文化価値に注目しており、中国人民もこうした文化を実践しながら、世界に向けてこうした文化を紹介している。事実、経済発展と同時に、人々は人間と環境の協調や、人間と人間との間の協調および人々の気持ちの協調にますます注意を払うようになり、我々は科学技術を発展させるのと同時に、科学技術が引き起こす人文価値の問題にもますます注目するようになり、科学技術の発展と人間の良好な社会発展の協調を強調するようになり、経済的発展も地域・階層・産業構造などの面での調和も重視している。これらはすべて物質的文明がますます調和へ向かっていることを示している。

もちろん、市場経済を主とする社会発展と物質的文化の建設は、実践中にまだ多くの重大な問題が存在している。これらの問題の中で最も重要で最もかぎとなる問題はやはり、社会発展の目的および価値追求はいったい何であるべきか、経済社会と価値の間の関係はどうなっているのか。本当に「人間本意で」「人間を目的とする」のか、といったことである。それ相応の民主主義と法治主義の建設に欠けていることが、実践に目標を逸脱させる根本的な原因である、ということを事実が明らかにしている。

たとえば、多くの場所で、多くの人々が発展に努力しているとき、このかぎになる問題をまるで忘れてしまい、「人間」という目標を逸脱してしまって、行政上の成績・体面・「傲慢」・大きな手柄をあげることを発展の目的とし、ひいてはある指導者の好みを満足させることを発展の目標とすることさえある。多くの場所で豪華なビル・空港・広場・テーマパーク・巨大な彫刻や塑像を争って造る……派手で贅沢ではあるが、実際的な価値はない。莫大な利益を犠牲にして「企業誘致と資金導入」の代価としたり、工場や鉱山および土地を廉価で「処理」したりする場合もある。正常な状況下では誰もこうした「損を出してまで人を集める」ようなバカなことをするはずもないが、我々の社会の中ではとても流行している。なぜだろうか。――損をするのは人民の利益であって、得をするのは自分の政治的功績だからである。原則上から言えば、人間を根本とすれば、人間の価値が物の価値より高く、発展はまず人間のためであって、人間を目的とすれば、人間の需要・利益・幸福・尊厳・自由などのためであって、他のもののため、たとえば行政上の功績、体面、金持ちぶること、傲慢であることのためではなく、ひいてはその指導者の好みのためではない。そうでなければ我々の発展目標には問題が生ずる。

以上のことから分かるように、「人間本意」は単に抽象的な原則でしかなく、社会の発展が真に「人間本意」を成し遂げるには、まだ具体的な社会関係と問題状況に深く入り込み、どのようにして人間本意とするかという問題――誰の何を根本とすべきか、この「本」は何をもって実現するか――を研究しなければならない。これはとても現実的な問題である。たとえば、ここ数年、各地でマンションが雨後の竹の子のようにそびえ立っているが、価格が常識外れに高い。開発業者や「倒房団」の角度からは「人間本意」とも言えるのだが、それは大多数の一般民衆には買うことができない。希少な国土資源がある人々の金儲けの道具となる、こうした「人間本意」でよいのだろうか。社会経済が発展し、少数の人々が急激に裕福になってくるなかで、その他の人々は重大な代価を支払ってしまった。多くの「農民工」は、安全・健康・自由・尊厳・労働報酬、ひいては生命などの権益ですら保障されない。こうした「人間本意」でよいのだろうか。「人間本意」とか「人間を目的とする」といったことの具体的な実現は、さらに経済・政治・法律それぞれに相応の社会領域において制度化した保障を形成し、民主法治の基本原則を体現しなければならない、ということは理解するのに難くない。

二、ハイテクノロジー時代の文明

二十世紀後半から、人類はしだいにハイテクノロジーの時代へと進んでいる。ハイテクノロジーはまさに驚くべき速さと力および方式で人類の生産と生活の様式を改変し、全く新しい物質的文化を創造している。

1、知識経済時代の到来

いわゆるハイテクノロジーとは、その科学的知識の発見と刷新が革命的な意義を持ち、技術の実用性およびその経済・社会に対する影響がこれまでのどの時代もはるかに超越している最新の科学と技術を指し、現在おもに生物科学およびバイオテクノロジー（遺伝子工学を代表とする）、情報科学および情報技術、人工知能、宇宙飛行技術と海洋技術、新素材と新エネルギー、などを含む。ハイテクノロジーがもたらすものはすべて重大な革命的変革であり、それが経済生活および社会生活に与える影響や変化はこれまでの科学技術では比べものにならないのである。

たとえば情報科学技術のように、それは個別的な技術部門の革新ではなく、人類文明の重大な変革である。それは完全に斬新な時代をもたらした――情報社会によって、人々の社会的な交際やつながり、生産や生活の様式、産業構造などに徹底的に変革が生じたのである。情報とくにインターネットの普及により、地球上の空間はきわめて大幅に「縮小」され、最大限スピード化し、人々の交際やつながりはこれまでにないほど緊密になっている。「天の果てまでも近くにある」といったことが日常のことになったばかりでなく、さらに重要なのは、さまざまな情報資源がいくら取ってもいくら使っても尽きることがないほどであるということである。多くの人々が、伝統社会において、人々の生産と生活にとって最も重要な資源は物質的な財貨、たとえば土地・食糧・鉱物などであって、資本主義が興起したあと、資本（金銭）がひとたび最重要の資源となり、お金があればすべてのものを買うことができる、と考えている。情報科学技術の興起および「情報社会」の形成により、情報はさらに前述の二物を超越して最も重要な資源となっているのである。

バイオテクノロジーの社会的影響も革命的である。バイオテクノロジーによって人々は科学的かつ技術的な手段でDNAを複製しひいてはDNAを再構成する（すなわち人間の意志を根拠に二重螺旋構造の情報に対して新たな配列を行う）ことができるが、これは人類が生命体を大量に「複製」しひいては新たな生命体を「製造」することができることを意味しており、これによってもたらされる文化的な衝撃は形容しがたいものである。

またたとえば宇宙飛行技術については、エネルギー・制御誘導・宇宙探査機・遠隔測定と遠隔操作・ジェット推進・宇宙通信・宇宙環境・生命の保障などの技術を結合し、宇宙資源を探索し開発し利用して、「地球―天空―大気圏外」一体の立体的ネットワークを形成する。この技術がさらに発展するにしたがって、人類は宇宙生活の時代を開くであろう。

科学技術の発展およびその生産における応用によって、社会の経済生活には巨大な変化が発生し、新たな経済形式――「知識経済」が出現した。いわゆる知識経済とは、国連の経済協力開発機構の定義によれば、「知識と情報の生産・分配および使用において直接確立した経済」、つまり科学技術を内包とし、刷新を動向とする経済生産モデルである。二十世紀後期に先進国の経済発展が始まり、ますますハイテクノロジーを浸透させ、ハイテクノロジーを運用しひいてはそれに依存し、観念から制度へ、市場から管理へといった全面的な刷新を推進した。知識経済の主要な特徴は、以下の通りである。

――経済の発展がますます科学の刷新、技術の刷新および知識の刷新に依拠する。知識の刷新がもたらす効果は先頭産業の効果よりもはるかに高く、一つの国家のＧＤＰやＧＮＰの成長に影響する要素の中で、絶大な部分が科学技術的要素によって作りあげられるものである。知識の価値は経済分野の核心的な価値となっている。

――ハイテクノロジーの成果は生産の分野に転移して、産業構造の調整を刺激する。多くの古い産業は技術の実用性が低いため「斜陽産業」と成り果て、ハイテクノロジーの成果にもとづいて、しばしば全く新しい製品が開発されて出現し、あわせて全く新しい産業・職業が形成され、最後になって、社会的な生活様式全体の重大な変革が促されうる。たとえば情報科学技術は無数の実用的な成果――さまざまなハードウェア、ソフトウェア、データベース、ネットワークモデルなどを開発し、情報産業やＩＴ産業を形成し、さらに我々は「ビーイング・デジタル」の時代へと入っていくのである。

――主要な経済資本はもはや工場・設備・原材料等の「ハード資源」ではなく、知力・情報・マネージメントなどの「ソフト資源」である。ブランド・ソフトウェア・イメージ・マーク・情報などは無形の資産になり、企業は職員が知識の共有に参与する積極性を駆り立てることを通して、集団の知恵を運用し、企業の集団的刷新能力を養う。企業情報は（数値データ情報にアクセスし、リポートし、採掘し、分析し、予測して、企業の決定能力を向上させることを通して）ますます大きな役割を果たしている。

――情報産業は異常な速さで発展し、基盤的産業となっている。情報産業のあらわれには、一つめに電子商取引の興起、二つめに「情報スーパーハイウェイ」の建設がある。いわゆる情報スーパーハイウェイとは、パソコンやネットワークの通信を結びつけて、社会全体の広範で快速で高知能な情報サービス体系を形成する。情報産業はすでにアメリカ最大の産業となっており、アメリカ経済に盛んな活気をもたらしている。パソコン・ネットワーク・電子商取引および情報スーパーハイウェイの発展にしたがって、世界の経済構造に重大な変化が生じる可能性がある。

――基礎的で最先端の科学はますます経済発展の方向を主導し、投資の重心は教育や科学技術研究の分野に転じる。

知識経済の形成は人類の経済的生産および生活が高度な知能化状態を呈すると予見している。一方で、科学・技術・知識は経済発展の主要な動力となり、経済成長の主要な要素となり、人類の経済生活は「愚鈍」から「精微」へ向かい、「物質」「身体能力」主導から「精神」「知能」主導へ向かう。他方で、科学・技術・知識・教育などは次第に産業へと発展し、文化産業は未来の経済発展の重要な方向になるであろう。経済生活・物質文明の「文化化」、および文化・教育などの「経済化」は、経済革命をもたらすだけでなく、それによって人類の経済生活が科学技術化・知能化の面において質的な飛躍を生じ、さらに教育革命と知能革命をもたらして、人類の経済生活における知能化のレベルをきわめて大幅に向上させる可能性がある。

当然、知識経済の出現も各国の経済・科学技術・文化の競争のために新たな挑戦を提示した。いいかえれば、古くからある経済・科学技術の発展モデルはすでに知識経済時代の競争に適応しておらず、国際経済の大循環の中において、各国は経済成長モデルを更新し、経済要素の科学技術的、知識的および文化的実用性を向上させ、科学技術・文化・教育などの知識性産業が国民経済に占める割合を高めることに重きを置かねばならない。もしこうした面で努力をしなければ、われわれは「国際的出稼ぎ男」に落ちぶれて競争の中でかなり不利な地位に置かれるであろう。こうした問題において、中国の経済発展には教訓がある。しかし、経済の実力と比べれば、科学・知識・文化の実力の向上は、さらにつらく長い積み重ねの過程であり、国家に遠大な視線と長期の戦略的発展計画があることが必要であり、長期的に科学・文化・教育などの領域に投資し扶助する必要があり、功利を焦ってはならない。

三、文化産業の興隆とその意義

1、文化産業と国家のソフトの実力

ハイテクノロジーおよび知識経済と伴うのが文化産業の興起である。最も抽象的な意味では、文化産業は、文化の意義と内容を生産する産業と定義できる。この定義は人類学者に源を発し、さらに社会学者や経済学者によって改造され使用されている。人類学者が見たところ、人類の精神的および物質的な活動はすべて社会的意義を伝達する「符号」のはたらきを持っており、近代の社会学者や経済学者が見ると、現代社会の経済活動はますます「人文化」に向かっており、一種の文化符号の生産や交換になっている。上述の認識にもとづいて、我々は文化産業界を以下の三つのレベルに定めることができる。

最も狭義の概念は「文化創造業」を指す。このレベルの「文化産業」は文学芸術創作、音楽創作、撮影、舞踏、工業設計と建築設計、およびその他の各種の創造的な芸術活動の領域を含む。さらに、芸術施設・博物館・展示館・芸術品のオークション文化のような、芸術の生産や販売システム、および各種形式の文化娯楽・演出・教育活動を含む。この最も狭義の既定の上では、文化産業は「オフライン」の性質を持つ。

拡張的な概念は「文化制作および伝播業」を指す。現代の「記録」および「複製」技術の進歩にしたがって、文化的産物の「可重複生産性」と「可複製性」がきわめて大きく発展し、かつ「文化工業」生産に発展する。文化的産物は四種のメディアの発展を経過して、ようやくしだいにその「文化産業」の性質を実現した。それは、紙媒体・磁気媒体・電子媒体・光媒体である。この四種のメディアが文化的産物の生産・交換および消費の過程を、記録および伝播の技術でもって拡大し、工業の過程に転化し、工業的な生産活動に変えた。この概念のもとで、文化産業は新聞出版業、放送業、映画・テレビ業、オーディオ・ビジュアル業、ネットワーク業などを含めるこ

とができる。「文化制作および伝播業」の出現以降、文化産業の手段と内容の区分がはっきり現れてきた。前述の最も狭義の文化産業は、「文化伝播手段」と区別され、「文化の内容」を生産する職業となった。大規模な制作および伝播の手段は大規模な文化の消費活動を促進し、大規模な文化創作を支持し、精神的文化の活動は人類の歴史上はじめて完璧な経済活動の形態をそなえたのである。

最も広義の概念では、文化産業は文化の意義を基礎とする産業であり、文化というしるしのついたあらゆる製品は、伝統的であれ近代的であれ、服装から現代的な商標をもつすべての製品の産業に至るまですべてそのうちに包含している。近代経済は「人文化」した経済であり、製品の設計から生産工程の設計まで、企業の戦略管理からブランドイメージの管理まで、顧客の需要に対する全面的な人文的サービスから企業団体の精神に対する全面的な文化建設まで、近代的人文精神で満たされていないものはない。伝統的な「人文科学」はすでに「人文設計」を通して経済生活のすみずみまで浸透しており、我々はすでに文化の標記がない製品、文化の影響によらない販売、文化意義を体験しない消費を探し出すことすらできない。この意味では、現代経済はすでに総体的に「文化的意義」を基礎とし始めており、現代の経済活動・社会活動および文化活動の境界線がすでにあまりはっきりしなくなった。この定義を採用する意味はある重大な発展傾向を提示するところにある。知識経済が促進するグローバルな発展は、すでに「ポスト工業時代」に突入しており、非物質的で符号的な交換や消費は、すでに民族国家を超越した典型的な成長領域となり、文化的競争は総合的な国力競争の主要な領域になっているのである。

文化産業の概念は実質上国家の「産業政策」の実施に奉仕する。「文化産業」の概念を提示することは、実質上国家の政策の力を借り、一国の文化事業が超常的な方式で発展しかつ転換していくのを支持しなければならないことを意味している。

先進国の経験は、大衆消費文化の興起と流行が経済・社会の発展の一つの傾向であって、一種の「ポストモダン」現象であることを明らかにしている。大衆消費文化と適応するのは、文化産業の隆盛であって、おもにオーディオ・ビジュアル、図書、映画・テレビ、一流のエンターテインメント、工芸美術などの業界が産業として盛んになっている。こんにちの世界で、文化産業はしだいに多くの国家にとって重要な経済的支柱となっている。ここで真っ先に挙がるのがアメリカである。アメリカは歴史が短く、文化資源も豊富ではないが、その社会構造や経済的活力、および国民の文化創造力によって、アメリカの文化産業はぬきんでて注目を浴びている。ハリウッド映画・FOXのテレビニュース・MTVチャンネルのポピュラーミュージック・雑誌『タイム』の表紙・ESPNのスポーツ中継・広告イメージや包装形式などは、アメリカに驚くほどの富をもたらしたばかりではなく、アメリカの文化理念や価値観を全世界に向けて推進し、人々がグローバル文化について語ればすぐに米国化を思いつくまでになっている。「文化帝国主義」はおもにアメリカの文化覇権を指す。その他、韓国やインドのような発展中の国家でも、文化産業は発達している。中国の文化産業生産額は最近の何年間でやや大きく発展があったものの、総体的にはまだやや低い水準にある。統計によれば、二〇〇八年の文化産業による増加額は七六〇〇億元で、前年より一八・五％成長し、国家のGDP総額の二・五三％を占めている。しかし、中国のような文化資源の豊かな大国であるにもかかわらず、はるかに人々を満足させていない。

2、文化的産物の価値実現

過去の計画経済体制下において、人々は、精神的文化の事業は、政府の割当金によって維持しなければならず、「損をする」のが正常である、と当然のように信じていた。商品経済のうねりが到来するにしたがって、「文化は市場に向かう」という声が日増しに高まり、なおかつ次第に事実となった。しかし精神的文化およびその産物が商品となって市場へ入っていくべきか、また入っていくことができるかといった問題について、認識上の相違が存在している。

「文化と市場」をとりまく論争はかなり激烈で、経済学と哲学の両「価値」範疇の関係に波及している。

一つの観点では、文化生産活動も労働であって、その産物は労働の産物であり、商品経済的な条件のもとでは交換価値を持つ、と考えている。そのため、文化および文化的産物は、大部分あるいは全部が市場に進出し、市場経済の規律にしたがってその価値を実現するべきであってかつそうすることができる。文化生産部門も産業化への道を歩まねばならず、そうしてはじめて市場経済の条件のもとで生存しかつ発展することができる。こうした観点は実際上文化や文化的産物を商品と同等に扱い、文化の経済的価値が見えるだけである。

もう一つの観点では、文化およびその産物の価値はその経済的価値と等しくない、あるいはそれがおもにその経済的価値にはなく、その文化的価値にある、と考えている。いわゆる文化的価値とは、結局のところ人間の全面的な発展が有する意義に対して、それは商品流通領域の中ではなく、商品流通領域の外でしか実現し得ないのである。そのため文化的価値の実現は決して市場に頼って解決できるものではなく、文化は市場に進出すべきではないし、進出する可能性もない。

この二つの観点を扱うには、実際上二つの理論的問題をはっきりさせる必要がある。一つは、「文化的価値」と「文化的産物の価値」が二つの異なる概念であって、一緒くたにして論じるべきではないということであり、もう一つは、文化的価値を実現する目的性と、目的を実現する条件や過程との間を分離したり対立させたりすべきでない、ということである。この二つの問題をはっきりさせることが、「文化の市場化」を深く理解し把握する理論的基礎である。

まず、「文化的価値」と「文化的産物の価値」の両概念をいかに理解するかが、一つのポイントである。「文化的価値」と「文化的産物の価値」は同じレベルの範疇ではないので、二者の間の区別は混淆してはならない。「文化的価値」とはすなわち「文化上の意義」であり、あらゆる事物が人間や社会の文化の生存と発展に対して持つ意義を指し、とどのつまり人間の全面的な発展に対して持つ意義のことである。ここで「あらゆる事物」という言葉の範囲を強調しなければならない。いいかえれば、どんなものであっても、それが人間や社会の文化の生存と発展に対して何らかの意義を持ち、それは何らかの文化的価値を持つということである。この概念を利用すれば我々は、現実生活中において、文化を創造する上での価値はもとより文化生産活動およびその産物の本質と目的の所在であるが、逆に専門的な文化的産物であってはじめて文化的価値を提供することができるということはできず、その他の社会的産物ひいては自然現象ですらも一定の文化的価値を提供することができる、ということがわかる。たとえば衣食住や行動に関わるさまざまな物品もすべて一定の文化的含蓄を体現し得るし、大自然も審美文化の対象となり得る。逆に、「文化的産物の価値」は、「文化的産物」が人間や社会の発展に対して持ちうる意義を指し、その意義はいかなる面においても存在するものであって、決して文化上のものを指すばかりではない。たとえば一冊の人生観に関する教科書は、その根本的な価値はもとより人間に人生の啓発をあたえるものであるが、この本を編著し出版した実際の意義は、その人生思想や道徳価値に限らず、同時にまた作者、出版・発行・経営者、読者など各方面に対するその他の意義が存在していることも避けられず、その中には経済的意義などを含んでいる。

こうしてみると、文化とその産物の価値に関する問題を議論するには、前述の二種類の価値関係を切り離すことができない。単純な文化的価値あるいは単純な経済的価値を強調するだけでは、一面的である。計画経済期の失敗は、文化的産物の文化的価値、ひいてはイデオロギー的な価値しか見えず、その労働の産物としての価値を無視しあるいは否認したところにある。

次に、文化的価値を実現する目的性と実現の条件および過程との関係である。「文化的価値」と「文化的産物の価値」を区別するのは、決して二者がはっきりと対立しているとか、互いに排斥しあっているとかといったことを意味しているのではなく、それらを合理的に統一し結合する方式を見つけ出すためなのである。理論上からいえば、二者を結合させたり統一させたりする最も根本的で有効な方式は、文化的価値の目的性とそれを実現する条件・手段の関係を正確に把握しなければならない。文化的新産物の文化的価値を実現するのは目的であり、市場進出を通じてその経済的価値を実現させることは必要な手段および過程である。文化事業の追求する目的は、人間と社会の文化、とくに精神的文化の健康的な発展にあり、文化的価値は社会主義的な文化活動およびその新たな産物の目的性の価値である。そして文化的産物の経済的価値は現段階でそれによって目的を実現する道のりおよび手段の一つにならざるをえないのである。

一方で、我々はただ文化的産物の経済的価値あるいは商品価値を見届けるだけで、文化のさらに深層の本質的な面、つまり文化そのものの非経済的な人文的性質と人文精神を無視してしまってはならない。もし単純な経済的意義上で文化的生産の産業化と文化部門の企業化を強調するだけならば、文化事業が狭隘な功利主義と「銭本意」の誤った道を歩んでいくのを防止するのは難しい。これがまさに我々にもたらされる「文化の砂漠化」という結果であろう。

しかし他方で、もしある一面に反対するために別の一面に向かい、文化的価値と経済的価値、文化の論理と市場の論理は互いに根本的に相容れないものであると定めるのであれば、文化の発展は経済市場化のプロセスを離れることができなおかつ離れるべきであって、完全に国家の財政によって支持されるのも、同様に適当ではなく、それには同様の過ちを犯す可能性があって、文化事業を行き詰まらせる。文化的産物の商品化と文化的価値の商品化は同じことではない。文化的価値は商品になれないものであるが、文化的産物は完全に商品になれるし、かつなる必要がある。まさに道徳的情操や芸術的修養が売買できないのに、道徳研究の著作や芸術作品が売りに出されるのと同じである。現段階ではまだ文化的産物の商品属性を完全に取り消すことができない以上、それらの商品価値を実現することは、その文化的価値を実現するのに必要な手段および道のりの一つにもなりうるのである。そのため我々は原則上文化的産物、特にかの大衆消費型の文化的産物が市場に進出するのを拒絶したり否定したりする必要は決してないし、すべきでもない。逆に、健康的で豊富多彩な文化的産物市場を目的を持って積極的に切りひらきかつ拡大しなければならない。

こうした観点から見れば、問題のポイントと実質は、決して文化活動と文化的産物が市場進出すべきかつできるかどうかにあるのではなく、何のためにそのように市場に進出するかにある。市場を手段とし、文化的価値を実現するという目的のために奉仕させるのか、それとも手段を目的に変え、文化的産物の商品価値をその文化的価値に取って代え、文化生産部門にはおもに自己の生存のために利潤を追求させるのか。これは文化事業の発展において価値の選択を行う分水嶺である。もし確実に文化的価値の目的性を保持すれば、すなわち人間と社会の全面的な健康的発展や人間の文化的素質の絶えざる向上に着眼すれば、文化活動およびその産物が市場へ進出する方法と道のりは必然的にその他の商品と異なる。

文化的産物はどの程度まで「市場化」できかつすべきか、その是非得失の基準と境界線は、「文化的価値の目的性の地位を保持するのに有利かどうか」という一点上で把握しなければならない。その具体的な基準も以下のようなものでなければならない。社会的精神生産の能力が絶えず増強し、潜在能力が十分に発揮できることを保持し促進するのに有利かどうか。文化的産物の質と構造がたえず最適化されるのを保障し促進するのに有利かどうか。質の優れた文化的産物の社会的影響作用が主導となるのに有利かどうか。もしこのような「三つの有利」の基準を充分に把握できれば、われわれは市場経済とつながって離れることのない状況のもとで、文化事業そのものの繁栄と発展を勝ち得、全民族の文化的素質を絶えず向上させることを保証される。

文化産業の発展は、文化創造の活力をかき立てられるように、客観的に文化体制の改革を要求する。目下中国の文化体制の主要な問題は、「双軌制（二重構造）」という苦境である。――文化部門はいったい企業単位なのだろうか、それとも事業単位なのだろうか。イデオロギーに従って宣伝を行う国家機構なのだろうか、それとも文化産業を内容とする経営実体なのだろうか。この問題が正常化していないときには、しばしばさまざまな不合理な現象に出会いうる。

たとえば、文芸演出や、何らかの美術館・テーマパークの建設など、多くの商業性の文化活動は、もともと経営者による自主経営であり、自らの損益を自らで負うべきであるが、多くの地方政府は見栄や虚栄のために、納税者のお金で「勘定を払う」。結果、うまい汁を吸う人々がいくらかいて、一般庶民はかえって理由なく勘定をもつ。これは市場メカニズムを破壊してしまうばかりでなく、無数の粗悪な「文化産物」が早く生まれるようにしてしまう。

多くの文化部門とりわけ行政上の等級が高く、独占性の強い文化部門は、行政の割当金や、「親方五星紅旗」、および地位の特殊性がもたらす各種の「無形資産」を含む、事業単位の優越性を享受するなかで、経営を壟断し、市場競争の中で明らかに優勢になることができる。市場の中には落後を保護し公平さを拒む強大な競争規則が潜んでいるのである。

文化が市場に進出する新たな状況に適応し、かつ文化の積極的な動向を維持しようとするならば、特に二つの面の問題に注意しなければならない。

第一に「百花斉放、百家争鳴」の根本方針を貫徹し、文化の生態条件を保護し改善することである。精神的文化の領域にも、形を隠した、経済市場に類似した「市場」が事実上存在している各種の産物（思想・観念など）も競争の中で人民大衆の選択を受け入れなければならず、そうしてようやく自己の価値を実現することができる。そのためある大衆と実践によって試験し取捨選択する健康的な環境を保持することが、文化の繁栄と発展を保持する必要条件である。いかなる単純で閉鎖的な文化環境、たとえば歴史上のさまざまな文化専制主義は、政治専制主義であろうと、金銭専制主義であろうと、結果いずれも必然的に文化の砂漠化を引き起こしてしまう。

第二に文化の消費と生産の関係をしっかり解決することである。「生産が消費を決定し」、「消費も生産を決定し」、文化の生産と消費は切り離すことができないほどつながっている。もし分離して対立させれば、一つのために別の一つを犠牲にし、どうしても文化の枯渇を招きうる。「左」の時期には、「政治的植え付け」をするばかりで、植え付ける内容を再考せず、人民の日常精神は抑圧を受けねばならず、専業の文化研究および創作はさらに損害を被り、生産型の文化にせよ消費型の文化にせよいずれも尊重されず、「文化の砂漠化」の様相をもたらしてしまった。改革開放以来一種の「消費引導型」の文化発展の情勢が出現したが、生産型の文化はかえって準備不足によりこうした情勢に適応できていない。目下の主要な問題は、大衆文化が充分に「雅」でないわけではなく、エリート文化が充分に「雅」でないことである。深刻性や創造性が欠けている上、普遍性や感化力にも欠けている。文化の砂漠化を防止する点から着眼すると、必ず基礎的な建設と優良品の生産を有利にする社会条件を確実に形成し、あわせて軽率で目の前の功利を急ぐ傾向を克服しなければならない。

【訳注】

（1）レントシーキング……民間企業が政府官庁へ働きかけ、法制度や政策の変更を行なわせることによって、自らに都合よくなるよう規制を設定または緩和をさせるなどして、超過利潤（レント）を得ようとする活動。

（2）マタイ効果……富める者はますます富み、奪われる者はますます奪われる、好機に恵まれた者ほどさらなる好機に恵まれる可能性がある、という現象。『新約聖書』マタイ福音書に由来する。「はじめに」参照。

第十一章 民主主義 ——制度的文化の近代化

すべての制度は一定範囲内で人々の権利の構造および規則の体系である。国家の社会的性質と結びつければ、中国の制度的文化の近代化には必然的に、公民全体が有効かつ整然と自己の権利と責任を実現する構造と規則のシステムを建設する、という一つの総体的な目標および方向がある。これは、社会主義的な新しい民主主義を充分に実現することが、中国の未来の制度的文化の総体的なすがたでありかつ核心的なあらわれとなるであろう、ということを意味している。

中国には何千年にもわたる官僚政治がある。歴史の悠久さ、システムの完備、影響の深遠さなどの角度からいえば、こうした制度の発達レベルは世界でも多くは見られない。これは我々の当面の制度的文化建設の背景にある条件であり、近代西洋資本主義が侵入して以降、中国もまた西洋を学習し始め、先進的な政治・法律制度を導入しようと試みた。探索と闘争を経て、我々はいったんソ連モデルを選択し、ふつう「計画体制」と呼ばれる制度的文化を確立した。これは我々がさしあたって制度化建設を行う基礎条件である。我々の当面の制度的文化の建設は、前述した背景および基礎を前提とした一種の超越である。

一、人権——人間本位主義の核心

近代の制度的文明を建設するのに、一つの重要な思想的前提は、人権観念を吸収し、改造し、かつ普及することである。

「人権」の観念は西洋に起源し、キリスト教会と封建王権の専制主義に対して提起されたもので、「五四」運動の時期に中国に紹介された。当時新文化運動の主要人物であった陳独秀らは、「科学と人権はどちらも重い」と呼びかけ、西洋の科学と人権の観念で中国文化を改造し、新たな文化を創建することを強く主張した。しかし、中国社会が揺れ動き、歴史的な負担が加重される中で、新文化運動のこれらの観念は決して社会に対して実際的な影響を及ぼさなかった。逆に過去のある時期に、中国の多くの人々がしばしば人権の観念は資産階級のものであって、資産階級のものは抽象的で虚偽で、反動的ですらある、として排斥した。最近になって、民主主義および法制建設の必要に関して、人々はようやくこの話題を再び持ち出した。

人権観念の基本的な内包は、人間の価値および尊厳と基本的権利を尊重すること、公共権力はあらゆる公民に属し、人々は平等であること、この二点に帰結できる。西洋の啓蒙思想家は一般的にみな人権を社会契約論と結びつけ、権利は本来あらゆる人間自身のものであるが、公共生活の領域では、あらゆる人間が各自自らの権利を行使することはできず、このように人々は自身のこの部分の権利を譲渡し、ある公共機関に委託して行使しようとする。このような理論的背景により、西洋の制度的文化は実際の運営の中で、人権を語るときにしばしばこれらの「譲渡される」権利の維持と監督に注意が向けられる。中国の人権に対する理解は、一つの抽象から具体への過程を経た。その中から受けた啓発が次のようなものである。

人々はかつて人権の観念と西洋の資本主義的イデオロギーを混同して、それは非現実的で抽象的な偽りの概念であり、社会主義の原則に合わない、と考えた。しかし中国の実践の中に現れてきた重い礼節を尊ぶ封建主義の陳腐な勢力は、人々に人権という観念の合理性と先進性の必要を理解させた。人権の観念が歴史上において教会や王権の専制主義に対してもつ革命的な意義を認識しただけでなく、しかも人権を守ることを核心とした、比較的完備している社会主義的政治文明と法律体系を構築するという差し迫った必要性を生み出した。

事実、人類文明におけるすべての価値的理想は、これまでに完全に実現されたことがないのである。しかしそれらは一つの境地であり、この境地を目標として、はじめて我々は堕落に抵抗し、崇高さに憧れ、生活のレベルと品位を向上させることができるのである。それらは文明が進歩する方向を代表しており、この方向にそってはじめて人類は日増しに野蛮から遠ざかり、さらに文明に向かうことができる。それらは一粒の種子であって、発芽し成長することができ、現実の中の野蛮な成分をさらに少なくし、文明の成分をさらに多くすることができる。もし西洋で多くの場合にあらゆる人間の人権が保障されておらず、こうした人権の観念は人間を騙すものであると考えて、人権の観念を拒否すれば、こうした論理にしたがって、人類のすべての進歩的で文明的な価値観や文化理念は拒絶されることになるが、それで人類にまだ文明があると言えるのだろうか。

以上の道理にしたがえば、当面中国の制度建設は、人権の観念を拒絶するものではなく、人権観を吸収するものである。しかし、どの外国文化とも同じように、人権の観念を吸収し導入することには、いかに中国の国情と結合させるか、いかに吸収し改造するかという問題もある。

たとえば「人間本意」を提起するならば、公平正義を原則とし、人間の権利を肯定する価値体系を確立せねばならない。

二、民主主義——制度的文明の実質

人権の文化理念や価値観が、もし実現し、制度的文化の面で体現した場合、それが民主主義である。民主主義が体現するのは権力の発生原理、すなわち「主権在民」である。中国の社会主義的政治性とおよび法律制度について言えば、公共権力の源と根拠はどこにあるのだろうか。それは公民全体、全国の人民である。国家権力の合法性の根拠は何なのだろうか。それは全国の一般庶民がそれにこの権力を付与したからである。そのため、国家機関および公職者は公民全体の利益と願望を確かに代表して、確実に「人民に奉仕し」、社会の「公僕」となってはじめて、その権力が合法性を持つのである。

現実世界において、「民主主義」の概念にはだいたい二つのレベルがある。一つは国家政治的な意味において、民主主義は「人民が主人公となる」政治的原則および制度の特徴であり、もう一つはその他それぞれの場合において、民主主義は「多数決」の過程および手続きである。一般的に言うと、民主主義は社会共同体あるいはグループ内部の人々の間で、共同的価値の選択・意志決定および評議を平等に行うやり方であり、専制と区別する一種のやり方である。これは、民主主義が前提のあるものであり、その適用範囲はいつも限定的であることを意味する。「民主主義」は決して神秘的ではないので、盲信する必要もない。

具体的に言うと、民主主義の規定と適用範囲には、二つの主要な限界がある。

一つめは民主主義の主体性の線引きである。誰に民主主義に参与する権力あるいは必要があるのだろうか。民主主義は一定の大衆の内部において、みなに共通の事情（あらゆる人間の私事ではない）を決定する際に現れるもので、それはこの大衆のなかのあらゆる人間の権力や責任である。この大衆の中にいない人間は、この民主主義の主体ではない。たとえば中国人全体は中国の民主主義の主体であるが、アメリカ人はそうではない。企業の従業員全体は企業経済民主主義の主体であるが、企業外の人間はそうではない。この特徴が「民主主義の主体性」

である。民主主義の主体性とは「それは誰の民主主義か」ということである。誰の民主主義であるにせよ、必然的にその人物の歴史的地位、生活様式および社会的利益を反映し、その人物の意志や要求を体現し、その人物の特徴を持つ。われわれはこれまで民主主義の歴史性・時代性・階級性などを強調したが、実質はこうした主体性なのである。当然、ここで言う「誰」とは、少数の個人を指すのではない。少数の個人が権力を一手に握る統治は民主主義の対立面——専制である。

二つ目は民主主義の対象性の線引きである。民主主義はそれを用いて何をし、何を決定することができるのだろうか。この点は人々がしばしば十分注意をしないので、多くのあるべからざる誤解をも発生してしまう。事実、民主主義は価値（判断および選択）に関わる問題においてのみ、適用するものである。たとえば選挙、人物や物事を評議する場合、立法や審議を通じて法案を計画する場合など、どれも具体的な価値判断および選択である。ここで民主主義を実行すると、多数の当事者が認可する（たとえ最もよいわけではなくとも、少なくとも最も悪いわけでもない）決定をおこなうのを保障することができて、皆の支持を得、事をうまく処理することができる。価値に関するものではない問題に対して、たとえば科学的知識や事実の真偽などの問題では、多数か少数かとか、民主的か民主的でないかとかどうでもよく、事実や真理が道理であるのみである。したがって、「多数決」はこれまで客観的事実を変えることができないし、科学的真理を決定することもできないのは、それらが民主主義の対象と全く関係のないことだからである。

前述の二点は互いに関連しており、それらは具体的に民主主義の基本原則三項に現れる。著名な「民主主義三原則」の主な内容は、以下の三点である。

（一）多数決——これは民主主義の主要な表現であり、これがなければそれを民主主義とは言えない。

（二）少数の保護——少数の人間にも権利があり、かつ多数の人間が必ずしも永遠に正しいとは限らない。

（三）プロセス化の原則——人々が共同で制定した規則・プロセスを遵守する。これは民主主義を形式上から科学的・法制的な表現に向かわせるのである。

この三項の原則はダイナミックに一つに結びついてようやく実現できるのである。それらはさまざまなレベルの民主主義について言えば、普遍性を持つ。この三項の原則は、人類の文化と文明の発展が、民主主義の発展のために豊富な思想的資源を積み重ね、無数の肯定的な面および否定的な面の経験や教訓も積み重ねた、ということを明らかにしている。

民主主義の思想的基礎の一つは、人々に平等な基本的権力に関する観念である。文明の発展によって、人類の主体意識はあまねく覚醒し、人民は自らの力で自らの運命を支配し、自らの理性で自らの権力を支配しようとしているので、彼らは庇護する必要がなく、独立して自由に自らの理性的能力を利用し、自己の主体的人格を持ち、社会の基本的な権力を行使するのであって、このようにして民主主義が生じたのである。民主主義はある社会が主人と奴隷、時世を救う者と救われる者などの二分法の愚昧な状態の中から解放され、一部の人間が別の一部の人間を奴隷のようにこき使う対象とみなすような一種野蛮な状態から解放され、人々が平等な権力を獲得したことを表明している。というのも、民主主義はその実、個人のことは個人が決定権を持ち、みんなのことはみんなで決定権を持つ、というとても簡単な道理に基づいているからである。

マルクス主義には自由・平等・民主主義および人権についてさらに深い理解がある。マルクス主義は人間の本質を社会関係の総和であると見なし、人間と人間との相互関係は、人類の生産力の発展にしたがって発展するものであって、人類の歴史はたえず必然の王国から自由の王国へ発展する歴史であると考えているからである。マルクスの分析によれば、初期の人類は生産力と発展の程度が低かったため、かつて自然物に対して直接従属するという状態にあり、人間の独立と平等は原始的な低いレベルにあった。工業革命を実現して以来、物象的従属性を基礎とする間の独立性の段階に転換し、人間と人間とが相対的に独立と互いの平等へと歩み始めたが、やはり物（商品経済と物質関係）に対する従属から脱却しきれておらず、なおかつその制限を受けている。ただ将来自由な個性の段階まで発展し、未来の社会が「あらゆる人間の自由にして全面的な発展をその原則とする」、すなわち「自由な人間たちの連合体」となったときにはじめて、人類は徹底的な解放と真正の自由を手に入れる。そのためマルクス主義は共産主義の実現を人類の解放・自由・平等および公正の実現と統一し、自己の理想と事業として確立させ、あわせて無産階級および労働人民の解放を実現し、社会主義的民主主義と独裁の制度を確立することを、この明るい前途へ向かう真の発端であると見なす。マルクス主義の理論は我々が民主主義を理解しかつ実践する科学的な思想的基礎である。

結局のところ、民主主義は具体的で歴史的なものであって、抽象的なものではない。民主主義の主要な特徴は「民衆主権」と「大多数の人間の統治」である。しかしいわゆる「民衆」と「大多数の人間」も具体的な「誰か」と「誰かたち」である。いいかえれば、異なる時代と異なる社会において、「大多数」も一部の主権をもつ人々の中の大多数でしかなく、社会全体の人口の大多数ではない。今までのところの社会的民主主義と政治的民主主義は、どちらもまだ階級の民主主義、集団内部の民主主義、種族の民主主義（種族隔離と種族蔑視の状況下において）など特定範囲の民主主義のモデルを超えてはいない。資本主義社会は依然として「物象的依存性を基礎とする人格的独立性の社会」であり、人々の資本主義的経済関係の中における地位が同じではないため、彼らが実際に所有する民主主義的権利は決して同じではない。

社会主義は階級社会から無階級社会への過渡期であり、「物象的依存性を基礎とする人格的独立性の段階」から「自由で全面的な発展」の段階への過渡期であるので、以前の民主主義に相対して、社会主義的民主主義の主体の範囲はさらに広くあるべきであり、公民が権力を行使するやり方はいっそう直接的であるべきで、我々の民主主義は最も広範な人民性を持たねばならない。階級のなくなった未来の社会においては、政治形態としての民主主義がまだ存在しているかどうかにかかわらず、民主的な組織方式と民主的な意志決定プロセスはおそらくあるべきであろうし、なおかつそのような民主主義がさらに普遍的に、さらに広範になるであろう。

社会主義的民主主義を実現する主体が存分に「実行する」あるいは「位置に着く」ことについて、概括すれば、主な指標には次の三つの面しかない。一つめは人民大衆が充分に民主的権力を有すること、二つめは人民大衆がまさに民主主義の主体としての責任を持つこと、三つめは前二者の基礎として、人民大衆が自己相応の主体としての素質や能力をたえず向上させることである。すでに確立した基礎の上で、ポイントは、いかにさまざまな具体的形態を通じて、前述の三点を各領域、各段階にさらに充分に体現させ、あわせて健全で強固なものにすることができるかどうか、というところにある。この面で、我々にはこれまで総括すべき多くの経験があり、再考すべきミスや教訓もある。

たとえば、観念上、いったい民主主義と人民大衆の関係をいかに理解すべきだろうか。人民は主体なのか、それとも対象なのか。かつて再三「民主主義は目的か、それとも手段か」という問題について論争が行われたが、その実質は、いったい誰が民主主義の主体かというところにある。もし民主主義が「誰の目的」で「誰の手段」なのかというこの一点が自覚的かつ明確であれば、実際には前述の問題の答えを得ることは難しくない。いかなる制度化でも、政治的民主主義は一定の手段性をもっており、これは問題にはならないのだが、問題は往々にしてそれが誰の手段なのか、少数の人物のものなのか、それともみなが共有するものなのか、というところにある。——社会主義的民主主義がかつてのいかなる民主主義とも異なるところは、まさしくその主体が人民大衆であるというところにあり、目的としてであれ手段としてであれ、民主主義は人民によって掌握され、人民自身のためにあるものである。そのため人民の国家について言えば、民主主義はすでに目的——国家政権確立の目的であるうえに、手段——人民自身が自身を管理する手段でもある。ここでのポイントは、人民大衆を民主主義の対象と見なすだけではならず、どんな人物が「人民に対して民主主義を実施する」あるいは「人民にいくらかの民主主義を与える」ということであってはならず、人民自身によって人民自身が「主人公となる」のを計画し実行し体現するということでなければならない。人民大衆のこうした主体的地位を承認しかつ体現することこそ、社会主義的民主主義の本質である。

さらにたとえば民主的制度のレベルの問題がある。中国の党と政府の組織の原則において、「民主集中制」を規定したことは重要な原則である。明確にしなければならないのは、「民主主義にもとづく集中、集中指導下での民主主義」という民主集中制の原則を実行することは、党と国家行政システムの組織原則であり、作業の規則およびプロセスである。本質的に、それは民主主義を実現するのに必要な形式および手段であり、いいかえれば、この意味での「民主」と「集中」は、どちらも民主主義の形式および段階である。民主集中制はこの二つの形式、二つの段階の弁証法を通じて統一された、有効かつ整然と民主主義の順調な実現を保障するものであって、社会主義的民主主義すべての内容と精神の唯一の体現を含んでいるものではなく、また憲法が規定する社会主義的民主主義の原則そのものでもない。社会主義的民主主義のすべての内容と精神的実質は、社会主義の制度や原則すべてを通じて、とくに憲法を第一とする法律体系全体を通じて体現されるものである。文章によっては民主集中制を国家の根本原則および組織方式とみなすものもあるが、これはきわめて大きな誤解であり混同である。もしはっきりさせることがなければ、方向がそれ、きわめて大きな思想的混乱を引き起こす可能性がある。

またたとえば主体の権力と責任の統一の問題がある。権力と責任は分離することができず、そうでなければ健康的な民主的意識はあり得ず、真の民主主義を確立し完成させることも不可能である。そのため、主体の権力と責任の統一を実現することは、民主的意識と民主的体制を健全にするという主題の中で考える必要がある。「文革」時期のような「大民主」主義は、形式上権力を最大限人民大衆に手渡すようであるが、その実はある権力が制限なく濫用されることを許し、ふつうの大衆がある民主的権力に対して行う誤解と濫用をそのうちに含んでいる。人民民主主義の角度から言えば、大衆権力の濫用と合理性を失うことを防ぐには、道徳と法制に依拠、すなわち社会規範によって自らを束縛しなければならず、同時に主体の民主的責任問題を無視してもならない。一般的に言えば、「権力」に対する最も有効な制約は、「責任」に由来しなければならない。特に最高の（人民大衆を含む）権力について言えば、それを検査し制約することができる別のさらに大きな社会権力がないため、結局のところ客観的な実際、つまり実践的な効果があってはじめてそれを検査し制約することができる。主体の責任意識とは、自分が権力を行使した結果に対して充分に責任を持ち、かつ可能な限りよくない結果を予見しあわせて防止しなければならないという意識だけである。こうした意識がなくて「民主主義を発揚する」などと喧伝したため、結果は往々にして責任を負うことのない勝手な逸脱行為に機会を与えてしまったのである。

人民の主体的な権力と責任の間に分離が生じると、社会主義的民主主義の「主体が実行する」ことに影響を与えるため、社会主義的民主主義の充分な形成や発展を阻害する重要な原因にもなる。公共管理が近代化する根本的条件は、公民が充分に管理に参加する機会を有し、公共事務に対して適切な影響と作用をなすことができる、ということである。公民に適切な参政議論の権力があり、適切なその組織、そのコミュニティ、その業界などの管理権・批判権・罷免権があり、適切な選挙権と被選挙権があり、国内外の事件の真相を知る権力がある、など、一言で言えば、主人公になれる権力である。こうした権力はカラ手形ではなく、実在のものである。長期の計画体制のもとで、権力の高度な集中により、意志決定と執行の過程は公開されず、大多数の人民大衆の知る権利を保障していなかったため、必要な参与権や決定権を行使するのが難しく、さらには監督権を実行することもできず、誤った政策や意志決定に否定的な意見を呈することはできなかった。逆に、当時の意志決定のあらゆる重大な誤りについて、人民大衆はすべてその責任を受け持ち、つらい結果を経験し尽くした。こうした権力と責任の分離の他方面での結果が、官僚主義と幹部指導者が腐敗する土壌となったことである。こんにちに至るまでずっと、それはかなり重大な問題であって、すでに近代化事業のきわめて大きな危害となっている。以上のことから、民主主義建設の問題において、各レベルの主体の権力と責任の間における高度な「統一」と「実行」を実現することが、実質的な段階であることが分かる。

社会主義的民主主義の「主体が実行する」ことに影響を与えるもう一つの重要な原因は、大衆の主体としての素質の問題である。中国の社会の民衆は民主主義的素質が低いとか、民主主義に参与する能力と習慣にやや格差があるとか、民主的管理の経験が不足している、などと考える人物がいる。彼らはそのために中国は民主主義を行うのにまだ適していないと考える。この観点は正しいようで正しくない。第一に、中国の公民の素質は本当に低いのだろうか。誰か真面目に調査研究や国際比較研究を行ったことがあるのだろうか。このような判断はしばしば当然のように思われるが、字面だけを見ただけの推量であって、事実上の根拠がない。第二に、中国人は確かに決まりを受け入れるのに慣れておらず、これは疑いなく民主主義の建設にとって不利である。「ひとたび掴めば死に、ひとたび放せば乱れる」という思考と行為の習慣は、むしろ民主主義が欠乏した結果であって、民主主義を緩行している原因ではないと言った方がよい。現実社会の中で、正常な秩序は保障されることなく、公平な規則が破壊され、このような条件のもとで、人々はしばしば正常でない道を求めてしまう。第三に、公民の民主主義的素質は民主主義を実施する過程で養成されるものである。まさに社会主義的民主主義は一種新型の民主主義であるため、「経験に欠け、準備が不足している」という問題がありうるし、まさに社会主義的民主主義は最も多くの人民大衆によって実現されなければならず、かつそうでしかありえないので、大衆の民主主義的素質、主体の能力および水準の向上に対しては、直接的な依存と差し迫った要求がある。さもなければ社会主義的民主主義の建設は何もせずにその成果だけを享受してもよいことになるではないか。以上のことから、たとえ「素質が低く、能力が低く、伝統が弱い」ことが事実であろうと、これも「社会主義的民主主義が緩行でよい」理由にはならず、まさしく民主主義の鍛錬を強化し、民主主義能力を向上させ、社会主義的な新たな民主主義の伝統を培わなければならない理由である——「泳いでいるうちに泳げるようになる」のである。

先ほど述べたように、民主主義は実際上「自分のことは自分で決める、みんなのことはみんなで決める」ということである。これも公共生活と公共事務管理の前提である。公共管理に参与することはどんな人間でも奪うことのできない権力である。中国の公共管理体系の近代化にとって、一つの基本的な前提は広く方法を開き、さらに多くの機会を創造して多くの民衆に公共事務管理に参与させることを可能にするということである。公民が積極的に社会の公益活動と公共管理に参与する能力と習慣、積極的に国家の利益と国家の安全を維持する習慣は、長期の実践の中で養成されるのであり、長期の実践の中で向上し改善するのである。ひとたび人々の積極性と主導性が真に発揮され、人々の建設的な意見が社会の中で現実的な効果を生み出すことができれば、人民はきわめて大きな熱情をもって公共管理や公益事業に参与するであろうし、公共的な交流の中で主人公のすがたで現れるであろうし、社会建設のためにさらに大きな貢献をなすであろう。

三、法治――人民の民主主義に必要なもの

中国の社会制度が近代文明に向かう発展の過程において、民主主義と法治は分割できず、「民主政治」と「法治国家」は統一の目標である。概して言えば、法治は民主主義の科学的・制度的な形式である。「法治」の真意は「法の統治」（rule of law）であり、「法律手段を使用して行う統治」（rule by law）ではない。いいかえれば、「法治」とはただ法だけが最高の政治権力および権威を有し、いかなる個人いかなる団体もその上を超越してはならないということを意味する。特に執政者や統治者の管理行為は、いたるところで法律を根拠としなければならず、そうであってこそはじめて合法で有効になりうる。簡単に言えば、法は法に「依《よ》って」国を治める「根拠」であって、法で「以《もっ》て」国を治める「道具」ではない。

「法制」は違う。法制はいかなる社会においても形成できる制度化された法律法規体系を指す。法制は人治システムのもとで形成され、人治システムに属するが、法治システムの中でも形成されて、法治の内容に属することもあり得る。「法制」が「法治」システム内部として一部分を構成しているとき、それは法治が実現しなければならない制度体系そのものであって、「法治」はその全面的な形成、実施および実行である。これは一種の理

想的な状況である。歴史的事実によれば往々にして、法制は「法」が実際に至高無上の権威を持つことを意味しているわけでは決してなく、さらに法と民主主義が分割することのできない必然的なつながりをもつことを意味するわけでもない。逆に、それは為政者の手中にある統治の道具でしかないということを意味する場合もある。中国の歴史上で、かつて登場したことのある「法家政治」には、「法制」はあったが「法治」ではなかった。現実生活の中でも、ある人々が「法」の旗印を掲げて一般庶民を「制」する現象が現れたことがあったが、それもこうした状態に属する。これは、「法制」を重視するだけでは、「法律制度」を当局者が無権者を制限する道具とする可能性があり、そのような「法制」は実際「人治」であっても、法治精神とは反対の方向へ向かってしまう、ということを明らかにしている。

中国は「法治」が必要であり「法制」にとどまらない。実質的にいえば、法制の建設が「法治」精神の支配のもとで行われ、法制は法治精神・法治文化を制度上から体現するべきであり、統治者に掌握される道具にとどまらない。つまり、ここで強調されなければならないのは「法治」と「人治」には根本的な違いがあるということである。

改革開放以来、中国の法治文化建設は大きな成績を上げた。たとえば、法律制度がいっそう完備され、法律法規が相次いで公布され、全人民へ法知識を普及させる教育は深くまで展開され、ますます多くの人々が法律という武器で自己の権益を守ることを分かってきた。中国共産党第十八回全国代表大会でも、党と国家の管理職員は法制の思考と法治の方法を身につけなければならない、などと提起された。しかし、中国の法治文化建設はまだ艱難辛苦の局面に直面している。文化的心理と社会的伝統から見ると、中国は歴史上民主主義と法制の伝統に欠けた社会である。人々の思想観念、心理習慣、行動様式のなかには、今なお古い伝統の烙印が押されたものが多く存在し、法制建設の掘り下げを妨げている。たとえば、「礼を重んじ法を軽んずる」封建文化の影響を受けて、人々には多かれ少なかれ、法および法制の機能は犯罪人や悪人を懲罰するだけで、大半は自分の正常な生活とは無関係である、と考える根深い観念があるため、法が自己の正当な権益を保障することはわからない。多くの一般庶民がひとたび法に言及すれば、しばしば思いつくのは犯罪とか、拘禁とか、取り調べとか、投獄とか、「警察に管理教育される」といったことで、何らかの恐怖が生じる。この点と関連するのが、多くの司法部門および職員に多く「お役所」的な態度があり、「サービス」意識に欠けていて、法律を執行する対象に対して態度が簡単でぶっきらぼう、ひいては酷刑を持ち出して自白を引き出し、法律そのものに対しても尊重せず、おのが物のように見なして、法の番人が法を犯す……こうした二種の状況が相互にかわるがわる加わって、中国の法制の性質をひどく歪曲し、法律のイメージを損ねてしまった。

伝統的な「人治主義」と「人情主義」の影響を受けているため、「権は法より大きい」「人情は国法より高い」という意識がまだ相当受け入れられている。法を執行する過程において「人を認めて理を認めず、権に服して法に服せず」という現象が深刻である。こうした条件により、行政権力（長官）・経済的利益（金銭）・私人関係（人情）などが次から次へと司法手続きに介入し、「法有れども依らず、法を執れども厳しからず」という現象の大量出現をもたらし、断ち切るのが難しい。これは法治建設に対するきわめて大きな挑戦であり脅威である。これは、長い間、「法律の面前で人間は皆平等であり」、法を公正に執行するという問題を充分に解決し、さらに進んで法律の独立性と尊厳を確立かつ強化することが、中国の法制建設の一つのポイントであろう、ということを明らかに示している。

現在の法治建設の実践から見ても、「法治を人治化する」という現象が存在し、法治を単純に形式化、手段化、部門化するところに現れている。具体的に言うと、以下のとおりである。

――単純に「形式化」することは、法を一つの孤立した対象と見なし、法律の形式が見えるだけで、法律の実質は見えず、ただ形式上から法律体系の特殊性を見るだけで、内容上から法治精神の普遍性を見ることはない、ということである。法治が法律の条文、司法機関、司法手続きおよび法律執行手段の自己完備であるとすれば、法に基づいて法を論じるのであり、その人物や社会の生活全般とつながることができず、その結果、情勢は必ず法治建設を一つの純粋形式化、事務化、技術化の過程と見なすこととなる。例えば、法治の実施と人間本意を対立させることは、その実法治がまさに人民大衆の正当な権益を保障する根本条件であることを理解していない。法による治国を実現することと人民を主人公とし続けることを相互衝突であるとみなすことは、その実、法治の実行を中国が人民民主主義を実現する根本方式であると見なしてはいない。法による治国を党の指導者と対立させることは、その実、執政党の法による執政の堅持が、まさにその先進性と合法性の基礎的所在であるということを理解していないのである。

各種の法治を単純に形式化する観念では、法律と道徳を切り離し、対立させる以上の思考回路はない。その実、法律と道徳はどちらも社会の価値的規範体系に属し、それらはどちらも人間の生存発展が依存し必要とする社会関係や社会秩序に起源する。同一の社会主体に対して、ふさわしい法律と道徳の間に階層性・機能性など形式上の違いが現れるが、本質上はつねに互いに通じ合いかつ一致しているものである。まさにこうであるからこそ、前に述べたように、我々の「法治文化」は道徳を含み、一種の法律と道徳の良性の相互作用であって、融合して一体になった近代文化であるはずであり、なおかつそうでなければならない。人々に法律と道徳の間のある形式上の違いが見えるだけ、あるいは現実を乖離してある種の抽象的な道徳を唯一の道徳モデルと見なすとき、法律と道徳の間に内在する関連を無視し、それらを外部対立の関係と見なしてしまう。だれかが法治は道徳と無関係であると思う、あるいは法治化は普遍的訴訟化であり、日々訴えを起こすことだと考えるために、憂慮を示し、あわせて「徳治」で法治を補わねばならないと指摘するとき、彼らは、これが実際は誤解を前提として法治を否定し、人治に戻してしまうことだということを知らないのである。道徳と徳治は別の話で、「徳治」はこれまでずっと人治のスローガンでしかない。法治のもとで道徳構築を重視することは、決して徳治を実行することと同じではない。中国の伝統文化の背景のもとで、「法治」と「徳治」の理解についてこのような混乱ともつれが何度も出現したが、いつも取り除けない道徳主義的コンプレックスがあって、まさしく法と道徳、法治と徳治の関係をいかに処理するかは、すでに法治建設の重大難題になっていて、深く研究するに値する、ということを明らかにしているのである。

――単純に「手段化」すると、法律を統治の道具あるいは手段と見なすだけで、法治を統治者がこうした手段を運用する一種の方法あるいは策略と理解するばかりで、法の主体性・公共性および権威性の前提や基礎を無視してしまう。法律は当然社会統治の道具あるいは手段の機能を有し、これは争えぬ事実である。しかしそれはいったい誰の道具および手段なのだろうか、少数の管理者のものなのだろうか、それとも人民全体のものなのだろうか。まさにこの点が人治と法治の分岐点の所在となるのである。

法治の単純手段化の実質は、まさしくそれがつねに人民大衆の主体的地位と乖離し、法制を管理者の特権と見なして、広範な人民大衆を統治対象としか見なさない、というところにある。これはいきおい必ず法治の機能を一面化かつ一方通行化し、「治国」「治民」の面のみを強調し、「治政」「治官」というさらに重要な面を無視する。こうした意識のもとで、これでもなお多くの人が「法に依《よ》りて国を治める」と「法を以《もっ》て国を治める」との区別がはっきりしておらず、あるとき言うことが「法に依る」ことであっても、実際にやろうとしているのはやはり単に法律を手段として別の人間を管理することである。地方の幹部には「法治を実行するには、法によってずる賢い民を治めなければならない」とすら考えている者もいる。法治に対する無知の典型的な代表である。そして「法に依って国を治めることを徳によって国を治めることと結合させる」なかで、もしその中の「法に依って」を「法を以て」のレベルに下げて理解をするのでなければ、この提起の仕方は論理的には対応せず、成立の難しい命題となりうる。人治の条件のもとであってはじめて、「法治」（実際は古代の刑による治国）と「徳治」が同時に「帝王の具」、すなわち統治者の頼れる才能になり、自然で合理的な「結合」を達成するのである。そうでなければ、こうした結合は話をしても仕方がない。しかし多くの人々はこの言い方が人情や道理にかなうと思っている、というのも、「法に依って」と「法を以て」の一字の違いが、法はいったい治国の「根拠」なのか、それとも「道具」なのか、つまり法治を貫くのか人治を貫くのかの本質的な違いを意味していることがまだ見えていないからである。人々が「法」と「徳」をどちらも道具であると見なすときにはじめて、両者のこうした「結合」はおのずと道理にかなうのである。しかしこれはちょうど人治の習慣的な思考回路である。

——単純に「部門化」すると、法治の実現をただ司法部門あるいは司法システムの職責と見なすのみで、法治理念をただ司法システムのあるべき理念とみなすだけで、何となく法を制定する、法を執行する、法を知る、法を守るという各段階を機械的に分け、法治が一つの完璧な精神的実質と文化体系として確立することができないようにすることになる。

なるほど、法治の実行は司法工作隊に対してさらなる高い要求を提示してしまうことを意味している。こうした特殊な領域の事業に従事するには、立法および執行の人員が高度な文明的素養、荘厳なる使命感、自覚的に仕事に励みかつ身を捧げるという精神を持つことが必要であり、そうしてようやく法律と人民の利益を代表することに全力を尽くし、ひたすら人類の真理と正義のために手中の権力を行使し、適切に自己の責任を受け持つことができる。しかしこれは決して法治文化のすべてではない。現実の中で、法治は「裁判所政治」あるいは「裁判官統治」とは異なるし、「法治文化」は当然「治安文化」「訴訟文化」「刑罰文化」に帰結することもありえない。単純に法治を部門化することの実質は、やはりその前述の二点と関係がある。その実、法治を単純に形式化かつ手段化すると、法治精神の必然的結果を無視してしまうのである。法治精神は無私で何物も恐れず、現実の中で真理を追求し、科学的で厳格な精神である。普遍的な法治精神が社会生活の各領域や各レベルに貫徹していなければ、せいぜい部門的、低レベルの文化現象を生じうるだけで、なおかつ司法システムの人治化および司法腐敗現象の発生を避けることが難しいであろう。このように社会全体で調和し統一する法治文化を形成するのに不利であるばかりでなく、調和した社会の構築にもさらに不利である。

以上の分析を鑑みると、中国の制度的文化建設の一つの重要な任務は、「法を以て国を治める」から「法に依って国を治める」への転換を完成させ、近代的意義での法治文化を建設することである。

第十二章　文明 ——精神的文化の近代化

文化・文明は決して精神にだけあるわけではない。しかし、精神的文明はすべての文化・文明の中でも最も美しく、最も絢爛な花であって、文化・文明のたましいの所在である。中国の精神文化の近代化は、人類の近代文明の優秀な成果を融合させ、さらに中国民族のイノベーション精神を有する思想体系を支柱とし、それを中国民族共通の精神的なふるさと（家園）に作りあげなければならない。

一、価値観の変革と再建

「知・情・意」によって構成される精神文化の領域は、無限に多様化された表現形式を持ち、豊富にして多彩、生き生きと活気に満ちあふれた現実のすがたである。しかしてその内容は、だいたい「知識技能システム」と「価値観システム」の二つの大きな面に概括できる。中国の精神的文化の近代化は、中国民族の科学的文化的知識レベルの普遍的な向上として現れるだけでなく、新たに中国の特色ある社会主義的価値観体系の形成と発展によっても決定づけられる。

1、変革中の価値観

いわゆる価値観とは、人々が生存・発展および享受の必要に基づいて、社会生活の実践において形成される価値に関する基本的な観点や見解であり、人々の価値に関する信念・信仰・理想・基準および具体的な価値傾向の総合体系である。価値観はひとたび形成されると、人々の価値活動すべての中に浸透し、人々が価値の評価・選択・創造を行う動向および根拠であって、意志決定の思想的な動機や出発点になるところのものである。

いかなる時代の価値観であっても、社会意識システムの有機的構成部分として、つねに一定の社会経済の基礎の上に構築されるものであり、文化システムの深層構造として、一定の文化的継続性を有している。そのため、社会的な価値観の変革を考察するには、現実的な角度から社会構造とくに経済構造が及ぼす制約および影響を探求しなければならない以上、文化伝統の継続の中から、その歴史的変化の特徴および傾向を把握しなければならない。

計画経済から市場経済への転換は一つの重大な革命である。この経済的基礎領域の自己転換は、社会主義の根本的な価値観の指導のもとで選択されたものである以上、我々の価値観が伝統から近代化へ向かうのを促進しうる。そのため、経済転換と関連する文化転換の過程において、価値観の衝突と変革は必然的に焦点となる。三十年来の中国社会の価値観の変化は、おもに以下の何点かの深遠な特徴を現しているのがわかる。

（一）人々の価値的な主体の意識があまねく覚醒し、社会が単一の主体から多元的な主体へと転換する傾向を示している。

それぞれの社会、グループおよび個人にはみな自らの一定の価値観がある。その中でも主体の意識や観念は価値観の核心である。社会主義的な主体の観念は、社会主義的価値観体系の中心である。根本から言えば、社会主義は広範な労働人民を主体とした社会制度であり、人民大衆の「主人公」意識と国家各級の公務員の「公僕」意識が、正確な社会主義的な主体の観念の二つの主要な面でなければならない。

しかしこうした主体の観念は現実には決して理想的に実行されたり体現したりしない。計画体制のもとで、国家という全体にして最高の主体は同時にほぼ唯一の主体であって、おもに上から下へ一方通行の行政コントロールを通じて自らのはたらきを強化する。末端のグループ主体や大衆個人主体の権力と責任はある面で決して完璧ではなく、事実上全体と局部、指導者と大衆、上級と下級の間の責任・権利・利益の構造が非合理で不健全な状況にある。こうした状況は人々の思想に反映し、主体の意識が不健全かつ不確実なものとして現れる。たとえば一方で、「公僕」はつねに、自分が人民を代表し、「民のために後ろ盾になる」者であって、上級に対して責任を負いさえすれば、人民に対して責任を負うことになる、と思っているので、「公僕」の二字はしばしば特殊な権力、等級および待遇などとさらに多く結びつき、それ相応のサービス意識、監督を受け入れる意識や権力の制約感が充分ではない。こういう状況で、「公僕」の二字はしばしば正反対の意味を持ってしまう。一方で、「主人」（人民大衆）が自己の権力と責任すべてについて、完璧で具体的な現実的理解が欠けているか、逆にある種の依存性が強い脆弱な心理を形成し、実際上自らが主人であると思わないか、あるいは「主人」という二字は保護を受ける権利があることを意味しているだけだから、リスクを受け入れる必要はない、と思うかである。人々はこうした状況を具体的に「主人空」と呼ぶ。

市場経済は一種の多元的主体の経済であり、それは経済活動の主体、価値主体の多層化・多様化・多元化を前提とする。生産者および経営者としての個人・企業法人が自らの活動の真の主体となっているとき、はじめて人々の生産・経営の積極性を充分に結集することができ、競争があり得、効率があり得、市場資源の合理的配置があり得、したがって市場経済そのものがあり得る。改革開放の後、さまざまな所有制形式の併存により、実際に、国家所有制の主体、集団所有制の主体、および個人所有制の主体など多元的な主体の存在を含む、それぞれの所有制の主体が確認され、その主体の地位と主体意識が強化された。改革がさらに深く入り込むにしたがって、全人民所有制による単位所有権と経営権の分離、とくに請負制や株式制などの実施も、さまざまな度合いで人々の主体的地位と主体の意識を強化した。市場の中で、国家はやはり最高形態の主体であるが、もはや唯一の主体ではなく、もはや下達指令的な計画を通じてすべての企業を厳格にコントロールするわけでもなく、おもにマクロコントロールを通じて市場を積極的に保護し、関与し、導く。企業はもはや国家の大釜飯を食らうことはできず、労働者も食いはぐれのない仕事を投げ捨て、独立して自主的に生産と経営に責任を負い、最高の経済効果を追求しなければならない。価値主体の責任・権利・利益はたえず明晰かつ規範化され、人々はみずから自己責任という意識に向かってたえず高める。市場の中で、人々はみな「自分の目で」生存と発展を探し求め、その需要を満足させ、その価値を実現しなければならない。同時に、左傾思想の一掃と解放思想の呼びかけおよび措置、および創造的な改革実践が、人々にたえず観念上、思想上の束縛を突破させ、主体性を高揚させる。そのため、改革開放は、計画経済から市場経済へ向けて、必然的に異なる価値主体の意識を呼び覚ましかつ強化し、社会全体に主体の多元的な形態を示すことになった。

国家や、あらゆる集団および独立経営の個人はみな一定の責任・権利・利益の主体となり、互いの間にあるのはもはや単一の上から下へというコントロール関係ではなく、双方向あるいは多方向の相互関係であろう。それと関連して、必然的に「公僕」と「主人」に関する新たな観念が生じる。例えば集団と大衆の個体的主体意識は大いに増強され、同時に彼らに国家公僕に対する監督と選択の観念も強化させ、したがってさらに適切に自己の主人としての地位を感受させる。これは観念の変化の主流である。同時に、多元化も必然的に新たな問題をもたらす。過去のような不健全で脆弱な主体の意識は衝撃にたえきれないため、各種の喪失状態および制御不能な状態に変化し、思想の混乱と風紀の腐敗を引き起こし、社会の凝集力をひどく弱め、瓦解させさえする可能性がある。

例えば、「三鉄」鉄飯碗（食いはぐれのない仕事）・鉄工資（下がることのない給料）・鉄交椅（揺るぎない地位）を打破して強烈な喪失感を生むことによって、「公的なものを私物化する」現象が氾濫し、「公僕」は金銭と享楽の誘惑のもと腐敗へと向かっていく、といったことが起こる。

多元化は差異や衝突を意味している。そのため、多元化と統一性の関係をいかにうまく処理し、多元化した現実をふまえて新たな全体性を形成するかは、明らかに経済転換の過程の中で示され、大きな衝撃力を持つ文化建設上の課題である。中国は簡単に過去に戻り、改めて計画体制下のような単位式の統一を拾い上げることができないし、多元化を放任して無政府状態を引き起こし、社会を瓦解させてもならない。では新たな観念とは何であろうか。我々は、多元的主体が充分に発展するのを認めかつ導くということをベースにして、経済上の客観的連係の強化を通じ、また社会主義的な民主主義と法制の健全化を通じ、さらに愛国主義と民族精神の文化的団結力の高揚を通じて、新たな時代の特徴に富んだ全民族における主体の意識を育成するしかない、と考える。これは未来の価値観の建設において決定的な意義をもつ。

(二) 人々の価値傾向は単一化から多様化へ向かい、幻想から実際へ向かう。

「主体の多元化」は社会全体の角度から見える状況であるだけで、そうでなければあらゆる主体自身の状況でもありえない。あらゆる主体自身について言えば、その変化の趨勢は価値傾向の多次元化・多方向化・立体化である。

計画経済体制のもとで高度に集中していた管理や行政の動向と一致した過去の社会の価値傾向は単一の政治の高度化の特徴を現す。ひとつひとつの政治運動、一回また一回とあらゆる人々を巻き込んだ「魂深くの革命」によって、人々は「政治」について幻想のような神秘感を生じ、それは生活の中で最も大きく、最も重く、すべての運命を左右する唯一の力であると思ったため、政治に対して実際にそぐわない迷信あるいは畏れを抱いた。そのうちに、社会全体の価値傾向はますます整然と画一的になり、ますます単調になり、ますます人々自身の本性に背くようになるため、社会が不安定になる一つの根源ともなった。

改革開放以来、主体意識の覚醒と価値重心の転移にしたがって、各レベルの主体の利益と需要が普遍的かつ多層的にはっきり浮かび上がってきて、人々の価値傾向を日ましに多様化させ、生活はその豊富で多彩な本性を現しだした。人々は、もはや政治を唯一の目標とせず、政治と経済、文化ないし個人の日常生活などを互いに参照しはじめ、相互に区別しまた相互に関連する多次元的な全体を、少しも欠けてはいけないものと見なす。人々は自身で、異なる角度から自己の生活を観察しかつ取り扱うことが完全にでき、必ずしも誰もが「身を修め、家を斉え、国を治め、天下を平らかに」しなければならないわけではない。異なる役目には異なる理解や選択がありうる。政界に入って政治を語り、商業界で商業を語り、球技ファンもスポーツ事業に対する関心を通じて強国の夢を追求することができる。たとえ同じ人物であっても、さまざまに異なる社会的役割の間を出入りし、多方面に考慮し、政府においては政治を語り、家にあっては情を語り、友人の間にあっては人生のさまざまな有り様を心ゆくまで眺め、天下の理非曲直を放談することができるし、なおかつ日増しにそうしなければならない。……人々の価値傾向は自己の条件、信念および選択にしたがって日増しに多方向化・多次元化・多層化・立体化の様相を呈する。

主体の多元化という前提のもとで、あらゆる主体としての個人あるいはグループは、その価値傾向もいっそう多次元化・多方向化・立体化に向かう。これは歴史の必然的趨勢であるのみならず、なおかつかなり有益な社会の進歩である。それによって人々は自身の社会的存在に立ち戻り、改めて自己の社会的役割、権利と義務を発見し、改めて生活の豊富さと複雑さを発見し、人々の生活をいっそう真実に変え、なおかつ努力を通じてさらに合理的で充実したものに変える。例えば社会主義的市場経済の建設にしたがって、自立自強の意識、社会公正の意識、効率の観念、競争の観念などが、たえず人々に評価されかつ尊重されるようになった。そしてこれまで尊重されてきた平均主義的な観念、商売を軽んじ利益を恥じる観念、「貧しきことが光栄である」という観念など、たえず強烈な衝撃を受け、しだいに人々に放棄されていった。これまでのような単一政治的な緊張状態と比べれば、これは明らかに社会の調和安定と繁栄発展に有利である。

社会の価値傾向の多元化・多次元化がもたらす新たな問題、新たな挑戦は、多くの価値傾向の間の取捨選択、バランスや協調をいかにうまく処理していくか、ということにある。異なる主体の間、新旧伝統の間の価値観は衝突を免れず、そのためあきれと困惑、懐疑と喪失、混乱と衝突は現段階でも避けられない。国家、社会および健全な個人について言えば、選択する動向の問題がきわめて重要である。国家と社会の持続可能な全面的発展、および「あらゆる人間の自由な全面的発展」を基本的動向として、実践において規律と具体的経験を探索し、そうして中国に特色ある社会主義を建設する一連の文化体系を創造し、この巨大な歴史的転換を実現するのである。

(三) 社会理想システムの自己観察と再確立が必要である。

人々の社会理想とは、人々のある程度の社会関係、社会構造、社会運営方式、生活様式に対する憧れと追求である。社会主義はいったいどのような社会構成および秩序、人間と人間との社会関係および生活様式を意味しているのであろうか。これまでこの点においては間違いなく曖昧な観念が多く存在していた。たとえば、こうした新しい公平がなければ真の意味での社会主義はない、と考える人がいる。しかし以前の社会主義的な公平に対する理解と貫徹の中で、多くの人が慣れてきたのは「長所をとって短所を補い、富者の財貨を奪って貧者を救済する」という方式であって、「公平に競争し、それぞれ適所を得る」という方式にあまり慣れていない。正式にこの方式を理論化し、「資本主義の原則は『足りないところを損ねて余りあるところを補う』ことであるが、社会主義の原則は『余りあるところを損ねて足りないところを補う』ことである」と述べる人物すらいる。しかし実際上、いわゆる「余りあるところを損ねて足りないところを補う」という道のりを通じて公平を実現するという、この観念はそもそも古代社会の小農の平均主義的な幻想に由来するものであって、それは従来マルクス主義の主張ではない。無産階級革命は「奪う者から奪う」ということであって、「余りあるところを損ねて足りないところを補う」ということではない。さらにこの「損ねて補う」（すなわち奪う）方式を用いて社会主義的な公平の道のりを理解するとしたら、人民内部において労働を基礎とする、先に豊かになる者と後に豊かになる者の違い、やや豊かな者とやや貧しい者との違いを、旧社会の中の搾取占有関係と一緒くたにして論じることにほかならない。こうしたいまだ「階級闘争を綱領とする」思想方式を脱却せず、かつて存在した「一に均等、二に徴用」「共産風をふかす」といった思想方法と源が同じである。こうした思想方法によって平等を追求すれば、一面的に行政権力に頼って平均主義を推進しようとし、競争を排斥して、効率を重視しないのが必然であり、行動上保守的で閉鎖的になり、待遇上互いに張り合うことが気風となるよう人々を誘導する。「共同」を求めるのみで「富裕」を求めなかった結果、先進を抑制し、落後を保護するばかりでしかない。こうした思想方式は社会主義的市場経済とまったく相容れない。

社会主義的市場経済を実行するには新たな公平の観念を確立する必要がある。こうした観念は人民全体が共同で裕福になることを目標とするが、決して貧窮を懐かしまず、効率を排斥せず、効率の向上を基礎として富裕を実現するのであり、競争を排斥せず、落後者を保護せず、公平な競争を奨励し、「短きを長きに追いつかせる」ことを通じて共同で裕福になるのである。公平の問題と結びつけるには、社会主義的市場経済の秩序を構築しなければならない。では、何が理想的な社会主義的市場経済の秩序なのだろうか。市場経済の実現を通じて、我々はどんな経済、政治および文化の発展目標に到達するべきなのだろうか。どのような人間と人間との関係に到達すべきであろうか。どのような平等や公正に到達すべきだろうか。こうした問題はみなその中に科学的、健康的、文明的な観念が注入されていなければならない。これらがまさに最も現実的な社会理想の問題である。この理想の建設と共産主義の遠大な理想とは対立するものではなく、未来の理想に向かうはしごである。現実を離れて大目標を空論する、あるいは低俗で一面的な観念で崇高な目標を代替するのは、いずれも許されない。

（四）社会本位価値の衝突を明確化する。

生命力と影響力のある価値観体系は、かならず自己合理的で適切で力のある核心的価値（いわゆる「本位価値」）を基準および動向としてもたなければならない。「家族本位」や「家長主義」をかなめとする封建主義時代においては、礼節を尊ぶ階級権力が核心であり、「権本位」と拝権主義がその価値観の動向であった。「個人本意」と個人主義をかなめとする資本主義社会においては、商品交換関係の中の私有権が核心であり、「銭本意」と拝金主義がその価値観の動向である。権と銭はいずれも人間の利益と需要に対するある方面での拡大であり、本意価値としての、「権本位」と「銭本意」は実質上いずれも「人間本意」でもある——それらは、ある人々の、特殊な需要と能力を本位とすることに基づいているが、実際には歴史的な歪曲であって、人間の社会的本性と現実的需要に対する疎外である。

封建主義的権本位および拝権主義的価値観であれ、資本主義的銭本意あるいは拝金主義的価値観であれ、いずれも階級が分化しかつ対抗し、少人数が大多数を統治するという基礎の上に構築されるものであって、大多数の人々の利益を犠牲にしかつ歪曲することを代価とする搾取階級の価値観である。我々は長期の封建主義の歴史を持つ国において社会主義を建設し始め、現在さらに市場経済建設を進めているので、旧社会の影響を防止しかつ一掃するという二重の任務に直面しており、封建主義・家長主義・拝権主義に反対しなければならない上に、資本主義・個人主義および拝金主義の氾濫も防止しなければならない。この任務はかなり複雑できわめて困難である。

理論上、社会主義は封建主義・資本主義に対する否定として、広範な人民の全面的利益を出発点とするものである。たとえ権本位・拝権主義と銭本意・拝金主義がかなり長い期間で比較的大きな影響を持ちやすく、多くの人に認められるとしても、社会主義はこうした不合理な価値観を断固として放棄し、それを新しい、すなわち人類の徹底的な解放と、人間の自由と全面的な発展の実現を本位とする価値観に代えなければならない。

価値主体の面から見ると、社会主義は本質的にある種の集団主義をよりどころにしている。こうした集団主義は個人主義と対立する上、封建的家族主義およびその各種の形式的拡大、たとえば小団体主義、宗派主義、地方主義、仲間主義などとも同じではない。社会主義的集団主義は人民を本位とし、人民の利益を核心とし、人民大衆の歴史の創造と自己解放の実践を基準にしてすべての価値を評価するだけである。

価値傾向の面から見ると、現在「権本位」と「銭本位」の価値観を区別するのは、当然ある種の「労働本位」の原則、つまり「各人が能力に応じて働き、労働に応じて分配する」「労働は光栄あるものであり、誠実な労働と創造は富をもたらす文明的な根拠であり、人間の価値の基準である」という原則である。これは当面社会主義の本質を体現するのに必要で、最も重要な価値の方向である。しかし社会主義の初級段階では、こうした本位価値は、それ自体が特有で権や銭に取って代わることのできるような社会的象徴物をまだ形成しておらず、まだ一定の「権」あるいは「銭」を過渡的な実行形式とせざるを得ない。例えばよく労働し、貢献の大きい人に対して、職務の昇格（権）あるいは物質的奨励（銭）という形で応えるようなものである。これは、もし社会主義的な本位価値を充分に実現しようとするなら、「労働本位」を理論だけでなく、実践においても徹底的に体現させることが、間違いなく非常に挑戦的で創造的な歴史的任務である。この任務を実現することが、長期的社会進歩の過程であろう。

2、多元化に向かって、主体性を堅持する

我々はまさに価値観の重大な変革の時代にある。社会上の価値観がこれまで単一的ではなく、それらはつねに主体の状況にしたがって段階的で、多様化し、多元化した様相を呈しているにもかかわらず、中国の特色ある社会主義の建設という空前の偉大なる事業には、必然的にそれにふさわしい先進的な思想文化と主導的な価値観を構築して、人民の意志を凝集し、事業の成功のために力強い精神的保証を提供しなければならない。

（一）健全な主体の意識は中国の社会主義的価値観の基礎および核心である。

中国の特色ある社会主義を建設するには人民のために利益をはかりなおかつ人民に依拠しなければならず、社会主義事業と人民の主体的地位の統一を明らかにしなければならない。また、社会主義的愛国主義は祖国の運命、人民の栄辱と社会主義の前途の現実的な連関にもとづいているもので、人民が社会主義制度の主人であることは祖国を愛することと社会主義を愛することの統一を実現する保証である。さらに、社会主義的集団主義の原則が、家族主義・小団体主義・宗派主義・地方主義など、かつてのさまざまな群体主義と区別されるところは、根本的にそれがある特殊なグループの利益を本位としているのではなく、人民大衆に共通の利益を本位とするところにある。人民大衆は自らの集団の中で、まず主人であり、付属品ではなく、まさにそのため、個人の発展と集団の発展は根本的に統一したものであって対立しているものではない。その中で、人民のために奉仕するという価値観の中にまず健全な人民大衆の主体意識が確立するということが、基礎的で普遍性を持った思想の構築の内容であるということは、理解に難くない。

（二）中国の特色ある社会主義を作りあげることによって、祖国が富強・民主主義・文明へ向かうことを人民全体に共通の理想および目標とすることが、価値観構築の現実的な内容である。これはすべて人民全体の中で積極的で明確な共通認識を形成しなければならず、そうしてはじめて事実を変える巨大な力に変えることができる。現実は未来の理想へと向かうはしごである。現実を離れて大目標を空論したり、あるいは低俗で一面的な観念によって崇高な目標に代えたりするのは、許されないことである。

（三）社会全体において現実をみつめて実務に励み、積極的に切り開いていくという空気を育成し、すべての行動を祖国の振興という偉大なる事業に有利にさせることが、価値観構築に必要な社会心理状態である。

偉大なる事業を成就するには積極的に向上する、堅忍不抜の健康的な心理がなければならない。こうした精神状態の実質は、解放思想や実事求是の思想路線をみなに共通の思想方法に変えなければならなかったり、「三つの有利」や人民に奉仕するという価値観と評価基準をそれぞれの事業の中に適切に貫徹させなければならなかったり、建設に重きを置くこと、構築を根本とすること、大胆に探索すること、大胆に実践することをやり遂げ、現代中国に適合する秩序や規則および成果を創造しなければならなかったり、実際の効果を重視し、科学を尊重し、実践を尊重し、大衆を尊重して、人民の利益に符合するものを主導としなければならなかったりする。総じていえば、中国民族の「自強不息」の伝統的美徳とマルクス主義の精神的実質を、新たな歴史的条件下でさらに充分に結合させかつ体現させ、中国民族の現代における精神のすがたとならせなければならない。

（四）現代中国の特色ある社会主義の価値観構築の焦点は、執政党が人民のために奉仕するという趣旨を実行しなければならない、ということである。

残念なことに、多くの人々がいまなお全体的な高さから人民のために奉仕することと社会主義の根本原則との内在的なつながりを深く把握するのにたけていない、あるいは理解していないといえ、表面的で簡単な、ひいては低俗化したさまざまな誤解が生じている。例えば、それは対象を区別せず範囲を定めないで、すべての人々に発布することができる一般的な呼びかけであると考える。ある者は、完全に個人の行為表現と道徳的評価の角度から「人民のために奉仕する」ことを理解し取り扱うことで、そのことを個人の純粋で高尚な道徳的行為と見なし、「仁愛の心」からあらわれるある種の喜捨あるいは犠牲のようなものであると考える。またある者は、それが単に人々に余計な「お節介」をたくさんするよう要求することを意味していると思ったり、ひいてはそれが人々に無償の労働を費やすように求めるものであると思ったりする。この点を考慮に入れると、「人民のために奉仕するという性質」をよりいっそう観念的に明確にしなければならない。

まず、「人民のために奉仕する」ということは人民にとっていえば一種の自己奉仕である。社会主義のバロメータは人民が国家の主人となることである。これは国家社会の事業は人民自身の事業でもあって、人民大衆の個人的利益や、一部の大衆の集団的利益と全人民の共同の利益の間は、根本的に一致し、相互に依存しかつ相互につながっていて、もはや分裂ひいては対立するような性質を持たない。人民の事業は人民自身によって実現され、社会の分業にももはや高低貴賤の区別があってはならない。全人民が自分の力で生活する労働者・奉仕者である上に、すべての社会奉仕の対象すなわち享受者であるから、「人民のために奉仕する」とは根本的に人民大衆が「自ら奉仕する」性質を持ち、すなわち、人民全体が分業および相互奉仕を通じて自らの共同の福利を実現するのである。人民が総体として社会労働の成果を占有および使用することと、人民が自己の労働奉仕を通してこうした成果を提供すること、この両者の間には互いに前提となり、互いに統一する関係がある。広範な大衆は自己の根本的利益を十分に認識しており、必ず「人民のために奉仕する」ことに対して強烈な要求や自覚的な願望を生じ得、これが「一家の主人となる」ということのあるべき意識なのである。

次に、「人民のために奉仕する」とは主に政府と政策に対する要求である。すべての職業の場および職場上の従業員について、とくに公職部門および公職人員（すなわち「公僕」たち）について、人民のために奉仕するとはその職業および特殊な職責の要求である。彼らはその手中に人民に属する資源と権力を握っており、人民が与えるそれ相応の待遇を受けており、彼らの職責は「誠心誠意人民のために奉仕する」ということである。当然、こうした奉仕もやはり人民が自分で奉仕する範疇に属しており、けっして純粋に「他人」のために無償の労働を費やすものではないので、特殊な報酬を要求する権利はないし、なおかつ「私も人民の一員である」ことを理由に、手中の公共資源を私有する権利はない。さもなければ権力によるレントシーキングであって、犯罪ですらある。

最後に、「人民のために奉仕する」ことは、人民民主主義的な国体と法治化した政体に具体化しなければならない。現実中において、人民全体の「主人意識」と「奉仕意識」の適切な統一は、決して一種の精神的覚醒および道徳的要求であるのみならず、社会主義の責任・権利・利益一致の原則を体現する管理体制および規範を実行し、基礎的保証となる充分な法制・政策および措置をもつよう要求する。鄧小平はかつて「指導は奉仕である」と明確に指摘した。しかし、目下の現状は決してまだこうした実質を普遍的に体現しておらず、少数の人物が自分は主管する一部の権力をもった特殊な「主人」であると思いこむばかりで、「奉仕」の職責を忘れたり、あるいは個人や小団体の利益を人民大衆の利益の上に置き、権力を用いて自分あるいは自分の小派閥のために奉仕したりする。こうした「公僕」と主人の関係のうちにある断絶と転倒は、まさに特権をもたらし腐敗を生じる重要な原因なのである。

二、科学と教育――人間の価値のために

科学と教育は人類文化の普遍的形式であり、さらに精神的文明の基礎的領域である。いにしえから今に至るまで、社会の進歩と発展、国家民族の繁栄と隆盛は、おもに物質的な力――軍事と経済を追求してそれに依拠する状態から、次第に知識や精神の力――科学と教育を追求してそれに依拠する方向に向かっていった。しかし、科学と教育の事業そのものは決して抽象的な絶対的方式ではなく、どのようなものであろうと「ひとたび掴みさえすればただちに効き目がある」ような純粋な道具であるというものではなく、どんな思想内容をその精神的実質として構築を進めるかは、中国の科学教育事業の近代化において真剣に考慮しなければならないことである。

1、科学と教育――興国の大道

屈辱と苦難をいやというほど受けた中国近現代史において、かつて向上しようと固く決心をした志士仁人が多くおり、「科学救国」「教育救国」「科教強国」といったスローガンを何度も提起し、なおかつ一切の艱難辛苦を顧みず、身をもって体験し努力して実行し、それを現実にしようと夢想していた。しかし、先達の努力はつねに社会の動揺と異変に妨害されたり弱められたりあるいは断ち切られたりして、予想していた目的に決して到達してはいない。こうした歴史的な教訓や疑惑に対して、われわれは沈思し、完璧で明晰な概念と新たな根本的認識

を得られるよう努力しなければならない。

（二）「三大生産」の角度から科学と教育の人類社会における根本的地位を理解してみよう。

マルクスとエンゲルスは人類の物質的生活手段の生産、個人の生命の生産と再生産、人々の意識（思想・理論・観念など）の生産など三つの面を、一つの分割できない全体と見なし、「歴史の最初の時期から、初めての人々が出現したときから、この三つの面は同時に存在しており、なおかつ現在もまだ歴史上において役割を果たし[1]」ており、それらは「すべての人類生存の第一の前提であり、つまりはすべての歴史の第一の前提[2]」なのであって、人類の生存と発展の基本的形式かつ普遍的形式であり、人類が存在していさえすれば、物質的生産、人間的生産および精神的生産というこの「三大生産」は毎日行われており、止めることはできないし、それらが運動しかつたえず新たな形式を採用すれば、「歴史」を作りあげかつ表現される。「三大生産」に対する完璧な理解が、社会の歴史に対する完璧な理解であり、これがすべての唯物史観的基礎の所在である、というべきであろう。三大生産の角度から科学と教育を見ると、さらに深くそれらの根本的性質および歴史的地位を理解することができる。

科学、すなわち自然科学と人文社会科学を含めたすべての科学は、人類の「精神的生産」という特殊な任務を担っており、人類の精神的生産は、自然や社会に関するすべての知識・理論など思想形式の生産を含む上に、「ある民族の政治・法律・道徳・宗教・形而上学などの言語中に現れる精神的生産[3]」をも含む。「人々は自己の観念・思想などの生産者である[4]」が、最初の精神的生産は独立の形式をもたず、人々の物質的活動と直接混ざって一体になり、その独立した特徴や規律が現れてくることが少なかった。人類の社会文明の形成と発展にしたがって、精神的生産の形式および内容はますます豊富で多様になり、その機能もますます強大になった。これは人間自身の精神が発育し、特に理性的能力と精神生活の発育発展がますます充分になって、その人類の生存発展における作用がますます充実したことを意味する。こんにちにいたって、人類のすべての物質的生産および生活の領域には、すでに精神的生産の成果が浸透しており、科学は精神的生産の事業として、その地位が人類社会の発展にしたがってますます高く、ますます代え難いものとなるであろう。

教育は、学校教育と社会教育を含めて、総体的に現実的で社会的な「人間」の生産（育成）と再生産（養育）の機能を担っている。現実的で社会的な人間とは、自然に人間という種類の生命と具体的な社会関係を継承し継続する以外に、人類の文化と文明の成果を継承し、観念・知識・技能・感情・需要・思考様式・行動様式などを含め、人類の社会生活の文化的素質や能力を備えていなければならない。ひとりの人間が生まれて生きていくだけでは、まだ単に一つの生物的な意味での「ヒト」でしかない。ヒトを育成して完全な社会的で現実的な人間になるためには、社会生活そのもの以外に、おもにさまざまな、持続して止まない教育に依存しなければならない。もちろん教育が代表し体現するのは、濃縮され抽出された人生および歴史、特にその中での経験や知識および知恵でもある。明らかに、「人間」の生産と再生産は、最も基本的でありかつ最高の意味で社会の「生産」であり、その他の一切の生産（物質的生産、精神的生産など）の総合的な体現および最高の成果であり、それはある種の「究極の目的」の意味を持つ。「人間」は社会の主体であって、すべての物質的および精神的財産の生産者である以上、すべての物質的および精神的財産の所有者および支配者でもある。こうしてみると、教育の地位は必ず「人間」の地位およびその理解の向上にしたがってたえず向上するものであろう。

とにかく、科学と教育は社会生活の根本的領域や根本的内容および根本的バロメータの中に位置し、決して孤立的で外在的あるいは付加的で暫時的な条件および行為ではないと認識しなければならない。科学と教育の発展

1『馬克思恩格斯選集』第一巻（北京：人民出版社、一九九五年）八〇頁。
2『馬克思恩格斯選集』第一巻（北京：人民出版社、一九九五年）七八頁。
3『馬克思恩格斯選集』第一巻（北京：人民出版社、一九九五年）七二頁。
4『馬克思恩格斯選集』第一巻（北京：人民出版社、一九九五年）七二頁。

は、そのものが社会の発展と人間の発展のポイントになるところであり、本質となるところである。

（二）生産力を解放しかつ発展させるという角度から科学と教育の社会発展に対する根本的作用を理解してみよう。

マルクスはかつて、一般的な意味において、最も強大な生産力は間違いなく人間そのものであって、とりわけ革命的階級そのものである、と指摘した。と同時に、彼は科学技術の内在的作用をも充分に見て取り、科学も生産力であると指摘したばかりでなく、「科学をまず歴史の有力なてこであると見なし、最高の意味での革命の力であると見なし」た。これは歴史の発展に照準を合わせて導き出した科学的判断および予測である。生産力の発展史を考察すると、生産力を構成する各要素は、かつて異なる時期に相次いで異なる役割を演じたのであって、こうした要素はかわるがわる「第一生産力」となった、ということが分かる。人類最初の生産力水準は、労働者の体力と直接的な経験を「第一要素」とするもので、後に、直接的な自然力（畜力、風力、水力、火力など）を主とする方向に向かい、さらにのち、道具や機械およびエネルギーの発展を先端的な「第一要素」とし、工業化および自動化をトップとするようになり、今のところさらに深く全面的に知識や科学ないしは社会文化的要素全体に依拠しかつそれらを結集する方向に向かい、「知識経済」の萌芽をバロメータとする……。このプロセス中に現れる明らかな動向は、「第一生産力」の地位が、しだいに「ハードウェア」から「ソフトウェア」へ移り、すなわち人間自身の精神および理性的要素へ移るということである。鄧小平は「科学技術は第一生産力である」という鋭い論断に関して、現時代の生産力発展の最大の特徴を掴み、科学と教育の発展は生産力の解放と発展に対してもつ未曾有の重大な意義を指摘した。

人類の物質生産力の発展はこれでおしまいというわけでは決してなく、それには永遠に終わりがないものである。と同時に、科学技術の「第一生産力」としての作用は、現在でもまだ完全に発揮されてはおらず、まだ大きな潜在能力がある。そして生産力のさらなる発展には、必然的に科学技術のさらなる発展を必要とし、なおかつ、

「第一生産力」の地位も科学技術そのものにとどまるばかりではなく、必然的に人間そのものの全面的な潜在能力を発揮させる方向へさらに前進しなければならない。科学と教育の発展は生産力の解放と発展についていえば、その意義はある程度の実現を得たから完結するというものではあり得ないであろう。多くの形跡が明らかにしているように、現在ちょうど新たな変革が始まっており、その中でも管理と労働の方式、労働者の全面的素質など社会文化の要素は日増しに浮かび上がるであろうし、今後生産力の発展は結局のところ全面的に発展した人間を「第一生産力」とする時代へと歩むであろう。

　生産力の解放と発展という角度から科学と教育の作用を理解すると、科学と教育の発展は、生産力の基礎と潜在能力の発展であって、生産力の早期発展であり、根本的発展である、ということが分かるはずである。これによって社会全体の発展もスピード感をもって推進されるであろう。

　(三) 社会の全面的で持続可能な発展という角度から科学と教育を発展させる根本方式を理解してみよう。

　生産力の発展は社会発展の基礎であるが、まだ社会発展の全部ではない。生産力そのものにはある程度道具の性質があり、そのため生産力を解放し発展させるという角度から科学と教育の発展の根本的作用を理解するには、まだその道具性の意義について述べるのみである。そして社会の全面的で持続可能な発展という角度から理解すると、科学と教育の発展そのものに目的性の意義があることがさらに理解できるはずである。これは、人間自身の発展や社会の発展が、科学と教育の水準をその重要な人文的指標あるいはバロメータにしなければならない、ということである。社会の全面的発展は、結局のところ人間の全面的発展に体現され、社会の各領域の総合的協調発展および持続可能な発展に体現されなければならない。これは人類社会が現在すでに認識している理想の発展方式である。もしこうした理想的な発展方式を実現したいならば、さらに科学の発展を重視しなければならない。というのも、それが社会の全面的で持続可能な発展を保証する最も重要な思想的条件および精神的武器だからである。――社会の総合的協調発展や持続可能な発展のさまざまな問題を解決するときには、自然科学と人文社会科学を含む諸科学を絶対に離れることができない。同様に、もしこうした理想的な発展方式を実現しようとすれば、さらに教育の発展を重視しなければならない、というのも人間の養育や育成が、まさに社会の全面的で持続可能な発展を実現する最も重要な主体的条件であり、同時に発展全体の総合的なバロメータでもあるからである。この高みから科学と教育の発展を逆に見ると、社会の全体的発展の中に取り入れなければならず、それらを孤立的な地位に単独で置き、ただ道具および手段として見なすのではなく、全体的で目的性のバロメータと見なさねばならないのである。科学と社会の発展の優秀な成果はすべて、最終的にそれを用いて人間の需要を満足させ、人間を養育し、人間を育成し、人間の素質と生活の質を向上させるものでなければならない。このように、それらは必然的に教育の発展と完成の上に実行するのである。——当然、こうした教育ももはやもともとのモデルおよび水準ではあり得ず、社会発展の新たな形勢および要求に適応しなければならない。

2、道具化から人間化へ

科学と教育に関する価値観は、人類の近代的価値観体系の中でもかなり重要な構成部分である。科学と教育が人類に対してもつ一般的な価値は、手段であるのみならず、目的でもある、ということである。

マルクスは「科学をまず歴史の有力なてこであると見なし、最高の意味での革命の力である」と見なした。鄧小平もかつて「科学技術は第一の生産力である」と指摘したが、科学と教育の価値をいかに全面的に理解するかという問題においては、これまでずっと多くの困惑があった。その突出したあらわれは、科学と教育の事業、とりわけそれらが直接効き目を示すことのできないような基礎的な科学と教育の事業に対して、いわゆる「言うのは極めて重要だが、やってみると不要である」、あるいは「いかに必要であるか」がはっきり分からないという状況が存在する、ということである。こうした苦境を招いた主要な原因は、人々の主観的観念上の一種の偏差にある。すなわち人々が科学・知識・教育などの「重要性」を強調するときに、しばしばそれらの条件・道具・手段としての価値を指すばかりで、それらの目的価値については、十分に注意を払わず、理解が深くないのである。

科学と教育の価値をどのように扱うか、それが体現するのは人間そのものの地位と状況をいかに扱うかである。もしある人物が「なぜ科学と教育が必要なのか」と問うならば、ふつうの答えは「それが有用だから」である。科学およびその転化した形式によって、人類は経済・政治・軍事・文化などの各方面における効果が得られ、これらの目的のために奉仕することができる。科学と教育はまさに未曾有の、その他すべてのものよりもさらに普遍的でさらに重大な「(有)用」を現している、と言える。これらの「有用」は一言で言えば「手段的価値」あるいは「道具的価値」といえる。しかし、科学と教育の社会的価値は、その「用」に決して限らず、さらに実質的なもので、人類そのものがすでに発展させてきた、特有の生存様式である。この点を理解するには、我々は改めて「人間」を観察しなければならない。人間は一種の精神的存在と精神生活を有する生命である。人間の社会的精神生活もたえず豊富で、更新され、発展するべきである。文明的な人類が原始的で未開な人類と異なる一大特徴は、科学と教育にある。例えば、原始人には道具や経験があっても、科学や教育はなかったし、精神的な需要はあっても、本当の知識によって満足させることは決してなく、経験と信仰を持つだけでは、原始人も文明人のように社会文化的な伝承を行うことはできない。人類がこんにちまで発展し、どの面であれすでに科学や教育から離れることができず、本当の知識を追求することはすでに人類の一大事業となっている。こんにちの人類が文明的人類であるゆえんは、その精神生活の本性および方式の一つが、一種の真実を求め知識を求める需要および能力を持つことである。真実を求め知識を求めることは、それ自体が人間の一種の需要であって、自ら誇るに値する能力である。こうした需要やこうした能力によれば、人類が知識を求め真実を求めることはすでにもはや完全に一種の手段的行為ではない。人間は「それらを用いて何かをすることができる」ために知識を求め真実を求めるだけでは決してない。真実と知識そのものは同時に人間が成し遂げるべきことでもある。「知識を求め真実を求める」といった需要や能力の実現は、人間が精神上の生存と発展、精神上の自己実現および自己改造にあり、人間が世界を理解することを通じて精神上現実的で完全な人間になることを意味している。そのため、人類について言えば、科学と教育の価値はすでにそれらが別の価値を実現することに有用なところにあるだけではなく、それらそのものが人類の生存発展のバロメータであるところにあり、それらの発展そのものが一種の価値——目的価値なのである。

科学の目的価値とは、科学の発展そのものが人間と社会の発展目標と尺度の意味を持ち、人類の社会発展の一種の内在的追求となることを指す。その現実における表現は、人類は科学を尊重しなければならないこと、実事求是の科学的精神を培わなければならないこと、たとえ有利であろうとなかろうと、まず科学の理性、科学の方法、科学の論理を基準として、思想理論の真偽是非を評価し、真理を第一に置かねばならないこと、人間は科学を自分のために奉仕させようとするだけではならず、社会も科学のために奉仕しなければならず、科学のたえざる発展と完成を人間と社会の自己実現の一つのバロメータとしなければならないこと、などである。総じて言えば、ある範囲、ある程度で科学そのものを目的と見なしたり、基準と見なしたりしなければならないということであり、そうでなければ人間と社会の健全な発展はない。科学の目的価値を認めるには、その前提として人類の現実的な本性およびその完全性を認め、人類の精神生活の豊富な発展の需要と能力を認めるのである。そして科学を純粋に実用的手段とし、例えば「科学」を完全に「技術」に帰結させ、それらを完全に同一視すると、これは一種の完全に道具化した理解および態度である。これは科学の発展に不利であるだけではなく、さらに深い意識においては、人間自身に対する理解の一面化、単純化を意味する。なぜならそれが人間の理性的存在と精神生活をも完全に一種の道具および手段と見なすからである。

「純粋に科学としての科学」というのは総体的に当然不可能であって、荒唐無稽である。なぜなら科学は決して人間のその他の需要や実践から離れて存在するものではないからである。しかし、もし人間の需要に対する理解の中で人間の科学に対する需要を忘れてしまい、実践に対する理解の中で科学そのものも一つの基本的実践であることを忘れてしまったら、同様に一面的である。もし人間の科学的需要と科学的能力を実現するために科学を発展させ、真理を追求するために科学を発展させるというならば、これはこんにちすでに否認することのできない事実である。ある範囲内でその他のことをなさず、「科学のために献身する」ということであれば、疑いなく人類の崇高な事業である。そのため、過去の人々がかつて科学の発展そのものを目的にしたことがなかったにもかかわらず、近代人は科学の発展を社会発展の一大指標とし、文明水準の物差しとしなければならない。

教育の目的価値も同様で、さらに理解しやすい。教育の本質は社会的で、現実および未来の人間の生産と再生産だからである。人間は主体であり、そのものは手段であるのみならず、さらには目的でもある。教育の直接的な成果は未来の主体となる人間そのものであって、教育の発展と健全化は人間の育成および形成方式の発展と健全化を意味している。そのため、教育の合理的な発展を全社会の目的および追求と見なせば、人間自身の発展に対する目標追求とつながり、それは目的性の、最高の価値的地位をもたねばならないのである。

しかし、社会の発展プロセスの条件が限られるため、今にいたっても人類の教育方式はまだこのような領域に真に到達してはおらず、やはり大幅に、教育を手段のレベルと見なすのみにとどまっている。中国の教育方針はこれまでずっと「教育は××（経済・政治など）のために奉仕しなければならない」ということを強調し、教育の目的は社会の現実的（経済・政治など）な需要のために適切な「人材」——労働者を育成するところにあり、さらに完全な意味での人間や社会主体ではない、というのはこうした状況を反映している。根本から言えば、現実の経済や政治などは発展目標そのものがすでに人間と社会の発展の必要手段および形式であり、教育を完全にこのような手段に服従させかつ「奉仕させる」ことが、それを「手段の手段」と見なしていることを意味する。そうである以上、社会の教育に対する期待と要求は、その需要にかなう各業種の「人手」を提供できるということに限られ、教育はそのために「試験を受ける」（実質的には条件を創造して就業するのに有利にするためだけであるが）ことを目標とする教練の過程および形式ともなり、すべてが社会の労働就業需要と「人材」選抜の基準という指揮棒の指揮に従わなければならない。

「受験教育」は伝統的教育方式の代表である。その特徴は進学・就業の需要を満足させることを目的とし、試験による競争を手段とした一連の教育的指導および激励のメカニズムであり、その実質と核心は育成目標——人間——の手段化および道具化にある。未来に目を向けると、社会主体としての人間は手段と目的の統一、すなわち社会的財産の創造者・提供者と占有者・支配者の統一、労働者と享受者の統一でなければならない。以前はこの二種の身分はやむを得ず分離されていた。伝統的教育において、人間にどうやって「仕事をし、働く」のかを教え、ただ働くことができるように人間を育成するという角度から教育全体を設計することを重要視するだけで、人間にいかに「生活し、人間たる」か、すなわちいかに全面的で完全な人間になるか、いかに人類文明の成果を占有し享受するか、などを教えることを重要視しないのである。人間自身の手段化・道具化は、人類発展の一定段階上で必然的に経験する過程であり、歴史がこの段階を超える条件をまだそなえていない場合、こうした状況の出現は必要であり、不可避であり、過度に非難する必要はない。しかしさらに高いレベルおよび発展の趨勢から見ると、それには確実に一面性があり、超えなければならない。そのため、社会的主体としての「人間」を完全に理解かつ把握し、「人間をもって根本とし、人間をもって目的とする」教育方式を確立しなければならない。すなわち教育の目標および趣旨はもはや道具および客体としての一次元的人間——労働者を養育するだけではなく、現実的で完全で、未来の社会生活に全面的に対面しそれを担うことのできる主体——手段と目的の統一、社会的財産の創造者と支配者の統一、労働者と享受者の統一としての人間を育成することに着眼しなければならない。

人類の科学と教育に対する価値に対する認識は、ある過程を経た。厳密に言えば、人類社会がある程度の成熟まで発展したときに、人々ははじめて科学と教育の目的価値を真に認識するはずであり、社会はようやく自覚的に科学と教育の繁栄発展を人間の全面的発展と一つに結びつけることができ、あわせて自己の目標体系に組み入れることができるようになる。これ以前に、人類にはかつて科学が何ものであるか分からない段階があった。のちに科学と教育を創造しても、一時その道具的価値が分かっただけで、あわせてこうした道具的作用を極端まで発展させ、ひいては反対の方向に向かっていった。マルクスは科学という道具で人類の歴史の秘密を明らかにし、人類発展の前途を見極め、「あらゆる人間の自由と全面的発展を原則とする」最高の理想目標を確立したあと、科学と教育の全面的な価値の問題はついに正式に歴史的日程に上げられたのである。

マルクス主義はいかなる学説よりも充分で徹底的に科学が歴史的進歩のてこおよび動力の作用をなすことを肯定し、科学技術の比類なき道具的価値を高く称賛した。しかし、マルクス主義は科学と教育の価値が有する立場と態度に関して、決してこれだけに限らない。マルクスは「資本主義的生産があってはじめて物質生産の過程を科学の生産における応用に変える――実践で運用できる科学に変える」と言った。ここで言えるのは、資本主義がまず科学の道具的価値を充分に利用しかつ実現したということである。しかし、これは科学が資本家の「財テクの手段」になることを意味するだけである。というのも資本家の直接の目的は「(商品) 価値」であって、資本主義社会において、科学と技術の進歩は労働者の血と汗を搾取する効率的進歩であることを意味するだけだからである。そのため、マルクス主義はさらに資本主義の科学利用に対する歴史的限界を批判し、「労働者階級だけが……科学を階級統治の道具から人民の力に変えることができ、……労働共和国の中にあってはじめて、科学がその真のはたらきを果たすことができる」と指摘した。[5]

マルクス主義的学説の中で、科学と教育の価値形態が発生させた共産主義的理想と符合する歴史的変化は、以下の二つの基本的な面を含んでいる。一つは価値の主体の転移、すなわち科学と教育が搾取者のもとから人民の手中に移り、道具として、科学と教育が奉仕する価値の主体は異なっている、ということである。もう一つは科

5　『馬克思恩格斯全集』第一九巻（北京：人民出版社、一九六五年）三七二頁。

学と教育の全面的価値の発生、すなわち「その真の働きを果た」さねばならない、ということである。いわゆる「真のはたらき」が含むのは、人間そのものがもはや単に道具であるわけではないのと同様に、科学と教育がもはや単に道具であるわけではなく、手段と目的の統一である、ということである。この点はマルクス主義が人間に対する、また社会歴史の運動傾向に対する理解とつながっている。

そして社会主義の段階はマルクスの述べる「労働共和国」の時期として、とくに前述の歴史的転換を実現するという任務を担っている。いいかえれば、科学と教育は社会主義に関して言えば、道具的な価値を有する（なおかつ以前のどんなときよりもさらに大きい）だけではなく、これまでは認識されたことがなく、認識される可能性もなかった価値――目的性の価値を有している。後者は「社会主義」が最初に開いた、根本性を帯びた内容である。社会主義は科学と教育を道具としただけではあり得ず、そうでなければそれは自己の社会的性質と歴史的方向――人間の徹底的な解放と全面的な発展へ向かうことを頑張って貫徹することはできない。当然、社会主義の初級段階において、我々は暫時おもに科学技術の道具的価値を重要視するという段階を超越できないが、こうした発展傾向を予見し、あわせてその必然的な方向に向けて調整をすることができるしなおかつそうしなければならない。

科学と教育の社会的価値を全面的に取り扱うには、その道具的価値と目的価値を統一するという観点を堅持しなければならない。このような科学の価値観・教育の価値観は、科学と教育の問題に対するさまざまな狭隘な功利主義、行為の短期化を防止し矯正する一服の良薬であるだけでなく、科学と教育の事業の新たな思考回路や新たな局面を探索しかつ切り開くのに有益でもある。

三、道徳――感情から理性へ

普段から道徳を講じることで名高い中国文化の伝統において、精神的文明に論及するたびに、人々がまず想起するのはしばしば道徳である。近代化の道徳構築をいかに進めるかは、精神的文化の近代化の最前線となっているだけでなく、新旧文化が衝突する焦点でもある。

1、下り坂と上り坂——新たな思考点を触発する

改革開放から、経済建設を中心に転向して以来、とくに市場経済に転換して以来、中国の社会的道徳状況に巨大な変化が生じた。多くの伝統的道徳観念がきわめて大きな衝撃を受け、道徳意識は極度の混乱昏迷の状態に陥り、道徳行為は空前の複雑に入り組んだ局面を示している。いったいどのようにしてこうした状況を取り扱いかつ対処するか、人々の最も深い感情や意識に触れ、道徳変革に関して深く再考せざるを得ない。

一九九〇年代、中国では当時の道徳状況に関する「下り坂論」と「上り坂論」の論争が生じた。当時多くの人々が社会上の人間関係の冷淡さ、社会風気の堕落、汚職腐敗の盛行、暗黒勢力の台頭、犯罪現象の増加などの状況を根拠に、転換期の道徳的喪失を感じ、「道徳の下り坂」を叫び、「道徳の崩壊」へ向かっているとすら考えたのである。「下り坂論」の観点は他の人々の批判を受けた。彼らは、目前の道徳の制御が不能になる状況は社会転換期の一時的な表面的現象であって、たとえば人々の道徳真理と行為の中に現れる「偽」から「真」への、「虚」から「実」への、「怠惰」から「勤勉」への、「依存従順型」から「独立進取型」への、閉鎖から開放への、単一化から多元化への回帰といった変化のように、こうした表面的「下り坂」に伴って、さらに深い道徳的進歩がある、と考える。長期的に見れば、これは新たな、近代的な道徳的文明の振興の始まりである。そのため、道徳は本質および趨勢から見れば、「坂を上」らねばならないのであり、いままさに「坂を上」っているのである。

二つの見解の論争はもともと悪いことではないのだが、残念なことに、多くの非理性的要素の関与により、この論争がかなり表面的に理解されてしまい、ひどく誤解すらされている。人々はしばしば、それらは道徳の情勢について「悪く言う」か「よく言う」かという判断の争いで、一方的な悲観的情緒と一方的な盲目的な楽観的情

緒の争いでしかないと考え、ひいては憂国の情と道徳的責任感をもった態度と責任を負わない「臭いものに蓋をする」態度との争いだ、などと考える人々すらおり、そのため論争についてかなり軽率な単純化した態度をとったのである。しかし、この論争は実質的に新旧二種の道徳観の対話であって、その背後には道徳観と道徳的思考に対する一連の重大な根本的問題が隠れている。これらの重大な問題はいくつかの思考点の論及を通じて派生的にあらわれ、普遍的道徳理論や思想方法に言及することが可能になる。たとえば、以下のようなものである。

命題の確定。ある一時期の社会道徳状況が「よい」が「悪い」かは、それが「進歩」しているかそれとも「退歩」しているかと、完全に同じ一つの問題なのだろうか。理論上、「良し悪し」の判断には一つの確定的な基準がありえるし、「進歩か退歩か」ということは相対歴史的過程である。この二つの問題を混同して、「進歩か、それとも退歩か」という比較判断を孤立し静止した「良し悪し」の判断と見なしてしまい、なおかつ「進歩」は「すでにとてもよい」ことと同じであって、もし「まだ充分によくない」のであれば、「退歩」しているのと同じであると考える……。「よいものは絶対的によく、悪いものは絶対的に悪い」——こうした「左」翼的時代に盛んに行われた思考習慣は、今なお人々の頭脳にまとわりついており、道徳的思考の中には完全に歴史的動態観念がなく、一つの有意義な問題を少しの意味もないものに変えてしまうということになってしまった。

判断基準の確定。道徳はいつでも人間の表現を指す。一般的に言えば、社会のいかなるときの道徳的表現も多様化したもので、その中には必ず「優・中・劣」の分があり、なおかつ人数からいえば、つねに「両極端の者が少なく、中間の者が多い。」では、ある時期の社会道徳状況を判断するには、どんな人物を対象および根拠にするべきだろうか。全体あるいは「主流」の代表となることができるのはどのような状況なのだろうか。少数の特殊な人物（先進的な英雄や模範者であれ犯罪者であれ）の特殊な表現を判断基準にするのだろうか、それとも絶対多数の人間の日常表現を判断基準にするのだろうか。少数の不良分子のさまざまな表現と影響を集めて、「すべて悪い」と論証する人物がいれば、少数の先進的な英雄および模範的人物の事例を集めて、「すべてよい」と証明する人物がいるが、両者は同様に一部分で全体を理解しようとするのであり、どちらも平凡で沈黙する絶対多数を無視するのである。これは伝統的な道徳観念には道徳的主体を確認する面で大きな盲点が存在していることを反映している。

パラダイムの確定。「下り坂」と「上り坂」の本義はいずれも動態的な過程と趨勢を指すので、歴史的に考察および比較をしなければならない。改革開放以来、社会道徳が進歩したかあるいは退化したか、という判断を行う合理的な参照物は、あきらかにその前の「文革」の時期しかありえない。「文革」と比較して、現在の人々の普遍的な道徳水準は上昇しただろうか、それとも下降しただろうか。少なくともこれは回避できない問題である。「下り坂論」はこの点を無視あるいは隠蔽してしまったか、またはこうした「文革式の道徳」の肯定を前提とするか、である。もし後者であれば、「文革」時期の人々の普遍的道徳状況の問題をいかに評価するかに触れ、そのためにさらに深くさらに普遍的な問題にも触れることとなる。いったい何が道徳の「良し悪し」を判断する基準なのだろうか。社会の道徳状況を議論するのに、現実的な社会背景や条件および理解を離れることができるだろうか。基準の確定。何を基準にしてある時期の社会道徳状況を判断するのか。これは根本的な問題である。「下り坂論」と「上り坂論」の論争に比較的充分に現れている。ある「下り坂論」者は、たとえ「文革」中であろうと、人々は「個人の得失にこだわらず、私人のよしみを顧みず、昇格や金儲けをせず、一心に反帝国主義・反修正主義の闘争に集中する」ことができ、そのようなあらわれは道徳上「高尚なもの」であり、現在の人々は自分のため、金を稼ぐために政治を冷淡に、人情を淡白に変え、手段を選ばないことなども、どちらかといえば道徳上の「下り坂」である、と考える。類似の見解は多く見られ、伝統的な道徳的思考様式の精神的実質を部分的に反映したため、その結論はその論理の必然である。「上り坂論」はこうした道徳評価基準に根本から反対し、その言外の意味が大半は大衆個人の現実的権利を軽視あるいは否定することを前提とし、人々に無条件で自己犠牲を多く払うよう要求することを原則とするが、こうした前提の不合理性は、それが大衆から乖離し、実際から乖離しているところにあり、それは古い伝統的な道徳理想主義の欠点および誤りの所在である、と考える。

方向付けの選択。現実の道徳状況を判断することは、正確に現実を把握するためであるうえに、方向付けの意義をも帯びる。この点において「下り坂論」と「上り坂論」は位置がはっきりしているといえる。両者が現実の道徳水準は「高くない」ことを認めているという点で基本的には一致しており、どちらも現在は「下り坂」である考えているが、以後の動向に触れるとき、原則的な分岐が現れる。一つは「下り坂」と判定することを通じて、過去のいわゆる「上り坂」の水準に戻るあるいは回復しなければならないと位置づけ、もう一つは「上り坂」を明示することを通じて、新たな水準へ前進し、新たな段階へ「上って」いかなければならないと強調する。一つは「後ろ向き」を主張し、もう一つは「前向き」を主張する。両者の道徳の構築目標と方向付けにおける分岐は、実際上道徳の本質に関する分岐でもある。

総じて言えば、前述のあらゆる思考点はすべて深刻で複雑な問題を隠しており、伝統と現代の道徳に対する異なる理解を反映し、さらに広範でさらに深い理論と現実に触れると、道徳論と実践に関する全面的な討論を引き起こすことができる。惜しむらくは当時十分に重視されてはおらず、そのために討論がきわめて不十分であるということである。しかし、こうした現実の中で生じた問題は、未来の道徳構築に対してかなり重要であり、避けることができないものである。

2、齟齬と回帰——道徳観念の基礎

こんにちから見ると、伝統的な道徳観念や道徳的思考は少なくとも以下の三つの面において再考しなければならない。

（一）道徳と経済の二元論的思考を脱却して、社会実践の一体化の観念を確立する。

伝統的な道徳観念において、「道徳と経済の二元論」の影響は非常に深い。いにしえより、中国の伝統の中には道徳を尊んで経済を見くびる、「義を重んじ利を軽んず」という影響がある。「階級闘争を綱領とする」状況下でも、かつては道徳を過度に政治化し、政治を過度に道徳化し、結果「道徳至上」と「政治主導」が一体に織り混ざって、非常に尊い地位にあった。道徳構築が経済建設を脱却し、経済建設と互いに対立するような状況は、不適切に強化され、「二本の道を走る車」になってしまった。こうした一面的に道徳を理解する傾向は、多くの人々が知ってか知らずか行っている思考習慣となっており、経済を行うことは利益を語ることであり、「利」と「義」は必然的に対立しているとか、道徳上から経済を見れば、それはつねに消極的で低級で低俗なものであるから、経済を発展させなければならない状況であるほど、ますます道徳で牽制かつ束縛して、邪悪な道に進まないようにしなければならないとか考えている。このことがもう一種の正反対の心理も引き起こしたため、経済を発展させねばならないならば、道徳を犠牲にすることを代価としなければならないと考えている。前者は一面的な道徳主義であり、後者は極端な経済主義であり、両者は対立するけれども、「両極相通ず」で、どちらも「義」と「利」、道徳と経済を切り離して、相互関係のないものと見なし、結論はつねに「こちらが消えればあちらが長じ、こちらでなければすなわちあちらで、両方とも完全に立ちゆくことはできない」ということである。これは道徳と経済・社会との間の関係の食い違いである。

こうした観念およびその思想方法の欠点は、社会生活の各方面を一つの有機的な全体と見なすことが理解できず、経済・政治・道徳・文化の間の相互依存・相互転化という有機的なつながりに注意しないということである。例えば、中国の古人は「義は利なり」「義は国家人民の大利である」との見解を有し、多少なりともそれらの間の統一が分かっていた。その実道徳も人間と人間との間の社会関係であり、人々の利益関係を含む。経済上で重視する利は、必然的に「利己」あるいは「利人」という意味を内に含むが、まさかそれそのものは道徳問題ではないとでも言うのだろうか。「人民のために利益を謀る」とか、「国家社会のために経済を発展させる」ということは我々が提唱すべき高尚な道徳ではないのか。市場経済の中で利益の動向、公平な競争、優勝劣敗、等価交換、互恵互利などそのものを重視するのも、一種の具体的な道徳ではないのか。現実の中では、具体的な分析を通じてはじめて、人々それぞれの利益を求める行為が道徳にかなっているかどうかを説明することができ、簡単に一緒くたで論ずることはできないのだ。特に、人々が経済的利益を重要視することそのものを不道徳と見なすことは決してできない。「下り坂」論者が社会道徳の空気全体に対して否定的な態度をとるのも、しばしば彼らが、大多数の人々が経済的利益の活動に力を尽くしていることを、道徳的な根本性や必然性に対して背離していると見なすからである。

一般的に言えば、「経済発展と道徳は必然的に互いに衝突する」、「道徳と経済は両方完全に並び立つことはできず、義と利も並び立つことはできない」ということは成立しえない。唯物史観によって、社会の生存発展について言えば、生産様式は根本であり、経済が基礎であり、道徳と政治は結局それらを反映し、それらのために奉仕しあわせてそれらの検証を受けなければならないものである。そのためいつも道徳と経済・社会の現実が分離しているという基礎の上で問題を考慮するべきではなく、それらのつながり全体の中から問題と答えを探し出さなければならない。我々は道徳を重視すればするほど、それが社会全体と協調的に発展していくよう自覚的に推進していかねばならない。もちろん、これは両者の間が完全に自然発生的に統一しており、衝突など発生し得ないと言っているわけでは決してない。しかし明確にすべきなのは、道徳と経済に衝突が発生したとき、真の問題はしばしば、人々自身が必要とする道徳とはいったいどのような（どのような経済的基礎とつながっている）道徳なのか、経済とはどのような（どのような道徳にそれと適応するよう要求する）経済なのか、というところにあるということである。それらを分離させて孤立的に見ることはできない。道徳と経済、精神的文明と物質的文明は、本来同じ列車の「軌道」であって、「単線軌道」の二本であって、「複線軌道」ではない。もし無理矢理にある列車に同時に複線軌道を走らせたとしたら、「脱線」するはずである。

中国の改革は経済的基礎から上部構造の各側面を含んでおり、一つの社会運行方式の転換過程であって、革命的な社会進歩でもある。それと対応して、必然的に道徳モデルと道徳観念の転換および進歩が生じている。「階級闘争を綱領とする」「道徳至上」から「経済建設を中心とする」へ、伝統的道徳から市場経済とつながる現代的道徳へ、かなり重大な発展変化である。転換は、客観的には社会発展の規律によって決定づけられかつ制約される。我々はもし主観的にこうした客観的必然性を正確に認識かつ適応し、積極的な転換作業を成し遂げることができなければ、チャンスを誤って、経済改革と発展を遅らせる可能性があるか、または道徳構築に方向を見失わせる可能性があるか、である。伝統的な「道徳と経済の二元論」の影響のもとで、こうした可能性が存在している。

（二）一面的な道徳的理想主義を克服し、実際から出発する科学的な道徳基準を確立する。

「道徳と経済の二元論」を形成した思考的基礎は、道徳を抽象化しかつ固定化した思考様式と関係がある。伝統的な道徳観の一大欠陥は、道徳の具体的歴史性を否認し、道徳観念の理想化および抽象化を通じて、それらを絶対化してしまったことにある。あたかも道徳が原則を重視し理想を重視するばかりで、現実を重視できず、道徳の原則や理想はまた自然と合理的で、永久に適用できるもので、生活の実際の中の変化はそれを離れあるいはそれに戻る問題でしかなく、道徳が生活実践にしたがって発展させる問題は存在しないかのようである。こうした方式で生活を考えかつ観察すると、必然的に道徳的理想と現実の対立に向かい、過去の条件下で形成された観念と自己の願望で現実を要求し、道徳観念そのものの更新と発展に注意せず、ひいては現実的な歴史プロセスを懐疑かつ否定すらするのである。

その実、道徳は従来ずっと具体的な歴史のうちにあった。いかなる道徳もある程度の経済的基礎と生活様式の反映であって、なおかつ現在ある社会秩序を強固にしかつ発展させるために奉仕するのである。あらゆる時代の人々も具体的な道徳に対して自己の理解と実施方式を有している。いかなる社会でも自己の道徳体系を有し、道徳も社会全体、特に生産様式の発展にしたがって発展しなければならず、永久不変の形態はない。原始社会はかつて捕虜を殺し食べ尽くしてしまったので、そのとき人々には「食人」に対して決して不道徳感はなかった。後に人類はこうした行為をあまねく否定したが、これが人類文明と道徳発展のあらわれである。道徳的スローガンには見たところまるでそれぞれの時代ですべて同じようなものもあるが、真の内容は決して同じではない。もし歴史上の異なる時代、異なる社会の主導的観念が、みな「大公無私」「先公後私」「急公好義」を提唱して褒め称え、表面上は違うところがないようであったとしても、いわゆる「公」と「私」の性質や範囲が変化しているので、それらの実際の意義は決して同じではない。たとえ同じ時代に、同じ地位の人であったとしてもそれらについての理解は違う。旧社会の統治者は革命の志士が民族解放の行為に献身したことを「大公無私」とか「己を捨てて公を為す」とは決して認めることができないであろうし、逆に彼らを「大逆無道」「上を犯し乱を作す」と責め立てるであろう。しかし広範な人民はこれら革命の志士を正義の化身、人生の模範として奉るであろう……。

道徳的基準の多元化は道徳的本質の社会的歴史性のあらわれである。科学的な先進的道徳観念や道徳的思考様式は、現実と社会発展の過程に立脚し、具体的な歴史的観点で道徳を取り扱う。伝統的な理想主義的道徳観のもう一つの大きな欠陥は、まさにこういった意識に欠けており、あらゆる道徳的原則の時代性と条件性を認めず、抽象的・静止的かつ絶対的な観念で生き生きとした社会的現実を代替し、実際にそぐわない固定不変の抽象的基準で歴史を評価し責め立てることである。

社会道徳の発展状況を判断し、社会道徳の進退得失を評価するには、実際上二つのレベルが存在する。一つは道徳的基準であって、もう一つが社会的歴史的基準である。道徳的基準は一体の道徳体系を座標とし、その観念と指標、例えばある程度の道徳的理想・規範・信念などを基準として、人々の現実的行為と社会の空気を評価するものである。おおよそこの基準に符合する人物および物事は、肯定され、それはよいものであると考えられ、そうでなければ否定され、それはよくないものであると考えられる。おおよそ道徳的な理想に向かう変化は、道徳上の「進歩」であって、そうでなければ「退歩」である。社会的歴史的基準は社会の全面的な発展に対する意義および作用ですべてを評価することであり、道徳に対する理想や観念をテストしなければならないことも含んでいる。歴史上あらゆる時代において、さまざまな道徳およびその理想と基準が存在しているので、それらを指導し評価しかつ選択するさらに高度な基準をもたねばならない。いいかえれば、道徳は一つの社会発展状況を評価する具体的な基準に過ぎず、けっして無条件に社会の歴史を評価することの許される最高標準ではない。人類社会の歴史的発展の中で、道徳基準そのものの合理性と先進性は、そのものも試験および発展を必要とするものである。このさらに高い基準は、人類社会のさらなる解放と発展にとって有利な道徳こそが、進歩的で合理的であり、そうでなければ後れて不合理な道徳である。一面的な道徳的理想主義はしばしば道徳基準を認めるのみで、社会歴史的な基準を理解しないしあるいは認めず、彼らの道徳理解そのものも現実から乖離し、人民から乖離しているものですらある。

前述の二つのレベルの適用範囲は同じではない。具体的な道徳的基準はおもに既定の道徳体系の構築に適用され、社会歴史的な基準は歴史と社会の全面的過程に適用される。特に社会変革および転換の時期において、あらゆる具体的な道徳的基準は歴史のなかで試され、取捨選択されなければならず、道徳的基準の変更と新たな確立も、歴史的基準を根拠にしなければならない。二つの基準の間にもし衝突が生じれば、歴史の結論はしばしば、道徳的基準は最終的に歴史的基準に服従しなければならない、ということになる。これは深く、少しは苦痛を伴う思想革命である。「下り坂論」と「上り坂論」の争いが実際反映しているのは、まさにこの二つの異なるレベルの基準間の違いであり、既存の固定不変の道徳的基準で現実を評価すると、往々にして「喪失」の面が比較的多く見え、社会的歴史的基準で現実を扱うと、往々にして道徳と社会進歩の間の一致性をさらに重要視し、道徳的革新の要求や動向が見えてくる。

総じて言えば、どんな観念、方法および思考様式を用いるかは、一面的な理想主義を用いて道徳を取り扱うか、それとも科学的歴史的観念を用いて道徳を取り扱うかで、必然的に異なる結果が出る可能性がある。中国が目下直面している道徳的衝突は、その深刻な背景および焦点がここにあるのである。

（三）道徳主体の食い違いを矯正し、人民大衆の道徳主体的地位を確立する。

自己反省の意識がひどく欠けていることは、伝統的な理想主義的道徳観のもう一つ大きな特徴あるいは欠点である。それはしばしば道徳そのものの歴史性と現実性を忘れ、自己の理想化モデルを唯一にして永遠不変の真理および基準であると見なし、それで社会生活を品評することを知っているだけで、社会実践で自己をテストしかつ矯正することを知らない。こうした思考様式の重要な結果が、社会的道徳主体の実際の分離と齟齬を引き起こすのである。

道徳は人間と人間との社会関係の構造と秩序の反映であって、人々が自らと他人の相互関係を処理する行為準則および規範体系である。そのため道徳はつねに主体性をもつ。道徳の主体性は、道徳が人間を主体とし、具体的な道徳がかならずある種の人間の道徳であることを指し、どんな人物の道徳であろうと、その人物の社会的地位と生活様式を基礎として彼らの社会関係・地位・利益を反映し、その社会関係に特有の構造秩序および様相を明らかに示す。自身の主体性を隠匿しあるいは否認する道徳は、きっと幻のあるいは虚偽の道徳である。

道徳が人間と人間との間の具体的規範であり、人間と人間との関係はもともと双方向的対象化の性質をもっているため、現実の生活において、道徳的主体性も双方向的対象化の形式をあらわし、二種の異なる基本的主体の形態を有する。一つは道徳規範の主体である。ある道徳体系がどの時代の、どんな人たちの生活様式および構造秩序を反映していても、それは「その人の道徳で」ある。誰の道徳であっても、その人がこの道徳体系の主体である。道徳の主体的地位の体現は、その道徳的理想・目標・規範などを制定しかつ改修する権利を有することであって、そのためそれを実行しかつ維持する義務も負うのである。もう一つは道徳行為の主体である。原則的に、いかなる人物であっても自己の行為の主体であって、その行為には道徳的意義があり、彼も一定の道徳行為の主体であり、個人的行為のすべての道徳的権利と責任を負う。しかしこうした主体は道徳的主体とは異なり、それは相対的で自己認定する主体である。個人はその出身や地位および伝統によってその道徳主体の列に加入あるいは選択することができるが、単独で道徳主体になることができない。逆に、すべての道徳規範の面前において、個人およびその行為はすべて一定の道徳的束縛と審査の対象であるため、厳密な意味で言えば、道徳行為の主体はまさしく道徳規範の客体なのである。二種の異なる主体の間には、相互に一致あるいは分離した二種の関係が存在する。もしある人物がAクラブの構成員であるとすると、彼はそのクラブのゲームルールを制定し改修するのに参与する権力を有し、さらにそれらのルールを遵守し維持する義務を有するうえに、彼の行為はゲームルールの束縛およびテストをすべて受けなければならない。これは二つの主体が統一したもとでの状況であり、逆にもしこの人物が決してAクラブに加入しておらず、あるいは思い切ってそれと対立するもう一つのBクラブの構成員となったら、彼はAクラブのすべてのルールに対して権利を持たず、義務も負わない。これは二つの主体の間が互いに分離している状況である。現実生活において、この二種の状況は必然的、普遍的であり、あらゆる人物が「所属を有する」ことが決定づけられている以上、「属しないところもある」。「道徳主体」というこの概念の根本的な含意と主要な意味は、人々が一定の道徳的な権利と義務の統一を負うことを表明しており、そうでなければふさわしい道徳の主体にならない。

伝統的な理想主義的道徳観はしばしばこの点でもつべき自覚を失い、それが「誰が社会道徳の主体であるか」という問題で、もつ観念が幻想あるいは錯乱しており、その実際のあらわれおよび影響が現実の主体の分離および食い違いをもたらした。まず、それには道徳的主体性の明確な意識が欠けている。前述したとおり、伝統的な道徳的理想主義はもとより崇高な理想に対して信念を抱いているが、そのためかこの理想の内容がどこから来たのか、何を根拠にしているのかを再考しない、あるいはつねに現実の歴史と人間から離れて道徳的原則と理想の根拠を探し求め、例えばいわゆる不変の「天理」、永遠の「人生」、先験的「良知」などの抽象的理念、ないしは神聖な啓示でこれを説明する。それは道徳理念を神秘化し、絶対化すると同時に、それを現実の主体と分離させ、それが事実上真の道徳主体が誰なのかを決して知らない、知りたくもないということを意味している。その次に、それは実際上現実の大衆という主体を客体としか見なさない。道徳的理想主義はしばしば自己の観念と理想を普遍的な道徳と見なす。理屈から言えば、これはそれが人類の絶対多数が道徳主体であることを黙認したことと同じである。事実上普遍的な道徳は大多数の人間の共通の道徳でしかなく、このような道徳は人々の共同生活の中で生じ、発展している社会実践に由来するしかない。しかしこのような一面的理想主義はつねに自己否定である。それはこれまで絶対多数の人間の望みに依拠して自己を矯正することがなく、生活実践から生まれる声に注意して耳を傾けることもなく、ただ大衆を教育の対象と見なし、観念で大衆を審査することだけを知っていた。さらに、それは自己を唯一の主体と見なす。ある道徳的理想主義者たちは自分を、ある道徳観念に対して理想化した解釈を加え、自己の理解と願望を永遠なる良知の代表と見なし、唯一の心理および基準と見なして推進し、同時に自分のこのような権力に対して深く信じて疑わないとき、すでに自分（および自分と同様の人物）を唯一のあるいは最高の主体と見なしている。このように行った結果、社会に一群の地位と自我感覚が特殊な「道徳特権者」「精神貴族」を養成することは免れない。以上こうした道徳主体の分離と食い違いは、広大な人民大衆の道徳主体としての地位に対する理解と尊重が欠けていることを集中的に明らかにしている。

社会主義的道徳は人民大衆を主体とする道徳であって、少数の人間を主体とする道徳ではない。社会主義的道徳規範体系そのものの発展と完備は、人民の地位と利益を反映し、大衆の生活実践の発展に適合することを根拠とし、どこにでも人民大衆の適切な需要と能力から出発しなければならない。なおかつ、新たな道徳精神と社会の様相も、人民大衆の実践の中でこそ創造し実現できるものである。そのため、実践の中で人民民主主義国家と社会生活の特徴を充分に体現し、人民大衆の道徳的権利と責任の統一観を確立し、広大な大衆が社会道徳の主体と道徳行為の主体として統一させる積極的な作用を十分に発揮させ、道徳構築と人民の自己発展・自己完備を高度に統一・調和した状態に到達させることこそが、社会主義的道徳構築の根本の点である。

3、理想と現実――道徳構築のレベル

目下中国の道徳文化は経済・政治と同様に、まさに一つの転換期にある。我々は現在まだ社会転換期特有の「道徳規範不定型」の状況に歩み出してはいない。客観的には社会の変化はまさしく進行の中にあり、主観的には人々の文化素質に一定の差異があるため、現在の価値傾向の新たな位置づけの動揺と多重化した選択の間の混乱が現れており、比較的普遍的に価値の「規範喪失」と道徳上の危機感・緊迫感が存在している。

当面存在している道徳的危機と道徳的混乱に向かい合うには、具体的歴史の深い分析が必要である。

「持病の再発」現象。腐敗などに似た醜悪な現象は決してこんにちでなくても存在した。解放初期にはかつて劉青山・張子善ら腐敗分子を処分したことがあるが、そうした処分方法はいまだ真に問題を解決するものではない。まさに人々が「百の劉張を銃殺刑にしたところで、一つの体制を確立することには及ばない」というようなものである。その年の「厳しい取り締まり」はある程度の鎮静作用を果したけれども、ひとたび新たな気候や新たな土壌に遇うと、類似の腐敗現象は倍増した。これは、もし腐敗を個別の人物の思想的資質や態度の問題とみなすのみで、体制の構築から着手しなければ、問題を根本から解決するのは難しいということを明らかにしている。封建的で迷信的なつまらない者が権勢を握るという現象もこのようなものである。解放の後、中国は封建的迷信に対して厳しく「否」といい、左翼的な時期にはさらに「四旧」を大破し、高圧の下で、封建的迷信は人々に激しく打破され、ほとんどあとを絶った。しかし、改革開放以来、社会環境がゆとりをもつように変わるにしたがって、封建的迷信がたちまち捲土重来した。これは、当初問題を徹底的に解決していなかったことを証明している。原因は、当時のやり方が決して科学的で合理的ではないというところにある。例えば、新たな迷信（個人崇拝のような近代的迷信）で、古い迷信に取って代わり、新たな野蛮で過去の愚昧と落後を批判し、科学を蔑視し、道徳を蔑視し、人格を蔑視し、人間の尊厳を蔑視することによって古い「封建主義・資本主義・修正主義」

を批判するなど、どれも場当たり的な処置をするばかりで、根本的に治療ができていない。いったん外在的な高圧を解除すれば、それがすぐに捲土重来し、「持病が再発し、前よりいっそうひどくなる」ことすらある。

「新たなときに新たな病になる」現象。すなわちある過去の決して明らかでない、あるいは副次的な問題になる道徳の暗黒面が、新たな条件下で主要な、あるいは新たに生ずる欠点と変わるということである。例えば拝金主義や享楽主義は過去の歴史的条件のもとではあまり目立ってはいなかった。というのも過去には何のお金もなく、みながそんなに「金儲け主義」ではなかったからである。しかしそのときいったい何を重視していたのだろうか。人々もまだはっきりと言えるわけではない。実際その中の大部分の人々が「権力主義」であった。権力主義も一種の欠点である。「金儲け主義」のような欠点は自然に市場経済とつながる。マルクスはすでに、商品経済が必然的に商品の物神性を生じさせること、商品の物神性の一種のあらわれが貨幣の物神性であり、すなわち拝金主義である、と分析していた。しかしこうした状況はけっして市場経済あるいは商品経済中に絶対的な現象ではなく、さらには合理的な現象でもない。市場経済を発展させねばならない以上、拝金主義に反対しかつ防止しなければならないが、それには新たな方法で解決しなければならない。過去に拝金主義が生じる土壌がなく、拝金主義の問題を急いで解決するという任務もなかったときから、こうした土壌があって、こうした問題を解決するという必要性がでてきた。このこと自体も社会全体の進歩と発展につながるものである。ある段階まで発展すると現れる可能性のある欠点もある。どんな段階でどんな問題が出現するか、どんな問題を解決すべきか、このこと自体が一つの全体として処理されなければならない。

「新旧観念の衝突」現象。新たな時期に、道徳観の更新および衝突の問題が目立ってきた。個人の独立意識の増強、個人的選択の権利感と責任感の増強のように、人材は移動を要求し、異なる観念を運用すれば評価も異なる。ある人はその単位に移動を要求する人材に否定的な態度をとり、これは「個人を顧みるだけで、集団を顧みない」個人主義だという。しかしある人は、こうした人材の移動と関係している個人の独立意識・選択意識の増強は、そのものが一種の進歩であり、個人の選択権利を尊重することも、道徳上の一種の進歩で向上である、と考えている。個人の独立意識の増強によって、一方では彼の道徳的権利感の増強を意味し、道徳的責任感の増強をも意味する。あなたはあなた自身が行うことに責任を負わねばならず、個人の道徳に対して向上することが求められる。集団についていえば、さらなる高い要求を提示したことをも意味している。これまで集団主義や個人は集団に従属することを強調すると、しばしば個人は指導者に服従することになり、さらに積極的な思考に欠ける。現在個人は選択の権利を持ち、時代の観念と思想方法に適応するよう求め、組織管理方式に改革すべきところがあると要求するのである。

新旧の道徳観の間、異なる価値傾向の間の衝突には、理論・科学を用いて理解しかつ解答することが必要であり、伝統的な道徳的理想主義の情緒にとどまってはいけない。たとえばある種のいわゆる「代価論」では、道徳の本質は人々の社会的規範方面の「自律性」にあり、市場経済の特徴はちょうど「他律性」であって、人間と人間との間の規範は、完全に外在的な利益と法律の制約によって維持させるものであるから、両者は本質上相容れないもので、一種の二律背反的な関係である、と考える。市場経済を行うならば、暫時の犠牲道徳を決心しなければならない。こうした理論にしたがえば、道徳と経済の間の「両論背反」は克服できない。理論上からいえば、こうした観点はまず「自律」と「自覚」の関係を混同してしまっている。あるいは、それが道徳の「自律」と「他律」の本質およびその表現形式について、必要な歴史分析を行ったことがない、といえる。一般的にいえば、道徳には自律の面があるうえに、他律の面もある。自律であろうと他律であろうと、自覚的および不自覚的な表現方式がある。自律には自覚的な形式があり、自発的な形式もある。他律も同様である。では原始社会から封建社会までの道徳ははたして自立型であろうか、それとも他律型であろうか。総体的に、自然経済の条件のもとで、人間は自然界から制約を受けるか、または他人から制約を受けるかであり、人間と人間との間には比較的多くの依存関係が存在していることを認めなければならない。こうした基礎の上に形成された道徳は、本質的にある種の他律型道徳である。もちろんこうした他律にはさらに受動的から能動的まで、「自発」から「自覚」までの過程がある。封建主義の長期にわたる「教化」により、後の人々はこうした他律に対してすでに慣れており、非常に「自分から買って出る」ようになり、まるで「自律」に変わってしまったが、実際はまだ「他律」的なのである。資本主義的市場経済から社会主義的市場経済までのこの歴史的時期は、個人が独立している基礎の上に確立しているため、それと適応する道徳は本質的に「自律型」の道徳というべきである。しかし自律にも異なる段階で異なる表現がある。資本主義的市場経済の条件のもとでこうした道徳の自律は、はじめから自発的でもあり、すなわち個人は無自覚的で受動的に自律する。いわゆる「人間と人間との間の規範はおもに外在的な要素によって制約される」というのは、おそらくこの点を指しているのだろう。社会主義的市場経済にもとづいて、人々の自律は自覚的、すなわち主動的で積極的な自律でなければならない。そのため、市場経済でありさえすれば、かならず他律型の道徳である、と考えることはできない。道徳上から言えば、市場経済は総体上人々が自発的自律から自覚的自律に向かう発展を助け、特に社会主義的経済という条件下の道徳は、その中の高級な発展目標、すなわち自覚的自律を選択する必要がさらにあり、さらに選択しなければならない。

社会主義的道徳の構築と社会主義的市場経済の結合は、道徳構築の目標、任務および要求においていままでなかったことであり、これは一種の新しい道徳構築であり、新しくさらに高い目標を代表している。どのようにチャンスを掴めば、新しい社会主義的道徳の構築を正しい軌道に乗せ、新たなレベルまで適切に向上させ、将来人類最先端の道徳文明を創造するため基礎を定めてくれるだろうか。

まずは、道徳構築の内容において、道徳的人格の確立と健全化を中心にしなければならない。「道徳的人格」とはおもに人々の道徳的主体意識を指し、高尚な道徳を追求する内心的動力、道徳選択の権力感と責任感、独立して道徳選択を行う能力への自信と人格への尊厳などを含む。道徳人格は道徳規範と比べれば、さらに深くさらに基礎的な道徳意識である。古来より、中国の伝統的道徳教育の弱点の一つは、「規範を重んじ、人格を軽んずる」という傾向にある。比較的多いのは単純に人物にあれこれ具体的な規範（三綱五常・四維八徳など）を注ぎ込み、人々の道徳的人格を尊重することにあまり注意をせず、それを健全な道徳的人格を育成することや、正確に道徳的選択を行う能力を鍛錬することと一つに結びつけることにたけていないことである。例えばある種の短期的な効果に到達するために簡単で粗暴な方法をとったり、かたくなにこれを守れあれを守れと要求するものの、身分と人間を平等に考えるのがなぜこのようにすべきなのかという道理は少なかったり、規範で人間の行為を責め立てあるいは褒め称えるとき、しばしば個人の個性と選択権力を注意しなかったりする。こうした傾向はうっかりある種の受動的、依存的ひいては強迫的な道徳的人格を育成している。このようにして一時的に効果が現れることができたとしても、長い目で見ると、愚鈍で、脆弱で、虚偽的で反抗的ですらある道徳的人格を養成し、かえって道徳を執行する難度を急激に上げる可能性がある。社会生活において、現実の道徳規範は多元的であるばかりでなく、多層的で多様化したものであり、つねに人々の選択を必要としている。たとえば家庭内に親倫規範があり、友人間には交友規範があり、政治上には政治道徳があり、学問上には学術的規範があり、公共的交流の中には礼儀の規範がある……もし規範について規範を語るだけであれば、しばしば枚挙にいとまなく、遺漏が甚だしく、受動に陥る。一種の健全な道徳的人格があれば、人間に道徳的選択と追求に対して自主的で、向上する、厳格で、責任感のある態度をもたせ、あわせて実践を通じて独立自覚的な判断能力を鍛錬すれば、状況は大きく異なるであろう。そのため、道徳構築は「人格を重んじ、規範を帯びる」というところから着手し、受動的な局面を転換させることができるのである。

その次に、各レベルの道徳規範の構築中において、まず公衆道徳体系の規範化に重点を置くべきである。公衆道徳は、社会公共の事務、公共的役割、公衆行為中の道徳的原則および規範である。例えば職業道徳、社会的役割の道徳、管理・意志決定および組織方式の道徳などである。伝統的道徳教育の一つの欠陥は、公衆道徳と私的道徳が分かれていない、あるいは私的道徳を重んじ公衆道徳を軽んずるところである。それは過度に個人を訴求し、社会の公共道徳規範の構築と実施についてあまり身が入らないというところにあらわれる。いわゆる「身を修め、家を斉え、国を治め、天下を平らかにす」とはすなわちこうした道徳的な思考様式の典型である。それは国家社会のすべてを等しく個人の修養にまかせ、社会体制・環境・公共的規則の作用を認めない、あるいは根本的に無視するのである。このような思想によって道徳教育を進めると、一方では個人的行為に対してひどく関与するので、個性の発展を束縛してしまう可能性があり、他方では社会のあるべき体制・メカニズム・法制規範体系の健全な改進を無視しおろそかにしてしまう。現在の状況下では、道徳構築はまず社会的公衆道徳の規範化に着眼し、公衆道徳を体現し、公衆道徳を完全にするのを助けてくれる各規範を実行に移し、構築して完備すれば、実際の効果が現れる。これは、道徳構築が体制改革を乖離することができず、もし社会体制・運行メカニズム・管理機構などの改革と組み合わせて行えば、民主主義と法制の構築と互いに結びつく、ということである。さらに、道徳教育の方式において、管理教育行為の道徳的な模範作用を強化かつ改進しなければならない。

これまで道徳教育の方式および方法においては、比較的多く教え込むまたは説教することが多く、そのため各種の教育・管理・注入の方式の中に含まれる模範・暗示の作用については、必要な省察および研究が少なく、これもこれまでの道徳教育が適時にあるべき効果を果たせない原因の一つである。客観的効果の面から見ると、人々はある道徳教育を受け入れるのは、おもにあなたがどのように話しているのかを聞いているのではなくて、あなたがどのように行っているのかを見るのである。特に青年は道徳観念を受け入れ、一世代上の人々がどんなことを話すかを見るだけではなく、さらに一世代上の人々がどんなことをしているかを見なければならないのである。ことわざに「身の教えは言の教えより重い」という。成年は青少年を教導するのと同時に自分がどのように行うか、社会管理と教育機構はある種の道徳を宣揚するときに自分がいかに身をもって体験し実行するか、たとえば組織活動は時間を守れば効率が高いとか、人間を用いて仕事をするときは公正に責任を負うとか、事務を処理するには理知的で物事に広く通じていなければならないとか、宣伝するメディアのいう言葉は誠実で信用できるものであるとか、幹部教師は人々に対して平等で正直に接し、厳しく自己を律するなどということは、警察が「違反を矯正するにはまず敬礼をする」というような細部を含み、しばしば単純な説教よりも効力をもつ可能性がある。ややもすれば禁止・罰金・批判・懲罰など簡単で融通の利かない、道徳的な反省と自己批判精神に欠けた管理教育の方法は、しばしば道徳上の自信と寛容さを失っており、ひいてはある種逆の模範作用を生じていることを暗示している。

総じていえば、現代の道徳の構築は時代に立脚し、現実から出発する道徳的「刷新論」と「建設論」を主張する。現実に直面し、思想を解放して、いっそう厳しい科学的態度で経験的な教訓を総括し、いっそう強力な創造力で挑戦してはじめて、市場経済と社会主義の真の結合を成し遂げ、人類の先進文明を代表する思想道徳を構築することができるであろう。

終章　新世紀の中国文化に向かって

中国民族は輝かしき古代文明を創造し、中国文明はこの国の価値観や思想文化、この国の制度や社会を動かす様式、この国の工芸・技術・道具および経済生活などを用いて、人類に唯一無二の価値をもつ文化の宝を示した。小規模生産と農業文明が没落に向かうのにしたがって、西洋工業文明が侵入し、中国文化は新たな歴史的転換点に向かった。中国は近代化・グローバル化の時代に向かい、自己の新たな文化を創造的に構築し、中国民族が共有する文化的なふるさと（家園）を再建しなければならない。

1、中国民族の精神的なふるさと（家園）の民族的公共性

中国文化は中国人全体の精神的なふるさと（家園）であり、あわせてその鮮明な特色や独特な価値によってその他の民族文化と区別される。我々が「中国文化」「中国民族の精神的ふるさと（家園）」というとき、いくつかの基本概念を明らかにしておかねばならない。狭義の「中国」「中国民族」は、その呼称の対象が中華人民共和

国である。この国は五十六の民族を主体とし、あらゆる中華人民共和国国籍をもつ公民が構成する全体を含む。やや広い含意では、中国大陸・台湾・香港・マカオを含む「大」中国であり、すなわち我々がふつうに言う「両岸三地」である。この範疇は法律的意義をもつ。最大の範疇はいわゆる「文化的な中国」であり、それはまた二つの方面に分かれる。一つは華人華裔の団体であり、それは中国民族の血縁と文化が海外へ向かった延伸である。もう一つは中国文化（おもに華夏文化あるいは漢文化）の影響をきわめて深く受けた周辺の文化である。広義の「文化的な中国」は法律上からいえば「中国」とは関係がないが、血縁関係・文化伝統および価値観からいえば、切り離すことが難しい。「中国文化」「中国民族」「中国民族の精神的なふるさと（家園）」の主体を語るとき、我々は前者のレベルの範疇を主とし、必要なときには後者のレベルの範疇に触れる可能性がある。

我々のいわゆる「中国文化」とは、あらゆる民族が共同で繁栄し、平等に交流し、合流してできあがる一種の多様化し統一した「大」文化であり、各民族の自立という基礎の上に団結し、調和する中国民族全体の文化である。全体として中国民族の生き生きとした、時代とともに発展する精神的伝統と文化的命脈である。それは各(狭義の）民族およびその文化資源を基礎とし、中国民族の共生共栄という運命を紐帯とし、（狭義の）民族文化を超越する中国民族共有の精神的なふるさと（家園）を形成し、中国各民族共通の個性と特徴、利益と要求、理想と信念などを体現する。そのため中国文化の主要な外部的特徴は、「共生」（中国民族共同体が生存発展過程において現地生まれ現地育ちで、あわせてたえず各種の文化を吸収して作りあげられる一種の独特な文化体系）、「共識」（人民の日常生活において共通して認識されかつ受け入れられる精神的価値）、「共建」（中国民族の各階層の人々が共同で構築することによってできる）、「共享」（中国民族に属する全民族が共通にもつ文化的権利および精神的なふるさと）と、簡単に要領よく概括できる。残念なのは、思想理論界にはこうした問題に自覚的な意識がない人々がいて、中国文化に言及するとき、眼中に儒家や道家などの漢文化しかなく、少数民族の問題を語るときになってようやくその他の民族文化に触れ、あたかも前者は中国文化と同じであって、民族とは無関係、後者は民族文化でしかなく、中国文化とは無関係であると考えることである。こうした観念は封建士大夫の[1]「華夏正統」の水準にいまだとどまり、近代的な意味での民族国家の観念とははなはだかけ離れている。

さらに不安にさせられるのが、近年狭隘な民族主義が興起する過程での流行語である。例えば最近の数年間、「華夏児女」（中国の子ども）「炎黄子孫」（炎帝と黄帝の子孫）「龍的伝人」（龍の末裔）といった類の言い方が世の中を席巻している。人々は考えもせずに、これは愛国であって、こうした宣伝は「民族の団結力を強める」などと思う。その実、こうした言い方は理論上誤りであり、実践上は有害なものである。当然、「華夏児女」「炎黄子孫」「龍的伝人」というのは曖昧模糊とした概念であり、ここで具体的な考証をおこなうのは不必要であり不可能でもある。しかし肯定してよいのは、こうした概念が中国公民全体を包括することはできないということである。多くの中華人民共和国の公民――おもに少数民族の人民――はこうした概念で呼称される範囲にはいない。もし「華夏」「炎黄」「龍」をある地区あるグループの文化的象徴とするならば、過度にとがめるべきものでもない。もしそれらを民族国家の象徴とするならば、多くの政治および法律上の苦境を招くであろう。

グローバル化の時代は、異なる国家・民族の文化がかなり同調しやすく、とりわけもし我々に独特の価値や理念がなく、何となく先進国（地区）を模倣するならば、独特の個性や価値は失われやすくなる。そのため、中国文化の民族性は、中国民族に特殊な気質・品格・個性および価値を保持しかつ創造して、自己に独特の価値を持たねばならない。そのために、未来の文化建設は伝統文化の気質と品格、個性と価値などを継承しかつ発揚しなければならない。西洋の後ろに追従して、受動的である上に、自己の独特の個性を失い、そのため自己の独特の価値も失うようなことに決してなってはならない。民族の特色とグローバル化は決して矛盾せず、われわれの文化が民族的特色をもてばもつほど、ますます世界文化のために独特の価値を提供できるようになり、世界文化に対してますます有意義になる。もしある文化に自己独特の内包や鮮明な特色がなければ、何の価値もなくなるであろう。

2、全民族に共通の信仰が精神的なふるさと（家園）の根本である

いかなる文化の核心もその国の価値体系であり、信仰と信念はさらに価値体系の核心である。中国文化・中国民族に共有の精神的なふるさと（家園）の建設について、その核心は中国民族の信念と信仰の体系を再建することである。

いわゆる信念とは、すなわち人間がある種の現実あるいは観念に対して深い信頼感を抱いている精神状態である。信念は人々の生活実践の中でどのように考えかつ行えば有益で有効なのかを実際の体験にもとづいて、自然と形成される思考および行動のモデルである。その内容は、現実および観念に対して行う価値判断および推論である。例えば「本を読めばためになる」とか「正義は必ず勝つ」などの信念は、人々に関連ある知識と主体的願望や感情などを結びつけさせ、目的のために奉仕する選択過程を提示する。おおよそ信念は、それが示す内容がつねに人々がとる「べき」態度およびとる「べき」行動と関係がある。信念はしばしば具体的で、人間がひとつひとつの現象に対してある種の観念および態度をとることとして現れ、宇宙や人生に対するある程度の総体性・普遍性の観念および態度として現れうる。それが人間にとってある程度の総体性・普遍性の観念および態度となるとき、信念は信仰となるのである。

信仰は、人々の普遍的で最高の（あるいは極めて高い）価値に関する信念である。一方で、信仰は一種の信念であり、信念の基本的特徴を持ち、すなわち、あるいまだ実現されたり実証されたりしていない客観的状態や観念などに対する確信である。まさに信仰と信念にどちらも「信」があるのと同じように、信じないものはもちろん信仰対象になり得ない。他方で、いかなる信念もすべて信仰になるとは決して限らず、信仰は信念の一種特殊で、強化された、高級な形式である。「仰」と「念」の二字の違いと同様に、信念は一種の思いでしかないが、信仰は全体的な精神的様相、一種の総合的な精神活動である。信仰は人間の精神活動全体に最高の信念を核心とし、

完全な精神的動向を形成して、各種の精神的要素を結集して信仰のために奉仕させるのである。人々が何を信仰対象とするかにかかわらず、信仰のような精神形式の特徴は、ある種の価値信念を思想および行動の統轄的な地位に置き、価値意識の活動を調節する中枢となるところにある。信仰は人生の「大黒柱」であって、人間の価値意識すべての方向付けの形式である。そのため人間は信仰をもたねばならず、信仰のない生命は霊魂がないのと同じである。しかし信仰の偏りが、人生の道と社会発展の方向性の誤りを引き起こす可能性がある。

信念とりわけ信仰は、明らかな超越性（具体的な人物および事物に対して）および恒久性（流行の気風および運動に対して）をもち、したがって人間の主観的随意性や、すぐになされる功利的計算などとは異なり、明らかな客観的普遍性をもつ。その原因のため、信仰がしばしば理解されないのは「彼岸」のことである。その実、信仰はやはり生活そのもののことであるが、ただそれは民族文化の最も深い、最も不変の内容であって、まるで大河の深流のようであって、表層のあぶくではない。

中国文化はいにしえよりその信念と信仰を持つ。主体的でその他の民族に深刻な影響を与えた漢文化として、上帝崇拝や祖先崇拝を主とし、「忠孝仁義」「中正和平」「和諧自然」「因果応報」などの信念を含む。その外にはまだその他の宗教および原始宗教的信仰がある。それらは人々のために精神的支柱を提供してくれる。こうした信仰と信念はおもに小規模生産の背景と適応し、科学的で理性的な基礎にかけ、近代の「大」中国の意味での自覚や統一も欠けているので、それらが未来の中国文化の支えとなる可能性はない。

一九五〇年代以降、政治理想と階級闘争の言葉が、かつて人民に力強い精神的支柱を提供したが、複雑な理論や実践の原因により、国家信仰体系になるのも難しかった。一九八〇年代以来、中国人民は改革開放の実践の中で、自己の価値体系、とくに目下構築している「社会主義的核心価値体系」を探索しあわせてしだいに形成しており、人々は中国の特色ある社会主義の実践の中で総括する思想理論を価値観ひいては信念・信仰のレベルまで持ち上げようと努力していることが明らかである。もちろんこれはまだ一つの試みで、一種の模索でしかない。民族文化の核心としての価値システム、とりわけ信念と信仰は、歴史や文化の奥深くにさらに入り込み、推察し、洗練し、模索し、創造し、深化させて完璧にしなければならない。なぜなら、信念と信仰は、大衆がきわめて大きな吸引力を持つことに対して、真に人民の心の声と理想の追求を代表し、人民大衆が内心から発する「信」でなければならず、それは社会の理想と人生の理想を含み、人間に憧憬や希望および敬慕を与え、人民大衆が「安身立命」するよりどころとなるのである。

信念と信仰は中国文化の深層の論理に対する推論と把握であり、中国文明の勢いと状況の中から抽出してきたものであり、歴史的奔流の衝撃の中で、激烈な競争を経て勝ち抜いてきたものである。それは歴史的な検査を経なければならず、歴史という大河の中で時が経っても衰えない魅力がある。同時に、信念と信仰は時代的精神の最も練られた内容の洗練であって、それは歴史の本質と規律を代表し、民族国家の未来と前途を代表したため、中国文化の価値システムや信念および信仰は、時代の実践の中で、中国文明の発展全体の中で模索し、創造し、向上しなければならない。

3、未来に向かう中国文化は、科学的理性の基礎上に確立しなければならない

包み隠さず直截的に言うと、科学的理性・科学的精神・科学的態度の不足は、かつて中国の伝統文化の一つの弱点であった。ここ何十年かで改善はあったものの、世界文明の発展に比べたら、我々は依然としてやや後れている。そのためもとからある文化的基礎の上で、強力に科学を唱導し、科学的精神を発揚させるという問題は、中国の文化の近代化に関する重要問題にならざるを得ない。ここでは科学事業を発展させ、科学知識を普及させなければならないだけではなく、さらに科学の理性的態度や方法で我々の生活の中の物事に対処し、科学的精神を社会全体の共通規範とし、各種の古い感情化・意志化などの非理性的伝統の影響を克服することによって、われわれの文化を近代文化の先進的なレベルまで到達させることを実現しなければならない。科学性を我々の文化の各方面に貫徹させることは、我々の文化の近代的発展の基本方向であり、それを「科学的文化」とする内在的要求でもある。

科学的で理性的な精神を基礎とする中国文化は、実事求是を基本原則とし、事実を尊重し、真理に服従し、真に実践を真理検査の基準とするべきである。この点は簡単で、なおかつ我々の口でいつもこのように語ることもできるが、もし確実に行おうとすれば、困難がとても大きい。現実の中で、人々がしばしば「面子」（イメージ）、「調子」（主旋律）、お上の考えなどを首位に置くため、我々のこの文化にはつねに、くさい物にはふたをするとか、大きな仕事をして手柄をとりたがるとか、表面的な賑やかさに戸惑わされるとか、ある種の傾向がある。これらはすべて我々が本当の話をするのを妨げ、我々がことの本質や真相を観察したり思考したりするのを妨げ、我々が事実に基づいて真実を求めるのを妨げる可能性がある。

科学的で理性的な精神を基礎とする中国文化は、批判と反省の習慣を持たねばならない。全民族がじょじょに科学的理性の方式にそって思考や行為を行う習慣を形成すること、それは流行の言葉や理念および価値観に対して再考を行わねばならず、たとえ金科玉条の権威と見なされていようとも、ひっぱりだして徹底的に問い詰めなければならない。中国人は信念を持たねばならないが、この信念は反省と推敲、沈思熟考を経過したものであり、「はっきりとした」ものであって、迷信に盲従するとか、他人が言うから自分もいうとかといった結果ではない。科学的理性的精神を基礎とする中国文化は、各種の非科学的なもの、例えば迷信・盲従・蒙昧主義・権威主義などを選別しかつ拒むことに長けていなければならない。このような文化は各種の非理性的な要素、例えば主観的随意性、情緒化した思潮、下心のある煽動などに左右されることはない。

文化の科学性の堅持と「人文的精神」の唱導は決して衝突しない。理論上、いわゆる「人文的精神」は「人間本位で、すべては人間のため」という基本的立場と価値的態度である。「人文的精神」そのものは具体的に歴史的に発生し発展するものであり、「人文的精神」に対する理解と把握にも科学と非科学の区別がある。例えば、複雑に入り組んだ現実生活において、深く掘り下げ、全面的に人間を理解し、人間を尊重し、人間に奉仕する健康的な発展は、良好な願望と直観的な想像によるのみでは不十分で、科学的観念と方法をもつことが必要であり、歴史と実践の規律を理解せねばならず、すべては実際から出発し、実際に即して真実を追求しなければならない。総じていえば徹底的な科学的精神は合理的な「人文的精神」の基礎であり、完全な「人文的精神」には人類の理性的発育に対する需要や能力および権力の理解と尊重をも含まねばならず、それは基本的な科学的精神を決して排斥しない。事実上、人々が科学性と人文的精神を相互に分離し対立させようとするとき、また科学を単純化し、人文的精神を切り離し一面化してしまうのである。

実践上、我々は終始一貫して「人文的精神」と「科学的精神」の相互補完・相互協調を把握することに注意しなければならない。その中でも具体的にどの面を強調するかというとき、具体的な歴史条件を乖離することはできず、社会発展の需要と可能性を無視してはならない。例えば、中国に現在ある文化伝統の基礎上で、我々はもとより「人文的精神」と「科学的精神」の共同唱導を重視しなければならない。しかしどちらかといえば、両者は異なる偏重した需要である。例えば、中国の伝統の中にはそうした個人の意見や趣味・習慣を基準とし、「人情圏」を限界として、自分の意志を押し広げていく「人文的精神」が決して少なくはないのだが、科学的な方式で深く全面的に人間を理解し、民主主義的法制の方式を通じて人間を尊重し、人間に奉仕する普遍的社会を実現する「人文的精神」が欠けている。封建文化はこの点においてかなり充分に表現しており、今に至ってもすでに根本的に転換したとは言えない。こうした状況のもとで、科学的精神を唱導し、その中でも特にいかに科学的に人文的精神を理解し把握するかを解決しようとするならば、さらに妥当性および現実的意義をもつと言わねばならない。未来へ向かって進む中国はさらに切実に一貫した科学的理性を高度に自覚し堅持する必要がある。「科学的文化」を提示し、文化の科学化を唱導することは、ここに着眼するともいわねばならない。

4、中国文化建設の主体は中国人民全体である

中国文化および中国民族の精神的なふるさと（家園）の建設の主体は、人民大衆である。民族文化建設の主体は民族全体であって、民族の成員全体である。グローバル化と近代化に向かう中国文化の建設は、政府や少数のインテリに任せるだけでは完成できないものである。もし民族全体、民族の大部分の成員が文化的な実践と創造に参与するのでないならば、このような文化は生命力がなく、「文化」ということすらできなくなり、せいぜい「パフォーマンス」でしかない。中国文化は、中国民族共有の精神的なふるさと（家園）であり、国民全体のものであるから、あらゆる人民が平等な権利を有し、同時に平等に責任を担っている。

人民大衆を主体とする文化は、人民大衆自身の文化であって、人民大衆に向いていて、人民大衆に依拠しており、人民大衆に奉仕する文化である。我々の文化を中国人民大衆の生活実践に根付かせ、大衆自身の生活様式とする、これは中国民族文化・近代科学文化そのものの要求である以上、社会主義文化の本質と趣旨の要求でもある。このためわれわれは以下の何点かに注意しなければならない。

――エリートと大衆の間の分離および食い違いを防止しなければならない。文化はつねに具体的で歴史的なもので、その類型と風格は時代・民族・主体の違いによって異なり、文化の様式は多元的で複雑そして多変的である。こうした具体性と複雑性はしばしば人間に、文化には「エリート」と「大衆」の区別がある、と錯覚させる。専門家のもの、インテリのもの、国家が提唱するものは往々にして「エリート文化」と見なされ、一般庶民のもの、民間で自発的に流行しているものは、「大衆文化」と見なされる。その実、「エリート」は「大衆」の中の最も目立った代表的な一部分であって、大衆の外で自らが一体をなす特別な人物ではない。同時に、ある文化のなかの「エリート」の役割も具体的かつ相対的であり、決して誰かの固定不変で終生益を受けられるような特権ではない――文化上において、充分な成果を上げられたら、誰でもそのエリートになりうるのである。

そのため、我々はあらゆる文化体系の中に「文化エリート」と「文化大衆」の区分があることは認めるが、い

わゆる「エリート文化」と「大衆文化」の区分は賛成しない。「エリート文化」と「大衆文化」の説が不合理なのは、それが文化の多様性と具体性を離れ、各種の現実的文化の外で二種の文化形態を虚構で作りあげ、そのために問題の境界が混淆してしまうからである。例えばある社会の上層の人物（貴族・高官・富豪・著名人など）の表現を「エリート文化」と呼ぶとき、その実ある特定の意味での「社会エリート」を「文化エリート」と見なしてしまい、彼らがもともと異なる文化体系（それらの体系の中では彼らは必ずしもエリートであるとは限らない）に属しており、それぞれ自己のグループの背景――「大衆」があることを知らず、さらには彼らが特別に自己の独立した特殊な文化を有していると思い、これがまず文化そのものを仮想化し低俗化させてしまうのである。文化的職業に従事する者（職業的インテリ）を一概にエリートとみなし、彼らの特徴を「エリート文化」と見なすのは、大げさにする浅薄で誇張の嫌いがある。さらに注意しなければならないのは、社会文化全体を「エリート文化」と「大衆文化」に分解することは、文化上人間を等級および階層に分けることを意味する。こうした古い階級観念は社会の全面的な分裂および対立と適応できるかもしれないが、少なくとも階級対立を取り除く社会や時代には適合しない。

我々は「文化エリート」は一定の文化に従属しかつ奉仕する傑出した代表であり、我らが大衆の中の一員であることを強調するのは、エリートと大衆の間は分離できないことを肯定するからである。人類の歴史から見れば、文化はこれまで社会の財産であり、文化はこれまで一定の大衆に属し、個人の専売特許および特権ではない、と言うべきである。自らの大衆を離れたエリートおよびその文化が作るものは、必ず「源のない水、根のない木」となってしまう。真の文化エリートはみな、自分の時代における大衆の忠実な成員であって傑出した代表なのである。彼らの貢献がとこしえに名声を伝えるのは、人類の運命の盛衰や人民大衆の辛苦栄辱に注目したからでないものがあるだろうか。人類の視野を開拓し、人類の境界を向上させる役割を果たさなかったものがあるだろうか。考えてみて欲しい。それらが小さなグループの中で自画自賛したり自己陶酔したりすることを知るだけで、自分の得失のために恨んでやまず、取り越し苦労をすることを知るだけの人物であれば、彼らの自画自賛以外で、歴史上に真の足跡を残すことができるものがあるだろうか。文化の発展は一貫して、大衆が育成しかつ自分たちの文化エリートに追従し、エリートはあわせて自分の大衆に忠実であるものである。こうであってこそ、一つの文化が次々と起こって止まないのである。

――生産と消費の間の分離および食い違いを防止しなければならない。本書ではすでに、「エリート文化」あるいは「雅文化」と呼ばれるものは、その実文化の生産すなわち刷新形式および特徴を指し、「大衆文化」あるいは「俗文化」と呼ばれるものは、その実、文化の消費すなわち自己受用の形式および特徴を指す、と分析した。そのためいわゆる「大衆の文化」とは、大衆向けに生産され、大衆の消費に供する文化、すなわち大衆の需要を生産の主要な案内および動力とし、あわせて大衆の選択検査を受ける文化を指すべきである。

人民大衆を主体とする新たな中国文化は、人民の主体性が現在の生産と消費の有機的な結合、良性の相互影響関係の中に体現するべきで、それらを互いに食い違わせてはならない。文化の生産と消費の有機的な結合、および良性の相互影響は、「生産が消費の需要とぴったり適合し、あわせて新たな需要を向上させかつ導き、消費は生産を導き、積極的に生産に転化する」ことに現れる。大衆の文化消費が一定の自発性を有し、既成の習慣性と大衆にしたがおうとする心理などの特徴により、良好な循環の起点を作りあげるには、一般的におもに組織だった文化生産の面に置かなければならない。我々の精神的文化の創造は、広大な人民大衆の思想感情の発展に着眼し、人民の精神的需要を満足させ、あわせて人間と社会の健康的で全面的な発展に有利であることを基準として、たえず生活の変化を反映した有益な品や風格を強め、たえず産物の質的水準と影響力を向上させるなど、新しくいっそう合理的な消費需要や消費能力を啓発かつ育成し、文化的生活の質をたえず上昇する運動の中におかねばならない。

文化の生産と消費が良性の循環に入っていけるかどうかは、人間（生産者と消費者の双方）の素質や態度を反映しかつ制限されるだけでなく、文化体制の合理性と健全性によっても決定される。目下の問題も経済建設と同じで、過去の「計画体制」――生産者は消費者の方を向くことを主とせず、単純にある種の計画を執行し、生産によって消費を抑制するのに慣れてしまっている。この状況を変えなければならない。経済において、我々の過去の計画体制は生産と消費の間の良好な相互の影響関係に欠けていたためしだいに膠着状態になり、結果的に物資の生産と消費がひどく乏しく後れてしまった。同様に、文化上においてもし単純に「計画」的な方式で行ったら、人民の日増しに増す需要とたえず更新する趣味嗜好を無視することを意味し、同様に必ず膠着状態、欠乏および落後をもたらす。違うのは、文化上の膠着状態、欠乏および落後は物質経済のようにはっきりとした直観的なものだったり、外部と比較できたりするようなものではなく、しばしば気づきにくいものである。特に、文化形式上の多様化は絢爛多彩なだけではなく、たえず再生して新しくなるものであり、無期限でたびたび使用される。この点はしばしば内容の低俗さや貧困さを覆い隠し、そうして刷新・探索・向上の意義を消滅させてしまった。しかし文化の生産方面の積極主動的な模索と創造がなければ、文化全体の発展繁栄はあり得ない。そのため文化刷新と模索の活力を充分に結集して保護しなければならないことが重要なカギになる。そしてもし文化刷新の活力を充分に結集し保護したければ、文化生産をさらに深く広範に大衆生活の実践と関係づけさせる以外に、さらによい方法はない。

――向上と普及の間の分離と食い違いを防止しなければならない。大衆の文化消費そのものは一定の歴史的必然性と現実的合理性を有し、この点を認めなければ実際をかけ離れてしまう可能性がある。しかし前述したとおり、大衆の文化消費には一定の自発性、既成の習慣性および大衆追従化心理などの特徴がある。合理的なものそのものは決して必ずしも先進的であるとは限らない。しかしわれわれ大衆には人類の先進文化を享受する権利があり、彼らはすでにある文化需要を満足させることが必要なだけでなく、自身の文化的素質のたえざる向上も必要である。社会生活の中で先進的なものは、根本的に人民大衆の実践的な創造に由来しているが、それを文化の精華として洗練し整理しようとするならば、かならず先進的文化生産の加工を経なければならない。文化の生産はまさに「雑物を捨てて精髄を取り、偽物を取り去って本物を残す」「群衆の中から出てきて、群衆の中にゆく」文化の向上機能を帯びている。一般的にいえば、文化生産の刷新は、文化消費が発展する前提であり、先進的文化生産の成果は、大衆の文化生活が向上する方向である。向上と普及の間の関係をうまく処理することが、大衆の文化に終始一貫してその生命力と進歩性を保持させる重要な条件となる。

しかし向上と普及の間は、決して簡単な一方通行の関係ではない。大衆に向けて普及を行うのは、大衆文化のレベルを向上するだけでなく、ある程度の意義で、文化の生産創造の一部についていえば、大衆に向けて先進文化の成果を普及させることはしばしば自身の新たな模索および再創造を意味しており、これも「向上に対する向上」であって、すなわち普及も向上である、ということを我々の歴史経験が証明している。これまで文化の向上と普及の間の食い違いは、おもにこの点の不足にあった。同時に「向上」の方向および目的の上での偏りを伴い、大衆そのものの全体的な向上に立脚したわけではなく、大衆に自己の水準への接近を要求するのである。例えば、「左」翼的思想が優勢であったころ、かつて群衆の自覚と思想の水準を「向上」させることをかなり重視したにもかかわらず、その「向上」の方向が、あきらかに人民の念願および利益に背くものであり、いくらか現実をかけ離れた空虚な理想および説教も、かなり喜んで人民の道徳的境地を「向上」させるために用いられるものの、実践に由来する証拠を得られず、そのため約束を実行することが難しく、新たな時期の社会転換のさまざまな困惑に直面し、いくらかの「高論」はしばしばイメージやアピールに限られ、説得力のある分析や論証を持ち出せず、適切に実行可能な建設的意見を提供できなかった。こうした苦境の背後で、人々はしばしば大衆の後れのせいにし、大衆がつねに「引」かれはするけれども「高」くはならないとぼやくが、真実の原因はしばしば真の意味での「向上」に欠けているところにあるのである。

真の意味での向上とは、宣教の性質がほとんどないとか、自身に研究と創造の各種操作が欠けているということではなく、文化の生産創造そのものがたえず前進し、盛んに発達し、風気が方正となり、人材が輩出し、時機にかなって社会と大衆が必要とする成果を提供することができ、その内容が科学的かつ合理的で、その観念が適切で力強く、その形式が人々に歓迎され、その効果には持続可能な潜在能力を持っている。文化の生産がたえず上昇する刷新と循環の中にあるときにこそ、大衆の文化生活のたえざる向上は現実のものとなりうるし、文化全体の発展は取っても尽きず使っても尽きない源泉をもつのである。

5、中国文化の再建が人類共同文明の進歩を推進するであろう

グローバル化は現代の人類が直面している最大の現実の一つである。政治・経済・科学技術・文化（狭義）・教育、どれをとってもグローバル化の背景下で行われないものがなく、もちろん、中国民族の精神的なふるさと（家園）としての中国文化建設も、グローバル化の背景において計画を行わなければならないし、グローバル的な付き合いと相互作用の中で成熟に向かわねばならない。

中国がいかにグローバル化と向かい合うかということに言及する際、人々はしばしば、「国際経済の大循環に参与する」こと、つまりグローバル市場を市場として、全世界の経済的実体と最も実力のある企業競争を含まねばならない、と言うことができる。この話はある種のまったく新しい観念を代表している。我々はもはや自己を「地域レベル」「国家レベル」などと位置づけするだけではなく、「世界レベル」に位置づけるのである。なおかつ、経済だけでなく、我々の各方面がすべてこのような視点をもたねばならない。民族の精神的なふるさと（家園）としての中国文化の構築は、このような背景において行われなければならない。それは実際に中国民族の文化的品格や戦略的視野を育成することであり、中国の公民は「世界の公民」という意識をもたねばならないし、国家はグローバル戦略の視点をもたねばならないし、中国文化はさらに多くの国際性をもたねばならない。

ある意味からいえば、グローバル化は「諸刃の剣」である。ある民族、ある国家に、もし広いこころ、大きな気概があれば、グローバル化時代のさまざまな問題・事務・規則を思い通りに扱うことができ、国際競争の中で利益を勝ち取ることができるだけでなく、国際的な「ゲームルール」の立案と修正に参与することができ、自己の文化・価値および立場によって世界の文化に影響を与えることができる。もちろんもし出来がよくなければ、国際経済システムの中でさらなる不利な地位に立たされる可能性がある――経済的依存性は国家主権をおびやかし、不公平な世界金融システムの中に「かぶせ」られるかたちで入れられ、労働は安値で搾取され、資源とエネルギーは他国によって廉価で強奪され、国土は先進国の汚染物質を移す場所となってしまう。

そうであるからこそ、世界にはグローバル化を主張する立場とグローバル化に反対する立場の二種類の立場がある。国内にもグローバル化に対して懐疑を示す（例えば中国のＷＴＯ加盟に対して非難する）人々がおり、彼らはいまの世界の発言権やゲームルールは西洋人とりわけアメリカ人が主宰するものであり、グローバル化は我々の文化が西洋文化とくにアメリカ文化によって「変化」させられることを意味する、と考えている。我々は、西洋文化、特にアメリカ文化の優勢は回避できない事実であるが、いかなる民族も発展し繁栄したいと思い、生命力や創造力を持ちたいと思い、世界民族の林の中で自己の地位と影響力を持ちたいと思うのであれば、決して避けたり封鎖したりしてはならず、大手を振って出て行き、みなとほんとうに「勝負」し、みなと平等に付き合い、「商談」し、「駆け引き」をし、あわせてこの過程で自己の文化や価値観およびゲームルールで世界に影響を及ぼさねばならない、と考える。その間に「騙されて損をする」場合があるかもしれないが、このように「たたかれ」なければ強くなることはできない。中国という十三億の人口と五千年の文化を有する大国についていえば、とりわけこのような気概、このような勇気、このような使命感をもたねばならない。

中国文化がいかにグローバル化に向かい合うかという問題において、もう一つの観点も議論に値する。それは、西洋文化を貫く基本的精神は「ジャングルの掟」すなわち生存競争、弱肉強食の動物的なゲームルールである、と考えるものである。そのため、西洋文化は必然的に人類を末路へと向かわせ、中国文化こそが人類の未来を救えるのである。

西洋文化の中には「ジャングルの掟」がある、これは事実である。しかし西洋文化は「ジャングルの掟」に帰結できるのだろうか。「西洋」「西洋文化」のような「広大な叙事」で複雑この上ない問題を簡単に描写できるのだろうか。これは慎重に取り扱わなければならないものである。少なくとも、「自由・平等・博愛・人権」を宣伝する啓蒙思想家や、「全人類を解放する」ことを目標としたマルクス主義は、いずれも西洋文化に特有の産物であり、われわれはこれらも「ジャングルの掟」とは言えないだろう。その上に、西洋の近代化および発展モデルは間違いなく人類に重大な生存危機をもたらし、そこには戦争、資源およびエネルギーの枯渇、環境汚染および生態系バランスの崩壊などを含む。しかし、こうした危機に対して最も深く反省しているのも西洋文化なのである。我々は決して西洋文化を極力美化しているわけではなく、具体的かつ弁証法的な分析を主張しているのである。西洋文化があaだこうだと漠然と批判するのは、いってみれば気持ちがすっきりするだけで、実は科学的で理性的な精神に欠け、中国文化の建設に不利なのである。

中国文化の中の「調和」「王道」「天下主義」などは、文化の要素として存在するものでもあれば、有意義なものでもある。しかしもしそのために、中国文化は非常によいもので、唯一人類の未来を救える文化である、という結論を得てしまうと、それも誇張を免れない。ここには注意に値する二つの面がある。

第一に、中国文化に対して、我々も理想化しすぎる必要はまったくない。中国文化には「王道」「仁政」「天下主義」の成分があり、この面の思想があるが、決して全部と同じではない。いくらかの内容は現実的にして真実であり、またいくらかの内容は口頭で標榜するというのが、文人たちの理想化の産物であるかについて、疑う価値のあることである。我々は理想化したものを事実と見なすことはできず、そうでなければ「清談は国を誤る」という誤りを犯す可能性がある。われわれは中国文化の偉大なる価値を少しも疑わないし、我々は自己の文化に対して深い敬意を抱いているが、かならず科学的態度および批判的かつ反省的な眼差しで中国文化を扱わねばならない。

第二に、中国文化はまず自身の近代化の問題を完成させなければならない。現在までのところ、中国文化の基本理念・基本的価値・基本的方向性はいったいどのようなものなのか、決して真の解決を得ていない。物から制度設計に至るまで、学術から大衆の精神状態に至るまで、一種ためらって決心がつかず、ひいてはどっちつかずでいい加減ですらある現象は、随時随所に見られ、これはちょうど近代的な意味での中国文化が決して成熟していないことを説明している。もし中国文化自身に真の近代化とグローバル化がなければ、まだ蒙昧主義や権威主義がはびこり、まだ科学的理性や民主的人権精神に欠ける。こうした文化はどのように近代化とグローバル化に適応できるだろうか。もし一種の文化が自己の国民に幸福や尊厳および自由感をもたせることができず、自身の国民が強い魅力を感じることができなければ、どのようにして人を「ねぎらう」のだろうか。中国文化自身に自己の近代化を完成させる過程が必要なのである。

未来の中国文化の創造もよければ、人類文化と人類の生存方式に対する反省もよく、多元的文化の融合、特に中国と西洋の文化の融合が必要で、特に実践の中、時代の重大な問題を解決する中で、新たな文化を創造しなければならない。グローバル化に向かいかつ未来に向けての中国文化の建設は、かならずグローバル化の高みに立って、高所から見下ろさねばならず、グローバルな眼差しと、グローバルな戦略をもたねばならない。こうしたまなざしは多くの面を含んでいる。

第一に、グローバルな範囲内で自己の戦略的利益を考慮しなければならない以上、世界の大国としての責任を担わなければならない。民族国家あるいは人類のエスニックグループのという基本単位の条件下で、文化建設は必然的に国家の利益を考慮しなければならない。ここでいう「利益」とは、経済・政治・文化・軍事・国家安全などの各方面を含む。これらの問題において、われわれはグローバルな眼差しやグローバルな戦略をもたねばならない。世界的な眼差しを用いて民族的な特色や個性をもつものを発展させなければならない。もちろん、文化的に古い国として、社会主義国家として、中国は私利私欲をむさぼり、他人に損をさせて自分の利益をはかるような国家を作る可能性は決してなく、そうなってもいけない。また責任を持つ大国、世界に対して使命を担った国家にならなければならない。間違いなく、中国の「外交文化」は「調和」「懐柔」「天下主義」を主とし、西洋の生存競争の原則とは完全に異なる。この伝統は大いに発揚されなければならない。世界の公平・調和・人道のためにさらにたくさんのことを行ってはじめて、中国の文化はさらなる魅力をもつのである。現代の人類が直面している問題を解決する中でたえず自己を観察し刷新してこそ、中国文化はグローバル化時代に影響力を持つ文化に発展できるのである。

第二に、中国文化にはさらなる世界文化とくに西洋文化と付き合い、相互に影響し合うことが必要である。一方で、継続して寛大な心で人類文明の成果を学習し受け入れなければならず、特に西洋の先進的文化を学習し、物質文明だけではなく、制度設計や社会運営および管理方式、価値観、文化理念などを含む。もう一方で、我々は西洋の後ろで簡単に模倣し、みながやるように我々も学んでやるのではなく、相互に影響しあうなかで学習し、平等な付き合いや、現代直面している各種の重大な問題を共同で解決する過程で学習しなければならない。中国文化は人類の運命の「最前線」に立ってこそ、人類の生存と呼吸を共にし運命を共にしてこそ、世界性の文化として成長できるのである。

総じていえば、中国文化は近代化を実現しようとし、世界文化の百花園の中の一輪の美しい花になろうとするならば、広闊なこころと広大な視野で、グローバル文化のコンテクストのもと自己の文化を発展かつ刷新させなければならない。

【訳注】

（1）封建士大夫……知識人であると同時に、官吏の身分をもつ者の総称。儒学的教養と学識を身につけた旧中国の知的支配層で、「読書人」とも呼ばれる。知的階級である一方、地位としての科挙官僚、経済基盤としての地主・商人を背景とする存在である。政治はもちろん、学問・芸術などあらゆる文化の部門を独占していた。

〈解説〉文化を人間の労働と活動による自然と人間の人間化と捉えて

岩佐茂（一橋大学名誉教授、社会哲学）

本書の日本語版タイトルは、『中国文化論』であるが、「原題は『人的家園――新文化論』（二〇一三年）」である。原題にある「家園」は、アグネス・ヘラーの「家」を踏まえて語られており（ヘラーの「家」は、ハイデッガーの「存在の家」を踏まえていると思われる）、人々がそこで育まれ、人生を送り、つねにそこへと帰っていくところのものであるので、本文中では「ふるさと」と意訳したが、タイトルは、英訳のタイトルに拠った。その方が、外国の読者であるわれわれには、五千年の歴史をもつ中国の文化を、今日の時点で主体的に、客観的に考察した本書の内容や意義がよりはっきりすると思われるからである。

著者の李徳順は、一九四五年に中国の黒龍江省で生まれ、中国人民大学教授、中国社会科学院哲学研究所副所長・文化研究センター主任を経て、現在は、中国政法大学終身教授である。文化大革命で地方への「下放」も体験した。文革後の大学再開後、最初の哲学博士号取得者となった。博士論文をベースに著したのが『価値論』である。

中国では、一九八〇年代後半から一九九〇年代前半にかけて、思想的に価値論ブームがあった。それをけん引したのが、李徳順である。主著である『価値論』が出版されたのは、一九八七年のことである（改訂版、二〇〇七年）。当時、中国は、経済特区を中心とした経済開放政策から市場経済に向けて走り始めた頃である。思想的には、ロシア・マルクス主義（マルクス・レーニン主義）の哲学体系から離れて、中国の特色ある社会主た。その過程で、ロシア・マルクス主義の哲学体系に欠如していた主体‐客体の弁証法をベースにした哲学的価値論に関心が向けられたのも自然のなりゆきであろう。価値論へ関心が向かった社会的背景としては、中国が経済開放政策や市場経済へ向かって突き進んでいくなかで、人民服からファッショナブルな服装へ変わっていったように、人々の価値意識が多様化していったという事情もあった。

李徳順の価値論にかんしては、邦訳されている論文に以下のものがある。

・「社会的意識形態としての価値観念」(『現代における唯物弁証法』大阪経済法科大学哲学研究室・北京大学哲学系共編、一九八九年)
・「価値――一つの主体性の問題」(『現代社会と唯物弁証法』大阪経済法科大学哲学研究室・北京大学哲学系共編、大阪経済法科大学出版部、一九九三年)
・「『人間を中心とすること』と環境価値」(『哲学的価値論』岩崎允胤編著、大阪経済法科大学出版部、一九九九年)
・「普遍的価値をどう考えるか」(『21世紀の思想的課題』岩佐茂・金泰明編、国際書院、二〇一三年)

なお、李徳順の価値論を紹介したものとしては、前掲の岩崎允胤編著『哲学的価値論』(二五一～二六七頁)がある。

李徳順の価値論の基本的な考え方は、価値を、「主体‐客体関係を表現するカテゴリー」としてとらえたことである。価値は主体の属性でも、客体の属性でもなく、主体‐客体関係のなかで問題になることがらだからである。しかし、たんなる主体の意識の評価の所産でもなく、客体の主体にたいするたんなる効用(効用説)であるのでも、主体の欲求を客体によってたんに充足すること(欲求充足説)でもなく、価値は、主体‐客体の相互作用の客観的連関のうちで、主体の活動によってつくられ、変化するものである。

価値論を踏まえて文化論を展開したのが、本書である。文化は、人間が作り出したものであり、そのようなものとして価値を有している。人間の労働と活動による自然と人間の人間化が広義の意味での文化なのである。価値を論じる場合、人間的価値、価値の普遍性と価値の多様性・多元性を統一的にとらえることが大切であるが、そのような視点から、中国文化の過去と現在、そして未来のあり方が論じられる。

本書は、「第一部　文化概論」「第二部　中国文化論」「第三部　新文化建設論」の三部構成となっている。第一部は、中国文化を論じるための、文化の基本的概念の検討である。文化とは何かということから、物質的文化や精神的文化、制度的文化の絡みや、文化における多様性と普遍性、文化の質の問題や文化の伝統と創造などが、弁証法的視点から考察される。文化人類学や社会学などでおこなわれている、文化にかかわる諸概念の議論に直接コミットするものとして有意味である。同時に、第二部と第三部の中国文化論を論じるための道具立て・準備作業とみることができるであろう。

李徳順が中国文化を語るとき、中国文化に包括するのは、漢民族の文化だけではなく、少数民族を含め五六の中国民族すべての文化、しかも、中国は五千年の歴史をとおして累乗的につみあげられ、多重的性格をもった文化の全体である。李徳順が自国の伝統文化を評価する基準は、「その精華を取り、その糟粕を取り除く」という価値的態度であった。これは、伝統文化のなかに「精華」と「糟粕」を「実体」的に選び分けることではない。「伝統文化に対して『その精華を取り、糟粕を取り除く』という問題は、……われわれ民族自身が自己の歴史、現状そして未来の運命にいかに向かい合うかという問題である。われわれは歴史と共に歩んできたのだから、自己の伝統を離れることは決してできないし、われわれは未来へと歩んでいくのだから、決して過去の伝統にとどまるべきではないのである。科学的な方法で伝統文化を認識するために、われわれは必ず自尊・自強の精神を持たねばならないし、冷静で科学的な態度をも持たねばならない。自分の歴史に対して責任を負い、自愛自立の意識をもち、思い切って自らの伝統における優秀で素晴らしいものすべてを肯定し発揚しなければならない以上、自らの未来にも責任を負い、自己批判と自己超越の精神を持ち、思い切って自らの伝統における後れた醜悪なものすべてを否定し放棄しなければならない。過去についてこうなのだから、現在や将来についても同様である」(二四三〜四頁)。

この基本的な視点から、中国の伝統文化にたいする「文化保守主義」にも「文化虚無主義」にも反対し、伝統文化のなかに立ち入って、陰陽説や人道・天道の道の思想、天人合一論、体と用や知と行の概念、儒学などを具体的に考察する。これらのテーマは、伝統文化のなかで繰り返し、多重的に議論されてきた。とりわけ、儒学については、近現代中国においても強い影響力をもち続け、マルクス主義にも陰に陽に影響与えてきただけに、どう対峙するかは切実な課題であるはずである。

儒家思想の「文化的綱領」ともなったのは、「克己復礼」である。その二大特徴として、道徳の問題を「道徳文章」をつくることに帰着させた「道徳文章主義」と価値判断や選択の基準が過去を振り返り過去の思想から判断する「逆時的思考傾向」が指摘されている。そこにあるのは科学的態度の欠如である。李徳順は、伝統文化を評価するさいには、科学的態度を重視し、科学的精神と人文的精神の統一の視点が大切であるとみなした。

中国の伝統文化に色濃くあるのは、事柄に即した科学的精神の欠如の裏返しとしての倫理主義である。国家のあり方を論じるさいにも、「己を修め、家を斉え、国を治め、天下を平らかにする」という「修斉治平」の倫理主義的態度が中心にすえられてきた。そういった倫理観の根底には、人間の本性は善か悪かという性善説と性悪説の対立があった。二〇〇〇年にわたっておこなわれてきた論争である。だが、李徳順は、性善説と性悪説は、「間違った前提のもとで生み出された偽りの命題で意味のない論争である」と、主張する。善・悪は、人間の本質的属性ではなく、対象にたいする人間の関係のなかで発生する価値だからである。筆者も同意見である。

中国の文化の現在と将来については、文化産業や消費文化などに現れているように、計画経済から近代化と市場経済への転換のもとで、文化面で生じている難局や困難さを直視して、「人を以って本と為す」人間本位主義の発展観にもとづいた文化建設にいかに「挑戦」していくべきかが主題になっている。中国の伝統文化に欠けていた科学的態度の反省から、最先端技術を含めた科学・技術や教育の果たす役割も論じられているが、そのなかでもとくに注目したいのは、「制度的文化」として民主主義に一章を設けていることである。中国の政治の現状（とりわけ地方政治や個々の政治家）については、法治よりも人治による傾向がまだまだあることを指摘し、近代化によって法治を徹底することの必要を説いている。人間本位主義の核心としての人権の基本的内実を、「人間の価値および尊厳と基本的権利を尊重すること、公共権力はあらゆる公民に属し、人々は平等であること」の二点でとらえ、「人権の文化理念や価値観が制度的文化の面で体現した」のが民主主義であるとみなして、マルクスの理論に立ち返って社会主義的民主主義について突っ込んだ考察をおこなっている。

本書で李徳順がおこなったことは、そのなかで育まれ、生活し、何よりも愛着をもっている自国の文化を、四大文明のひとつとして発祥したときから「歴史の継続性を保持した」、世界史的にも稀有な文明として主体的、客観的に考察したことである。その点では、旧石器時代から始まる日本文化も、同じような傾向をもっていよう。日本文化を論じるときには、しばしば、他の文化とは際立って異なる不変的な「日本的なもの」が強調され、日本文化特質論が主張されてきた。丸山眞男は、それに組することなく、「日本的なもの」を「執拗低音」のように歴史のなかで執拗に繰り返される「ものの考え方、感じ方の一つのパターン」としてとらえたが、これも一つの見識であろう。私たち日本人が日本文化にどのように向き合うべきかは私たちの課題であるが、この課題と向き合うとき、李徳順の中国文化への向き合い方は、何らかの示唆を与えうるのではないかと思われる。

訳者あとがき

本書は、李徳順『人的家園――新文化論』（黒竜江教育出版社、二〇一三年）の翻訳である。

原著については日本語版序にも言及があるように、二〇〇〇年に『家園：文化建設論綱』が、また二〇一〇年に修訂版として『精神家園――新文化論綱』（いずれも孫偉平、孫美堂と共著、黒竜江教育出版社）がそれぞれ出版されている。そこに、さらなる修訂が加えられたものが二〇一三年出版の『人的家園――新文化論』である。

本書は、原著が出版される以前に黒竜江教育出版社から受け取った原稿データをもとに翻訳を行ったもので、筆者・李徳順氏のチェックを経た「日本語版」である。

ここで、本書の翻訳に関して、以下の二点をお伝えしたい。

中国古典の引用については、原則書き下し文にとどめた。近代以降の文章については、日本語に翻訳している。また、中国語訳されている外国語文献の引用については、引用の意図を崩さぬよう、中国語訳されたものをもとに日本語に翻訳した。したがって、すでに出版されている日本語訳の記述とは異なる翻訳があると思われる。

筆者の注は該当ページに入れてあるが、一般の読者に説明が必要であろうと思われる箇所については、訳注を各章の終わりにまとめて入れている。特に、中国思想文化に関する内容に関しては、主に以下の文献を参考にした。

日原利国編『中国思想辞典』（研文出版、一九八四年）

溝口雄三・丸山松幸・池田知久編『中国思想文化辞典』（東京大学出版会、二〇〇一年）

尾崎雄二郎・竺沙雅章・戸川芳郎編『中国文化史大事典』（大修館書店、二〇一三年）

本書の翻訳は、二〇一二年はじめに、当時横浜国立大学非常勤講師であった丁安平氏に紹介していただき、黒竜江教育出版社の丁一平氏より依頼されたものである。当初は夏までに初訳を終わらせる予定で、意気揚々と翻訳に取りかかったのであるが、もともと訳者の専門は中国の科学思想であり、本書の内容に関してはあまり詳しくない。結果、この不勉強がたたり、作業が遅々として進まず、締切を大幅に延長していただく羽目になってしまった。それにもかかわらず、丁氏には粘り強く応援していただき、二〇一三年末にようやく初訳が完成した。その後、修正作業を重ねたが、その間に、筆者・李徳順氏が内容面でのチェックを加えてくださった。また、丁氏からの紹介でお会いした一橋大学名誉教授の岩佐茂氏には、哲学思想のカテゴリーのチェックや本書の解説を書いていただくなど、たいへんお世話になった。予想以上に時間を費やしてしまったが、この翻訳がようやく形になったのも、各氏のお力添えがあってのことである。心より感謝を申し上げたい。

二〇一七年八月十五日

上村　元顧

主要参考文献

馬克思、恩格斯『馬克思恩格斯選集』(一～四巻) 北京：人民出版社、一九九五年
鄧小平『鄧小平文選』(第三巻) 北京：人民出版社、一九九三年
国学整理社『諸子集成』(全八冊) 上海：上海書店出版社影印本、一九八六年
黎靖徳編『朱子語類』(全八冊) 北京：中華書局、一九八六年
程顥、程頤『二程集』(上下) 北京：中華書局、二〇〇四年
魯迅『魯迅全集』北京：人民文学出版社、一九八一年
梁漱溟『中国文化要義』上海：学林出版社、一九八七年
林語堂『吾国与吾民』台北：綜合出版社、一九七六年
費孝通『郷土中国』北京：生活・読書・新知三聯書店、一九八五年
傅偉勛『批判的継承和創造的発展』台北：東大図書公司、一九八六年
張岱年『張岱年文集』(一～六巻) 北京：清華大学出版社、一九八九年
張岱年『文化与価値』北京：新華出版社、二〇〇四年
韋政通『中国思想伝統的現代反思』台北：桂冠図書公司、一九九〇年
楊国枢編『中国人的価値観――社会科学観点』台北：桂冠図書公司、一九九四年
林毓生『中国意識的危機』貴陽：貴州人民出版社、一九八八年
余英時『中国文化与現代変遷』台北：三民書局、一九九二年
孫隆基『中国文化的"深層結構"』香港：香港一山出版社、一九八三年

黄光国『儒家関係主義：文化反思与典範重建』北京：北京大学出版社、二〇〇六年
金耀基『従伝統到現代』台北：時報出版社、一九七九年
労思光『中国文化路向問題的新検討』台北：東大図書公司、一九九三年
李沢厚『中国現代思想史論』北京：東方出版社、一九八七年
方克立主編『走向21世紀的中国文化』太原：山西教育出版社、一九九九年
陳崧『五四前後東西文化問題冷戦文選』北京：中国社会科学出版社、一九八九年
杜恂誠『中国伝統倫理与近代資本主義』上海：上海社会科学院出版社、一九九三年
喬健、潘乃谷主編『中国人的観念与行為』天津：天津人民出版社、一九九五年
宋志明『現代新儒家研究』北京：中国人民大学出版社、一九九一年
楊国栄『善的歴程――儒家価値体系的歴史衍化及其現代転換』上海：上海人民出版社、一九九四年
趙馥潔『価値的歴程――中国伝統価値観的歴史演変』北京：中国社会科学出版社、二〇〇六年
許蘇民『文化哲学』上海：上海人民出版社、一九九〇年
劉進田『文化哲学引論』北京：法律出版社、一九九九年
陳筠泉、劉奔主編『哲学与文化』北京：中国社会科学出版社、一九九六年
庄錫昌、顧暁鳴、顧云深編『多維視野中的文化理論』杭州：浙江人民出版社、一九八七年
鄒広文『人類文化的流変与整合』長春：吉林人民出版社、一九九八年
龐朴『文化的民族性与時代性』北京：中国和平出版社、一九八八年
豊子義『現代化的理論基礎』北京：北京大学出版社、一九九五年
羅栄渠『現代化新論』北京：北京大学出版社、一九八三年
羅栄渠『現代化新論続篇』北京：北京大学出版社、一九九七年

羅栄渠主編『従"西化"到現代化：五四以来有関中国的文化趨向和発展道路論争文選』北京：北京大学出版社、一九九〇年
李秀林等編『中国現代化之哲学探討』北京：人民出版社、一九九〇年
許紀霖『尋求意義：現代化変遷与文化批判』上海：生活・読書・新知三聯書店、一九九七年
衣俊卿『現代化与日常生活批判』哈爾浜：黒竜江教育出版社、一九九四年
李徳順『価値論——一種主体性研究』北京：中国人民大学出版社、一九八七年
李徳順『立言録』哈爾浜：黒竜江教育出版社、一九九八年
李徳順、孫偉平『道徳価値論』昆明：雲南人民出版社、二〇〇五年
孫偉平『価値差異与和諧——全球化与東亜価値観』長沙：湖南師範大学出版社、二〇〇八年
茅于軾『中国人的道徳前景』広州：暨南大学出版社、一九九七年
余瀟楓等『知識経済与思想文化的変遷』杭州：浙江大学出版社、一九九九年
劉偉、梁鈞平『衝突与和諧的集合：経済与倫理』北京：北京教育出版社、一九九九年
呂乃基、樊浩『科学文化与中国現代化』合肥：安徽教育出版社、一九九三年
沙蓮香等『中国社会文化心理』北京：中国社会出版社、一九九八年
陳学明等編『阿多諾・馬爾庫塞・本傑明論大衆文化』昆明：雲南人民出版社、一九九八年
陳剛『大衆文化与当代烏托邦』北京：作家出版社、一九九六年
孟繁華『衆神的狂歓——当代中国的文化衝突問題』北京：今日中国出版社、一九九七年
趙剣英主編『世紀之交的中国文化』南寧：広西人民出版社、一九九四年
［米］懐特著、曹錦清訳『文化科学——人和文明的研究』杭州：浙江人民出版社、一九八八年
［米］克利福徳・格爾茲著、納日碧力戈等訳『文化的解釈』上海：上海人民出版社

［露］弗・譲・凱勒著、陳文江等訳『文化的本質与歴程』杭州：浙江人民出版社、一九八九年
［米］E．赫屈著、于嘉云訳『文化与道徳――人類学中価値観的相対性』台北：時報文化出版企業有限公司、一九九四年
［日］中村元著、呉震訳『比較思想論』杭州：浙江人民出版社、一九八七年
［米］塞維斯著、黄宝瑋訳『文化進化論』北京：華夏出版社、一九九一年
［米］E．希爾斯著、傅鏗、呂楽訳『論伝統』上海：上海人民出版社、一九九一年
［蘭］皮爾森著，劉利圭等訳『文化戦略』北京：中国社会科学出版社、一九九二年
［仏］多洛『個体文化与大衆文化』上海：上海人民出版社、一九八七年
［米］艾愷『世界範囲内的反現代化思潮――論文化守成主義』貴陽：貴州人民出版社、一九九一年
［日］吉田茂『激蕩的百年史――我們的果断措施和奇迹般的転変』北京：世界知識出版社、一九八〇年
［独］馬克斯・韋伯著、于曉、陳維綱等訳『新教倫理与資本主義精神』北京：生活・読書・新知三聯書店、一九八七年
［独］馬克斯・韋伯著、王容芬訳『儒教与道教』北京：商務印書館、一九九五年
［米］J．R．列文森著、鄭大華、任菁訳『儒教中国及其現代命運』北京：中国社会科学出版社、二〇〇〇年
［仏］弗朗索瓦・佩魯著、張寧、豊子義訳『新的発展観』北京：華夏出版社、一九八七年
［米］C．E．布莱克著、景躍進、張静訳『現代化的動力』杭州：浙江人民出版社、一九八九年
［米］羅蘭・羅伯森著、梁光厳訳『全球化――社会理論和全球文化』上海：上海人民出版社、二〇〇〇年
［英］戴維・赫爾徳等著、楊雪冬等訳『全球大変革――全球化時代的政治、経済与文化』北京：社会科学文献出版社、二〇〇一年
［独］烏・貝克、哈貝馬斯等著、王学東、柴方国等訳『全球化与政治』北京：中央編訳出版社、二〇〇〇年

〔英〕安東尼・史密斯著、龔維斌、良警宇訳『全球化時代的民族与民族主義』北京：中央編訳出版社、二〇〇二年

〔英〕馬丁・阿爾布労著、高湘沢、馮玲訳『全球化時代——超越現代性之外的国家和社会』北京：商務印書館、二〇〇一年

〔独〕漢斯-彼得・馬丁、哈拉爾特・舒曼著、張世鵬等訳『全球化陥阱』北京：中央編訳出版社、一九九八年

〔スイス〕孔漢思、〔独〕庫舎爾編、何光滬訳『全球倫理——世界宗教議会宣言』成都：四川人民出版社

〔米〕塞繆爾・亨廷頓著、周琪等訳『文明的衝突与世界秩序的重建』北京：新華出版社、一九九八年

〔米〕塞繆爾・亨廷頓、労倫斯・哈里斯主編、程克雄訳『文化的重要作用——価値観如何影響人類進歩』北京：新華出版社、二〇〇二年

A. Giddens. The Consequences of Modernity. Stanford CA: Stanford University Press, 1990.

Yusheng Lin. Radical Iconoclasm in the May Fourth Period and the Future of Chinese Liberalism. Cambridge Massachusetts: Harvard University Press, 1972.

MacFarquhar, R. The Post – Confucian Challenge // The Economist, No.9, 1980.

Francis Fukuyama. Asian Values in the Wake of the Asian Crisis // The Review of Korean Studies, Vol.2, September, 1999.

Paul Krugman. The Myth of Asia' s Miracle // Foreign Affairs, November/December, 1994.

李徳順（Li Deshun）

1945年生まれ。中国人民大学哲学博士。中国人民大学教授、中国社会科学院哲学研究所副所長・文化研究センター主任を経て、中国政法大学終身教授・人文学院院長。中国弁証法的唯物論研究会副会長。著書に、『価値論』『改革とともに行く――哲学的条理の構想』等、多数。

上村元顧（うえむら あさみ）

1975年生まれ。2008年東京大学大学院人文社会系研究科博士課程満期退学。現在横浜国立大学非常勤講師。著書に『格致餘論注釈』（共著、医聖社、2014）、翻訳にシャーロット・ファース「道の哲学者としての医者――朱震亨（1282～1358）――」（『中国―社会と文化』第23号、2008）など。

中国文化論

2017年10月10日　第1刷発行

訳　者　上村元顧
発行者　竹村正治
発行所　株式会社　かもがわ出版
〒602-8119　京都市上京区堀川通出水西入
TEL 075-432-2868 FAX 075-432-2869
振替　01010-5-12436
ホームページ　http://www.kamogawa.co.jp
印刷所　シナノ書籍印刷株式会社

ISBN978-4-7803-0934-8　C0010